Neue

Kleine Bibliothek 326

Werner Rügemer

Verhängnisvolle Freundschaft

Wie die USA Europa eroberten
Erste Stufe: Vom 1. zum 2. Weltkrieg

PapyRossa Verlag

Luxemburger Str. 202, 50937 Köln
Tel.: +49 (0) 221 – 44 85 45
Fax: +49 (0) 221 – 44 43 05
E-Mail: mail@papyrossa.de
Internet: www.papyrossa.de

Umschlag: Verlag, unter Verwendung eines Motivs
von uschools | iStock [623457246]
Druck: Interpress

Die Deutsche Nationalbibliothek verzeichnet diese Publikation in der Deutschen Nationalbibliografie; detaillierte bibliografische Daten sind im Internet über http://dnb.d-nb.de abrufbar

ISBN 978-3-89438-803-4

Inhalt

Gewidmet dem australischen Journalisten Julian Assange

*Julian Assange deckte Kriegsverbrechen der USA auf,
die von den USA nicht bestritten, aber als strafbewehrte
Staatsgeheimnisse behandelt werden.*

*Dafür wird Assange vom engsten US-Vasall, der britischen Monarchie,
seit Jahren in His Majesty's Prison Belmarsh in Einzelhaft gehalten
und soll an die USA ausgeliefert werden.*

*In den USA drohen bis zu 175 Jahren Gefängnis,
in weiterer Einzelhaft.*

*Millionen Menschen auf dem Planeten fordern:
Freiheit für Julian Assange!
Informations- und Meinungsfreiheit!
Für UN-Völkerrecht!
Für die Universellen Menschenrechte der UNO!*

I.
Freundschaft, Verhängnis, möglicher Tod

*»It may be dangerous to be America's enemy,
but to be America's friend is fatal.**«*

*»Es kann gefährlich sein, Amerikas Feind zu sein;
aber Amerikas Freund zu sein, ist verhängnisvoll.«*

Das bilanzierte Henry Kissinger, ehemaliger Chef des State Department und langjähriger Berater mehrerer US-Präsidenten. So umwarb er in den 1970er Jahren mit Präsident Richard Nixon die Volksrepublik China, sie wurde diplomatisch anerkannt und wirtschaftlich gefördert. Solange China wirtschaftlich schwach war und die Supergewinne von Apple, Microsoft, Ford & Co. hoch waren, blieb China der Freund. Als China industriell und technologisch erstarkte, die Löhne anhob und breiten Wohlstand für die bisher Armen schaffte und mit einer militärisch nicht begleiteten, alternativen Globalisierung Erfolge hatte – da wurde es unter dem freundlich grinsenden Präsidenten Barack Obama zum System- und Todfeind, wird politisch und medial verhetzt, wirtschaftlich sanktioniert und militärisch umzingelt.

So werden Freunde zu Todfeinden – nur einige weitere Beispiele:

- *Sowjetunion:* Wall-Street-Banker geiferten mit Beginn der revolutionären Umbrüche 1917 in Russland auf noch mehr gewinnbringende Investitionen und umgarnten die neuen Regierungen. Nach

* »fatal« hat auch die Bedeutung »tödlich«.

der fehlgeschlagenen militärischen Intervention einer Allianz, an der sich auch die USA beteiligten, investierten Ford, General Electric, Radio Corporation of America, Harriman & Co. – die Sowjetunion erstarkte industriell, auch sonst, der Wohlstand der bisher Armen wuchs. 1933 anerkannte US-Präsident Franklin D. Roosevelt die Sowjetunion. Aber für Ford & Co. wurde die Sowjetunion zum Todfeind. Im strategischen Schwenk rüsteten sie die Hitler-Wehrmacht auf. Nun sollte die Sowjetunion vernichtet werden.

- *Kuba:* In Kuba unterstützten die USA Ende des 19. Jahrhunderts zunächst die demokratische Aufstandsbewegung unter José Martí gegen die Kolonialmacht Spanien. Nach dem Sieg wurde die nationale Aufstandsbewegung abserviert, die USA setzten Diktatoren ein – eine vielfach geübte Praxis in den US-»Hinterhöfen« Lateinamerikas und Asiens.
- *Vietnam:* Bei den Friedensverhandlungen in Versailles wies der US-Friedensprediger Woodrow Wilson die Befreiungsbewegung Vietnams unter Ho Chi Minh ab. Dann im 2. Weltkrieg im Kampf gegen die japanischen Besatzer unterstützten die USA Ho Chi Minh kurzzeitig, um ihn sofort nach dem Krieg zum Todfeind zu erklären, die französische Kolonialmacht gegen Ho Chi Minh aufzurüsten und dann selbst den noch viel grausameren Vernichtungskrieg zu übernehmen.[*/1]

State Department: Anspruch auf jeden Winkel der Erde

Die wechselnden Freund-Feindschaften beruhen seit der Verfassung des US-Staates 1787 auf dem Selbstverständnis, das bis heute gilt: Die USA haben als einziger wichtiger Staat kein Außenministerium, sondern ein State Department, Staats-Ministerium. So sind die nächsten wie die fernsten Territorien der Erde im *national interest* mögliche Staats-, Einfluss- und Herrschaftsgebiete der USA.

---

* Wie im Krieg gegen die Befreiungsbewegung in Vietnam war Kissinger Mittäter an zahlreichen weiteren Kriegsverbrechen, direkt und mithilfe verdeckter Operationen über Dritte u. a. in Kambodscha, Laos, Chile und weiteren lateinamerikanischen Staaten, mit Millionen an zivilen Toten und mit Genoziden (Ost-Pakistan, Indonesien).

Ergänzt wird der Allein- und Allmachtsanspruch biblisch durch »God's own Country« und »God bless America«, durch die »auserwählte Nation«, auch durch »America First«, »American Century« und »New American Century« und den »amerikanischen Exzeptionalismus« oder auch »Wir sind die einzige Weltmacht«. All das gehört zu den Genen des US-Staates.

Erst einmal in den »Hinterhöfen«, dann in Europa und weltweit
So wurde der kleine Streifen des zur Demokratie erklärten Sklavenstaats an der Ostküste Nordamerikas schrittweise zuerst durch Eroberungen und Annexionen in Nordamerika (außer dem britischen Kanada, das nicht erobert werden konnte) erweitert, Völkermord an den Indigenen inbegriffen. Später waren die lateinamerikanischen, karibischen und asiatischen »Hinterhöfe« dran, seit dem 1. Weltkrieg bis heute dann Europa und die ganze Erde – durch den Zangengriff von Investitionen, Krediten, Militär, Geheimdiensten und Fake-PR.

Mithilfe von Putschen und Bürgerkriegen wurden Diktatoren eingesetzt oder gefördert. Im Europa der ersten Hälfte des 20. Jahrhunderts sah dies so aus:

- Der erste faschistische Diktator, Mussolini, der die erstarkte demokratische und Arbeiterbewegung vernichtet hatte, wurde mit Krediten überhäuft und in den USA zum Politstar.
- Generalissimus Franco, der gegen die spanische Republik putschte, wurde von US-Rüstungs- und Ölkonzernen beliefert, von Mussolini und Hitler militärisch unterstützt – bis zum gemeinsamen Sieg.
- Hitler wurde zum Medienstar, auch mithilfe Hollywoods, das Olympische Komitee der USA, zusammen mit denen Englands, Frankreichs, Japans, Finnlands und Südafrikas, retteten gegen die internationale, auch jüdische Boykottbewegung die Olympischen Spiele 1936 für Hitler in Berlin, rüsteten die Wehrmacht gegen die Sowjetunion auf.

Außerhalb jeder internationalen Ordnung
Zum Anspruch der »einzigen Weltmacht« gehört: Die USA schlagen immer wieder internationale Ordnungen vor, unterlaufen aber die

jeweils gegründeten Institutionen und bauen daneben ihre eigene internationale Anti-Ordnung auf, gegen Völkerrecht und Menschenrechte.

So regten die USA nach dem 1. Weltkrieg den Völkerbund an, traten dann aber nicht bei, sondern schlossen nach den Versailler Verträgen Einzelverträge mit allen Kriegsteilnehmern und förderten faschistische Diktaturen in China, Italien, Griechenland, Deutschland, Japan und Spanien. So werden die USA nach dem 2. Weltkrieg genauso mit der UNO verfahren.

Die USA führen nun jederzeit bei Bedarf Kriege nach eigener Wahl. Wenn die UNO/der Sicherheitsrat einen Krieg beschließt – gut;

Mit der Wall Street von Mussolini zu Adenauer

Nach der Niederschlagung der im Krieg erstarkten Arbeiterbewegung wurde Benito Mussolini in den USA zum Politstar. Wall-Street-Anwalt John McCloy beriet vor Ort in Rom den päpstlich gesegneten Diktator: Er wurde mit US-Krediten überhäuft.

McCloy vertrat die Interessen von US-Konzernen auch in Nazi-Deutschland. Das Olympische Komitee der USA bekämpfte erfolgreich die internationale, auch jüdische Boykottbewegung gegen die Abhaltung der Olympischen Spiele 1936 in Berlin: Sie konnten dann prunkvoll stattfinden und förderten das internationale Ansehen des Nazi-Regimes. So durfte McCloy mit Ehefrau neben Göring und Hitler auf der Ehrentribüne im Berliner Olympiastadion sitzen.

Ab 1949 war McCloy Hoher Kommissar der USA für die Bundesrepublik Deutschland. McCloy beriet bzw. überwachte den ersten Bundeskanzler, den christlichen Politikdarsteller Konrad Adenauer, der ein früher Fan von Mussolini gewesen war. McCloy/Adenauer schützten gemeinsam deutsche wie US-amerikanische Komplizen der Hitler-Diktatur vor Aufdeckung und Anprangerung.

wenn nicht, dann führen die USA den Krieg alleine oder mit einer selbst gebastelten Allianz der jeweils »willigen« Vasallen.

Der Antikommunist Churchill hatte gegen Ende des 2. Weltkriegs von seinen Militärchefs den Plan »Operation Unthinkable« ausarbeiten lassen. Danach sollten sofort nach dem Waffenstillstand mit NS-Deutschland US-amerikanische und britische Truppen, verstärkt durch Teile der Wehrmacht, die Sowjetunion erobern.[2] Angesichts der Stärke der Roten Armee und der öffentlichen Stimmung in Großbritannien wurde darauf verzichtet. Aber die Absicht blieb. Sie wurde und wird mit anderen Mitteln verfolgt, unter Führung der weitsichtigeren, mächtigeren USA.

Im 1. und 2. Weltkrieg förderten US-amerikanische Banken und Konzerne die Kriege der »Verbündeten«. Dann konnten zum Ende des Krieges die US-Militärs in den erschöpften Kriegsgebieten vergleichsweise leichte Siege holen. Und unter der Flagge freundschaftlicher »Hilfe« konnte die Siegermacht sich dem lukrativen »Wiederaufbau« widmen: Förderung von US-Investitionen, Durchdringung mit US-Waren und US-Militärstützpunkten.

Wilson, Obama: Friedensversprechen und ewiger Krieg

US-Präsident Woodrow Wilson von der Demokratischen Partei hatte seinen Wahlkampf 1913 mit dem hochheiligen Versprechen gewonnen: Die USA werden sich nie am Krieg beteiligen, der sich in Europa anbahnt. Mit Kriegsbeginn finanzierten und belieferten Wall Street und US-Konzerne die Kriegsparteien in Europa und förderten lukrativ den Krieg. Führend war dabei die Bank Morgan. 1917 brach Wilson mithilfe professioneller PR sein Versprechen und verkündete mit Berufung auf Gott das Gegenteil, nämlich den militärischen Eintritt der USA in den europäischen Krieg: »War to end all wars« – Wir führen jetzt Krieg, um alle Kriege zu beenden. So die Parole. Seitdem führten und führen die USA zahlreiche völkerrechtswidrige Kriege.

US-Präsident Barack Obama, ebenfalls von der Demokratischen Partei, hatte seinen Wahlkampf 2008 mit dem genauso hochheiligen Versprechen gewonnen: Wir werden abrüsten und die Atombomben abschaffen! Wir werden die Umwelt retten! Zu den Großbespendern für Obamas Wahlkampf gehörte die Bank Morgan. In seiner Amtszeit diktierte Obama den europäischen NATO-Mitgliedern Aufrüstung, rüstete seinerseits die USA mit Berufung auf Gott noch weiter auf, erneuerte die Erstschlagsdoktrin, weichte Umwelt- und Arbeitsgesetze zugunsten der umweltschädlichen und für Anwohner oft tödlichen Fracking-Industrie auf und ließ mit BlackRock-Managern in seiner Regierung China zum neuen Hauptfeind erklären, durch US-Konzerne die Ukraine aufrüsten und den Krieg gegen Russland vorbereiten.

Wie in Hiroshima und Nagasaki begonnen, wurde dem so scheinbar freundlich geförderten (West-)Europa zudem eine tödliche Aufgabe aufgezwungen: Mit der Doktrin des atomaren Erstschlags machten die USA Europa zum Standort eines möglichen atomaren Krieges gegen die Sowjetunion: Das gilt bis heute.

So scharfsichtig wie kurzsichtig: Professionelle Selbsterblindung

1935 stellte die Künstlerin Mabel Dwight in einer Lithografie die Wall-Street-Banker, die mit dem 1. Weltkrieg und seinen vielen Millionen Toten riesige Gewinne gemacht hatten, als die *Merchants of Death* dar, Händler des Todes: Sie »hassen das Ideal der Demokratie, aber sie freuen sich über die lockeren Zügel und den Freiraum, den sie ihnen lässt.« Wegen der Gewinne, so Dwight, sind diese Händler des Todes »ausgesprochen scharfsichtig, dabei aber unheilbar kurzsichtig.«[3]

US-Kapitalisten haben mit professioneller PR wie mit dem Committee on Public Information (CPI) im 1. Weltkrieg, mit den von ihnen finanzierten Elite-Universitäten und Massenmedien hochbezahlte, formal hochqualifizierte Profis und Wissenschaftler: Die inszenieren jeden noch so grausamen Krieg als Ausbund an Demokratie, Menschlichkeit und Friedenswillen.

So bestätigen und bekräftigen die Kriegsgewinner - und natürlich auch die Umweltschädiger usw. - und ihre Mittäter sich ständig gegenseitig in ihrer Wohltäterei.

Sie sind so scharfsichtig für jede lukrative Möglichkeit mithilfe von Kriegen, Umwelt- und Gesundheitsschäden - und gleichzeitig so kurzsichtig für die menschlichen und gesellschaftlichen Folgen: Professionelle Selbsterblindung.

II.
Gründungsübungen der »einzigen Weltmacht«

Die Kolonialmächte England und Frankreich, die seit dem 16. Jahrhundert das ihnen unbekannte Territorium Nordamerikas eroberten und sich untereinander bekriegten, konnten nicht wissen, was daraus einmal werden würde. Ebenso wenig wussten es die armen und reichen Siedler, die zunächst aus Europa einwanderten und sich durchschlugen. Und es wussten auch nicht die Kolonialherren, die durch Tabak- und Baumwollplantagen mit Sklaven und durch Handel reicher wurden, 1776 ihre Unabhängigkeit von der Kolonialmacht England erklärten und 1787 die Verfassung des demokratischen Sklavenstaats »Vereinigte Staaten von Amerika« beschlossen. Aber sie entwickelten mit- und gegeneinander eine Logik, die zu dem führte, das heute die größte Bedrohung für das friedliche Wohlergehen und die Zukunft der Menschheit und des Planeten darstellt: Den Anspruch, die ordnende und auf allen Ebenen die gewinnende »einzige Weltmacht« zu sein.

1.
Monroe-Doktrin: Interventionsverbot

Der Kongress der USA, die inzwischen von 13 Gründungsstaaten auf 24 Staaten gewachsen waren, beschloss 1823 die Monroe-Doktrin. Danach haben andere Staaten auf dem US-Territorium ein Interventionsverbot. Das gilt bis heute. Das stünde eigentlich in voller Über-

»Nationales« Interesse: Anspruch auf die ganze Erde

Bis heute nimmt das State Department die Angelegenheiten im Ausland wahr: Dabei stellt Ausland für die US-Führung nur vorläufig bzw. teilweise Ausland dar. Dem US-Staat geht es mit und seit der Gründung nicht darum, gleichberechtigte Beziehungen zu anderen Staaten zu entwickeln, sondern den Kapital-Staat USA auszuweiten und seine verschiedenen Einfluss-, Aneignungs- und Machtpraktiken in anderen Staaten zu verankern.

Deshalb wird die Eroberung fremder Territorien und Staaten nicht als Eroberung bezeichnet, sondern als Angelegenheit der »nationalen« Sicherheit (national security) und des »nationalen« Interesses (national interest). Die USA kennen nicht das, was andere Staaten Außenpolitik nennen: Für die USA handelt es sich um Staats-Politik.

Dieses »nationale Interesse« bedeutet: Wir können unser Staatsgebiet ständig weiter ausdehnen. Das bezog sich zunächst auf jeden Punkt, jede Bevölkerung und jeden anderen Staat in Nordamerika. Später bis heute bezieht sich dies auf jede Person, jedes Unternehmen, jeden Staat, jede Aktivität an jedem Punkt der Erde, auf allen Kontinenten. Die übliche Übersetzung von State Department als US-Außenministerium ist falsch und beschönigend.

So beschloss die US-Regierung alleine, wo sie zunächst in Nordamerika wirtschaftlich, militärisch, geheimdienstlich, medial, wissenschaftlich oder mit sonstigen Mitteln und mit welchen Personen, Organisationen usw. eigener Wahl ihr Staatsgebiet erweiterte.

einstimmung mit dem Völkerrecht. Aber mit »US-Territorium« war nicht der Staat USA gemeint, sondern Nordamerika, das vom kleinen Staat USA erobert werden sollte, und ebenso ganz Lateinamerika, zunächst. So gilt bis heute die weiterentwickelte Kehrseite der Doktrin: Die USA dürfen überall auf der Erde eingreifen, auf allen Kontinenten, und andere Staaten dürfen dabei nicht stören.[4]

Hitlers Kronjurist konnte das auch

Hitlers Kronjurist Carl Schmitt begründete nach dem US-Vorbild das Völkerrecht des NS-Regimes: Die Monroe-Doktrin sei »der Präzedenzfall eines völkerrechtlichen Großraumprinzips«. Auch für die Außenpolitik des Deutschen Reiches gelte das »Interventionsverbot für raumfremde Mächte«. Dazu gehörte wie bei der Monroe-Doktrin auch das Recht, selbst in anderen Staaten zu intervenieren. Die Annexionen und Besetzungen anderer Staaten durch Hitler-Deutschland beurteilte Schmitt als »bedeutende Bestätigung« der Monroe-Doktrin.[5]

Die Eroberungen

Wir können hier nicht alle Eroberungen aufzählen, mit denen die USA ihr zunächst kleines Territorium im Osten Nordamerikas auf schließlich 50 Staaten und ein vielfach größeres Territorium räuberisch erweiterten. Wir beschränken uns auf wichtige Stationen.

Texas, Florida | Texas befreite sich von der spanischen Kolonialherrschaft und schloss sich Mexiko an, das sich 1821 ebenfalls von den Spaniern befreit und 1824 eine Republik gegründet hatte. Naiverweise könnte man annehmen, dass die USA eine solche antikoloniale Befreiung und Republikgründung geschätzt hätten, da sie sich doch ebenso aus kolonialer Vorherrschaft befreit und eine Republik gegründet hatten. Doch die USA waren und sind keine antikoloniale Kraft, sie tun nur so, falls es gerade passt.

In diesem Kontext entstand eine weitere Rechtfertigung von exterritorialer Gewaltanwendung: Es sei die »offensichtliche Bestimmung« (*manifest destiny*) der Nation, sich im göttlichen Auftrag auszubreiten und den »gesamten Kontinent in Besitz zu nehmen, den die Vorsehung uns für die Verbreitung des großen Experiments Freiheit … anvertraut hat.« Diese göttliche »Vorsehung« sollte legitimieren, dass die USA den Siedlern im Westen bis zum Pazifik in den noch nicht annektierten Gebieten das Licht der Zivilisation bringen und wilde Tiere und Indians vertreiben dürfen.[6]

Mexiko hatte die Zuwanderung aus den USA in die dünn besiedelte Gegend zunächst gefördert. US-Amerikaner kauften Land und stellten eine Armee auf. Als Oberbefehlshaber beriefen sie den US-General und Politiker Sam Houston. Sie konnten sich auf die Verschwörung mit der Regierung in Washington und deren Militär verlassen und erklärten Texas 1836 zur unabhängigen Republik. Sie wurde 1845 von den USA als Bundesstaat annektiert. Gegen die indigenen Seminolen in Florida führten die USA einen jahrzehntelangen Krieg und erklärten ebenfalls 1845, noch mitten im Krieg, Florida zu einem neuen Bundesstaat.

Kalifornien, Arizona, Nevada, Utah… | Dadurch weiter frech geworden, führten die kolonialen Eroberer Krieg gegen ganz Mexiko. In mehreren Schlachten zwischen 1846 und 1848, gipfelnd in der Besetzung der Hauptstadt Mexiko-Stadt, besiegten die technisch überlegene US-Armee und die US-Marine die Republik Mexiko. Die Army wurde auf 100.000 Soldaten ausgebaut, die bisher kleine US-Marine wurde zur international agierenden Seemacht erweitert. Kriegsverbrechen etwa der »Texas Rangers« an der Zivilbevölkerung gehörten zum militärischen Vorgehen.

In Kalifornien lebten zu der Zeit etwa 25.000 Indigene, 10.000 Mexikaner und 500 Siedler.[7] Letztere gingen nach der Texas-Methode vor: Sie erklärten Kalifornien zur Republik, die Regierung in Washington schickte die Army als Schutz, und auch Kalifornien wurde als US-Staat annektiert, neben Arizona, Nevada, Utah und Teilen der heutigen Bundesstaaten New Mexico, Kansas, Colorado und Wyoming – alles in allem eine Halbierung Mexikos.

Der Staat, der sich vom englischen kolonialen Raubstaat gelöst hatte, konstituierte sich selbst als Raubstaat. Später nahm diese Expansion andere Formen an, die nicht zur formellen Integration in das US-Staatsgebiet führten, sondern etwa so aussahen:

- annektierte Territorien und Inseln als »Überseegebiete«,

- weltweit anderen Staaten mehr oder weniger freundlich oktroyierte Militärstützpunkte und
- Filialen von US-Konzernen, die sich in anderen Staaten möglichst wenig und nur teil- und zeitweise pragmatisch an die dort geltenden Gesetze halten – oder eben nicht.

America First, American Century …
Spätere Ausprägungen dieses Selbstverständnisses sind Formeln wie *America First*. Sie werden besonders in zugespitzten historischen Situationen aus der Mottenkiste der US-Expansion hervorgeholt.[8]

Dies gilt auch für *American Century*. In Anlehnung an das erdumspannende britische Imperium und dessen Anspruch auf Imperial Century wird auch diese Formel seit dem 20. Jahrhundert geopolitisch erweitert. So erklärte der Medientycoon Henry Luce in seinem Artikel »The American Century« 1941: »Die US-Demokratie wird ihr geheimnisvolles Werk (mysterious work) verrichten, um das Leben der Menschheit vom Niveau der Tiere zu dem Niveau zu erheben, das der Psalmist als etwas unterhalb der Engel bezeichnete.«[9]

2.
Systemischer Verfassungsbruch: »God's own Country«

Zu den Legenden der Supermacht gehört ihre Entstehung in christlicher Unschuld, mit der Bibel in der Hand.

Die »Pilgerväter«
Nach der Legende errichteten die »Pilgerväter« eine feste Siedlung in der britischen Kolonie Nordamerikas. Radikale englische Puritaner wollten eine andere Vermögensverteilung, betrachteten sich als Heilige und erklärten, dass jede Kirchengemeinde ihr eigenes Verhältnis zu Gott habe, ohne die Vermittlung durch Bischöfe, die in England vom König eingesetzt wurden. 102 Pilger segelten im Jahre 1620 mit der »Mayflower« nach Nordamerika. Ihre Siedlung bei Plymouth im heutigen Bundesstaat Massachusetts nannten sie »God's own Country«, Gottes eigenes Land.

Zunächst ertauschten sie sich Nahrungsmittel von erstaunten und freundlichen Ureinwohnern. Nach einigen Jahren, so ging es außerhalb der Legende allerdings weiter, plünderten die Siedler die Vorratslager der Indianer und führten Krieg. Die Vermischung mit den einheimischen Religionen galt als Schaden für die christliche Seele. Verschwörungstheorien wurden verbreitet: Die Indianer wollen uns töten. Dafür konnte man Anlässe heranziehen: Indianer töteten durchaus Siedler, wenn diese ihnen Land und Lebensmittel raubten. Die Siedler rechtfertigten deshalb Präventivschläge und vernichteten Ernten der Ureinwohner. Der britische Gouverneur genehmigte das gern. Zum Beispiel im Mystic-Massaker von 1637 erschossen und verbrannten die Milizen der Pilgerväter etwa 700 Menschen, die Überlebenden wurden versklavt. Mit diesem heiligen Sieg über den Stamm der Pequot begann zudem die Ausrottung der Native Americans.[10]

Die Pilgerväter feierten den mörderischen Sieg an ihrem Thanksgiving-Tag 1637, einem traditionellen Feiertag, als »süßes Opfer und wir beteten alle zu Gott, um ihm für seinen Beistand zu danken«.[11]

Mit der Bibel und dem Gottesbezug wurden Landeroberung, Tötung und Versklavung anderer Ethnien, hier der verschiedenen Indianerstämme, gerechtfertigt. Die Legende der »Pilgerväter«, die freundlich zu den Ureinwohnern gewesen sein sollen, wurde erst im 19. Jahrhundert inszeniert. Der staatliche Thanksgiving-Feiertag in den USA beruft sich auch auf die geschönte Thanksgiving-Feier der »Pilgerväter« von 1637.

US-Verfassung ohne Gottesbezug, eigentlich…

Die US-Verfassung von 1787 enthält keinen Gottesbezug. Sie beginnt aufklärerisch, demokratisch und weltlich mit »Wir, das Volk«.

So setzt sie sich vom Gottesgnadentum der europäischen Monarchien ab. Im ersten Zusatz zur Verfassung von 1791 heißt es: Der Kongress darf keine Gesetze beschließen, die die Freiheit der Meinung, der Presse, der Versammlung und der Religion einschränken; und es darf kein Gesetz geben, »das die Einführung einer Staatsreligion zum Gegenstand hat«.

Doch die Verfassung wurde und wird nachhaltig verletzt, bis heute. In der Nationalhymne von 1812, die bis heute gilt, heißt es: »das vom Himmel gerettete Land« und »Unser Wahlspruch soll sein: In Gott liegt unser Vertrauen.«

Vergöttlichung des Staatsgründers: Washingtons Himmelfahrt

Nach dem Sieg der Nordstaaten im Bürgerkrieg 1865 wurde Staatsgründer George Washington in einem Monumentalgemälde vergöttlicht. Bekleidet mit einem Purpur-Anzug fährt er in den Himmel auf. Dabei wird er begleitet von der römischen Göttin der Freiheit, Libertas, und der griechischen Göttin des Sieges, Nike, sowie von 13 Jungfrauen, die die 13 Gründungsstaaten der USA symbolisieren. Das Gemälde ziert seitdem die Kuppel des Kapitols, des Parlamentssitzes, in Washington. Diese diffuse Christlichkeit holt sich andere Gottesvorstellungen hinzu, hier die der römischen und griechischen Sklavenhaltergesellschaften, später etwa auch die jüdische; und während die Christlichkeit zunächst protestantisch geprägt war, wurde im 20. Jahrhundert mit der Förderung der Diktaturen von Mussolini, Franco, Salazar und Piłsudski und den neuen Beziehungen zum Vatikan die katholische Variante hinzugenommen.* (siehe S. 167-199)

Präsidenten- und Soldateneid: »So help me God«

Alle Präsidenten seit George Washington haben ihren Amtseid auf die Bibel geleistet mit der Formel »So help me God«. Nur ein einziger Präsident machte eine Ausnahme: Quincy Adams schwor 1825 auf die Verfassung statt wie üblich auf die Bibel.

Alle Soldaten schwören nach der Grundausbildung, dass sie die Verfassung schützen werden – mit derselben Formel »So help me God«. Army, Air Force und Marine bezahlen Militärgeistliche im Offiziersrang. Die Kirchen sind staatsgeschützt und steuerfrei. Der US-Gott segnet jeden Krieg.

* Deshalb u. a. förderten die USA nach dem 2. Weltkrieg katholische Parteien in Europa, und zum ersten Mal wurde mit J. F. Kennedy ein Katholik zum US-Präsidenten gewählt.

Gegen die Sowjetunion: »In God we Trust«

Auf dem Höhepunkt des Kampfes gegen die »bolschewistische Gefahr« und den »gottlosen Kommunismus« in der Sowjetunion beschloss 1956 der US-Kongress: Der offizielle Wahlspruch des Staates sei »In God we trust«.

Gegenüber dem auch vom Vatikan als gottlos angeprangerten Sozialismus wollten die US-Kapitalisten die religiös-göttliche, höhere Ordnungsidee verkörpern. Im 19. Jahrhundert war schon vereinzelt der Wahlspruch auf Münzen geprägt worden. Nun aber wird er seit 1957 bis heute auf das symbolisch wichtigste Zahlungsmittel gedruckt, die Dollar-Noten: Gott und Dollar sind eins. Auch etwa in die 2001 ausgegebene 5-Dollar-Liberty-Goldmünze ist der Spruch IN GOD WE TRUST eingeprägt.

Wenn der US-Präsident die Rede zur Lage der Nation hält, dann steht er auf der Rednertribüne des Kapitols unter dem in Stein gemeißelten Spruch »In God we trust«.

Geschmeidig machte der Gesetzgeber zu diesem Wahlspruch kein Gesetz, sondern eine Erklärung (declaration). Gegen Kritik urteilte der Oberste Gerichtshof: Bei diesem Wahlspruch handle es sich nicht um eine Staatsreligion, sondern er habe »zeremoniellen Charakter«. Eine solche juristische Absegnung von Gesetzes- und Verfassungsbruch gehört zum Handwerkszeug von »God's own Country«.

Obama: Mit Gott die Welt führen und ordnen

Im herrschenden Selbstverständnis sind die USA von Gott selbst auserwählt: Dazu gehört die seit Staatsgründung bei wichtigen Anlässen eingesetzte Formel: Wir sind »God's own Country« – Gottes eigenes Land. Eine andere Formel dafür aus der Bibel, mit Bezug auf die Bergpredigt des Jesus Christus: Die USA sind »Die Stadt auf dem Hügel« (city upon the hill). Das ist das modernisierte Gottesgnadentum des feudal-»christlichen« Mittelalters.

Der besonders aufgeklärt auftretende Präsident Barack Obama zum Beispiel rief den zukünftigen Offizieren der Militärakademie West Point am 28.5.2014 während der US-geführten Kriege im Irak und in Afghanistan zu: »Gott möge Sie segnen. Gott segne unsere Männer und Frauen, die die Uniform tragen. Und Gott segne die Vereinigten Staaten von Amerika.«[12]

Dabei bezeichnete Obama wie andere Präsidenten die USA als »die außergewöhnliche Nation«. Sie steht über allen anderen Nationen (Exceptionalism). Wie der Papst der katholischen Kirche als Vertreter Gottes auf Erden und deshalb als unfehlbar gilt, so verstehen sich auch die US-Führungen als Stellvertreter Gottes und als unfehlbar, wenn sie ihrer Aufgabe nachgehen, als einzige Supermacht die Welt führen und ordnen zu müssen – auch wenn dazu Raub, Militäreinsätze, Kriege, Massaker und Versklavung nötig sind oder sich als Kollateralschäden »ereignen«. Das ist alles erlaubt, denn: Wir handeln im Auftrag Gottes.

»Die Welt vom Bösen befreien«

Doch die US-Führung stellt sich sogar über Gott. Sie will, was dem christlichen Gott gar nicht zugeschrieben wird, die Welt von allem Bösen befreien, das Böse ganz ausrotten, »to rid the world of evil«, wie es etwa Präsident George W. Bush 2001, drei Tage nach 9/11, verkündete[13] und wie es alle seine Nachfolger – Obama, Trump und Biden – ebenfalls wiederholten. Und was das jeweils aktuell Böse oder der Böse ist, entscheidet die US-Führung. So wird vielgestaltig und nachhaltig im Namen Gottes die Verfassung gebrochen.

Andere können das auch, z. B. Hitler: »Gott mit uns«

Wir wollen gerecht sein: Auch andere Politiker bezogen sich auf Gott, auch in der eigentlich demokratischen Epoche nach dem 1. Weltkrieg. So berief sich auch der seit den 1920er Jahren von US-Akteuren geförderte und später auch aufgerüstete Adolf Hitler in »Mein Kampf« und in seinen Reden auf den Willen und die Schöpfung Gottes.

Hitler suchte und fand die christlichen Großkirchen als Mittäter seines kapitalistischen Unrechtssystems. Dessen Soldaten wurden auf den christlichen Gott eingeschworen. »Wir haben Soldaten nötig, gläubige Soldaten. Gläubige Soldaten sind die wertvollsten. Die setzen alles ein«, bemerkte Hitler 1933 zum katholischen Bischof Wilhelm Berning, der dem zustimmte und von Hitler zum Preußischen Staatsrat berufen wurde.[14] »Gott mit uns« stand auf den Koppelschlössern der Wehrmachtssoldaten, die Europa und die »gottlose« Sowjetunion überfielen.

3.
Die Demokratie des Sklavenstaats

Die Legende lautet: Die US-Gründungsväter haben durch ihre Revolution gegen die Kolonialmacht England eine Demokratie begründet.

In der Unabhängigkeitserklärung von 1776 heißt es wie in der damals populären Aufklärung Westeuropas: »Folgende Wahrheiten halten wir für selbstverständlich: alle Menschen sind gleich geschaffen; alle Menschen wurden von ihrem Schöpfer mit unveräußerlichen Rechten ausgestattet – dazu gehören Leben, Freiheit und das Streben nach Glück. Zur Sicherung dieser Rechte werden Regierungen unter den Menschen eingesetzt, die ihre rechtmäßige Macht aus der Zustimmung der Regierten herleiten. Wann immer eine Regierungsform sich als diesen Zielen abträglich erweist, ist es das Recht des Volkes, sie zu ändern oder abzuschaffen und eine neue Regierung einzusetzen.« Das wäre tatsächlich Demokratie und die grundsätzliche Anerkennung der Menschenrechte.

US-Verfassung: Sklaven sind erlaubt

Die Unabhängigkeitserklärung mit Bezug auf die Menschenrechte war nur eine populistische Absichtserklärung. Als es ernst wurde, war sie vergessen. Die Aussagen, dass alle Menschen gleich geschaffen sind, dass sie unveräußerliche Rechte haben und dass das Volk das Recht und die Pflicht hat, ungerechte Regierungen zu beseitigen – all dies ist in der Verfassung von 1787 weder dem Wortlaut noch dem Sinne nach enthalten. Im Gegenteil: In der ganzen Verfassung kommen die Begriffe »demokratisch« und »Demokratie« nicht vor.

Zudem: Weder in der Unabhängigkeitserklärung noch in der Verfassung wird die Abschaffung der Sklaverei gefordert, sie wird gar nicht erwähnt. Das Recht, Sklaven zu handeln, zu besitzen, auszubeuten und mit dem Tode zu bestrafen, gehörte zu den selbstverständlichen »Menschenrechten« der US-Gründungsväter. Der Sklavenimport in die USA explodierte nach Inkrafttreten der Verfassung. »Die amerikanischen Sklavenhalter besaßen 1820 mit 1,5 Millionen Sklaven etwa dreimal so viel Sklaven wie 1787.«[15]

In der Verfassung heißt es im Gegensatz zur Unabhängigkeitserklärung: Der Kongress muss für »Ruhe im Inneren« sorgen (Präambel) und »Aufstände unterdrücken« (Artikel I,8). Und nun ist auch nicht mehr von *allen* Menschen und ihrer Gleichheit die Rede, sondern davon, dass der Staat »das Glück der Freiheit *uns selbst* und *unseren* Nachkommen« bewahren muss.[16]

Kapitalisten sorgen erst einmal für ihre Minderheit

Wer war im US-Sklaven-Staat mit »uns selbst« gemeint? Die US-Gründerväter waren aristokratische Sklavenhalter, Land- und Privateigentümer, Rassisten, Patriarchen. Für sie waren die allermeisten Menschen keine gleichwertigen Menschen. Das galt zunächst gegenüber den Ureinwohnern des nordamerikanischen Kontinents, dann für die schwarzen Sklaven, dann für die importierten chinesischen Kulis, auch für Menschen ohne nennenswertes Privateigentum (Bedienstete), für Frauen sowieso und schließlich vor allem für die, die nicht US-Staatsbürger waren.

Die Mehrheit der 55 Gründungsväter waren reiche Anwälte, Eigentümer von Sklaven, Fabriken, Ländereien und Schiffsunternehmen. Die Hälfte war als Verleiher von Geld gegen Zins tätig und 40 von ihnen besaßen Anleihen des Staates, den sie gründeten.[17]

Der erste Präsident, General George Washington, war der Sohn eines reichen Sklavenhalters. Der hatte sein Land »Indianern« geraubt. Für die Staatsgründer waren die Indians »wilde Tiere«, die auf die eine oder andere Weise – Enteignen, Aushungern, Töten, Umsiedeln – zum Verschwinden gebracht werden durften.

James Madison, der als Vater der Verfassung gilt und 4. US-Präsident wurde, erklärte: »Die beiden Rassen (Weiße und Schwarze, WR; Indigene existierten sowieso eigentlich nicht) können nicht gemeinsam existieren, wenn beide frei und gleich sein sollen« – so schrieb er 1826 an den bekannten Gegner der Sklaverei, den Marquis de Lafayette.

Die Legende von der Tea Party

Meistens wird die Revolution der Nordamerikaner gegen die britische Kolonialmacht anhand der *Tea Party* dargestellt: 50 Aktivisten stürmten im Hafen von Boston 1773 britische Schiffe und warfen drei Schiffsladungen Tee ins Wasser. Das war ein Protest gegen die Importzölle, die das britische Mutterland in Boston erhob. Gegen solche britischen Zölle hatten die Kolonisten in Nordamerika schon seit Jahren protestiert. Sie waren zwar britische Bürger, argumentierten aber: Wir sind wahlberechtigt, aber wegen der Entfernung können wir nicht wählen und sind nicht im britischen Parlament vertreten. Also brauchen wir uns auch nicht an dessen Beschlüsse zu halten. Nach diesem Protest, so die herrschende Darstellung, machten sich die Kolonisten unabhängig, veröffentlichten 1776 die Unabhängigkeitserklärung und gründeten 1787 die USA.

Doch die nordamerikanische Revolution begann schon früher und wurde von anderen Gruppen geführt als den Aktivisten der Tea Party:[18] Lange bevor sich die Reichen zum Protest aufschwangen, waren ganz andere landesweit aktiv: Ureinwohner, Seeleute, Arbeiter, Sklaven. Aber das wird bis heute verdrängt:

Ureinwohner: Ein Indiz ist die Tatsache, dass die Teilnehmer der Tea Party sich als Angehörige der Mohawks verkleidet hatten. Die Mohawks hatten sich gegen die französische Kolonialmacht gewehrt. Indians galten damals deshalb als Freiheitskämpfer und als Symbol der Abgrenzung von den europäischen Kolonialmächten.

Seeleute: Seit den 1740er Jahren kämpfte das britische Kolonialreich um seine Ausweitung. Es führte Kriege gegen Spanien und Frankreich. Dazu brauchte es mehr Soldaten, wozu die eigene Bevölkerung nicht ausreichte oder »zu schade« war. Deshalb waren Militärtrupps unterwegs, um Männer in die Armee zu pressen. Eine wichtige Zielgruppe waren die vielen Seeleute. Diese hatten aber vielfache Kampferfahrung: Auf den Handelsschiffen mussten sie gegenüber gewinngierigen Kapitänen und Schiffseignern für Sold, Verpflegung und bessere Arbeitszeiten kämpfen. Trupps von bis zu 300 Seeleuten gingen gegen die Pressversuche vor, bewaffneten sich mit Knüppeln und Entermessern, besetzten Schiffe der Royal Navy, verprügelten Sheriffs, nahmen Offiziere als Geiseln. Sie kaperten Boote der Presstrupps und befreiten Gepresste, holten solche Boote an Land und verbrannten sie. 1747 versammelten sich in Boston etwa 3.000 Menschen bei einer solchen Aufstandsaktion. Boston war schon vor der Tea Party die »Metropole des Aufruhrs«. In den 1760er Jahren streikten Seeleute in London, dem damals größten Hafen der Welt, und in nordamerikanischen Häfen gegen niedrigen Sold, überlange Arbeitszeiten und gefährliche Arbeitsbedingungen. 1768 kam es zu einem Generalstreik.

Arbeiter: 1775 streikten in Liverpool Arbeiter gemeinsam mit Seeleuten gegen Lohnkürzungen. Unter den Seeleuten waren auch Schwarze. Sie protestierten auch gegen Liverpooler Kaufleute, die im Sklavenhandel ihr Geld verdienten. Die Seeleute, die in vielen Häfen diesseits und jenseits des Atlantiks herumkamen, waren wichtig für die Ausbreitung revolutionärer Ideen und Praktiken. In Nordamerika verdingten sich entlaufene Sklaven als Seeleute und Hafenarbeiter und nahmen ebenfalls an Protesten und Aufständen teil.

Sklaven: Während der 1760er Jahre organisierten Sklaven zunächst Aufstände in Jamaika, Bermuda, Surinam, Britisch Honduras, Grenada, St. Vincent, Tobago, St. Kitts und anderen Plantageninseln. Die Berichte erregten in Boston Aufsehen. Sklaven und Sklavinnen in Nordamerika entflohen ihren Herren in großer Zahl, organisierten in den 1770er Jahren Aufstände in Virginia, New Jersey, South Carolina, Maryland, New York, Norfolk und auch in Boston. Teilweise halfen weiße Seeleute bei der Waffenbeschaffung. Bekannt wurde die öffentliche Predigt des Quäkers James Otis 1761 in Boston: Alle Menschen »ob weiß oder schwarz« sind »von Naturrechts wegen frei geboren«. Otis forderte zur Freilassung der Sklaven auf und schrieb ihnen das Recht auf Gewalt zu.

Echte Menschenrechtler: Ein junger Mann namens Samuel Adams nahm die Aufstandsaktion in Boston 1747 zum Anlass, die Wochenzeitschrift *The Independent Adviser* zu gründen. Er erweiterte die von den nordamerikanischen Kolonisten geforderten »Rechte der freien Engländer« zu »Rechten aller Menschen«. Er hatte gesehen, dass zu den Aufständischen Menschen verschiedener Hautfarbe und Herkunft (Afrika, Schottland, Irland, England, Holland) gehörten. Er argumentierte, dass die Aufständischen das Recht auf Widerstand haben, auch zur Anwendung von Gewalt in direkten Aktionen. *The Adviser* schrieb vom Naturrecht auf Selbstverteidigung und Gleichheit. Adams forderte ein Agrargesetz zur gerechten Verteilung des Landes. Im Januar 1748 hieß es im *Adviser*: »Alle Menschen sind von Natur aus gleichrangig; mit dem gleichen Anteil an Freiheit geboren und mit fast gleichen Fähigkeiten ausgestattet.« Dies nahm die ersten Worte der Unabhängigkeitsbewegung von 1776 vorweg.

Demokratisch-menschenrechtliche Forderungen wurden in Nordamerika somit schon vor der Unabhängigkeitserklärung erhoben, allerdings nicht durch die Kolonisten, die zwar die Stimmung aufgriffen, aber alle sozialen Forderungen und die ursprünglichen Revolutionäre verdrängten.

Keine demokratische Revolution

Die »Revolution« der US-Gründungsväter hatte nicht zu einer Demokratie geführt, sondern nur zu einer Neuorganisation der besitzenden und herrschenden Klasse. Sie wollte Steuern und Zölle nicht mehr an ihre britischen Ober-Kolonialherren entrichten. Die US-Demokratie war ein modernisierter kolonialer Sklavenstaat. Es fand somit keine soziale Revolution statt, kein Wechsel der ungleichen Eigentumsordnung, keine Befreiung der am stärksten Unterdrückten – im Unterschied zur Französischen Revolution, die kurz danach stattfand.

Wahlrecht hatten nur die vermögenden Steuerzahler. Die Mehrheit der Menschen blieb aus dem Menschsein und der demokratischen Gestaltungsmacht ausgeschlossen. Das galt sogar auch für viele Menschen, die in den Kriegen gegen die Engländer mitgekämpft hatten: kleinbäuerliche Siedler und Handwerker, aber auch Indigene und Schwarze, die in eigenen Truppenverbänden organisiert wurden: Von ihnen hatten ohnehin wenige den Krieg überlebt. Man hatte sie als Kanonenfutter eingesetzt und »befreit« – befreit zum Tode.[19]

Das Recht auf Sklavenhaltung blieb. Präsident Washington etwa ordnete kurz vor seinem Tod 1799 in seinem Testament an, dass seine und seiner Frau 317 Sklaven auf ihrem Gut Mount Vernon nach seinem und seiner Frau Tod freigelassen werden.[20] So konnte er sein Verfassungsrecht auf die Verfolgung seines persönlichen Glückes während seines Lebens mithilfe von Sklavenarbeit weiterverfolgen. Nur für die Zeit nach seinem Tod war er großzügig.

Die US-Demokratie ist seit ihrer Gründung eine Kapital-Demokratie: Die Demokratie kann eingeschränkt und auch abgeschafft werden, auch etwa durch Förderung von Rassismen und Faschismen. Die Interessen der führenden US-Kapitalisten (aber nicht der Kapitalisten in anderen Staaten) sind dagegen die unverrückbare Konstante.

4.
Sklavenbefreiung als Vorwand

Die »Vereinigten« Staaten waren nicht so brüderlich vereinigt, dass sie nicht auch gegeneinander einen mörderischen Krieg führen konnten. Das verfassungsmäßig geschützte Privateigentum bedeutete auch: Die mächtigeren Privateigentümer können die weniger mächtigen Privateigentümer zurücksetzen, enteignen, ja auch bekriegen, innerhalb und außerhalb des Staatsgebietes. Unter kapitalistischen »Brüdern und Schwestern« sind Mord und Totschlag als Möglichkeit immer angelegt.

Zum Privateigentum gehören auch Sklaven

Die Verfassung von 1787 garantierte mit dem Privateigentum indirekt also auch das Eigentum an Sklaven. Die Staatsgründer aus dem Norden waren ebenso Sklavenhalter wie die aus den Südstaaten: Dort in Delaware, Maryland, Virginia, North Carolina, South Carolina und Georgia wurde die Plantagenwirtschaft – Baumwolle, Tabak, Zuckerrohr und Reis – lediglich in größerem Umfang mit Sklaven betrieben als in den Unternehmen und Großhaushalten des Nordens.

Der Regierungssitz in Washington, das Kapitol, wurde durch Sklaven errichtet. Der erste Präsident George Washington kam aus einer reichen Sklavenhalterfamilie im Südstaat Virginia. Er hatte zwar nur

10 Sklaven von seinem Vater geerbt, zuletzt gebot er aber zusammen mit seiner Frau über die bereits erwähnten 317 Sklaven. Wenn sie entlaufen waren, ließ er sie einfangen.[21] Mehrere Sklaven trennte er von ihren Familien und verkaufte sie in die Karibik.[22]

Präsidenten als Sklavenhalter

Thomas Jefferson, der dritte Präsident, Verfasser der Unabhängigkeitserklärung, stammte aus einer reichen Familie von Tabakpflanzern und hatte über 200 Sklaven.[23] Er gab nur die vier Kinder frei, die er außerehelich mit einer schwarzen Sklavin, der Zofe seiner Ehefrau, gezeugt hatte.[24]

Von der Staatsgründung bis zum Bürgerkrieg hatten die USA 15 Präsidenten. Neben Washington und Jefferson waren weitere sechs vor und neben ihrem Präsidentenamt ebenfalls Sklavenhalter: James Madison, James Monroe, Andrew Jackson, John Tyler, James Polk und Zachary Taylor. Im Kongress stellten Sklavenhalter die Mehrheit, und auch der einflussreiche US Supreme Court (Oberster Gerichtshof) wurde von Sklavenhaltern wie John Marshall und Roger Taney dominiert.

Nordstaaten stimmen der Aufnahme weiterer Sklavenhalterstaaten zu

Deshalb hatten auch die Nordstaatler keine Bedenken, zwischen 1817 und 1857 weitere Sklavenhalterstaaten in den Bund aufzunehmen: Mississippi, Alabama, Missouri, Arkansas, Florida, Texas und Kansas.

In Texas hatte die mexikanische Regierung die Sklaverei abgeschafft: Aber nachdem der US-Kongress Texas 1845 annektiert hatte, wurde sie dort wieder eingeführt.

1850 beschloss der Kongress den *Fugitive Slave Act* (Gesetz über flüchtige Sklaven): Danach mussten die Behörden der Nordstaaten Sklaven, die aus den Südstaaten nach Norden geflohen waren, einfangen und an die Südstaaten bzw. ihre Herren überstellen.

Menschenrechtlicher Widerstand: Erfolglos

Eine Bewegung aus Intellektuellen und einfachen Bürgern forderte zwar die Abschaffung der Sklaverei, aber erfolglos.

Der bekannteste intellektuelle Gegner der Sklaverei ist Thomas Paine. Er war nie Sklavenhalter. Er argumentierte menschenrechtlich und hielt alle verkirchlichten Religionen – er nannte die jüdische, türkisch-muslimische, römisch-katholische, protestantische, griechisch-orthodoxe – für Erfindungen, um Menschen zu versklaven und Macht und Profit zu rechtfertigen. Er starb entmutigt, einsam und verarmt.[25]

Größere Kapitalisten gegen kleinere Kapitalisten

Die Nordstaaten waren industriell, technologisch, wissenschaftlich, bankentechnisch und vom Umfang des einsetzbaren Kapitals den Südstaaten überlegen. Der Handel, auch der Sklavenhandel, war in den Nordstaaten konzentriert.[26] Die Nordstaaten hatten zudem mehr als doppelt so viele Einwohner. Banker und Unternehmer des Nordens wollten den Süden als Markt- und Investitionsstandort erschließen. Ein Auslöser des Bürgerkriegs war die Wirtschaftskrise, die seit 1857 die Nordstaaten erfasst hatte.

Die Regierung unter Lincoln nutzte auch andere Umstände: Die Kolonialmacht England hatte die Sklaverei 1833 abgeschafft. Auch die zweitwichtigste Kolonialmacht, Frankreich, hatte 1848 die Sklaverei abgeschafft.

Präsident Lincoln: Kein Gegner der Sklaverei

Abraham Lincoln, vor und während des Bürgerkriegs Präsident, gilt als Gegner der Sklaverei, war es aber nicht. Er war Protektionist im Interesse der nordstaatlichen Industrie. Als Anwalt vertrat er die Interessen nordamerikanischer Eisenbahngesellschaften, die weitere Investitionsmöglichkeiten suchten. Als Kompaniechef in einem der Kriege gegen die indigene Bevölkerung erwies er sich nicht als Menschenfreund. Er wollte den US-Staat als Einheit und Machtfaktor erhalten.

Während des Bürgerkriegs schrieb Lincoln am 22.8.1862 einen offenen Brief an die *New York Tribune* des Sklavereigegners Horace Greely: »Mein oberstes Ziel in diesem Krieg ist es, die Union zu retten; es ist nicht, die Sklaverei zu retten oder zu zerstören. Könnte ich die Union retten, ohne auch nur einen Sklaven zu retten, so würde ich es tun; könnte ich sie retten, indem ich alle Sklaven befreie, so würde ich es tun; und könnte ich die Union retten, indem ich einige Sklaven befreite und andere nicht, so würde ich auch das tun.«[27] Freilich war ihm von Nutzen, dass Sklavereigegner wie Greely die öffentliche Meinung moralisch gegen die Südstaaten aufbrachten.

Der bisher größte Krieg der Menschheit

Die Kriegführung der Nordstaaten gegen die »Bruderstaaten« war extrem gewalttätig. Auch die Zivilbevölkerung galt als Feind. Städte wurden zerstört, den Soldaten des Nordens wurden Plünderungen freigegeben. Farmen wurden abgebrannt, Ernten vernichtet, Vieh getötet, Frauen vergewaltigt. Gefangene lieferte man gegenseitig nicht aus, sondern ließ sie verhungern.

Es war ein »totaler Krieg«. 620.000 nordamerikanische Soldaten wurden in diesem Krieg getötet, mehr als in jedem anderen Krieg, den die USA später führten, seien es der 1. und der 2. Weltkrieg, der in Vietnam, Irak, Afghanistan und anderswo. Die zivilen Toten wurden übrigens nicht genau gezählt – wie in späteren US-Kriegen ebenso.

Sklaven und fremde Soldaten als Kanonenfutter

Gleichzeitig förderte Lincoln, dass Schwarze die Nordstaaten-Armee verstärken. 179.000 Schwarze konnten sich damit aus dem Sklavenstatus befreien. Auch wenn sie einen niedrigeren Status erhielten – nur die Hälfte des Soldes der Weißen, kein Aufstieg in höhere Ränge –, nahmen sie oft begeistert teil. Sie wurden in rein schwarzen Einheiten zusammengefasst und als erste in die Kämpfe geschickt.[28] So nutzten die nordstaatlichen Kapitalisten die Freiheitshoffnungen von Unterdrückten – wirklich befreit wurden sie nicht.

Die Nordstaaten schickten sowieso möglichst wenig eigene Männer in ihren Krieg. Man holte Freiwillige als Kanonenfutter aus Deutschland, England, Kanada, Polen, Frankreich, auch aus China, Mexiko und Hawaii – insgesamt etwa 600.000 von 2 Millionen. Das galt fast ausschließlich für die Armee der Nordstaaten.[29]

Totaler Krieg zwischen kapitalistischen Brüdern

Kaum jemand staunt über die Tatsache, dass der Krieg zwischen »demokratischen Bruderstaaten« überhaupt möglich war und dass er zudem der bis dahin nach Zahl der militärisch und zivil Getöteten und Verwundeten und nach Materialeinsatz der größte Krieg der Menschheit und ein grausamer totaler Krieg war.[30]

Aber: Der US-Kapitalismus enthält den Keim des notfalls gnadenlosen Krieges gegen eigene Staaten – und später auch gegen »Verbündete«. Die Verbündeten oder gar »Freunde« einer kommenden und dann etablierten Supermacht sind immer in Anführungszeichen zu schreiben, können zu Gegnern werden oder werden auf vielfältige Weise geschädigt.

Kriegsanleihen durch europäische Banken: 7,3 Prozent Zinsen

Für die finanzierenden Banken und für die Unternehmer und Händler der Nordstaaten war der Krieg ein blendendes Geschäft. Die noch kleinen US-Banken wie Chase, Riggs und Metropolitan Bank und die staatlich beauftragte Agentur Jay Cook & Company verkauften die Kriegsanleihen vor allem in Europa, über Banken wie Seligman, Lazard Speyer-Ellissen, Morgan und Rothschild in London, Paris, Frankfurt und Amsterdam.[31] Die Dreijahres-Schuldanleihen, die Cook vermittelte, brachten 7,3 Prozent Zinsen jährlich.[32] Kredite für die Südstaaten besorgten vor allem die Banken Erlanger, Henry Schröder und auch Rothschild.[33]

Der unregulierte Kapitalismus als gesellschaftliche Ordnung bzw. Unordnung der minderheitlichen Gewinnabschöpfung ist auf Krieg angelegt, im Inneren wie im Äußeren. Der US-Kapitalismus machte mit dem Bruderkrieg einen wichtigen Schritt zur nachhaltigsten, heute mächtigsten Ausprägung dieser Art Kapital-Demokratie. »Seit 1776 war Amerika (gemeint sind die USA, WR) 222 von 239 Jahren im Krieg.«*

* Aus einer Erklärung der Kampagne »Vietnam full disclosure« der Veterans for Peace, die sich gegen die nachträgliche, erneute Rechtfertigung des Vietnamkrieges wendet: Die US-Regierung und das US-Militär unter Präsident Obama feierten 2015 das 50-jährige Jubiläum des Krieges gegen Vietnam, und zwar nicht dessen Ende, sondern des Beginns des US-Einsatzes.

Bürgerkrieg: Aufstieg der Multimilliardäre

Der Krieg der nordamerikanischen Bürger gegen die südamerikanischen Bürger war zugleich das blendende Geschäft der nordamerikanischen Bruder-Kapitalisten.

Die den Krieg mitorganisierenden Industriellen des Nordens ließen sich und ihre Söhne vom Kriegsdienst freistellen. Sie durften nicht der Todesgefahr ausgesetzt werden. Das ermöglichte die Lincoln-Regierung. Die Morgans, Rockefellers, Carnegies, Goulds, Fields, Armours, Huntingtons & Co. durften sich und ihre Söhne mit staatlicher Förderung vom militärischen Kriegsdienst freikaufen. Sie mussten lediglich aus der Portokasse irgendwelche Hungerlöhner bezahlen, die als Stellvertreter den Kriegsdienst leisteten.[34]

So gingen sie dem kapitalistischen Kriegsdienst nach und legten damit den Grundstein für ihren beispiellosen, »sagenhaften« Reichtum in den folgenden drei Jahrzehnten. Das »Land der unbegrenzten (kapitalistischen) Möglichkeiten« war endgültig geboren.

Karl Marx begriff nicht die Logik des US-Kapitalismus

Der Kapitalismuskritiker Karl Marx und seine Genossen schickten während des Bürgerkriegs namens der Internationalen Arbeiterassoziation an Präsident Lincoln zu dessen Wiederwahl 1864 eine Glückwunsch-Adresse: »Tod der Sklaverei!« sei »der triumphierende Schlachtruf Ihrer Wiederwahl!«[35] Marx weiter: Europas Arbeiter fühlen »instinktmäßig, dass an dem Sternenbanner das Geschick ihrer Klasse hing«. Marx fabulierte, »die Arbeiter« seien »die wahren Träger der politischen Macht im Norden« und fuhr fort: »Die Arbeiter Europas sind von der Überzeugung durchdrungen, dass, wie der amerikanische Unabhängigkeitskrieg eine neue Machtentfaltung für die Mittelklasse einweihte, so der amerikanische Krieg gegen die Sklaverei eine neue Machtentfaltung für die Arbeiterklasse einweihen wird«.

Doch entgegen dieser Marx'schen Gutgläubigkeit brachte weder die Unabhängigkeitsbewegung 1776ff. eine Machtentfaltung für die Mittelklasse noch brachte der Bürgerkrieg Arbeiter und Ex-Sklaven an die politische Macht. Marx verklärte Lincoln personenkultisch zur Arbeiterikone: »der starrsinnige, eiserne Sohn der Arbeiterklasse«. Zwar wurde Lincoln als Sohn einer Farmerfamilie in einer Holzhütte geboren. Aber als Anwalt, Eisenbahnlobbyist und Präsident der Industrie-Protektionisten-Partei der Republikaner war er politischer Agent der Kapitalisten. Marx lobte, dass die »20 Millionen Freien« im Norden sich nicht mehr der Oligarchie der 300.000 Sklavenhalter des Südens unterwerfen wollten – aber die meisten Einwohner der Nordstaaten einschließlich der Sklaven, Ureinwohner, Arbeiter, verschuldeter Bauern und Siedler waren keineswegs frei.

5. Nebenbei ein Völkermord

Die rassistischen Kolonialmächte Frankreich und Großbritannien hatten die Ureinwohner zwar bei Gelegenheit bekriegt. Aber den Völkermord praktizierte erst der US-Sklavenstaat.

Schon der erste Präsident Washington sah in den Indigenen keine Menschen. Sie hatten nicht das Recht auf Leben nach der US-Verfassung, ihnen sollten vielmehr alle Existenzgrundlagen genommen werden. »Unmittelbare Ziele sind die völlige Zerstörung und Verwüstung ihrer Siedlungen. Besonders wichtig wird es sein, ihre Feldfrüchte in der Erde zu vernichten und die Felder unbestellbar zu machen.«[36]

Der dritte US-Präsident, Thomas Jefferson, Verfasser der Unabhängigkeitserklärung, äußerte sich ähnlich: »Wir werden gezwungen sein, sie wie Tiere aus den Wäldern in die Felsengebirge zu treiben … Ich werde niemals aufhören, sie zu verfolgen!«[37] Sein Programm fasste er unter dem Motto *Removal!* zusammen: Entfernen! Andrew

Jackson gewann seinen Wahlkampf 1821 mit der Hauptforderung, die Indians zu vertreiben.[38] So führten die USA – Nord- und Südstaaten gemeinsam – zwischen 1814 und 1858 allein drei Kriege gegen die Seminolen in Florida. Sie wurden umso grausamer verfolgt, weil entlaufene Sklaven sich zu diesem Stamm geflüchtet hatten. Die US-Truppen zerstörten Dörfer, töteten Indians und schafften Sklaven zurück.

Mit Gesetz: Der Völkermord beginnt

1830 beschloss der Kongress den *Indian Removal Act* (Gesetz zur Entfernung der Indianer): Etwa 100.000 Indians wurden in Nordamerika in abgelegene Reservate zwangsumgesiedelt. Dies ging in den Völkermord über: Beim Transport wurde bewusst in Kauf genommen, dass wegen der schlechten Bedingungen tausende starben. In die Sümpfe treiben und dort verrecken lassen – das gehörte ebenfalls zu den Praktiken.

Während des Bürgerkriegs bekämpfte die Nordstaaten-Armee gleichzeitig auch die indigene Bevölkerung. Im Homestad Act (1862), ein Jahr nach Beginn des Krieges, wurde den Siedlern alles Land der Indians freigegeben. Somit war der »Bürgerkrieg« gegen die Südstaaten auch ein Enteignungskrieg gegen die Ureinwohner. Dafür ermordeten etwa am 29.1.1863 Nordstaaten-Truppen zwischen 250 und 400 Bewohner eines Dorfes (»Schoschonen-Massaker«).[39] Präsident Lincoln verfügte die Massenhinrichtung von 38 widersetzlichen Mitgliedern der Lakotas durch Erhängen.[40]

Landkauf und Eisenbahnen

Nach dem Sieg über die Südstaaten beschloss der US-Kongress 1871, mit Indians keine Landkauf-Verträge mehr abzuschließen. Zuvor hatte man solche zumindest der Form nach ausgehandelt, auch wenn die »Indianer« die Texte nicht verstanden und sich die US-Vertragspartner nicht daran hielten. Ziel war nun offiziell die Ausrottung (extermination) der »wild beasts«.

Private Eisenbahnunternehmen waren das zivile Hauptinstrument zur Erschließung des Westens. Die meisten Eigentümer waren Mitglied von Lincolns Republikanischer Partei und finanzierten sie.

Völkermord: Die Endlösung der Indianerfrage

Ab 1880 sprachen US-Generäle von der Endlösung des »Indianerproblems« (final solution of the Indian problem).[41] Die Generäle führten mit der Armee im Auftrag der Regierung einen »totalen Krieg« gegen die Ureinwohner – genauso wie einige Jahre zuvor gegen die Südstaaten. Ganze Dörfer wurden ausgelöscht. Nicht nur Männer, Frauen und Kinder wurden getötet, auch Hunde, Pferde und Büffel. Indigene wurden aufgehängt und durch Skalpabschneiden gedemütigt. Berühmt wurde das Massaker von Wounded Knee von 1890. In selben Jahr wurde auch der legendäre Häuptling Sitting Bull, der 1876 der US Army unter General Custer eine vernichtende Niederlage beigebracht hatte, bei einem Verhaftungsversuch im Reservat erschossen. Damit galt das »Indianerproblem« als »gelöst«.

Von den geschätzt ursprünglich knapp einer Million Ureinwohnern auf dem nordamerikanischen Territorium waren zum Ende des 19. Jahrhunderts nur etwa 250.000 Menschen übriggeblieben. Ob es sich hier um einen Völkermord handelt, ist »umstritten« – aber nur weil die US-Führung dies bestreitet.

Die völkerrechtliche Definition von Völkermord ist in der UN-Konvention über die Verhütung und Bestrafung des Völkermordes von 1948 enthalten.[42] Danach handelt es sich um Völkermord, wenn Handlungen gegen »eine nationale, ethnische, rassische oder religiöse Gruppe als solche ganz oder teilweise gerichtet« sind. Solche Handlungen sind: Tötung von Mitgliedern der Gruppe; zielgerichtet verursachte körperliche oder seelische Schäden; vorsätzlich auferlegte Lebensbedingungen, die ganz oder teilweise auf die Zerstörung gerichtet sind. Als unmittelbare Erfahrung lag der Konvention die Vernichtung der Juden durch das Deutsche Reich während des 2. Weltkriegs zugrunde. Völkermord verjährt nicht und muss vor einem Strafgerichtshof bestraft werden.

Nach dieser Definition handelt es sich beim Umgang mit den nordamerikanischen Ureinwohnern um Völkermord: Seit Beginn der Staatsgründung wiederholten US-Regierungen die Absichtserklärung zu Vertreibung und Vernichtung; Tötungen durch organisierten Militäreinsatz; Enteignung und Landraub; Entzug von Lebensgrundlagen; Zwangsumsiedlung in abgelegene Sondergebiete (»Reservate«) und Isolierung; Nichtgewährung oder Entzug von Bürgerrechten – und all dies dauerhaft.

Die USA haben die UN-Konvention 1988 ratifiziert, aber mit Vorbehalten: Betroffen sind nur Handlungen, die nach dem Gesetz des jeweiligen Staates – in diesem Fall der USA – als kriminell gelten. Handlungen, die in kriegerischen Konflikten begangen wurden, fallen ebenfalls nicht unter die Konvention.[43] Somit bleibt der Völkermord ungesühnt, unentschuldigt und unentschädigt bis heute.

Dazu gehörte auch Bestechung, etwa die Schenkung von Eisenbahnaktien an Senatoren.

Die Republikaner-Mehrheit im Kongress beschloss, die Eisenbahnunternehmer staatlich zu subventionieren. Zu den direkten finanziellen traten indirekte Subventionen: Ausrottung der hinderlichen Indians oder ihre Verurteilung zur Zwangsarbeit beim Bau der Eisenbahnlinien, Deportation der Übriggebliebenen in abgelegene Reservate.

Völkermord verklären: Die Show »Der Wilde Westen«

Der Mythos vom »Wilden Westen«, verkörpert durch Cowboys, Revolverhelden, Rancher, Ureinwohner, verdrängt die Tatsache, dass die Mitte und der Westen des nordamerikanischen Territoriums – Ausnahme Kanada, das unter britischer Herrschaft blieb, und Alaska – durch die USA erobert wurde. Zur Verklärung gehört, dass es nur weiße Cowboys gegeben habe. In Wirklichkeit waren etwa 15 Prozent der Cowboys Schwarze, ebenso viele hispanischer und einige auch indigener Herkunft. Schwarze arbeiteten als Sklaven-Cowboys in Texas.

Nach dem Bürgerkrieg flüchteten Schwarze aus den Südstaaten nach Westen und kamen als Cowboys unter.

Der wichtigste Verklärer war der Unternehmer William Cody. Er hatte in der US Army gegen die Indians gekämpft. Er war ein berühmter Jäger von Büffeln, deren Fleisch er im großen Stil verkaufte – daher sein Name »Buffalo Bill«. Er gründete Buffalo Bill's Wild Western Show. Mit hunderten Indians, Cowboys, Pferden, Büffeln tourte er ab 1883 durch die USA. Die Show zeigte im »Wilden Westen« mit Gesang, Geschrei und Pulverdampf ein harmonisches Mit- und gelegentlich auch weniger harmonisches Gegeneinander ohne Krieg. Indians führten wilde Tänze vor, wie es in damaligen Kolonialschauen üblich war. Erfolge hatte die Show auch in Europa, protegiert von den Monarchien: Königin Victoria von England, der russische Zar, der italienische König und der deutsche Kaiser Wilhelm II. waren genauso begeistert wie der spätere US-Präsident Wilson. William Cody gilt mit seinen Geschichtsklitterungen als ein Begründer des populistischen US-Show-Business.

6.
Die neue Unfreiheit der befreiten Schwarzen

Der 13. Verfassungszusatz von 1865, der nach dem Bürgerkrieg die Sklaverei aufhob, ließ Sklaverei und unfreiwillige Lohnknechtschaft weiter zu, in »moderneren« Formen.

Übrigens: Dieser Verfassungszusatz wurde wegen eines Formfehlers erst 149 Jahre später, im Jahre 2013, rechtskräftig.[44] Anderthalb Jahrhunderte lang hatte in der angeblich besten aller Demokratien keiner der zahllosen Top-Juristen bemerkt, dass die Aufhebung der Sklaverei nicht rechtsgültig war. Auch daran lässt sich erkennen, für wie wenig wichtig gerade diese mächtig ausposaunte Reform genommen wurde.

Fortsetzung der Sklaverei mit sklavenähnlicher Zwangsarbeit

Dies eröffnete eine Variante sklavenähnlicher Zwangsarbeit: das *Convict Leasing System*, also die Verpachtung von Strafgefangenen. Es galt vor allem in den Südstaaten, vereinzelt auch in den Nordstaaten.

Mithilfe von *Black Codes* wurden schwarzhäutigen Menschen die Grundrechte vorenthalten oder stark eingeschränkt: die Wahl des Berufs, des Wohnortes und der Ortsveränderung, der Wohnung, des Ehepartners, der Wahlbeteiligung und auch der Aussage vor Gericht. Wer dagegen verstieß, tatsächlich oder angeblich, wurde mit Gefängnisstrafen belegt. Es betraf besonders viele Schwarze.

Unternehmer konnten die Gefangenen pachten und zahlten dem Staat dafür Gebühren. Die Unternehmer mussten die Pachtarbeiter ernähren, kaserniert unterbringen, bewachen und hatten das Recht der körperlichen Züchtigung. Die Befreiung von der Sklavenarbeit bedeutete somit eine »modernere« Form der recht- und lohnlosen Zwangsarbeit.[45]

Noch schnellerer körperlicher Verschleiß

Im Unterschied zur Sklavenhaltung hatten hier die Unternehmer nicht einmal das Interesse, die Arbeitskraft langfristig zu erhalten. Denn die Beschäftigungszeit war vergleichsweise kurz, und Nachschub war jederzeit verfügbar. Deshalb war die Sterblichkeit ungleich höher als bei den Sklaven. Gleichzeitig füllten die Südstaaten mit Billigung der Nordstaaten damit ihre Haushaltskasse. So bildete sich der Justiz-Gefängnis-Unternehmens-Komplex heraus; dazu gehörten neben den Unternehmern korrupte Richter und Sheriffs.[46]

Zu den verpachteten Gefangenen gehörten auch weiße Arbeiter und Jugendliche. Vor allem als Todesfälle von ausgepeitschten weißhäutigen Pachtarbeitern öffentlich angeprangert wurden, fand die Praxis allmählich ein Ende. Alabama war damit 1928 der letzte Staat.

Lohnlose Verpachtung nach Black Codes

Doch auch hier fand die einmal entwickelte Fantasie der Herrenmenschen eine Fortsetzung: Schuldknechtschaft. Mithilfe der weiterverwendeten *Black Codes* wurden vor allem Menschen afroamerikanischer Herkunft und solchen Aussehens wegen kleinster oder behaupteter Verfehlungen aufgegriffen und gezielt zu Geldstrafen und Gerichtsgebühren verurteilt, die sie nicht bezahlen konnten.

Auch sie wurden verpachtet: Die Unternehmer zahlten den Verurteilten keinen Lohn, sondern übernahmen die Geldstrafen an den Staat. Diese Praxis bestand bis 1941.[47]

Höchstrichterlich: Neue Rassentrennung

Der Rassismus bestand nicht nur im Arbeitsleben, sondern auch im öffentlichen Leben. Bis Ende der 1890er Jahre wurden durch die Jim-Crow-Gesetze, teilweise durch das höchste Gericht, den Supreme Court, neue Formen des Rassismus verrechtlicht.

So wurden Schwarze aus dem öffentlichen Leben ausgesperrt: Aus Parks, Restaurants, Schulen, Bibliotheken, Trinkhallen, Warteräumen, aus dem Nah- und Fernverkehr. Schwarze mussten eigens für sie vorgesehene Ersatzgelegenheiten nutzen – falls diese überhaupt vorhanden und wenn, dann allermeist wesentlich schlechter ausgestattet waren. 1909 gründeten Menschenrechtler dagegen die National Association for the Advancement of Coloured People (NAACP).

Erst 1954 hob der Supreme Court die Jim-Crow-Gesetze auf, aber nur formell. Der Rassismus besteht in »reformierten« Formen weiter. Die NAACP und andere Bewegungen kämpfen bis heute vergeblich dagegen.[48]

7.
Rassische und soziale Selektion: Eugenics

Der US-Staat war von weißhäutigen, angelsächsischen und protestantischen Herrenmenschen (White Anglo-Saxon Protestant, WASP) aufgebaut worden. Danach und mit dem industriellen Aufstieg ab Mitte des 19. Jahrhunderts waren zunächst viele weiße und viele protestantische West- und Nordeuropäer eingewandert, dann aber auch immer mehr katholische Südeuropäer sowie arme, auch verfolgte Juden aus Osteuropa, insbesondere aus Polen und aus dem russischen Zarenreich. Andere ethnische Gruppen wie Mexikaner, Chinesen, »Kaukasier«, »Balkanesen«, Inder, Japaner und Malaien wurden gezielt als Arbeitskräfte herangeschafft oder kamen von selbst.

Das bedeutete nicht nur Andersfarbigkeit, sondern auch Andersgläubigkeit: Katholizismus, Judentum und andere Religionen. Diese Menschen hatten, neben ihrer meist untergeordneten sozialen Stellung, keine religiöse und Milieu-Bindung an die vorherrschende WASP-Lebensweise. Sie alle aber drängten nach Anerkennung. Millionen Schwarze verlangten ohnehin, endlich vollständig aus dem Sklavenstatus befreit zu werden. Die Überlebenden der besiegten und mehrheitlich ausgerotteten indigenen Bevölkerung vegetierten rechtlos in abgelegenen Reservaten.

So wehrten sich die privilegierten WASP seit den 1880er Jahren nun auch gegen die sich vermehrenden Andersfarbigen, Andersgläubigen, die man selbst holte und brauchte.

Rassistische Einwanderungsgesetze

Das wurde zum einen durch Einwanderungsgesetze geregelt. So beschloss der Kongress 1882 den *Chinese Exclusion Act.* Auf dessen Grundlage wurden in den Folgejahren weitere ethnische, soziale, politische und gesundheitlich immer genauer definierte Gruppen von der Einwanderung ausgeschlossen.

Mit dem *Immigration Act* von 1907 betraf dies medizinisch-psychologisch definierte Personen: sogenannte Idioten, Dumme, Schwachsinnige, Epileptiker, körperlich und geistig Behinderte, Personen mit abstoßenden und ansteckenden Krankheiten; zweitens moralisch definierte Personen: solche mit unmoralischen Absichten und moralischer Verworfenheit, Kuppler, Bettler, Prostituierte, Polygamisten und Befürworter der Polygamie; drittens sozial und politisch definierte Personen, bunt zusammengewürfelt: Arme, Anarchisten (unter »Anarchisten« wurde ein breites Spektrum von Personen erfasst: Kommunisten, Sozialisten, Gewerkschafter, Umstürzler, Staatsgefährder), politisch Radikale, schändliche und Schwerverbrecher.

Zudem wurde den vor der Einreise untersuchenden Ärzten und Beamten ermöglicht, Prognosen zu erstellen, etwa dass eine Person »wahrscheinlich in Zukunft« dem Staat zur Last fallen könne. Ärzte konnten zusätzlich zu den genannten medizinischen Kriterien feststellen, ob jemand »ungesund« ist und deshalb zurückgeschickt werden könne. Zusätzlich führte das Gesetz eine Kopfsteuer ein, die jeder Antragsteller zahlen musste: Damit wurde ein Fonds bestückt, aus dem die Rückführungen bezahlt wurden.

Diese Gesetze wurden 1921 zum *Emergency Quota Act* und 1924 zum *Immigration Act* weiterentwickelt: Zusätzlich wurde mithilfe nationaler Kontingente die Einwanderung aus Süd- und Osteuropa stark begrenzt und diejenige zugunsten der WASP-Staaten Nord- und Westeuropas gefördert. Betroffen waren in der Praxis viele arme Juden,[49] die nun nicht mehr einreisen konnten.

Elite-Wissenschaft: Rassenkunde, Eugenik

Wissenschaftler der Elite-Universitäten der Ostküste – Harvard, Princeton, Columbia und Yale – entwickelten dafür eine neue Wissenschaft: *Eugenics*.

Eugenik ist die Wissenschaft von der Verbesserung der genetischen Qualität der Bevölkerung. Das »eu« kommt von griechisch für gut, »genos« kommt von Geschlecht/Rasse. Eugenik: wie wird eine »gute Rasse« hergestellt?

Die ersten Ansätze der Eugenik entstanden in Großbritannien. Sie wurde ausgelöst durch wachsende Immigration und gleichzeitige Verarmung. Die Regierung wollte die von den Eugenikern diagnostizierten 120.000 »Schwachsinnigen« (*feeble-minded*) in die Kolonien wegschaffen, zu den anderen sogenannten Untermenschen, »sodass ihre Verfluchtheit mit ihnen abstirbt und nicht auf zukünftige Generationen übertragen werden kann.«[50]

Lothrop Stoddard bezeichnete die Juden als »Bastard-Rasse«. Hier wurden Begriffe wie Untermensch (underman), Entartung (degeneration), Mischling (mongrel), Schwachsinnigkeit (feeblemindedness), nordische Rasse (nordic race), Herrenrasse (master race), Rassenhygiene (race hygiene), genetisches Rating (genetic rating), sozial ungeeignet (socially inadequate), untaugliches Menschenwesen (unfit human), erblich kriminell (hereditary criminel), Todeskammer (lethal chamber) und Euthanasie (euthanasia) geprägt bzw. »wissenschaftlich« formuliert.

Eugenics: Die Verbesserung der weißen Rasse

Die USA führten die in England begonnene »Wissenschaft« der Eugenik zum Durchbruch und bauten die institutionelle und finanzielle Infrastruktur auf, auch international. Der führende Wissenschaftler war der Harvard-Absolvent Charles Davenport. 1910 eröffnete er das *Eugenics Record Office.* Auf gesetzlicher Grundlage war die Zwangssterilisierung etwa von feebleminded (»Schwachsinnigen«) möglich. Davenport schlug vor, alle Schwarzen ins Ausland zu deportieren. Damit sympathisierte u.a. US-Präsident Calvin Coolidge, der die kürzlich eroberten Philippinen als geeignetes Territorium dafür ansah.

Die 1903 gegründete Amerikanische Züchter-Vereinigung (*American Breeders Association*) richtete eine Eugenics-Abteilung für die Züchtung von Pflanzen, Tieren und auch Menschen ein. 1906 gründete der Arzt John Harvey Kellogg – Erfinder der Kellogg's-Cornflakes – die *Race Betterment Foundation,* Gesellschaft zur Verbesserung der Rasse. In deren erster Konferenz 1914 wurde die Züchtung einer verbesserten weißen Rasse gefordert. Die Forschungen wurden wesentlich durch die drei größten Unternehmer-Stiftungen finanziert: Rockefeller, Carnegie und Phelps Dodge. Auch die Witwe des Eisenbahntycoons Harriman gehörte zu den Sponsoren.

Madison Grant, Präsident der *New York Zoological Societey*, schrieb mit *The Passing of the Great Race* mitten im 1. Weltkrieg 1916 einen der Bestseller zum Thema. 1920 erschien von Paul Popenoe und Roswell Johnson das Lehrbuch *Applied Eugenics.*[51] Harvard-Absolvent Lothrop Stoddard schrieb 1922 *The Revolt against Civilization – The Menace of the Underman*: Es wurde in Deutschland 1925 unter dem Titel »Der Kulturumsturz – Die Bedrohung durch den Untermenschen« veröffentlicht.[52]

Intelligenztests, Zwangssterilisierungen

Diese Begriffe gingen in den USA in die Begründung von Einwanderungs- und Sterilisationsgesetzen ein. Die meisten Visa-Abteilungen der US-Konsulate richteten sich danach. Durch dazugehörige Intelligenz- und Lesetests wurden z. B. Juden, die nicht Englisch verstanden, zu »Schwachsinnigen« erklärt. Das ging auch in Gesetze von 32 US-Bundesstaaten ein.

Als der spätere Präsident Woodrow Wilson Gouverneur von New Jersey war, unterzeichnete er 1911 das Gesetz für die Zwangssterilisierung von »Schwachsinnigen, Idioten, Dummen, Trotteln, Epileptikern, Vergewaltigern, bestimmter Krimineller und anderer Defekter (*defectives*)«.[53] Der damalige Präsident Theodore Roosevelt begrüßte 1913 die Vorschläge Davenports: »Die Gesellschaft sollte den Entarteten (*degenerates*) nicht erlauben, ihre Art fortzupflanzen.« Roosevelt verglich das Vorgehen mit »erfolgreichen Farmern«, die auch nur ihren »besten Viehbestand weiterzüchten«.[54]

Globalisierung der US-Rassenlehre

Die US-Eugeniker hatten einen globalen Anspruch und wollten »alle sozial Inadäquaten (*inadequates*) weltweit eliminieren.«[55] Ähnlich denkende Eugeniker vor allem aus den damaligen Kolonialstaaten wurden ab 1912 zu internationalen Kongressen eingeladen, so aus Großbritannien, Frankreich, Belgien und Italien.

1922 wurde die *Permanent International Commission* gegründet. Deutsche Eugeniker kamen hinzu. 1929 traf man sich zum Eugenik-Weltkongress in Rom, nach Empfang bei Diktator Mussolini. Eine Weltkarte dominierte den Konferenzraum: darauf waren die »defekten Populationen« auf allen Kontinenten markiert. 1932 fand in New York der dritte internationale Eugenik-Kongress statt.

8. Arbeits-Armut und Zerstörung durch Arbeit

Die Demokratie der Herrenmenschen behielt die Mittel zur *pursuit of happiness* nur für die erfolgreichen Kapitalisten und ihre Mittäter bereit.

Auch weiße Arbeiter ausbeuten und auspressen

Die gesetzliche Abschaffung der Sklaverei bedeutete nicht, dass Schwarze nun den gleichen Lohn, die gleichen Arbeits-, Bildungs- und Aufstiegsmöglichkeiten und den gleichen politischen Status wie Weiße bekamen. Die Unternehmer in den Nordstaaten suchten ständig nach Methoden, nun auch die mehrheitlich weißhäutigen Arbeiter in ihren Rechten und ihrer Entlohnung auf den tiefstmöglichen Stand zu drücken.

Modernisierte Formen der gefährlichen, weithin rechtlosen Billigstarbeit wurden dann auch den angeworbenen, nachdrängenden, oft verschuldeten Immigranten aus Europa aufgedrängt.[56]

Kapitalisten organisieren sich, Gewerkschaften werden bekämpft

Die kapitalistisch-staatliche Elite behielt für sich selbst die Möglichkeiten der unabhängigen Assoziation vor, in politischen Parteien, Handelsgesellschaften, Kartellen, Freimaurer-Logen, Berufsverbänden und dergleichen. Vereinigungen politischer Art bei Farmern, Handwerkern, Frauen und Arbeitern wurden dagegen von Anfang an bekämpft, unterwandert, gekauft, als Verschwörung bezeichnet oder auch zerstört.

So hatte sich 1794 in Philadelphia, der damals industriell entwickeltsten Stadt, eine erste Form von Gewerkschaft gebildet: Die *Federal Society of Journeymen Cordwainers* (Schuh- und Lederarbeiter, Gesellen).

»Verschwörung zur Erhöhung der Löhne«

Sie streikten einige Male und konnten bescheidene Lohnerhöhungen durchsetzen. Als sie 1806 wieder streikten, gingen *scabs* (Streikbrecher) vor Gericht. Die Klage wurde von Schuhfabrikanten unterstützt, sie zahlten die Anwalts- und Gerichtsgebühren. Acht führende Mitglieder der Society wurden wegen *conspiracy to raise wages* – Verschwörung mit dem Ziel, Löhne zu erhöhen – angeklagt und zu hohen Strafen und Gerichtsgebühren verurteilt.

Die Vereinigung ging deshalb bankrott und wurde aufgelöst. Solche Urteile ergingen in den folgenden drei Jahrzehnten häufig.[57]

Nur Unternehmer waren berechtigt, den Preis der Arbeit festzulegen, genauso wie sie den Preis der Produkte festlegten. Arbeitervereinigungen galten als Verschwörung und als kriminelle Vereinigungen. Nur Zusammenschlüsse von Privateigentümern galten als rechtmäßig.

Geschäft mit Leichen toter Arbeiter

Die Panama Railroad Company mit Sitz in New York baute ab 1855 in der damals noch kolumbianischen Provinz Panama eine Eisenbahnstrecke. Dafür ließ sie sich Arbeiter aus China, Indien, Afrika und von den Antillen liefern. Sie wurden nur notdürftig untergebracht und nicht angemessen medizinisch betreut. Man ließ sie auf Verschleiß arbeiten.

Die Hälfte der Arbeiter – Schätzungen liegen zwischen 4.000 und 10.000 – starb an Malaria, Gelbfieber, Ruhr und Cholera. Der US-Konzern machte aus dem Tod ein weiteres Geschäft: »Die Panama Railroad verschacherte Leichen, die nicht identifiziert werden konnten, an medizinische Fakultäten in aller Welt.«[58]

Apartheidssystem für chinesische Kulis

Weil nicht genügend einheimische Arbeiter zu Niedrigstlöhnen verfügbar waren, holten allein im Jahre 1865 die beiden Eisenbahnunternehmen Central Pacific Rail und Union Pacific Rail 15.000 chinesische Kulis.

Sie wurden wesentlich schlechter bezahlt, schlechter untergebracht und schlechter medizinisch behandelt als die weißhäutigen Arbeiter. Sie durften nicht Staatsbürger werden. Sie kamen über das von chinesischen Schleusern organisierte Credit-Ticket-System, mussten also ihren Kredit abzahlen, den sie für die Überfahrt aufgenommen hatten. Bei Sprengungen, Erdrutschen, Krankheiten, großer Hitze und großer Kälte starben sie zahlreich.

Beide Eisenbahnunternehmen nahmen die Vernichtung durch Arbeit auch deshalb in Kauf, weil die Höhe der staatlichen Subventionen sich danach richtete, wie viele Kilometer jeweils fertigstellt wurden. Auch andere Eisenbahn- und Bergwerksgesellschaften bedienten sich der rechtlosen und billigen Kulis.[59]

Panamakanal: Ethnische Staffelung der Arbeiter

Beim Bau des Panamakanals 1904-14 gingen Staat und Unternehmen ähnlich vor. US-Bürger, meist als Ingenieure tätig, wurden wesentlich besser untergebracht, bezahlt, medizinisch betreut als Vertragsarbeiter aus Europa. Unterhalb dieser wiederum standen Arbeiter aus Panama selbst oder aus der Karibik: Deren Beschwerden und Streiks wurden von Polizei und Army, die die Kanalzone als extraterritoriales US-Gebiet beherrschten, niedergeschlagen. »Rädelsführer« wurden zurück ins Herkunftsland geschickt. Auch hier galt: je tiefer du im Apartheidssystem stehst, desto härter arbeitest du, desto rechtloser bist du, desto schlechter wirst du bezahlt und desto früher stirbst du.[60]

Neue Dienstleistungsbranche: Pinkertons Union Buster

Die Unternehmer des Nordens suchten mit dem Aufschwung der Industrie nach dem Bürgerkrieg weiter nach Methoden, um die neuen Gewerkschaften und die sich häufenden Arbeiterstreiks zu bekämpfen. Es entstand eine neue Dienstleistungsbranche: *Union Busting* (Gewerkschaften zerstören).[61]

Der damals bekannteste Vertreter der Branche war Allan Pinkerton. Er gründete in der Industriestadt Chicago 1855 die Pinkerton National Detective Agency. Er behandelte Gewerkschaften, wie es schon im Urteil von Philadelphia gegen die Society of Cordwainers hieß, als kriminelle Vereinigungen, die gegen die »amerikanischen Werte« verstoßen und letztlich zum Kommunismus führen.[62] Er vermietete den Unternehmern Schläger und bewaffnete Trupps von bis zu 300 Mann, um Streiks und Streikversammlungen mit Gewalt abzubrechen und notfalls zusammenzuschießen.

Pinkerton, dessen Agenten oft von Polizei und Army oder Nationalgarde unterstützt wurden, bildete 1860 wegen Attentatsdrohungen den geheimen Sicherheitsdienst für den neugewählten Präsidenten Lincoln, organisierte 1861 dessen Reise durch US-Mitgliedsstaaten zum Amtsantritt in Washington, ließ Telegrafenleitungen entlang der Bahnstrecke kappen und sorgte für Kleiderwechsel beim Wechseln des Zuges.[63]

Pinkerton: Vom Staats- zum Konzern-Geheimdienst

Abraham Lincoln weitete den Auftrag erheblich aus: Pinkerton organisierte während des Bürgerkriegs den Geheimdienst der Nordstaaten. Diese staatliche Weihe und die wachsende Nachfrage in der Unternehmerschaft ermöglichte es Pinkerton nach dem Krieg, bis Anfang des 20. Jahrhunderts Union-Busting-Filialen in allen wichtigen Industriestandorten zu betreiben: In New York, Boston, Philadelphia, St. Paul, Kansas City und Denver.

Pinkerton bereicherte das Union Busting durch Geheimdienstpraktiken: Er führte angeworbene und bezahlte Arbeiter als Agenten, die ihre Kollegen ausspionierten und sich auch als Gewerkschaftsfunktionäre wählen ließen. Er rüstete technisch auf: Seine Trupps erhielten gepanzerte Fahrzeuge mit Suchscheinwerfern und Maschinenpistolen. Niemals wurden Agenten auch anderer solcher Union Buster wegen Tötungen von Arbeitern, Frauen, Kindern und angerichteter Massaker oder auch wegen Bestechung von Sheriffs bestraft. Nach dem 1. Weltkrieg wird eine andere Methode hinzukommen: Das Verpachten von qualifizierten Streikbrechern und mit ihrer Hilfe die Fortführung der Produktion auch während monatelanger Streiks.[64]

Gewerkschaften als »Trusts« bekämpft

Für die Bekämpfung der Gewerkschaften wurde ein Gesetz missbraucht, das der Kongress aus ganz anderen Gründen beschlossen hatte.

Mit dem *Sherman Antitrust Act* von 1890 sollte die Regierung gegen die zunehmende Macht von Trusts, Kartellen und Monopolen wie der Standard Oil (Rockefeller) und der Carnegie Steel vorgehen und sie entflechten können. Die Bevölkerung hatte gegen überhöhte Preise protestiert, die Regierung hatte befürchtet, dass die Argumente der Sozialisten mehr Gehör fänden.

Die Unternehmerverbände agitierten gegen das Gesetz, die Antitrust-Maßnahmen wurden eingeschränkt – aber nun wurden Gewerkschaften, wenn sie sich über die Grenzen von Einzelstaaten hinaus organisierten, als Trusts, unzulässige Monopole behandelt.[65]

Ausbeutung in ständig modernisierten Gestalten – bis heute
Karl Marx beschrieb die Ausbeutung des Arbeiters im Kapitalismus so: »Das Kapital fragt nicht nach der Lebensdauer der Arbeitskraft (des Sklaven, des Arbeiters, der Arbeiterin, des Kindes, des Farmers, des Migranten, des Häftlings, des Soldaten, WR). Was es interessiert, ist einzig und allein das Maximum von Arbeitskraft, das in einem Arbeitstag flüssig gemacht werden kann. Es erreicht dies Ziel durch Verkürzung der (Lebens-)Dauer der Arbeitskraft, wie ein habgieriger Landwirt gesteigerten Bodenertrag durch Beraubung der Bodenfruchtbarkeit erreicht.«[66]

Die US-Kapitalisten zeigten schon in ihrer ersten Phase, dass sie (relativ) flexibel von einer Form der Ausbeutung in die nächste und gleichzeitig noch andere übergehen können, auch in der zusätzlichen Nutzung neuer Arbeiter aus anderen Regionen der Erde, und diese wiederum fein oder unfein voneinander unterschieden, je nach den Umständen – bis zu modernster Sklavenarbeit im 21. Jahrhundert für die modernsten Digitalgeräte wie etwa die Apple iPhones.[67]

9.
Die Geburt der PR und der Philanthropie aus dem Massaker

Eine modernere, folgenreiche kapitalistische Praxis zur Niederhaltung der abhängig Beschäftigten entstand nach einem Massaker an Arbeiterfamilien im Rockefeller-Imperium.

Union-Busting-Massaker im Rockefeller-Bergwerk
In einem Rockefeller-Kohlebergwerk in Colorado streikten die 10.000 Arbeiter für höheren Lohn, bessere Arbeitssicherheit und für die Anerkennung ihrer Gewerkschaft.

Die Unternehmensleitung holte die Union-Busting-Profis von der Baldwin Felts Agency, die zusammen mit der National Guard auf die Streikenden und auch auf Frauen und Kinder schossen: 45 Tote. Dieses »Ludlow-Massaker« von 1914 war eines der vielen solcher Ereignisse dieser Zeit. In diesem Fall war aber die öffentliche Erregung ungewöhnlich groß, weil es den damals mächtigsten, bekanntesten, bewunderten wie auch verhassten Kapitalisten John D. Rockefeller betraf.[68]

Immer mehr wissenschaftliche Forschungen wurden finanziert, etwa 1916 das erste Institute for Public Health, an der privaten Elite-Universität Johns Hopkins. Um die öffentliche Seele anzurühren, präsentierte Lee auch nette Geschichten aus dem Privatleben des Rockefeller-Clans: Vorbild für die *home stories* über Prominente, bis heute.

Dieses Vorgehen wurde auch für den Staat und seine Außenpolitik wichtig: Lee und Rockefeller wurden 1921 zu Gründungsmitgliedern des Council on Foreign Relations – CFR (siehe S. 142 f) berufen.[69]

Public Relations für Politiker und Konzerne

1905 war eine der ersten Agenturen gegründet worden, die nicht nur Werbung für einzelne Produkte machten, sondern *Public Relations*: Gestaltung aller öffentlichen Beziehungen, für Konzerne und ihre Politiker.

Ivy Lee (1877-1934), Sohn eines Methodistenpredigers, hatte an den Elite-Universitäten Harvard, Columbia und Princeton studiert. Seit 1899 schrieb er für die *New York Times* über die Wall Street. Dann entwarf er für den demokratischen Bürgermeisterkandidaten von New York, Seth Low, die Wahlkampagne, danach wurde er Pressemanager der Demokratischen Partei, kommerzialisierte seine Tätigkeit und gründete die Agentur Parker & Lee.

1906 wurde die Agentur von der Atlantic Railroad Company engagiert: Sie stand bei einem Zugunglück wegen mangelnder Sicherheitsmaßnahmen in der öffentlichen Kritik. Lee sollte den Recherchen von Journalisten zuvorkommen und sie vom Unternehmen aus mit Informationen versorgen. Auch bei Streiks wurde er von Unternehmen zu

Hilfe gerufen. Er verstand seine Tätigkeit nicht als Werbung, sondern präsentierte sich und seine Auftraggeber als Vertreter des öffentlichen Wohls. Gleichzeitig verstand er sich als Alternative zum aufkommenden kritischen Journalismus, der von Unternehmern und regierenden Politikern vielfach als »muckracking« (Wühlen im Schmutz) angeprangert wurde.

Nach dem Ludlow-Massaker von 1914 gegen streikende Bergarbeiter beauftragte auch John D. Rockefeller die Lee-Agentur, eine neue Konzernabteilung für PR aufzubauen. Lee organisierte eine Kampagne, bei der er Darstellungen des Streiks fälschte. Er trainierte Rockefeller für öffentliche Auftritte vor einem Untersuchungsausschuss des Kongresses. In den Unternehmen des Konzerns wurde den Arbeitern erlaubt, sich zu beschweren.

Lee rüstete auch die kurz vorher, 1913, gegründete Rockefeller Foundation wesentlich auf. Er finanzierte wichtige Bereiche der Wissenschaft für die softe Rechtfertigung der Konzernpraktiken. Rockefeller gab sich nun als Philanthrop jenseits seines Konzerns, sogar jenseits des Kapitalismus: »Das Wohl der Menschheit auf der ganzen Welt« war das plötzlich erklärte Ziel.[70]

Neue prokapitalistische Wissenschaft: Industrial Relations

In der Rockefeller-Stiftung wurde auch die Abteilung *Industrial Relations* (industrielle Beziehungen) eingerichtet.

Dabei wurde gezielt der eigentlich zutreffende Begriff »kapitalistische« Beziehungen vermieden. Die Beziehung zwischen Arbeit und Kapital sollte vielmehr als technische Beziehung dargestellt werden, ohne die zugrundeliegenden Eigentums- und Machtverhältnisse.

Industrial Relations wurde ein Forschungsgebiet an Universitäten, in den USA, dann auch im kapitalistischen Europa. Im deutschsprachigen Raum heißt diese Art beschönigender Wissenschaft »industrielle Beziehungen«: So werden auch im 21. Jahrhundert die Arbeitsbeziehungen im Kapitalismus »wissenschaftlich« verkleistert und entpolitisiert, zulasten der abhängig Beschäftigten.

10.
Die Freiheitsstatue: Leuchtet zu globaler Herrschaft

Die erste Idee zur Freiheitsstatue hatte der französische Geschichtsprofessor Édouard de Laboulaye 1865 nach dem Sieg der US-Nordstaaten: Eine Freiheitsstatue, errichtet gemeinsam von den USA und Frankreich. Sie sollte daran erinnern, dass französische Truppen die amerikanische Unabhängigkeitsbewegung gegen die Engländer unterstützt hatten und Frankreich mit seiner Revolution 1789 der amerikanischen gefolgt war: Symbol der gemeinsam verfochtenen Freiheit, aufgestellt in New York.

Die Freiheit der Revolutionsfeinde

Die Statue sollte zum 100. Jahrestag der Amerikanischen Unabhängigkeitserklärung fertiggestellt werden, also 1876. Aber unter dem autoritär-kapitalistischen Regime des Kaisers Napoleon III. war jeder auch nur entfernte Gedanke an Revolution verbannt. Erst mit der Gründung der Dritten Republik 1870 nach der Niederlage gegen das deutsche Kaiserreich konnte Laboulaye seinen Vorschlag weiterverfolgen.[71] Der Professor war einerseits liberal und Vorsitzender der französischen Gesellschaft gegen die Sklaverei. Aber die Dritte Republik beruhte auch auf der blutigen Niederschlagung der Arbeiter und Handwerker und ihrer Pariser Commune im Jahre 1871. Laboulaye setzte sich für die Freiheit der Sklaven ein, war aber gegen die Freiheit der Arbeiter. Das traf sich mit den Interessen der siegreichen US-Nordkapitalisten.

Imperiale Stilelemente und neue industrielle Technik

Der Bildhauer Frédéric Bartholdi erwärmte sich für das Projekt. Er hatte schon diverse imperiale Kolossalstatuen entworfen. Für den mit französischem Kapital errichteten Suezkanal in Ägypten hatte er eine Freiheitsstatue entworfen. Sie sollte an der Einfahrt des Kanals die segensreiche französische Kolonialmacht symbolisieren. Die Freiheit sollte durch einen gigantischen Fellachen dargestellt werden, der das Emblem »Fortschritt« oder eine Fackel mit der Inschrift »Ägypten bringt Asien das Licht« hochhalten sollte. Das Projekt kam nicht zustande, weil der Kolonialkonkurrent England sich des Kanals bemächtigte.

So gründete Laboulaye 1874 die französisch-amerikanische Gesellschaft zur Errichtung der Freiheitsstatue in New York. Bartholdi passte sein Konzept an. Aus dem Fellachen wurde eine Frau, in der Tradition des römischen Weltreichs, dessen imperiale Stilelemente – tempelartige Villen und Regierungsgebäude, Säulen, Statuen – in den USA von der herrschenden Klasse übernommen worden waren.

Für die technische Verwirklichung tat sich der Bildhauer mit Gustave Eiffel zusammen. Dieser reichste Ingenieur Frankreichs hatte eine Kapitalgesellschaft gegründet und verdiente viel Geld mit dem Bau von Eisenbahnbrücken, Bahnhöfen und Industrieanlagen in ganz Europa. Später wurde er durch den Bau des nach ihm benannten Eiffelturms weltberühmt.

Populistische Spendensammlung in Frankreich

Laboulaye hatte vorgeschlagen, dass sich Frankreich und die USA die Kosten teilen: Frankreich sollte für die Statue aufkommen, die USA für Fundament und Sockel. Die zunächst umworbenen Reichen in Frankreich spendeten aber nur sehr zögerlich. Die Parole »Freiheit« schien ihnen nicht so passend. Das klang zu sehr nach der Revolution von 1789 und nach der Commune von 1871, die man gerade erst erfolgreich erwürgt hatte.

Laboulaye verfiel auf populäre Werbemaßnahmen: Millionen von Schulkindern wurden aufgefordert, Centimes zu sammeln. Aus 181 Städten kamen Spenden. Eine nationale Lotterie wurde veranstaltet. Eine eigens von Charles Gounod komponierte Kantate »La liberté éclairant le monde – »die Freiheit erleuchtet die Welt« – wurde in der Pariser Oper uraufgeführt.

US-Kapitalisten fürchten die Freiheit der Arbeiter und spenden nichts

Aber auch für die Reichen in den USA war die Parole Freiheit gerade jetzt nicht beliebt. In diesen Jahren wurde der letzte Widerstand der Ureinwohner militärisch brutal gebrochen, die theoretisch befreiten

Sklaven wurden mit neuen Methoden an ihrer neuen Freiheit gehindert, die Arbeitszeit für Lohnabhängige wurde auf 16 Stunden erhöht, Gewerkschaften wurden verfolgt, Kartelle und Trusts schränkten die unternehmerische Freiheit ein.

Aber gerade deshalb nahm die amerikanische Arbeiterbewegung einen neuen Aufschwung. Der Gewerkschaftsbund American Federation of Labor wurde gegründet, ebenso die United Labor Party. Das wurde zum bewunderten Vorbild in Europa, in Deutschland, Frankreich und anderen Ländern. Die Bewegung für den 8-Stunden-Tag fand weltweiten Widerhall. Da fühlten sich die US-Kapitalisten zutiefst bedroht. »Kommunismus« und »Terrorismus« waren gängige Vorwürfe. Die *New York Times* schrieb: »Der 8-Stunden-Tag ist unamerikanisch«. Privatmilizen und Nationalgarde wurden gegen Streikende eingesetzt.

Die liberale US-Opposition übernimmt die Idee

Da erwachte in anderen Milieus das Interesse an der Freiheitsstatue.

Der Verleger Joseph Pulitzer hatte 1883 die New Yorker Zeitung *World* gekauft, die mit 30.000 Abonnenten aus den besseren Kreisen dahindöste. Er organisierte eine Pressekampagne: Er appellierte an die Arbeiter, einen Dollar, und an die Schulkinder, einen Cent zu spenden. Er veröffentlichte den Namen jedes Spenders in der Zeitung. 1885 waren nicht nur die 150.000 Dollar für Sockel und Fundament aufgebracht, auch die Abonnentenzahl der Zeitung war auf 120.000 gestiegen.

Die seit 20 Jahren in die Opposition verdrängte Demokratische Partei nahm sich des Projekts an. 1885 gewann Grover Cleveland, Kandidat der Demokratischen Partei, die Präsidentschaftswahl. Der US-Kongress stimmte der Statue nun zu, allerdings unter der Bedingung, dass sie den amerikanischen Staat nichts kostet.

Die Statue wurde so mit zehnjähriger Verspätung am 28. Oktober 1886 auf Bedloe's Island im Hafen von New York eingeweiht – auf alleinige Kosten Frankreichs. Der neue US-Präsident kam bei seiner Rede ganz unhistorisch-menschlich ins Schwärmen und klagte irgendeine namenlose Unterdrückung an: »Wir werden nicht vergessen, dass die Freiheit hier ihre Heimstätte gefunden hat … Ihr Feuer wird lebendig gehalten werden, und es soll leuchten bis zur Küste unserer Schwesterrepublik im Osten. Von dort zurückgeworfen und empfangen von entgegenkommenden Strahlen wird ein Strom von Licht die Dunkelheit der Unwissenheit und der menschlichen Unterdrückung durchstoßen, bis die Freiheit die Welt erleuchtet.«

Die WASP-Elite in Nordamerika hatte sich in Freimaurer-Logen organisiert. George Washington leitete auch als US-Präsident die Loge Alexandria. Das Kapitol in Washington wurde nach Freimaurer-Ritual eingeweiht. Präsident Washington schwor auf eine Freimaurer-Bibel. Präsidenten bis ins 20. Jahrhundert waren ebenfalls Freimaurer: Monroe, Jackson, Polk, Buchanan, Johnson, Garfield, McKinley, Theodore Roosevelt, Taft, Harding. In den 1880er Jahren begann mit ihnen der US-Eroberungszug außerhalb Nordamerikas, in Mittelamerika und in Asien – die Freiheitsstatue wies ihnen den Weg.

Technischer Gigantismus

Die imperiale Vermännlichung der Statue ist verbunden mit technischem Gigantismus. Gigantisch ist die damals größte Statue der Welt durch ihr Gewicht: 225 Tonnen. Das Fundament ist 20 Meter hoch, der Sockel 26 Meter, die Figur selbst 47 Meter, zusammen also 93 Meter.

Ihr inneres Gerüst ist eine Stahlkonstruktion, wie Eiffel sie für Eisenbahnbrücken entwickelt hatte. Die durch Temperaturschwankungen verursachte Ausdehnung und Zusammenziehung ist dabei ebenso berücksichtigt wie das flexible Auffangen von Windstößen durch die 600 vertikalen und 750 horizontalen Stahlrippen.

Die kupferne Außenhaut ist nicht fest mit dem Gerüst verbunden, sondern durch U-förmige bewegliche Halterungen, sodass sie gleichsam »atmen« kann. Diese Erfindung Eiffels wurde später für Flugzeugtragflächen und Wolkenkratzer weiterentwickelt.

Die Außenhaut wurde aus dreihundert Einzelteilen gefertigt. In der größten Fabrikhalle in Paris wurden sie von mehreren hundert

Die Freiheitsstatue ohne Symbole der Freiheit

Die Statue hätte befreite Sklaven darstellen können – ihre Befreiung im US-Bürgerkrieg war doch gerade das epochale, opferreiche Ereignis gewesen, angeblich.

Die Statue erinnert aber weder an diese noch eine andere konkrete Befreiung, auch nicht an die französische Marianne, die in Paris halbnackt das Volk angeführt hatte, nach dem berühmten Gemälde von Lacroix. Zu den Füßen der Frau liegt auf dem Sockel unscheinbar eine angedeutete zerbrochene Kette – vom Boden aus kann man sie nicht sehen. Auch die im Hafen Ankommenden, die andächtig zur großen »Freiheits«-Statue emporblicken, können die Kette nicht sehen.

Die Statue steht vielmehr in der römisch-imperialen Tradition: Eine sterile Frau mit männlichem Gesicht und geschlechtsloser Statur, gewandet in die römische Toga, verkörperte in Rom die Freiheit in der patriarchalischen Sklavenhaltergesellschaft.

Die Statue trägt keine der Kopfbedeckungen, die traditionell die Freiheit symbolisieren: 1. die randlose Filzmütze (pileus) der freigelassenen Sklaven in Griechenland und Rom, 2. die phrygische Mütze, die die französischen Revolutionäre trugen und die die Wappen zahlreicher, vom spanischen Kolonialismus befreiter amerikanischer Nationen ziert wie Argentinien, Bolivien, Kolumbien, Kuba, Nicaragua. Dagegen zwang die US-Regierung den Bildhauer, der vermännlichten Frau einen Helm aufzusetzen.

Schließlich dominieren Symbole der Freimaurer die Statue. Ursprünglich sollte die Statue die Tafel mit der Amerikanischen Unabhängigkeitserklärung in der vorgestreckten rechten Hand halten. Nun hält sie sie, zurückgezogen, in der linken Hand. In der rechten vorgestreckten Hand prangt dagegen die brennende Fackel, Freimaurer-Symbol für Licht. Die sieben Zacken auf dem Helm symbolisieren ebenfalls in der Tradition der Freimaurer Sonnenstrahlen (Licht der Erkenntnis), aber auch die sieben Kontinente (Arktis und Antarktis wurden dazugezählt) und die sieben Meere als Anspruchsgebiet der US-Freiheit.

Arbeitern in Kupfer getrieben. Nicht nur Herstellung, auch Verschiffung und Zusammenbau in New York waren eine technische Meisterleistung: Die kapitalistische Bourgeoisie – mit Unterordnung der französischen Brüder und Schwestern – sah eine große Zukunft vor sich. Mit Freiheit und Gleichheit und mit den Menschenrechten der Unabhängigkeitserklärung hatte sie aber nichts im Sinn.

Gefährliche Kapital-Freiheit

Bei der Einweihung der Statue hatten protestierende Suffragetten von ihrem gecharterten Boot aus dem erlauchten Feierpublikum auf Bedloe's Island hinaufgerufen: »Die Statue der Freiheit ist eine Frau. Was ist, wenn sie eines Tages aufwacht und bemerkt, dass sie in diesem Lande gar nicht wählen darf?« Seit 1920 haben die US-amerikanischen Frauen das Wahlrecht, aber in keinem vergleichbaren Staat wird die Feminisierung der Armut so vorangetrieben.

Lee Iacocca war 1978 zum Chef von Chrysler aufgestiegen. Er sanierte in den Folgejahren den Autokonzern, der für die Aktionäre zu wenig Gewinne abwarf. Iacocca war erfolgreich: Erstens brachte er den Staat dazu, zwei Milliarden Dollar Subventionen zu zahlen. Zweitens entließ er 200.000 Beschäftigte. Iacocca wurde in der Business Community als erfolgreichster Manager gelobt.

Deshalb ernannte US-Präsident Ronald Reagan ihn 1982 zum Vorsitzenden der Kommission, die die Jahrhundert-Einweihungsfeier der Statue im Jahre 1986 vorbereiten sollte. Iacocca gründete eine private Stiftung und sammelte Geld bei Coca-Cola, American Airlines und anderen Unternehmen, die damit Rechte erwarben, um mit der Statue of Liberty werben zu dürfen. Der TV-Sender *ABC* spendete für die Übertragungsrechte der Jahrhundertfeier. Mit den Spenden wurden die Statue und ihre Umgebung renoviert.

Diese Freiheit: Atomkrieg auf europäischem Boden

Der nationalistische Rausch Reagans machte aus der Feier eine 3-Tages-Party für die 5.000 geladenen Gäste. Da feierten sich die Propagandisten und Profiteure der individuellen unternehmerischen Freiheit, die ohne Staatsknete und ohne die millionenfache Beschränkung der Freiheit anderer nicht möglich wäre.

Während der Vorbereitung der Jahrhundert-Freiheits-Feier begann die US-Regierung unter Reagan 1983 das Aufrüstungsprojekt *Strategic Defense Initiative* (SDI, Star Wars). Es hätte, gegen die Sowjetunion gerichtet, Europa zum Schauplatz eines Atomkrieges machen können. Das wird, nun gegen Russland und China gerichtet, unverändert auch im 21. Jahrhundert gelten.

Das unterwürfige Geschenk der Freiheitsstatue durch die Bourgeoisie Frankreichs hat sich nicht gelohnt, im Gegenteil.

III.
Kapitalisten und Militärs in den »Hinterhöfen«

Die USA haben zwar ein formell festgelegtes Staatsgebiet. Aber sie unterwerfen, durchdringen neue Territorien und Staaten im Zangengriff von Kapital und Militär, je nach Möglichkeit mit eigenen Hoheitsrechten. Das praktizierten sie nach den Staatserweiterungen in Nordamerika, danach in anderer Form in Lateinamerika, bei Bedarf unter der Flagge des Antikolonialismus, aber auch ohne diese vorgetäuschte Begründung. Die USA wurden zur neuen, moderneren Kolonialmacht. Das richteten sie dann auch gegen China und die europäischen Kapital-Konkurrenten.[72]

1.
Formen der Entstaatlichung anderer Staaten

Konzerne und Banken agierten als Vorreiter. Sie griffen dann mit Regierung und Militär in Konflikte der jeweiligen Staaten ein und nutzten sie für sich. Diese neokolonialistische Form der Herrschaft nahm unterschiedliche Formen an, je nach den Umständen:

- Konzerne gründen Niederlassungen, werden mächtiger als die jeweilige nationale Regierung, praktizieren eigene Arbeits- und Steuerrechte
- Militärinterventionen, zeitlich begrenzt oder dauerhaft über Jahrzehnte

- Betrieb dauerhafter Militärstützpunkte, die nicht den nationalen Gesetzen der betroffenen Staaten unterliegen
- Eingriffe in laufende Konflikte, etwa zwischen kolonialen und antikolonialen Kräften
- Instrumentalisierung / Finanzierung von Befreiungs- und Oppositionsbewegungen, linker wie liberaler wie rechter bis faschistoider Ausrichtung
- Wechsel von einer zunächst geförderten Konfliktpartei zur anderen Konfliktpartei
- Förderung von einheimischen Oligarchen-Clans
- 99- und 100-Jahres-Pachtverträge für Militärstützpunkte, wobei die 99 oder 100 Jahre nur symbolisch gemeint waren und die Stützpunkte darüber hinaus »für ewig« betrieben werden (bekanntes Beispiel: Guantánamo)
- Abtrennung von Staatsgebieten, US-geführte Gründung von Separatstaaten
- Entzug oder Verweigerung von Staatlichkeit: Eroberte und dann verwaltete Territorien, dependent territory oder non-incorporated territory (später z. B. »Überseegebiete« oder »Außengebiete«)
- Organisierung von Putschen und Diktaturen
- Gelenkte Formal-Demokratie
- langjährige Kreditverträge und US-Dollar als internationale Leitwährung

»Open door« und »Freihandel« – aber mit militärischer Begleitung

Die USA propagierten nun nach britischem Vorbild die »Open door«-Praxis und den »Freihandel« – aber als Protektionisten. Auch beim »Freihandel« wollten sie dominieren, auch durch militärische Begleitung.

- Richard Olney, Chef des State Department von 1895 bis 1897, donnerte: »Das schreiende Bedürfnis unserer kommerziellen Interessen lautet: mehr Märkte! Größere Märkte«. Diese Märkte müssen den anderen Mächten der Erde abgejagt werden.[73]
- Der Abgeordnete Don Dickinson von der Demokratischen Partei sekundierte: Kriege seien in der kommerziellen Konkurrenz

zwischen Nationen unabwendbar. »Wir brauchen und wir müssen offene Märkte (open markets) haben überall in der Welt, um unseren Wohlstand (prosperity) zu erhalten und zu steigern.«[74]

- Olneys Nachfolger im State Department, John Hay, der ehemalige Privatsekretär Lincolns, schlug in drei Noten zwischen 1899 und 1902 das Prinzip einer neuen internationalen Ordnung vor: freier und gleicher Zugang für US-Waren und US-Kapital überall auf der Welt! Dies galt auch gegenüber China: Dort forderten US-Investoren die gleichen Rechte wie die traditionellen Kolonialmächte Europas.[75]

Den vielfach bis heute von rechts bis links beschworenen oder kritisierten »Isolationismus« der USA hat es auch in dieser historischen Phase nie gegeben.

Ziel: Nicht »Kapitalismus« allgemein, sondern US-geführter Kapitalismus

Aufgabe der neokolonialen Verhältnisse war es erstens, Investitionen aus den USA zu möglichst günstigen Bedingen – Steuern, Zölle, Arbeitskräfte, politische »Stabilität«, Infrastruktur – zu schützen. Zweitens ging es um neue Absatzmärkte, denn die Arbeitsentgelte in den USA waren so gering, dass die dortigen Arbeiter und Farmer – einschließlich der arm bleibenden Ex-Sklaven, verarmten Indigenen und überschuldeten Einwanderer – nur wenige Produkte der US-Industrie kaufen konnten.

Open door und Freihandel hatten (und haben) nur eine Richtung: »Die Tore anderer Nationen aufsprengen« (so die Formulierung des späteren Präsidenten Woodrow Wilson, siehe S. 95), notfalls militärisch, aber den anderen Nationen keineswegs die eigene Tür (ebenso weit) öffnen. Die USA wollten (und wollen) nicht den von ihnen propagierten Wettbewerb, sondern auf längere Sicht die Einhegung, Nutzung, Niederhaltung oder auch Ausschaltung anderer Wettbewerber, seien sie nun sozialistisch oder kapitalistisch.

Die US-Eliten präsentieren sich der Weltöffentlichkeit als Wächter und Garanten des kapitalistischen Systems. Doch dies ist eine Lüge. Die USA garantieren grundsätzlich nur den US-beherrschten Kapitalismus – andere Kapitalismen werden als Konkurrenten und auch als Feinde angesehen, können zeitweise umworben, gefördert und in Bündnisse einbezogen werden, werden aber bei Bedarf auch auf verschiedene Weise bekämpft bis hin zur Ausbeutung, Unterwerfung oder (angestrebten) Vernichtung.

2.
Antikolonialismus als Vorwand

Die der spanischen Kolonialmacht unterstehenden Territorien sollten von ihrem Joch befreit werden. Doch die Befreiung nach US-Art führte in neue Unfreiheit. Nationale und demokratische Unabhängigkeitsbewegungen, die in diesen Staaten bereits seit Jahrzehnten gegen die Spanier gekämpft hatten, wurden ausgeschaltet oder verschwörerisch ausgetrickst. Das betraf linke und sozialistische Bewegungen wie auch liberale und nationalistische.

Kuba

Seit 1868 hatten Kubaner zwei militärische Befreiungskämpfe gegen die Spanier geführt. 1895 begann ein neuer Aufstand unter dem Nationalhelden José Martí. Er schien den US-Eliten umso gefährlicher, weil er die Revolutionäre Partei Kubas gegründet hatte und für die Befreiung ganz Lateinamerikas von jeder Art des Kolonialismus eintrat.[76]

Die US-Regierung unter Präsident William McKinley rief zum Kampf gegen den spanischen Kolonialismus auf. Doch gleichzeitig wollte sie keine unabhängige antikoloniale Republik, obwohl nicht nur die kubanische Bevölkerung, sondern auch die Mehrheit der US-Bevölkerung mit den Rebellen sympathisierte: Sie sah eine Parallele zum Unabhängigkeitskampf gegen die englische Kolonialmacht.

US-Führung fürchtet die antikoloniale Ansteckung der eigenen Bevölkerung | Die US-Eliten begrüßten einerseits den kubanischen Aufstand gegen die Spanier, empfanden ihn aber zugleich als Bedrohung, auch wegen der lukrativen US-Investitionen in Zuckerplantagen und Bergwerke, in denen Einheimische zu Niedriglöhnen beschäftigt wurden. Die US-Kapitalisten fürchteten auch, dass die zahlreichen Ex-Sklaven in Kuba sich dabei sehr viel weitergehend befreien könnten als in den USA und dass dies auf die USA übergreifen könnte.

So geiferte der texanische Abgeordnete Thomas Pasckal: Der »anarchistische, sozialistische und populistische Abszess« muss ausgemerzt werden, »um unser Volk für zwei weitere Jahrhunderte vor einer Ansteckung zu bewahren«.[77]

Die damaligen Pressemogule Joseph Pulitzer (*New York World*) und Randolph Hearst (*New York Journal*) überboten sich bei der Darstellung von tatsächlichen und vor allem angeblichen Grausamkeiten der Spanier. Dazu fälschten und erfanden die Pioniere der demagogisch-populistischen Yellow Press Interviews und Ereignisse. »Liefern Sie Bildmaterial. Ich liefere den Krieg«, wies Hearst seinen Korrespondenten in Kuba an.[78]

Die Bank Rothschild, die mit Belmont Rothschild den Vorsitzenden der Demokratischen Partei in den USA stellte,[79] half wendefähig ebenfalls mit: Sie stoppte die bisher den Spaniern gewährten Kredite. Stattdessen gab sie Anleihen auf den Sieg der kubanischen Revolution aus.[80]

Die Aufständischen unterstützen, aber nach dem Sieg abservieren | Als die Aufständischen vor dem Sieg standen, wurden sie von den USA unterstützt. Dies werden die USA künftig wiederholen: Die eine Konfliktpartei wird (zeitweise) unterstützt, die andere Konfliktpartei wird dämonisiert. Als die »Unruhen« nicht mehr kontrollierbar waren, fuhr das Schlachtschiff USS Maine 1898 in den Hafen der Hauptstadt Havanna ein. Als es durch eine Explosion zerstört wurde, war dies für die USA der Anlass, Spanien den Krieg zu erklären, die Army besetzte die Insel, die Spanier wurden schnell besiegt.

Weder bei der Kapitulation Spaniens noch bei den Friedensverhandlungen in Paris war ein Vertreter Kubas zugegen – es wehte der Union Jack. Nachdem die Army einen Streik von kubanischen Arbeitern niedergeschlagen hatte – sie forderten eine Verkürzung der Arbeitszeit –, ließ die US-Regierung vordergründig die Bildung einer

»Republik« zu. Aber Martí war im Kampf gefallen, die demokratische Opposition wurde ausgeschaltet.[81]

US-Stützpunkt Guantánamo: Auf ewig annektiert | Die USA errichteten in Guantánamo einen Militärstützpunkt. Der Pachtvertrag galt für unbegrenzte Zeit. Per Gesetz, das auch in die kubanische Verfassung aufgenommen werden musste, erlaubte sich die Siegermacht das Recht, jederzeit militärisch zu intervenieren (Platt Amendment).

Das nachkoloniale Gebilde wurde keine Demokratie und kein souveräner Staat, sondern ein antidemokratisches US-Protektorat.

Unter Präsident Franklin Roosevelt und seiner erklärten Politik der »guten Nachbarschaft« wurde zwar das Platt Amendment gekündigt, aber der Status von Guantánamo bekräftigt, und er gilt bis heute.

Rockefeller & Co. finanzieren den »tropischen Mussolini« | Die damals reichsten Unternehmer des Christentums, Rockefeller, Guggenheim und Morgan, finanzierten 1925 die Wahl des Generals Gerardo Machado, der dann als Diktator von US-Gnaden agierte: Er wurde von der Befreiungsbewegung als »tropischer Mussolini« angeprangert.[82] US-Investoren erweiterten ihre Ölraffinerien und Zuckerplantagen und kauften noch mehr Land auf. So kaufte der damals größte Nahrungsmittelkonzern, United Fruit, 8.000 Quadratkilometer Ackerland für einen Schleuderpreis.[83]

Das karibische Protektorat wurde von anderen US-Investoren – der Mafia – zur Spielhölle und zum Bordell für vermögende US-Bürger ausgebaut: Dort konnten sie sich exterritorial und zeitlich befristet von ihrer bigotten Pilgerväter-Moral befreien und sich herrenmäßig austoben.

Das Land wurde praktisch vom US-Botschafter regiert, der die gewählten oder auch ungewählten Präsidenten zu genehmigen hatte; zu letzteren zählte später Fulgencio Batista, der 1952 durch einen Militärputsch an die Macht kam.

Guantánamo bleibt nicht nur bis heute US-Militär-, sondern wurde auch Folterstützpunkt. Die USA verstoßen nicht nur gegen die UN-Konvention des Folterverbots. Sie verstoßen auch gegen das

Völkerrecht, wonach seit dem 2. Weltkrieg solche Pachtverträge von Kolonialmächten nach spätestens 100 Jahren auslaufen.[84] Als die von Fidel Castro und Che Guevara geführte Volksbewegung den letzten Diktator Batista stürzte, organisierten die USA – trotz gekündigtem Platt Amendment – eine militärische Invasion in Kuba und sie bestrafen Kuba mit einem Handelsboykott, bis heute. Die CIA versuchte mehrfach, Castro zu ermorden.[85]

Puerto Rico

Puerto Rico (»reicher Hafen«) war mit Kuba die letzte spanische Kolonie in der Neuen Welt. Die USA marschierten 1898 ein und erklärten die Insel zu US-Eigentum.

Dependent territory ohne eigene Rechte | 1914 beschloss das Parlament von Puerto Rico die Unabhängigkeit. Aber der US-Kongress erklärte dies als verfassungswidrig. Spätere Aufstände wurden blutig niedergeschlagen (Ponce-Massaker). Seit 1917 ist das Land weder ein selbständiger Staat noch ein US-Bundesstaat: Eine der US-Herrschaftspraktiken.

Für annektierte Länder gilt u. a. das Konstrukt des *dependent territory,* abhängiges Territorium, auch genannt *unincorporated organized territory,* nicht inkorporiertes organisiertes Territorium. Es wird vom US-Innenministerium verwaltet, Staatsoberhaupt ist der US-Präsident, Währung ist der US-Dollar, die einheimische Selbstverwaltung ist auf die unwichtigen Angelegenheiten beschränkt. Alle US-Bundessteuern müssen an den US-Haushalt abgeführt werden. Solange in den USA die Wehrpflicht galt, wurden auch die Puerto-Ricaner für das US-Militär rekrutiert. Es gilt kein Wahlrecht für den US-Kongress, lediglich ein stimmrechtloser Vertreter darf dort herumsitzen. Die Außen-, Sicherheits- und Geheimdienstpolitik ist der US-Regierung vorbehalten.*

* In der UNO werden solche Territorien ohne eigene Staatlichkeit als »*Non Self Governing Territories*« geführt. Dazu gehören für die USA neben Guam noch Puerto Rico, US-Virgin Islands, American Samoa (mit dem Militärstützpunkt Pago Pago, Diego Garcia) und Wake Island.

Finanzoase und Niedriglohn-Zone | Die erneute Ausrufung der unabhängigen Republik in den 1950er Jahren schlugen die USA mit Air Force und Army wiederum nieder. US-Banken und -Konzerne bauten das US-Territorium zu einer ausgelagerten Finanzoase und einer Niedriglohnzone aus. Sie hat keine eigene souveräne Staatlichkeit, aber auch nicht den Status eines US-Bundesstaats, sondern den Status eines »Außengebiets«, das der US-Hoheitsverwaltung unterliegt. Dasselbe gilt für die US-Jungferninseln, Guam, die Nördlichen Marianen, die Midway-Inseln, das Wake-Atoll sowie für sechs weitere Inseln und Atolle.[86]

45 Prozent der Einwohner Puerto Ricos vegetieren im 21. Jahrhundert unterhalb der Armutsgrenze, die Arbeitslosigkeit ist hoch, junge Leute wandern aus. US-Hedgefonds spekulieren mit den Anleihen des überschuldeten Nicht-Staates. Sie verlangen die Entlassung von Lehrern und weitere »Reformen« des ohnehin niederschwelligen Arbeitsrechts.[87] Die USA machten aus dem »reichen Hafen« ein Armenhaus.

Politischer Gefangener aus Puerto Rico im US-Gefängnis

Oscar López Rivera war von 1981 bis 2017 ununterbrochen in Haft. Der Anführer der Befreiungsbewegung in dem von den USA annektierten »Überseegebiet« wurde in einem Gefängnis im US-Bundesstaat Indiana eingesperrt. Er war und ist Mitglied der puerto-ricanischen Unabhängigkeitsbewegung *Movimiento Independista Nacional Hostosiano (MINH)*. Er wurde wegen Verschwörung zum Umsturz zu insgesamt 70 Jahren Gefängnis verurteilt. Zwölf Jahre verbrachte er in Einzelhaft. US-Präsident William Clinton bot eine Begnadigung an, wenn López Rivera und ein weiteres Dutzend inhaftierter Puertoricaner zukünftig auf »Terrorismus« verzichten. López Rivera lehnte ab. Er bezeichnete eine solche Freilassung als »Gefängnis außerhalb des Gefängnisses«, da er und seinesgleichen unter ständiger verdeckter Überwachung und der Gefahr weiterer Verhaftungen und Anklagen stehen würden. Das Forum von São Paulo (FSP) forderte auf seiner 21. Tagung Ende Juli 2015 in Mexiko-Stadt die USA auf, López Rivera sofort und bedingungslos freizulassen sowie »alle seit 1898 besetzten Gebiete Puerto Ricos und seine Nebeninseln Vieques und Culebra vollständig zurückzugeben«. Die USA sollen ebenso alle Umweltschäden beseitigen, die sie durch ihre Militärstützpunkte angerichtet haben. Das Forum wies auf die Beschlüsse des UN-Sonderausschusses für Entkolonialisierung hin: Seit 16 Jahren unterstützt er in regelmäßigen Beschlüssen Puerto Ricos Recht auf Selbstbestimmung. Die 2011 gegründete Gemeinschaft der lateinamerikanischen und karibischen Staaten (CELAC, 33 Mitglieder) hat Puerto Rico als Nation mit eigener Identität und mit dem Recht auf Selbstbestimmung anerkannt. Oscar López Rivera wurde 2017 von US-Präsident Obama begnadigt, aber auch Obama beließ Puerto Rico weiter als annektiertes US-Territorium.[88]

Philippinen

Als Millionen Einwohner der spanischen Kolonie der Philippinen sich gegen die US-Besetzung wehrten, wurden sie von US-Präsident Theodore Roosevelt als »Wilde« bezeichnet.

Die US-Eroberer traten in christlichen Kolonien Amerikas als gute Christen auf. Gegenüber der ebenfalls spanischen Kolonie der Philippinen forderten die US-Eroberer: Die hier zahlreichen muslimischen Bewohner müssen für ihre Befreiung christianisiert werden!

Die US-Befreier töten Widerstandskämpfer | Auch hier hatten Befreiungsbewegungen schon jahrzehntelang gegen die spanische Kolonialmacht gekämpft, 1897 wurde die provisorische Republik ausgerufen. Aber die Befreiungskämpfer unter Emilio Aguinaldo wurden nach dem Sieg der US-Militärs über die Spanier ausgeschaltet. Die USA bekämpften die Rebellen drei Jahre lang, töteten etwa 20.000. In dem grausam geführten Krieg wurde eine bis heute ungeklärte Zahl, zwischen 250.000 und einer Million, Zivilisten getötet.[89]

Nur die wenigen eigenen Toten zählten die US-Militärs genau. Die modernsten Technologien des massenhaften Tötens hatte die Army im eigenen Bürgerkrieg und gegen die Indians entwickelt – 26 der 30 US-Generäle auf den Philippinen waren Veteranen dieser früheren Kriege.[90]

Die Philippinen als Sprungbrett nach China | Für die kommende Weltmacht war das Territorium wichtig als Sprungbrett nach China. 1895 hatten die Wall-Street-Banken National City Bank, Morgan und Kuhn Loeb die *American China Development Company* gegründet, dann auch das *Committee on American Interests in China* und die *American Asiatic Association*. Sie wollten in China vor allem an Aufträge für Eisenbahnlinien und Bergwerke kommen.[91]

Im Namen Gottes die »Brüder in Christus« ermorden | Um die Invasion der Philippinen zu begründen, hielt Präsident William McKinley folgende Ansprache: »Ich ging im Weißen Haus viele Nächte umher bis Mitternacht; und ich schäme mich nicht, meine Herren, dass ich auf meine Knie fiel und den Allmächtigen Gott um Erleuchtung und Führung bat, länger als eine Nacht. Aber eines Nachts sehr spät kam es über mich – ich weiß nicht, wie es kam, aber es kam:

1. Dass wir die Philippinen nicht an Spanien zurückgeben können – das wäre feige und unehrenhaft.
2. Dass wir die Philippinen auch nicht Frankreich oder Deutschland überlassen dürfen, unseren kommerziellen Rivalen im Osten – das wäre schlechtes Geschäft und unglaubwürdig.
3. Dass wir die Philippinen aber auch nicht sich selbst überlassen dürfen – sie wären unfähig zur Selbstverwaltung, es entstünde dort bald Anarchie, schlimmer als unter den Spaniern.
4. Dass uns nichts anderes übrigbleibt als dass wir alles übernehmen und die Filipinos erziehen, moralisch aufrichten und christianisieren. Und dass wir bei Gottes Gnade das Beste für sie tun, weil auch sie unsere Brüder sind, für die Christus auch gestorben ist.«[92]

Der göttlich selbsterleuchtete McKinley war Präsident von 1897 bis 1901. Er sorgte dafür, dass Konzerne über den amerikanischen Hinterhof hinaus auf Rohstoffe und Märkte zugreifen konnten, auf den Philippinen und in China. Er ließ die Seestreitkräfte ausbauen, um die US-Handelsschiffe zu beschützen. Bis 1969 zierte sein Porträt die 500-Dollar-Note.

Entstaatlichung der Philippinen in verschiedenen Formen | Die eroberten Philippinen erhielten keine Staatlichkeit, sondern wurden unter US-Verwaltung gestellt. Sie wurden wie Puerto Rico als abhängiges Territorium behandelt: Staatsoberhaupt war der US-Präsident, das US-Innenministerium ernannte einen Generalgouverneur, ein Parlament durfte Demokratie spielen. Die Bürger hatten keine US-Bürgerrechte, waren aber steuerpflichtig.

1946, nach dem Sieg über Japan, gewährten die USA dem Land die formale Unabhängigkeit als Staat. Allerdings entwaffneten sie die verschiedenen Befreiungsbewegungen, verfolgten sie als Banditen und töteten ihre Anhänger. Die USA installierten eine Regierung, die v. a. aus Mitgliedern des vormaligen projapanischen Marionettenregimes und Vertretern der einheimischen Oligarchie bestand. Die USA erhielten per Vertrag die Hoheit über 23 Militärstützpunkte für 99 Jahre. Ebenso garantierte ein ‚Freihandels'abkommen den USA die wirtschaftliche Hoheit und die Anbindung der Währung Peso an den US-Dollar (galt bis 1984). Später folgten US-ergebene Diktatoren-Clans wie der des Ferdinand Marcos.

Guam

Die pazifische Insel Guam wurde 1898, im selben Jahr wie Kuba, Puerto Rico und die Philippinen von den USA besetzt. Die US-Marine errichtete eine ständige Basis, ein kommerzieller Flughafen diente dem Handel, eine Kabelverbindung sicherte die schnelle Kommunikation mit den neuen Herren. Später wurden noch benachbarte Marianen-Inseln annektiert. Guam und die Marianen sind wie Puerto Rico bis heute »abhängige Territorien«: Die Änderung besteht lediglich darin, dass aus einem spanischen Militärstützpunkt ein US-Stützpunkt für

Navy und Air Force wurde. Er macht zudem als wichtigster »Arbeitgeber« die Bevölkerung abhängig und verhindert jede andere eigenständige wirtschaftliche Entwicklung.

Splendid Little War: Vorgetäuschter Antikolonialismus | Im Krieg gegen die spanische Kolonialmacht hatte das in kontinuierlichen Kriegshandlungen trainierte und technisch überlegene US-Militär nur etwa ein Fünfzigstel der Gefallenen und Toten im Vergleich zum Gegner. Diese schnellen und erfolgreichen Kriegszüge werden bis heute in den USA als »Splendid Little War« (glänzender kleiner Krieg) gefeiert.[93]

Die US-Führung griff in laufende Konflikte ein, vernichtete nationale Oppositionen und demokratische Bewegungen und inthronisierte antidemokratische, oligarchische Vasallen und Cliquen. Diese wurden nach Bedarf ausgetauscht. Verratene Rebellen und massenhaft ermordete Zivilisten wurden durch die Propaganda »Wir sind die von Gott gesandten Guten« zu Kollateralschäden gemacht, die systematisch der Vergessensproduktion anheim gegeben werden. Der Antikolonialismus war Demagogie.

3.
Investoren organisieren Diktaturen

Teilweise gleichzeitig und vor allem nach dem Krieg gegen Spanien ging der Eroberungszug in neuen Territorien weiter, und zwar in solchen, die sich schon selbst von der Kolonialmacht Spanien befreit hatten oder ihr nie unterworfen waren.

Jetzt wurden neue Narrative inszeniert. Das Vorgehen betraf 12 Territorien. Ihr rechtlicher und staatlicher Status wurde von der kommenden Weltmacht bestimmt und stellt unterschiedliche Vasallensysteme dar, die in der Folgezeit bis heute flexibel fortgeschrieben wurden und werden.

Hawaii

So erklärte die US-Führung Hawaii 1894 zur Republik, weil die eingeborene Monarchin sich den Wünschen des von Missionaren gegründeten US-Unternehmens Castle & Cooke (Zuckerplantagen, Eisenbahn, Fischverpackung) widersetzte.

Erster Präsident wurde Sanford Dole, Cousin des Harvard-Absolventen James Dole, Gründer der Hawaiian Pineapple Company. Das war aber nur die Vorstufe zur Annektierung 1898. Eine weitere Variante der abhängigen Unabhängigkeit wurde durch den *Hawaiian Organic Act* des US-Kongresses geschaffen: Hawaii wurde ein »organisches Territorium« unter Sanford Dole, der nun die Stellung eines US-Gouverneurs hatte.

Hawaii wurde dann zum Militärstützpunkt ausgebaut: Pearl Harbor. Im 2. Weltkrieg verhängten die USA das Kriegsrecht über Hawaii und stationierten 500.000 Soldaten. Nach entsprechender Zurichtung der einheimischen Elite wurde 1959 Hawaii zum 50. US-Bundesstaat gemacht. Bis zum 21. Jahrhundert wurde die Dole Company zum weltgrößten Vermarkter von Gemüse, Obst und Blumen.

Mexiko

US-Investoren wie Rockefeller machten Mexiko seit Ende des 19. Jahrhunderts zum drittgrößten Standort der Erde für Erdölförderung. Sie genossen dabei den besonderen Schutz des Diktators Porfirio Díaz, der seit 1876 bis 1911 in neun Regierungsperioden herrschte, mithilfe der katholischen Kirche und einheimischer Oligarchen.

Wiederholte Streiks von Arbeitern – darunter viele Indigene – auf Ölfeldern, in Textil- und Kupferfabriken unterdrückte Díaz mithilfe des Militärs. Nachdem er durch eine Massenbewegung 1911 zum Abdanken gezwungen wurde, wurde der nunmehr gewählte Präsident Francisco I. Madero 1913 durch einen Militärputsch gestürzt und ermordet. Beides geschah mit Wissen und Unterstützung des US-Botschafters. Die nun errichtete Militärdiktatur wurde aber schon 1914 durch eine breite Koalition militärisch besiegt.

Kriminelle Wiederholungstäter | Der nach weiteren Kämpfen 1917 gewählte höchst moderate Reformpräsident Venustiano Carranza – er versprach, den Indigenen Land zurückgeben eine ziemlich bescheidene Landreform zu ihren Gunsten durchzuführen, die US-Ölindustrie zu verstaatlichen und Ländereien von US-Investoren in ihrem Umfang zu begrenzen – ließ 1919 den Führer der revolutionären Bauernbewegung, Emiliano Zapata, ermorden und wurde seinerseits 1920 nach Nichteinlösung seiner Versprechen durch seine ehemaligen Verbündeten gestürzt und erschossen. Die USA intervenierten militärisch direkt in die mexikanischen Kämpfe. 1914 besetzten sie den Hafen von Veracruz und marschierten 1916 in Nordmexiko ein, zogen sich 1917 aber angesichts ihres bevorstehenden Eintritts in den 1. Weltkrieg wieder zurück.[94]

Es könnte langweilig erscheinen, alle die einschlägigen Verbrechen von God's own Country aufzuzählen. Aber die USA hatten sich zu einem Wiederholungstäter mit mehreren Varianten ihres Grundmusters herausgebildet. Im damaligen Milieu der europäischen Kolonialmächte wurde dies kritisch wahrgenommen, aber nur im Sinne des Neids.

Die meisten gutgläubigen Europäer erfuhren kaum etwas über die US-Praktiken, haben bis heute wenig Ahnung und leben von US-inszenierten Legenden. Zudem: Kriminelle Wiederholungen, vor allem wenn sie »erfolgreich« sind, zermürben, schleifen das Rechtsgefühl.

Guatemala

Guatemala, seit 1821 unabhängig von Spanien, wurde unter den Militär-Diktatoren Manuel Cabrera und Jorge Ubico Castañeda zwischen 1899 bis 1944 noch weiter für US-Investoren geöffnet. Einheimische Oligarchen bereicherten sich.

Auch in Südamerika: Unterstützung für faschistoide Diktatoren | Während die US-Akteure den Faschismus in Italien, Spanien, Portugal, Griechenland und in Deutschland unterstützten (siehe S. 167 ff), taten sie das auch mit Diktator Ubico Castañeda (1931-44): Er bewunderte Francos Diktatur in Spanien und verlieh den Staatsorden an Mussolini. Er ließ den Begriff »Arbeiter« aus dem öffentlichen Wortschatz tilgen. Indigene mussten 120 Tage auf den Kaffeeplantagen lohnlos arbeiten. Die US-Plantagenbetreiber durften Arbeiter züchtigen und töten. Ubico Castañeda enteignete indigenes Land, überließ es der United Fruit Company kostenlos, machte den Konzern zum größten Landbesitzer und stellte ihn für 99 Jahre steuerfrei.[95]

United Fruit, seit 1901 im Land, beherrschte auch das Post-, Telefon-, Radio-, Agrar- und Transportsystem, sponserte Staatsstreiche. Unpassende Putschisten wie Manuel Contreras wurden mithilfe des State Department abgesetzt (1930). Der Konzern war in zahlreichen mittel- und südamerikanischen Staaten ähnlich und mit Bananenplantagen präsent.

Nach dem 2. Weltkrieg hielten die USA den Staat weiter im Zustand einer von außen gelenkten Diktatur. 1954 organisierten CIA, Army und Air Force den Sturz des gewählten Reformpräsidenten Jacobo Árbenz Guzmán (*Operation Success*), auch mithilfe von Soldaten des US-gestützten Diktators Somoza in Nicaragua. Árbenz wurde zeitgeistig als »Kommunist« angeprangert: Er hatte verlassene Plantagen der United Fruit verstaatlicht – gegen Entschädigung – und sie an landlose Bauern vergeben.[96] Der Chef des US State Department, John Dulles, und sein Bruder Allen Dulles, Chef des Geheimdienstes CIA, waren zuvor über ihre Wall-Street-Kanzlei Sullivan & Cromwell Berater und Aktionäre von United Fruit gewesen:[97] Hier agierte der während des 2. Weltkriegs herausgebildete Komplex Wall Street – Konzerne – State Department – Militär und CIA.

Todesschwadronen, Wahlbetrug… | Danach setzten die US-Akteure mehrere Marionetten-Diktaturen ein, zu deren ungestraften Menschenrechtsverletzungen auch der Völkermord an indigenen Maya-Völkern gehörte – mit etwa 200.000 Getöteten. US-gestützte Todesschwadronen folterten und killten Indigene, Journalisten, Lehrer, Studenten und Guerilleros. Sie töteten Gewerkschafter und halfen, die Löhne niedrig zu halten. Zum Geschäft der CIA gehörte auch Wahlbetrug. US-Präsident Jimmy Carter stoppte zwar die Militärhilfe 1977, aber Präsident Ronald Reagan nahm sie für den Putschisten Ríos Montt (1982/83) wieder auf. 2013 wurde Ríos Montt in Guatemala wegen Völkermordes zu 80 Jahren Gefängnis verurteilt.[98]

Bevölkerung: Versuchsobjekte für Experimente mit Geschlechtskrankheiten | Von 1946 bis 1948 haben Mediziner der privaten Elite-Universität Johns Hopkins in Guatemala 1.500 Gefängnisinsassen, psychisch Kranke, Prostituierte, Heimkinder sowie Soldaten niedriger Ränge ohne deren Wissen mit Geschlechtskrankheiten infiziert, Syphilis, Tripper, weicher Schanker. Die Mediziner animierten Gefangene zu Sex-Treffen mit bereits infizierten Prostituierten. Als Medikament wurde Penicillin getestet. Die Auswertung dauerte bis 1953. Nachgewiesen sind 83 Tote im unmittelbaren Zeitraum danach. Spätere Folgen, auch bei Nachkommen, sind nicht genau erforscht.[99]

Die armen Versuchsobjekte wurden mit lächerlichen Geschenken gelockt, etwa mit Zigaretten. Die Chefs der Institutionen – Gefängnis, von christlichen Nonnen geführtes Kinderheim, psychiatrisches Krankenhaus – bekamen Spenden. Die 12 US-Mediziner traten mit weißen Kitteln auf, verletzten massenhaft und nachhaltig den hippokratischen Eid – während gleichzeitig US-Staatsanwälte beim Militärtribunal in Nürnberg und den Folgetribunalen die verbrecherischen Experimente von Nazi-Ärzten mit KZ-Häftlingen anprangerten.

Bis heute keine Entschuldigung, keine Entschädigung | Die Experimente waren ein Auftrag des US-Militärs: Forschungen zu »medizinischen Problemen, die die nationale Verteidigung berühren«. US-Soldaten, für deren sexuelle Bedürfnisse die USA bei allen Einsätzen weltweit sorgen, kamen aus früheren Kriegen oft mit Geschlechtskrankheiten zurück. Nach dem 2. Weltkrieg wurde für die vielen weiteren Einsätze in Asien (Korea, Vietnam, Laos, Kambodscha) mit ähnlichen Folgen gerechnet. Es ging um die durch Geschlechtskrankheiten geminderte Einsatzfähigkeit: Wie viele Mann- und Kampftage fallen aus, wenn wir kein wirksames Medikament finden?

2012 klagten Anwälte namens 774 Opfern und geschädigten Nachkommen in Washington gegen die Universität, die finanzierende Rockefeller-Stiftung und den beteiligten Pharmakonzern Bristol-Myers Squibb auf Entschädigung – die Klage ist bisher unentschieden.[100]

Costa Rica

In Costa Rica bauten und betrieben Henry Meiggs und Minor Keith seit den 1870er Jahren Eisenbahnlinien und Bananenplantagen. Diese Tycoons hatten mit ihrer Tropical Trade and Transport Company die Transportinfrastruktur einschließlich der Häfen in der Hand.

Wenn der Diktator die falschen ausländischen Investoren unterstützt… | 1918 vergab die Regierung Bohrrechte an die britische Ölfirma Amory. Das State Department protestierte, Diktator Federico Tinoco wurde ermordet. Die US-Botschaft in der Hauptstadt San José sorgte dafür, dass nur noch US-freundliche Präsidenten gewählt werden konnten. Amory wurden die Bohrrechte entzogen.

Als Präsident José Figueres den Sturz von Árbenz in Guatemala nicht unterstützen wollte und Verfolgten aus lateinamerikanischen Diktaturen Asyl anbot, sollte er gestürzt werden, überlebte aber physisch wie politisch. Er schaffte die Armee ab. Ebenso überstand er Umsturzversuche, nachdem er 1971 diplomatische Beziehungen zur Sowjetunion aufgenommen hatte und Kaffee dorthin exportieren ließ.

Sein Nachfolger Óscar Arias organisierte Friedensverhandlungen in Mittelamerika. Gegen Arias finanzierte die von US-Präsident Ronald Reagan gegründete Regierungsstiftung National Endowment for Democracy (NED) die Opposition, obwohl er den Friedensnobelpreis bekommen hatte.

Honduras

In Honduras, ebenfalls seit 1821 von Spanien unabhängig, marschierte zwischen 1903 und 1925 das US-Militär sieben Mal ein, schlug Aufstände von Bauern und Militärs nieder und sicherte Eigentum und sklavenähnliche Arbeitsbedingungen in den riesigen Bananen- und Ananasplantagen der United Fruit und der Standard Fruit, ebenso bei der Hubbard-Zemurray Steamship Company, die Eisenbahnen und Hafenanlagen betrieb und sich 1911 in Cuyamel Fruit umbenannte.

Die Plantagenunternehmer betrieben eine Sonderwirtschaftszone, mit eigener Verwaltung und Polizei, von Steuern befreit. Eine eigene Söldnerarmee enteignete Bauern, trieb sie zu sklavenähnlichen

Diensten in die Plantagen und installierte bei Bedarf den gewünschten Diktator. Als Bananenarbeiter in der ganzen Karibik 1919 einen Generalstreik ausriefen, schickte Washington Kriegsschiffe.

US-Zentrum für Folter-Training | In den 1980er Jahren bauten die USA Honduras als militärisches Operationsgebiet aus, rüsteten das Militär des Landes auf und stationierten 1.500 US-Soldaten. Die CIA und US-Präsident Ronald Reagan trainierten und finanzierten dafür die Spezialtruppe »Contras« und folterten in Geheimgefängnissen: So wurde die Befreiungsbewegung der Sandinisten im benachbarten Nicaragua bekämpft, nachdem diese den von US-Gnaden regierenden Diktator Somoza vertrieben hatten.

Unter Präsident Barack Obama ließen die USA 2009 den gewählten Präsidenten Manuel Zelaya durch einen Staatsstreich stürzen: Er hatte sich dem Bündnis ALBA angeschlossen, das von Venezuela und Kuba gegründet worden war und das eine Alternative zu der von den USA 1948 gegründeten Organisation Amerikanischer Staaten (OAS) bildet.[101]

Eine Form der Entstaatlichung: »Bananenrepublik« | Zum US-Konzept der Globalisierung und der Entstaatlichung fremder Territorien gehört auch diese Variante, die seit dem Vorgehen in Guatemala, Honduras, Costa Rica usw. »Bananenrepublik« genannt wird: US-Konzerne sind mächtiger als die jeweilige nationale Regierung und setzen bei Bedarf, in Absprache mit Washington, Diktatoren ein. Der Begriff wurde bereits 1904 vom Schriftsteller O. Henry geprägt und wurde später populär, allerdings ohne wirksames kritisches Potenzial zu entfalten.[102]

Nicaragua

1909 marschierte das US-Militär in Nicaragua ein. Adolfo Díaz, Sekretär des nordamerikanischen Bergbaukonzerns La Luz Los Angeles Mining Company, der eine Goldmine ausbeutete, wurde 1911 Präsident.

Gegen einen Aufstand retteten ihn 1912 die erneut einmarschierenden US-Truppen, und sie blieben bis 1933. Die USA förderten ab 1934 in den folgenden Jahrzehnten diverse Diktatoren aus dem

Somoza-Clan und bauten für sie eine Nationalgarde auf, die zugleich Polizei- und Armeefunktionen ausübte. In Opposition zur Diktatur stehende Kräfte wurden von US-Militärs zusammen mit der Nationalgarde niedergeschlagen.[103]

USA wählen aus dem Somoza-Clan den jeweils passenden Diktator aus

Der Somoza-Clan, Bewunderer von Mussolini und Hitler, ließ den im Volk beliebten Führer der nationalen Befreiungsbewegung, Augusto Sandino, mitsamt seiner wichtigsten Offiziere hinterrücks ermorden, bereicherte sich extrem, schaffte das Vermögen in die USA und herrschte mit wechselnden Diktatoren bis 1979. Als die sich auf Sandino berufenden Sandinisten 1979 den letzten, im Volk weithin diskreditierten Somoza-Diktator stürzten, wurden sie von den USA unter Präsident Reagan und auch danach als Todfeinde behandelt.

Die US-Regierungen ließen das Land von IWF, Weltbank, Internationaler Entwicklungsbank und auch von der folgsamen EG (heute: EU) abschneiden. Für die Wahlen von 1990 finanzierte Reagans NED die dann erfolgreiche antisandinistische Opposition. 2001 organisierte die US-Botschaft – wie bereits 1990 und 1996 – wiederum den antisandinistischen Wahlkampf; der 1985 gewählte sandinistische Präsident Daniel Ortega wurde als Terrorist, Anarchist, Kommunist und Menschenrechtsverletzer angeprangert, verbunden mit der Drohung, Nicaragua wirtschaftlich zu ruinieren.[104]

Dominikanische Republik

1893 kaufte das Wall-Street-Konsortium Santo Domingo Improvement Company von der insolventen niederländischen Westendorp Company die gesamten Schulden der Dominikanischen Republik. Das US-Konsortium erhielt dafür den Zugriff auf alle Zolleinnahmen.[105]

Ab 1903 besetzten US-Truppen wiederholt das Land, weil eine politische Bewegung gegen diese Auflagen protestierte. US-Präsident Theodore Roosevelt schickte Zollbeamte, um die Zolleinnahmen vollständig an die Wall Street abzuliefern. Bis 1924 blieben die US Marines als Besatzungstruppe und sicherten auch die Ausbeutung der Zuckerplantagen.

Diktator einsetzen, Diktator absetzen… | Das US-Militär schlug wiederholt die bewaffnete Widerstandsbewegung der »gavilleros« nieder, mit Air Force, Flammenwerfern und durch die Taktik der verbrannten Erde[106] und sicherte, nach einer sechsjährigen demokratischen Übergangsphase, ab 1930 jahrzehntelang die Regierung des Putschistengenerals Rafael Trujillo. Die USA servierten ihn 1961 ab, nachdem der Despot nicht mehr zu halten war.[107]

Nach Trujillos Ermordung 1961 wählte das Volk mehrheitlich den liberalen Reformpolitiker Juan Bosch zum Präsidenten. Er wurde bereits nach sieben Monaten mithilfe der CIA weggeputscht, er galt mit seiner Landreform als »Kommunist«. Als eine Volksbewegung, die Bosch zurückholen wollte, vor dem Sieg stand, machten 1965 die USA dem ein Ende und setzten einen »liberalen« Präsidenten ein, der 12 Jahre lang regierte.

Heute dient das Land mit hoher Arbeitslosigkeit und Kinderarbeit als billiger Zulieferstandort für US-Unternehmen, ähnlich wie Puerto Rico. Dafür werden Sonderwirtschaftszonen betrieben, mit Steuerfreiheit und Niedriglöhnerei. Tourismus überdeckt vielfach die Armut.

»Er ist ein Hurensohn, aber er ist unser Hurensohn«

»Er ist ein Hurensohn, aber er ist unser Hurensohn«, so charakterisierte US-Präsident Franklin Roosevelt den Diktator Nicaraguas, Somoza. Diese Bezeichnung übernahm auch Roosevelts Staatsminister Cordell Hull (1933-44) für Rafael Trujillo, 1930 von den USA eingesetzter Diktator der Dominikanischen Republik, der bis 1961 regierte. Er organisierte zusammen mit der US-Botschaft und CIA Mordanschläge auf liberale Reformpolitiker in Lateinamerika. Er ließ 20.000 haitianische Arbeiter abschlachten. Er gilt als der grausamste Diktator Amerikas. In seinem Schlafgemach hing ein Foto des US-Präsidenten Harry Truman mit dessen persönlicher Widmung vom 17.6.1953: »Dem Generalissimus Rafael Leonidas Trujillo mit freundlichsten Grüßen«.[108]

Panama

Schon 1865 und 1885 hatten US-Truppen Panama besetzt, um das Eigentum von US-Unternehmen, z. B. der Panama Railroad, vor Revolutionen zu schützen. Dann brauchten die USA für die Expansion ihrer Handels- und Kriegsflotte einen Kanal zwischen Atlantik und Pazifik. Deshalb kaufte ein Wall-Street-Konsortium aus den Banken Seligman und Kuhn Loeb unter Führung von Morgan der mit dem Projekt gescheiterten französischen Kanalgesellschaft die Aktien ab.[109]

Karnickel und andere Untermenschen | Doch der Bau konnte nicht begonnen werden. Panama war eine Provinz Kolumbiens. Die Regierung lehnte die von den USA geforderten Bedingungen ab. »Ich glaube nicht, dass man es diesem Haufen Karnickel in Bogotá erlauben sollte, auf Dauer einen der großen künftigen Verkehrswege der Zivilisation zu versperren«, so US-Präsident Theodore Roosevelt zur Begründung der US-Militärinvasion 1903 in Kolumbien, um die Provinz Panama mithilfe einheimischer Verschwörer abzuspalten.[110] Das sah auch die Wall Street so. Roosevelts Staatsminister war Elihu Root, Anwalt der Bank Morgan.

Für den Kanalbau: Gründung des Separatstaats Panama | Deshalb besetzten 1903 Army und Marines die Provinz Panama. Sie erzwangen deren Abspaltung mithilfe einer oligarchischen Sezessionsbewegung – an deren Führung vier Angestellte der US-Eisenbahngesellschaft Panama Railroad Company beteiligt waren.

Der Separatstaat Panama wurde ausgerufen. Er wurde sofort von den USA anerkannt. Die Putschisten vereinbarten mit der neuen Regierung den Bau des Kanals, der »für ewig« in US-Besitz bleiben sollte.

Nach dem Putsch stieg der Wert der Aktien auf das Doppelte. Ein anderer Wall-Street-Anwalt, William Cromwell von der Kanzlei Sullivan & Cromwell, wurde als Fiskalagent der Putschregierung eingesetzt, verantwortlich für die Finanzierung des Kanals und den Einzug der Gebühren zugunsten der US-Aktionäre. Cromwell bedachte die Putschistenführer mit einer Millionensumme.

Einnahmen aus dem Kanalbetrieb gehen an die Wall Street | Die US-Banken kassierten jahrzehntelang alle Einnahmen aus dem Kanal, unversteuert. Der Marionettenstaat hatte für alle Entsorgungsleisten des Kanals aufzukommen. Die Kanalzone wurde unter exklusive US-Verwaltung mit Militär- und Polizeigewalt gestellt. Dem neuen Separat- und Halbstaat wurde eine Finanzreform auferlegt: Er musste den US-Goldstandard übernehmen, was den Zufluss von US-Kapital beförderte. So verfuhr die Weltmacht auch in anderen eroberten Staaten, so in Kuba und auf den Philippinen.[111]

Die USA überwachten die weiteren Präsidentschaftswahlen. Im Falle unliebsamer Wahlergebnisse und von »Unruhen« hatten sich die USA in der Verfassung Panamas ein ewiges Interventionsrecht ausbedungen. US-Präsident Woodrow Wilson ließ aus diesem Grund das Land von 1918 bis 1920 besetzen.

1925 unterdrückte die US Army einen Streik gegen zu hohe Mieten in Panama-Stadt und Colon. 1970 wurde der Gewerkschafter und Mitglied der Befreiungsbewegung Heliodoro Portugal hingerichtet.

Der von den USA dann ausgesuchte Diktator Omar Torrijos weigerte sich, einen mit US-Präsident Jimmy Carter ausgehandelten Vertrag über die Rückgabe des Kanals mit dem Nachfolger Carters, Ronald Reagan, neu zu verhandeln. Torrijos – der auf der CIA-Mitarbeiterliste stand – starb 1981 bei einem Flugzeugabsturz, dessen Ursache nicht geklärt wurde.

1982 machten die USA den Chef der Nationalgarde, Manuel Noriega, ebenfalls CIA-Mitarbeiter, zum starken Mann des Landes. Die Supermacht änderte ihre Taktik: NED organisierte die Wahlen des nächsten Jahrzehnts. Bedacht wurde auch eine zivile Hilfstruppe, der Freie Gewerkschaftsverband, dem Noriega nahestand – »frei« bedeutete: US-finanziert. Als 1986 Noriegas Beteiligung an der blamablen Iran-Contra-Affäre bekannt wurde, ließ Reagan 24.000 US-Militärs einmarschieren und Noriega, der zu viel wusste, entführen – viertausend Zivilisten wurden dabei getötet und in Massengräbern verscharrt. »Unsere Strategie muss sein, das ganze Land durch militärische Verbände, Polizei und andere Mittel unter unsere Kontrolle zu bringen«, so der damalige Chef der Joint Chiefs of Staff, der Generalstabschef, Colin Powell.[112]

14 US-Militärstützpunkte, Schule für Aufstandsbekämpfung | Von 1903 bis 1999 wurde die Kanalzone von der US Army kontrolliert. Sie unterhielt 14 Militärstützpunkte, überwachte von hier aus den Luftraum ganz Lateinamerikas und bildete in der »School of the Americas« Offiziere der lateinamerikanischen Diktaturen für Aufstandsbekämpfung und Folter aus. Nach der Übergabe des Kanals 2000 an Panama behielten die USA ein zeitlich unbegrenztes Interventionsrecht, falls die »Neutralität des Kanals« gefährdet ist.

Das US-Militär hinterließ nach seinem Abzug eine gut eingeübte, global agierende Finanzoase in Panama-Stadt, eine blühende Wirtschaft in der schmalen Kanalzone, aber auch mit Minen verseuchte Areale und eines der ärmsten Länder; hohe Müttersterblichkeit, kaum Schulen und feste Straßen, mehr als die Hälfte der Bevölkerung lebt unterhalb der Armutsgrenze.[113]

Haiti

In Haiti hatten die Sklaven, beflügelt durch die Revolution 1789 in ihrem Kolonialstaat Frankreich, seit 1791 immer wieder Aufstände organisiert. Die Sklaverei wurde abgeschafft, es kam zur Bildung der ersten unabhängigen Republik von Schwarzen und Mulatten.

Aber 1804 verhängten die USA, zusammen mit den Kolonialstaaten England und Frankreich, ein Embargo. 1891 schlugen US-Truppen eine Rebellion der schwarzen Bevölkerung nieder, besetzten von 1915 bis 1934 das Land, schafften die Demokratie ab, errichteten eine Verwaltung und einen Marinestützpunkt. Schwarze wurden als »französisch sprechende Nigger« bezeichnet und zu Zwangsarbeit unter Militäraufsicht eingesetzt. Nach einem Aufstand wurden hunderte Bauern gefoltert, an Kirchentore genagelt und erschossen.[114]

USA zerstören und verarmen die Republik | Dem Staatspräsidenten Haitis wurde so lange das Gehalt nicht ausgezahlt, bis er zustimmte, dass die New Yorker National Citibank die Nationalbank Haitis übernahm. Diese übernahm auch die Eintreibung der Schulden, die Haiti bei Frankreich hatte: Die ehemalige Kolonialmacht hatte die Unabhängigkeit Haitis erst anerkannt, nachdem die »befreite« Kolonie sich verpflichtet hatte, die Verluste der vertriebenen französischen Sklavenhalter auszugleichen.[115]

1934 zogen die US-Truppen ab, bauten wie in Nicaragua, Kuba und der Dominikanischen Republik eine Nationalgarde auf, mit deren Hilfe die diversen Diktatoren das Land unter US-freundlicher Kontrolle hielten. 1947 lieferte Haiti die letzte Reparationszahlung an die Citibank ab. Aber die Rückzahlung hatte das Land ausgezehrt, mit Folgen bis heute.[116]

Diktatoren-Clan Duvalier

1959 bis 1986 leitete der Duvalier-Clan mit »Papa Doc« und Sohn »Baby Doc« das US-Protektorat. Als Begründung wurde angegeben: Drohender Kommunismus. 1991 duldeten die USA die Wahl des Rebellenpriesters Aristide zum Präsidenten, setzten ihn ab, setzten ihn wieder ein und, weil er die Rückzahlung der Reparationen verlangte, setzten ihn schließlich 2004 wieder ab. Bis heute ist Haiti unter praktischer Kontrolle der USA eines der ärmsten Länder der Erde.[117]

Die weitere verfassungsgemäße Verbrechensliste der US-Regierungen und -Konzerne in Mittelamerika und der Karibik seit 1898, etwa in El Salvador, Ecuador und Grenada, zugunsten der freien *pursuit of happiness* für die führenden US-Kapitalisten ist vielfach dokumentiert, wird aber durch US-geführte Meinungsmache zum Verschwinden gebracht.[118]

4.
Annexionen für Militärstützpunkte

Für die außerhalb des eigenen Territoriums errichteten Militärstützpunkte annektierten die USA auch zahlreiche kleine Territorien und abgelegene Inseln. 1856 hatten sie die Midway-Inseln annektiert

(Guano Islands Act), dann die Wake Islands, 1878 Pago Pago auf der Insel Samoa im südlichen Pazifik. 1898 annektierten die USA die Insel Guam im pazifischen Marianen-Archipel.

So erweiterten die USA ihr Netz an Marinestützpunkten, das von Lateinamerika und der Karibik seinen Ausgang genommen hatte: Kuba (Guantánamo), Panama und Puerto Rico sowie Hawaii und die Philippinen. Die Stützpunkte gehörten zur damaligen Globalisierung nach US-Muster. 1897 aktualisierte Konteradmiral Alfred Mahan die Marine-Doktrin: Die Dominanz auf den Weltmeeren ist die Voraussetzung für die Weltherrschaft.[119] Gleichzeitig mit der Marine wurde die Handelsflotte aufgestockt.

General Butler: Ich war ein Gangster für den Kapitalismus

Smedley Butler diente in der Marine während des Einfalls der USA 1914 in Mexiko, bei der Eroberung Kubas, Haitis und der Philippinen, dann bei der Unterwerfung von Staaten wie Nicaragua, Honduras und Dominikanische Republik. In China wurde er zur Niederschlagung des gegen die Kolonialmächte gerichteten »Boxeraufstands« (1899-1901) eingesetzt. Er diente dann auch im 1. Weltkrieg. Er erreichte den damals höchsten Militärrang als *major general* und wurde der bei weitem höchstdekorierte Offizier der US-Streitkräfte.

Ab 1935 engagierte sich der pensionierte General erstaunlicherweise bei der Amerikanischen Liga gegen Krieg und Faschismus – sie richtete sich gegen die in den USA der 1920er und 1930er Jahre blühende Begeisterung vieler Banker, Medienmogule und Unternehmer für Mussolini und Hitler. Butler sah voraus, dass sich deshalb im Pazifik und in Europa Krieg anbahnte.[120] 1935 veröffentlichte er das Buch *War is a Racket* (Krieg ist ein schmutziges Geschäft).

Für die sozialistische Zeitschrift *Common Sense* schrieb er: »Ich verbrachte 33 Jahre und vier Monate im aktiven militärischen Dienst und dabei verbrachte ich die meiste Zeit als starker Mann (high class muscle man) für Big Business, für die Wall Street. Einfach gesagt: Ich war ein Gangster für den Kapitalismus. 1914 half ich, damit Mexiko und insbesondere Tampico sicher wurden für amerikanische Öl-Interessen. Ich half, damit Haiti und Kuba für die Jungs der National City Bank ein geeigneter Platz für ihre Gewinne wurde. Ich half, damit ein halbes Dutzend mittelamerikanischer Republiken zum Nutzen der Wall Street vergewaltigt wurden. Ich half 1902 bis 1912, damit Nicaragua zugunsten des internationalen Bankhauses Brown Brothers von Oppositionellen gesäubert wurde. 1916 brachte ich das Licht in die Dominikanische Republik zugunsten der amerikanischen Zucker-Interessen. 1903 half ich, damit Honduras für die Interessen der amerikanischen Frucht-Unternehmen hergerichtet wurde. 1927 half ich, damit Standard Oil in China unbelästigt seinen Weg gehen konnte … Wenn ich auf all das zurückblicke, hätte ich Al Capone ein paar Ratschläge geben können. Er operierte ganz gut in drei städtischen Distrikten. Ich operierte auf drei Kontinenten.«[121]

5.
Asien im Visier: China und europäische Konkurrenten

1895 gründeten die Banken-Clans Rockefeller und Morgan die *American China Development Company*, danach das *Committee on American Interests in China* und schließlich die *American Asiatic Association*.

Es ging vor allem um die Interessen der Rockefeller'schen Standard Oil und um die Lizenz zum Bau von Eisenbahnlinien in China – aber ein belgisch-französisch-russisches Konsortium hatte die Nase vorn.[122] Die europäischen Kolonialmächte England, Frankreich, Portugal, Niederlande, dann auch Deutschland und Russland waren dem kolonialen Aufsteiger USA in Asien zuvorgekommen und hatten in China Stützpunkte und Handelsbeziehungen etabliert.

Die Wall Street rief deshalb frühzeitig auch zum Krieg gegen die europäischen Mächte auf, die zudem ebenfalls in Mittel- und Südamerika, auch in den großen Staaten wie Brasilien und Argentinien investiert und Handelsbeziehungen aufgebaut hatten. Schon 1894 hatte es im *Bankers' Magazine* zurückhaltend, aber deutlich geheißen: »Wenn wir England und Deutschland die südamerikanischen Märkte entringen und dauerhaft halten können, das wäre in der Tat eine Eroberung (*conquest*), die vielleicht eines großen Opfers würdig ist.«[123]

Um den Einfluss der europäischen Mächte in Asien zu bekämpfen, förderten die USA mit Großbritannien auch den neuen imperialistischen Aufsteiger, das kapitalistische Kaiserreich Japan: Es besetzte 1895 mit Zustimmung der USA die chinesische Insel Taiwan; Korea wurde 1905 Protektorat, ab 1910 japanische Kolonie, seit 1905 führte Japan in Nordchina Krieg gegen Russland. Japan diente so als US-Hilfstruppe gegen die europäischen Kapitalismen.[124]

Wilson: Die Flagge der Nation muss den Unternehmern folgen! | 1907 beschrieb ein gebildeter Politiker der Demokratischen Partei, ein Professor namens Woodrow Wilson, das US-Vorgehen so: »Da der Handel sich über nationale Grenzen hinwegsetzt und der Unternehmer die Welt als seinen Markt beansprucht, muss die Flagge der Nation ihm folgen und die verschlossenen Tore der Nationen müssen aufgesprengt werden.«[125]

Wilson wird 1913, ein Jahr vor Beginn des Krieges in Europa, zum US-Präsidenten gewählt werden.

IV.
Erste Eroberung Europas: Der 1. Weltkrieg

Die führenden Akteure der US-Kapital-Demokratie hatten vor dem 1. Weltkrieg gute Beziehungen zu allen europäischen kolonialen, auch den monarchischen Großmächten und zu europäischen Bankern und Kapitalisten, insbesondere in Großbritannien, diese waren von deren Krediten abhängig. Mit dem zunächst wirtschaftlichen und dann militärischen Eingriff in den Krieg der Europäer änderte sich das – auf Dauer.

1.
Transatlantische Kooperation vor dem Krieg

Europäische Banken in London, Paris, Amsterdam und Frankfurt hatten die ersten Kriege der USA, dann auch den ‚Bürger'krieg mitfinanziert. Danach errichteten Konzerne beider Seiten transatlantisch Niederlassungen und organisierten Marktaufteilungen.

Eisenbahnen und Elektrizität
So finanzierte etwa die 1870 gegründete Deutsche Bank sowohl US-Eisenbahngesellschaften wie auch den Eintritt des Elektrokonzerns Siemens & Halske in den US-Markt, half beim Kauf von Patenten des US-Elektrokonzerns General Electric – GE, kreditierte den Bau des damals weltgrößten Kraftwerks an den Niagara Falls. Georg Siemens wurde 1887 Vorsitzender der Deutschen Edison-Gesellschaft, die vie-

le transatlantische Unternehmensbeziehungen und die Elektrifizierung der damals westlich erschlossenen Welt koordinierte.[126]

Der US-amerikanische Erfinder und Unternehmer Thomas Edison suchte nach Geschäftspartnern in Westeuropa und wurde begeistert aufgenommen. So bedankte sich Edison 1889 bei der Deutschen Bank, dass sie ihm den Besuch der Firma Krupp vermittelt hatte.[127]

So waren seit 1907 die Allgemeine Elektrizitätsgesellschaft AEG und GE durch gegenseitige Aktienanteile verflochten. Schon 1903 war die American Chamber of Commerce in Germany gegründet worden, mit US- und deutschen Mitgliedern.

Öl- und Stahlindustrie, Handelsschifffahrt

1890 gründeten die Bremer Unternehmer Franz und Carl Schütte und Wilhelm Riedemann zusammen mit Rockefeller die Deutsch-Amerikanische Petroleum-Gesellschaft (DAPG). 1904 übernahm Rockefeller 50 Prozent der Anteile und verlegte den Sitz nach Hamburg. Das Produkt wurde als »rein amerikanisches Benzin« verkauft, in Deutschland unter dem Namen DAPOL, in den USA als DAPOLIN. Auf beiden Seiten des Atlantiks wurde geworben mit dem Logo eines bunten, federgeschmückten Indianerkopfs. (1950 wurde die DAGP umbenannt in Esso Deutschland.)

1905 trat der führende US-Stahltrust U.S. Steel dem Stahlkartell bei, das ein Jahr zuvor von Trusts aus Großbritannien, Deutschland und Belgien gebildet worden war.[128] Weitere transatlantische Kartelle entstanden in den Bereichen Eisenbahnen und verschiedenen Metallen wie Kupfer und Zink sowie Kohle.

1903 schlossen die beiden führenden deutschen Schifffahrtsgesellschaften Norddeutscher Lloyd und die Hamburg-Amerika-Linie (HAPAG) mit dem US-Monopolisten American Ship & Commerce Corporation einen Vertrag über die Aufteilung des Weltmarkts – z. B. welche Häfen und Territorien dem Vertragspartner überlassen wurden.

US-Banker in der belgischen Sklavenkolonie Kongo

Industrielle, Banker und Politiker aus den USA beteiligten sich an Kolonialgeschäften europäischer Kolonialmächte. So war Nelson Aldrich, US-Senator der Republikanischen Partei, Vorsitzender des Senats-Finanzausschusses, verwandt mit John Rockefeller, 1910 Mitbegründer der US-Zentralbank Fed.[129] Er war wie andere Politiker und Industrielle aus den USA, seit 1906 auch Aktionär der Association International du Congo (AIC): Die war 1882 vom belgischen König Leopold II. mit Bankern aus den Niederlanden, Belgien und Großbritannien gegründet worden.[130]

Die Privatkolonie Leopolds, als Freistaat ausgerufen, ließ mit Sklaverei und Zwangsarbeit den industriell nun begehrten Rohstoff Kautschuk herauspressen: Willkürliche Tötungen, Handabhacken bei Minderleistung, Krankheiten, Hungersnöte, verwüstete Dörfer, schrumpfende Bevölkerung waren die Kollateralschäden für die hohen transatlantischen Gewinne.[131] Daran beteiligten sich US-Banker zusätzlich mit der von ihnen gründeten Société Internationale Forestière et Minière und betrieben Bergwerke im Kongo. In den USA war die Sklaverei abgeschafft, aber US-Investoren nutzten ganz selbstverständlich die Sklaverei im Kongo.

Die USA anerkennen die Privatkolonie des belgischen Königs

So anerkannte die US-Regierung die belgische Kronkolonie Kongo als unabhängigen Staat. Die USA nahmen 1884/85 an der Kongo-Konferenz in Berlin teil, auf Einladung des deutschen Reichskanzlers Otto von Bismarck. Im Wettbewerb der Kolonialmächte wurde die Aufteilung Afrikas beschlossen. Lediglich aus innenpolitischen Rücksichten ratifizierte die US-Regierung die Schlussakte nicht.[132]

US-Investitionen in Großbritannien, aber die City of London bleibt größer

Die Loslösung der USA vom britischen Kolonialreich 1776 hat Sklaven- und andere Händler und Kapitalisten diesseits und jenseits des Atlantiks nicht gestört, sie machten weiter, und Banker beider Seiten hatten später den Bürgerkrieg finanziert. Großbritannien war nach der Expansion im amerikanischen Hinterhof der wichtigste Standort für Filialen von US-Konzernen in Europa, weit vor Kanada, Deutschland, Frankreich, den Niederlanden und Belgien.[133]

Europäische Banker gründeten in New York Niederlassungen. Diese wurden Anfang des 20. Jahrhunderts als Wall Street bezeichnet, vergaben Kredite an US-Konzerne und wurden deren führende Aktionäre.[134]

Die Londoner Morgan-Bank wurde zur beherrschenden Bank in New York. Die Bank Kuhn, Loeb & Co. unter ihrem Chef Jakob Schiff stieg zum fast ebenbürtigen Konkurrenten Morgans auf.[135] Die Banker in London und New York arbeiteten eng zusammen, auch in den europäischen Staaten und in den Kolonien. Gleichzeitig blieb aber die City of London der größte Finanzplatz.

Zugleich dominierten britische Unternehmen wie Shell, Anglo Persian Oil und Burmah Oil das Ölgeschäft in Asien und im Vorderen Orient, außerhalb des US-Einflussbereichs, und beherrschten, über die britische Kronkolonie Hongkong und über Shanghai, das koloniale Indien- und China-Geschäft.

2.
Wall Street erweitert die Kriegs- und Krisenkasse

Seit den Präsidenten Grover Cleveland (zweite Periode 1893-1897) und Theodore Roosevelt (1901-1909) bestanden die Regierungen zum großen Teil aus Bankern, Industriellen und Wall-Street-Anwälten.

So organisierte der Anwalt der Morgan-Bank, William Cromwell von der Kanzlei Sullivan & Cromwell, den Putsch der Separatistenregierung in Panama 1903, dirigierte dann aus dem Weißen Haus den Bau des Panamakanals, während Morgan den Kauf der Aktien der bankrotten französischen Panama-Gesellschaft koordinierte.[136] (siehe S. 83 und 145f)

Wall Street gründet die private Staatsbank Fed

Seit der Staatsgründung der USA hatten Banker und Politiker sich gestritten: Dauerhafte Nationalbank gründen oder nicht? Die Kriege wurden bisher immer wesentlich durch ausländische Banken finanziert. Drei Gründe führten schließlich 1913 zur Gründung der US-Nationalbank:

Erstens: Die kontinental bis nach Asien und China immer weiter ausgreifenden Eroberungskriege und Militärstützpunkte waren teuer.

Zweitens: Unternehmensgründungen in politisch »unsicheren« neuen Staaten waren riskant.

Drittens: 1907 hatten Finanzspekulationen zu einer Krise geführt. Kunden wollten ihr Geld abheben. 1908 erlaubte die Regierung, dass Banken ein Notgeld ausgaben: Doch das war keine Systemlösung.

Die Systemlösung wurde vom Vorsitzenden des Senats-Finanzausschusses, Nelson Aldrich, vorbereitet. 1910 organisierte er das berühmte Geheimtreffen im Clubhaus auf der Insel Jekyll Island, die sich New Yorker Banker und Unternehmer wie Rockefeller, Vanderbilt und Morgan gekauft hatten. Mit Aldrich versammelten sich neben Abram Andrew aus dem Finanzministerium die wichtigsten Wall-Street-Banker: Henry Davison (Morgan), Benjamin Strong (Bankers Trust), Frank Vanderlip (National City Bank) und Paul Warburg (Kuhn Loeb). Sie konzipierten den Federal Reserve Act (1913), mit dem die Federal Reserve Bank gegründet wurde, die US-Nationalbank, kurz Fed genannt.[137]

Die Wall-Street-Banker hatten mit der Fed auch endgültig alle Versuche abgewehrt, eine rein staatliche Zentralbank zu errichten. Die Fed gehört weiter den Privatbanken, macht aber weltweit erfolgreich den Anschein, eine staatliche Institution zu sein.

Die Federal Reserve ersetzte das provisorische »Notgeld« in dauerhafter, staatlich geschützter Form. Die Fed kann »Geld drucken«, d. h. sie »kauft«, im finanziellen Nichts schöpfend, US-Staatsanleihen und finanziert den Staat. Und sie gibt den Privatbanken Kredite, mit denen diese auch ihre riskanten Kredite noch weiter ausweiten können, etwa im Kriegsfall.[138]

Den Spieß umdrehen: Die US-Banken-Invasion in Europa

Paul Warburg von der Bank Kuhn Loeb, dem der wichtigste konzeptionelle Anteil am Fed-System zugeschrieben wird, sah in der Fed auch das Instrument, New York zum Zentrum der Weltfinanz zu machen. Im Gesetz zur Gründung der Fed hieß es deshalb auch, dass US-Banken Filialen im Ausland errichten können.[139]

Damit sollte die bisherige Dominanz der europäischen Banken gebrochen werden. Das zielte weniger auf die City of London, sondern auf Paris, Berlin, Frankfurt, Amsterdam, Wien, Mailand. Darauf hatten die Wall-Street-Banker schon seit über einem Jahrzehnt hingearbeitet. Schon 1902 hatte Vanderlip von der National City Bank das programmatische Buch veröffentlicht: *The American Commercial Invasion in Europe.*

3.
»Progressive Ära«: Kapital-Demokratie nach US-Muster

In den knapp zwei Jahrzehnten vor dem 1. Weltkrieg hatten Konzerne und Staat in hohem Tempo fremde Staaten und Territorien im Hinterhof erobert, durchdrungen und dort wie auch im eigenen Land die Arbeiterbewegung »erfolgreich« niedergehalten. Diese Phase heißt in den USA *progressive era,* »progressive Ära« .

»Die Tore der anderen Nationen aufsprengen«

1907 hatte der spätere Präsident Woodrow Wilson die US-Politik so zusammengefasst: »Da der Handel sich über nationale Grenzen hinwegsetzt und der Unternehmer die Welt als seinen Markt beansprucht, muss die Flagge der Nation ihm folgen und die verschlossenen Tore der Nationen müssen aufgesprengt werden.«[140]

So hatten die US-Akteure Diktatoren eingesetzt, Arbeiter und Bauern unterdrückt. Hier bildete sich das heraus, was beschönigend *corporate liberalism* genannt wird. Der zutreffende Begriff lautet aber: Kapital-Demokratie. Nicht die Regierung reguliert das private Business, sondern das private Business steuert den Staat. Die kapitalistischen Privateigentümer, jedenfalls deren organisierte Führung, nutzen den parlamentarischen Staat und sein Militär, um ihre Gewinne zu steigern und abzusichern und sich zugleich gegen die von ihnen selbst verursachten Profitausfälle – »Wirtschafts- oder Bankenkrisen« –, gegen Wettbewerber, gegen demokratische Ansprüche der Bevölkerung und gegen die Interessen der abhängig Beschäftigten zu schützen.

Das führt dazu, dass die Kapitalisten dem Staat, der sie fördert, nachhaltig schaden (können). Die Demokratie ist, in unterschiedlicher Intensität, gekauft, unterwandert, pervertiert, instrumentalisiert – die bekannteste, wenn auch nicht wichtigste Form ist die heimliche oder/und öffentliche Bespendung der von den führenden Kapitalisten ausgesuchten kapitalfreundlichen Parteien.

Von der feudalen Aristokratie zur kapitalistischen Aristokratie
Das hatte der weltberühmte französische Bewunderer der US-Demokratie, Alexis de Tocqueville, frühzeitig erkannt, 1837: Die neue kapitalistische Elite ist »eine der rücksichtslosesten, die es je gab« – und sie werde zu einer »dauerhaften Ungleichheit der Lebensbedingungen und zu einer neuen Aristokratie« führen.[141]

4.
US-Regierung für Demokratie, Frieden, Neutralität – einerseits

Der Kandidat der Demokratischen Partei, Woodrow Wilson, hatte 1912 den Wahlkampf mit dem Versprechen gewonnen, dass die USA nicht in den Krieg eintreten werden, der sich in Europa anbahnte. Wilson plädierte für die Demokratie, für Schlichtungsverträge statt Gewaltanwendung. Ab 1913 war er Präsident.

US-Regierung für Neutralität gegenüber Europa
Zum 2. Juli 1914 lud Wilson den führenden Wall-Street-Banker John Pierpont Morgan, den »König der Wall Street«, zu einem Lunch ins Weiße Haus ein. Wenige Tage zuvor, am 28. Juni 1914, war in Sarajevo das Attentat auf den Repräsentanten der österreichischen Kolonialmacht, den Großherzog und Thronnachfolger Franz Ferdinand, verübt worden. Krieg in Europa schien unmittelbar bevorzustehen.

Die öffentlichen Aussagen von Wilson und Morgan nach ihrem Treffen waren dürftig. Der Banker sagte gar nichts und verwies auf den Präsidenten. Der verlautbarte lediglich: Mister Morgan und ich kennen uns schon mehrere Jahre recht gut und haben über verschiedene Dinge gesprochen, die »in der Luft liegen«.[142] Vier Wochen später, am 28. Juli 1914, begann der Krieg in Europa.

Wilson: »Frieden ohne Sieg!«

Im Deutschen Reich entwickelte sich seit Beginn 1916 die Mehrheitsstimmung zugunsten der Beendigung des Krieges und eines Verhandlungsfriedens. Arbeiter forderten dringlich höhere Lebensmittelrationen. Nicht nur die Linke, auch die »liberalen« Imperialisten in Regierung und Reichstag wollten einen möglichst raschen Frieden. Der sich als liberal verstehende und der Fortschrittlichen Volkspartei nahestehende Reichskanzler Theobald von Bethmann Hollweg wollte einen angeblichen »Verständigungsfrieden«.

Der deutsche Reichskanzler knüpfte an Wilsons Vorschlag eines solchen Friedens an. Wilson hatte die Vision, ein Frieden »der kollektiven europäischen Erschöpfung« sei die beste Lösung. »Frieden ohne Sieg« war eine andere Formel dafür. Wenn der Krieg mit einem Unentschieden ende, sei es leichter, Gerechtigkeit für alle zu garantieren. Wenn aber die USA den Verbündeten jetzt zum Sieg verhelfen würden, dann würde der tödliche Kreislauf der Gewalt sich fortsetzen. Das sei, so Wilson im privaten Kreis, »ein Verbrechen an der Zivilisation«.[143]

Wilson gleichzeitig: Krieg im Hinterhof

Im selben Jahr 1914 verkündete der Präsident allerdings sehr deutlich: »Unsere eigenen Märkte reichen nicht mehr aus, wir brauchen fremde Märkte!« Deswegen haben die USA »das Recht, fremde Märkte zu erobern«.[144] In diesem Sinne befahl Wilson 1915 und 1916 die Besetzung der Dominikanischen Republik und Haitis sowie nach der Besetzung von Veracruz 1914 den Einmarsch in Mexiko, ebenfalls 1916/17.

Während der US-Präsident im amerikanischen Hinterhof blutige Eroberungskriege führen ließ, gab er in Richtung Europa den Friedens- und Demokratieengel – und bereitete die Eroberung auch dieser »fremden Märkte« vor.

5.
Wall Street: Krieg in Europa als »riesige Gelegenheit«

Während der US-Präsident die Neutralität der USA beschwor und zwischen den europäischen Kriegsgegnern einen Verständigungsfrieden forderte – sagten die Banker gar nichts. Aber sie handelten.

Am 4. September 1914 teilte Morgan dem Präsidenten in einem internen Brief mit: »Der Krieg sollte eine riesige Gelegenheit für Amerika sein.« Sie sollte auch deshalb ergriffen werden, weil die USA unter einer wirtschaftlichen Rezession leiden.[145] Sofort mit Kriegsbeginn erklärte deshalb Morgans National City Bank in ihrem *Monthly Letter*: »Wir stehen unter dem Zwang, um das Beste aus der gegenwärtigen Gelegenheit zu machen, unseren Handel in den Märkten auszuweiten, die Europa aufgeben muss.«[146]

Die Bank gründete im zweiten Kriegsjahr, 1915, die American International Corporation. 50 Prozent der Anteile gehörten ihr. Die restlichen Anteile gehörten GE, Great Northern Railway, dem Chemiekonzern Grace, International Nickel, Standard Oil, Anaconda (Kupfer), Westinghouse (Elektrogeräte), Armour (Fleischverpacker) und American Telephone and Telegraph (AT&T), also meistens Unternehmen, die Kriegsgüter produzierten.[147]

US-Regierung: Ausbau der Flotte

Der US-Botschafter in Deutschland James Gerard trat wie sein Präsident für die Neutralität der USA ein. Er blieb während der ersten drei Kriegsjahre, bis 1917, auf seinem Posten in Berlin: Auf der politischen Ebene herrschte Neutralität. Aber die Banken und Konzerne der USA zogen sofort in den europäischen Krieg, finanziell und wirtschaftlich.

Die US-Regierung unterstützte und duldete das, klammheimlich. Außerdem bereitete die Regierung eine zukünftige militärische Kriegsteilnahme vor. 1916 erfüllte Wilson Forderungen der Militärs und der Schiffbauindustrie: Wir müssen die Europäer beim Schiffbau übertreffen, beim Militär wie beim Handel! Wir müssen die internationalen Seewege kontrollieren! Der verstärkte U-Boot-Krieg, mit dem das Deutsche Reich die Kriegslieferungen aus den USA an die Entente verhindern wollte, gab den Anlass für weit darüber hinausgehende Beschlüsse. So beschloss der Kongress die Finanzierung der »unvergleichlich größten Flotte der Welt«.[148]

Die Fed bewährt sich

Bereits mit Kriegsbeginn bestand die Fed ihre erste Bewährungsprobe. Sie verhinderte, dass die Wall Street kollabierte: Das wäre passiert, weil die europäischen Finanzmärkte schlossen, von deren Interbanken-Krediten die Wall Street bis dahin großenteils abhing. Die Fed agierte nun als *bank of last resort* – Bank der letzten Nothilfe für die großen Privatbanken.[149]

A. C. Miller, Mitglied des Fed-Aufsichtsrats, resümierte 1917 die Fed-Gründung so: Mit der Fed werde erstens die Kreditfähigkeit der Privatbanken wesentlich erweitert, zweitens könne die Fed selbst mit Anleihen zur Kriegsfinanzierung beitragen. So habe sie nach der Kriegserklärung an Deutschland die erste Kriegsanleihe *Liberty Bonds* an den Finanzmarkt gebracht. Damit wurde ein Teil der US-Aufrüstung für den militärischen Kriegseingriff in Europa finanziert.[150]

Der Krieg auch als Ausweg aus der Wirtschaftskrise

Wegen der niedrigen Löhne war es 1913 in den USA wieder einmal zu einer der routinemäßigen »Krisen« gekommen: Die Unternehmen bezahlten die Arbeiter schlecht und konnten nicht mehr viel verkaufen, es herrschte Rezession, die Arbeitslosigkeit war hoch.

So gründeten kriegsrelevante Konzerne wie Carnegie Steel, U.S. Steel mit DuPont (Munition), Guggenheim (Rohstoffe) und den Morgan-Bankern sowie den Wall-Street-Anwälten Henry Stimson und Elihu Root ein knappes halbes Jahr nach Kriegsbeginn, im Dezember 1914, *die National Security League*: Sie malten eine deutsche Invasion in den USA an die Wand und prangerten alle Friedensfreunde und Gegner eines US-Eingriffs als Verräter und Spione an.[151]

Ab 1916 verhandelte John Pierpont Morgan namens der Wall Street und der Fed über zusätzliche Kredite an die Entente – ohne Präsident Wilson einzubeziehen.[152]

So brachten die Kriegsaufträge den größten Wirtschaftsboom der bisherigen US-Geschichte. Da konnten die Unternehmer und ihre Banker nun großmütig mit der Schaffung von neuen Arbeitsplätzen werben, die sie vorher durch ihre extreme Gewinngeilheit vernichtet hatten. Und sie versprachen noch mehr Arbeitsplätze. So wurden auch die meisten Gewerkschaften eingefangen. Das war für die US-Kapitalisten umso besser, je länger dieser Krieg dauern und je tödlicher er werden würde.

Europa: Mehr Soldaten als je in der Menschheitsgeschichte

Es ging um eine noch nie dagewesene Menge an Kriegsmaterial. Eine so große Menge an Militärs an so vielen weit verstreuten Kampfplätzen waren in der Menschheitsgeschichte noch nie auszurüsten gewesen. Für ihre jahrelangen Stellungskriege und Materialschlachten brauchten die europäischen Kapital-Staaten zudem viel mehr Rüstungsgüter, als sie selbst produzieren konnten. Insgesamt waren 70 Millionen Soldaten unter Waffen:

- Auf der mit den USA verbündeten Seite (Alliierte, auch Entente genannt) waren es in Großbritannien 8,9 Millionen Soldaten, in Frankreich 8,4 Millionen, in Italien 5,2 Millionen, in Serbien 700.000, in Belgien 267.000; dazu zählten auch Soldaten aus den Kolonien: 1,5 Millionen bei den Briten, 600.000 bei den Franzosen.[153]
- auf Seite der Mittelmächte: in Deutschland 13,2 Millionen Soldaten, in Österreich-Ungarn 9 Millionen (einschließlich Kroatien)
- bei den USA ab 1917 bis zum Kriegsende wird es dagegen nur ein Bruchteil: Etwas mehr als eine Million.[154]

Die europäischen Verbündeten kauften für ihre Heere Munition, Kriegsgeräte, Schiffe, Flugmotoren, Öl, Benzin, Getreide sowie konservierte Nahrungsmittel, Schuhe und Uniformen. Laut Kreditkonditionen mussten die Europäer so viel wie möglich bei US-Unternehmen kaufen.

Solange die US-Regierung den Mittelmächten Deutschland, Österreich-Ungarn, Osmanisches Reich und Bulgarien noch nicht den (militärischen) Krieg erklärt hatte, belieferten die US-Konzerne auch diese Kriegsgegner, vor allem Deutschland. Und sie taten dies auch durch ihre Niederlassungen, die auf dem Territorium der Mittelmächte selbst während des Krieges »friedlich« für den Krieg produzierten. Und die US-Konzerne belieferten die Feindstaaten der US-Verbündeten natürlich auch durch Niederlassungen in »neutralen« Staaten.[155]

City of London: abhängig von der Wall Street

Die Bank Morgan war der Koordinator der US-Kredite. Allerdings hatten sich die Privatbanken der City of London und die Bank of England (Zentralbank) ausbedungen, das nachgeordnete Kreditmanagement für die Verbündeten zu übernehmen. So machte es den Anschein, als würden in London die Kredite an die Verbündeten vergeben und die Anleihen verkauft werden.

Das galt auch für das verbündete russische Zarenreich. Die Regierungen Großbritanniens und Frankreichs drängten es zur verstärkten Aufrüstung. »Von Oktober 1914 an schoben die britische und französische Regierung mit Staatskrediten in Höhe von hunderten Millionen Pfund die ›russische Dampfwalze‹ an, die von Osten her die Mittelmächte zermalmen sollte.«[156]

Aber die Kredite, die aus London nach Frankreich, Russland, Belgien, Italien, das 1915 auf Seiten der Entente ebenfalls in den Krieg eintrat, und auch an die britische Regierung selbst vergeben wurden, wurden durch Kredite in New York refinanziert. Barclays Bank, Westminster Bank, Lazard Brothers usw. in London waren also selbst in New York bei Morgan, Kuhn Loeb, Chase Manhattan, Dillon Reed, Lee Higginson, Goldman Sachs verschuldet. Morgan & Co. verkauften die Anleihen für die europäischen Verbündeten an das US-Publikum und an US-Großspekulanten.

Die Bank Kuhn Loeb zeichnete zunächst sogar auch Anleihen für das Deutsche Reich. Ihr Chef Jakob Schiff verehrte Deutschland, er kannte Kaiser Wilhelm II. persönlich und wünschte Deutschlands Sieg. Dann zog die Bank zurück – aber vor allem wegen der öffentlichen Kritik,[157] aber auch weil die deutschstämmigen Juden in New York in der Haltung zum kriegführenden Kaiserreich gespalten waren.[158]

Bewusste Belastung der Arbeiter und Konsumenten

Der Fed war klar, dass durch diese Finanzierung die Inflation zunahm. Die Konsumgüterpreise in den USA stiegen von 1914 bis zur Kriegserklärung im April 1917 um 45 Prozent. »Diese Nöte und Ungerechtigkeiten werden der Masse der arbeitenden Menschen und Konsumenten, die sich nicht wehren können, aufgezwungen«.[159]

Volkswirtschaftlich korrekt wäre es, so war es in der Fed klar, wenn die Regierung Steuern für die Kriegsfinanzierung einzöge oder Zwangsanleihen verkaufte. Aber, auch das war in der Fed klar: Durch die Kreditfinanzierung umgehen Regierung und Banken diese Wahrheit, und die Lasten werden nach dem Krieg zwar indirekt, aber umso härter auf Arbeiter und Konsumenten zurückfallen.[160]

Blindstelle bis heute: Kapitalisten bereiten Kriege vor

Der finanziell-wirtschaftliche Eintritt der USA in den 1. Weltkrieg bereits mit dessen Beginn wird in der europäischen Öffentlichkeit bis heute verdrängt. So wird auch heute das investive, politische, mediale Eindringen von US-Akteuren nach 1990 in die Ukraine, verbunden mit dem Aufbau des Militärs, nicht als Kriegsvorbereitung eingestanden.[161]

Die USA ließen so die Verbündeten und deren Feinde in Europa zunächst einen lukrativen Stellvertreterkrieg führen. Und die europäischen Kapitalisten machten ebenfalls gerne mit.

Britische und deutsche Regierung: Krieg fortführen!

1916 mehrten sich in Großbritannien die Stimmen, die ein Ende der Abhängigkeit von US-Krediten verlangten. Doch auch hier setzten sich die an den Kriegskrediten beteiligten Banker in London und die Bank of England durch. Die bisherige liberale Regierung wurde abgelöst, Kriegsminister Lloyd George zwang den liberalen Premierminister Herbert Asquith zum Rücktritt und bildete 1916 mit der noch enger kapitalverbundenen Tory-Partei eine neue Kriegsregierung.

Kredite und Krieg liefen weiter. Lloyd George war wie Wilson »im Herzen« ein Liberaler und Friedensfreund – und genauso flexibel. So rief er im September 1916 zur bedingungslosen Fortführung des Krieges auf: »Der Kampf muss bis zum Ende geführt werden, bis zum knock-out!«[162]

Wilson lässt den deutschen Reichskanzler im Stich

Weil er dem Friedensversprechen Wilsons glaubte oder glauben wollte, ließ der deutsche Kanzler Bethmann Hollweg 1917 den deutschen Botschafter in Washington bei der US-Regierung um Unterstützung nachfragen – aber Wilson reagierte nicht. Und der kriegstreibende deutsche Kaiser ließ Bethmann Hollweg ablösen, entsprechend Lloyd George in England.[163]

Die Ultrarechten, die Militärführung und die Alldeutschen, auch der rechte Teil der katholischen Zentrumspartei waren noch enger verbunden mit dem Kaiser und dem deutschen Großkapital. Sie wollten den Krieg fortsetzen, um ihr erträumtes europäisches Großreich mit unterworfenen Ostvölkern und Kolonien doch noch durchzusetzen.[164] So traf sich die praktische Haltung der Wilson-Regierung nicht nur mit den Kriegstreibern in Großbritannien, sondern auch in Deutschland.

6. Wilson begeht sein »Verbrechen an der Zivilisation«

Das Beste für die Zukunft Europas wäre gewesen, wenn es zwischen den gleichzeitig und gleich erschöpften europäischen Kriegsparteien einen Waffenstillstand und einen Friedensvertrag gegeben hätte. So wie es Wilson öffentlich erklärt hatte.

Doch die mit der Kriegsfinanzierung eingeleitete Logik forderte etwas anderes, nämlich die Fortführung des Krieges und den militärischen Kriegseintritt der USA. Die Verbündeten mussten gewinnen bzw. Deutschland durfte nicht gewinnen:

- *erstens*, um die Gewinne der Rüstungsverkäufer zu steigern, durch die Verlängerung des Krieges und durch die zusätzliche Finanzierung des US-Militäreinsatzes,
- *zweitens*, damit die Bankkredite, die die Ententemächte für die US-Kriegslieferungen bei der Wall Street aufgenommen hatten, vom besiegten Deutschland zurückgezahlt werden konnten.

Wilson beging so im Namen der ungewählten US-Kapitalisten das von ihm selbst so bezeichnete »Verbrechen an der Zivilisation«.

»Wiederaufbau« als Geschäftsmodell

Es gab noch einen anderen Grund für die Fortführung des Krieges. Er basiert auf den Erfahrungen der Nordstaaten im Bürgerkrieg und in späteren Kriegen: Wenn andere Gebiete und Länder möglichst weitgehend zerstört werden, durch eigene oder fremde Operationen, und wenn sich dabei der (Stellvertreter-)Krieg noch in die Länge zieht, dann wird der Wiederaufbau für den Sieger umso lukrativer. Seitdem ist *reconstruction* (Wiederaufbau) ein Geschäftsmodell. Die US-Akteure werden das auch im und nach dem 2. Weltkrieg und späteren Kriegen »erfolgreich« durchziehen.

Wilson 1917: Amerika mit Gott in den Krieg!

So deklamierte Wilson am 2. April 1917 vor dem Kongress das Gegenteil dessen, was er bisher öffentlich beschworen hatte. Er verkündete den »Kreuzzug der friedliebenden Demokratien«. In der weiteren religiösen Überhöhung verklärte er seine Kehrtwendung mit Bezug auf Gott: »Amerika genießt das Vorrecht, sein Blut und seine Macht einzusetzen für die Grundsätze, die ihm sein Dasein und sein Glück und seinen Frieden, den es hoch bewertet hat, gegeben haben. Gott möge ihm helfen, es kann nicht anders handeln!«[165]

So hatte schon Wilson-Vorgänger McKinley die für die USA historisch neu nach Asien ausgreifende Eroberung der Philippinen mit der Hilfe und Erleuchtung durch Gott begründet. God's own Country bzw. die Kapitalisten schlugen wieder zu.

Die Gotteskrieger waren übrigens auf beiden Seiten: Auch das deutsche Militär war mit Gott in den Krieg gezogen. Die Evangelische Kirche, Vertreterin der preußischen Staatsreligion, predigte für den Krieg. »Gott mit Uns« – entnommen aus dem Alten Testament, Buch Judit 13,11 – war auf den Koppelschlössern der preußischen Soldaten eingeprägt. Das wird auch in der Hitler-Wehrmacht so bleiben, bis 1962 auch in der Bundeswehr der mithilfe der USA gegründeten Bundesrepublik Deutschland,[166] und auch US-Präsidenten wie Bush und Obama werden noch im 21. Jahrhundert Kriege in Gottes Namen führen.

Die Kriegskredite sprudeln jetzt öffentlich

Wall Street und Regierung genehmigten für Großbritannien einen Kredit in der bisher nie dagewesenen Höhe von drei Milliarden Dollar. Der Kongress wurde zunächst nicht informiert.

Die Fed vergab zusätzlich, ohne die Privatbanken einzuschalten, direkte Kredite an die Regierungen der Verbündeten.

Die Wall-Street-Banken gaben Kriegsanleihen heraus, für die auch beim »Mann auf der Straße« – und auch bei der Frau – geworben wurde: Die Bürger sollten den Krieg mitfinanzieren und dabei mitprofitieren.[167]

7.
Das professionelle Friedensnarrativ, einerseits

Wilsons Friedensversprechen in Richtung Europa war professioneller, routinemäßiger Populismus gewesen.

Wilson war »umgeben von Morgan-Leuten«.[168] Und er war aktiv im kapitalistischen Milieu: Vor seiner Wahl war er jahrelang im Aufsichtsrat des Versicherungskonzerns Mutual Life Insurance, der von Morgan kontrolliert wurde. Wilsons Schwiegersohn William McAdoo war Präsident von Hudson and Manhattan Railroad und wurde dann Wilsons Finanzminister. Die Hauptsponsoren von Wilsons Wahlkampf 1913 waren George Harvey, Chef des von Morgan kontrollierten Verlages Harper & Brothers, und Cyrus McCormick, Chef von International Harvester. Die wichtigsten Berater Wilsons waren der Morgan-Banker George Peabody sowie »Colonel« Edward House aus einem reichen Handels-, Bank- und Eisenbahn-Clan in Texas.

Die europäischen Verbündeten: Krieg in den Kolonien und zuhause

Wilsons Demokratie- und Friedenspredigten waren auch deshalb unglaubwürdig, weil die europäischen Verbündeten, fast alle zudem Monarchien, auch keine Friedens- und Demokratiefreunde waren:

- Großbritannien und Frankreich unterdrückten in ihren Kolonien etwa in Indien, China und Indochina militärisch die Bevölkerungen und beuteten sie mithilfe einheimischer Kollaborateure aus: Millionen und Abermillionen Menschen verhungerten.

- Die britische Regierung mit Innenminister Winston Churchill ließ 1910 und 1911 einen Bergarbeiteraufstand in Großbritannien selbst, in Wales, durch Militär und Verhaftungen zugunsten der Unternehmer gewaltsam »befrieden« (»Tonypandy-Aufstand«). In Südafrika hatten die Briten während des Burenkriegs 1899-1902 etwa 120.000 Einheimische in *concentration camps* eingesperrt, Afrikaner ebenso wie europäischstämmige Buren, auch Frauen und Kinder, von denen 26.000 wegen Krankheit und Hunger starben.[169]
- Das Königreich Belgien saugte seinen Reichtum aus seinem Kolonialbesitz in Afrika, vor allem aus dem Kongo, US-Aktionäre machten dort weiter mit. (siehe S. 91 f und 239)
- Das zaristische Russland, eine geheimdienstgestützte Diktatur, ließ Bauern auspeitschen, Juden verfolgen und streikende Arbeiter niederschießen.

Robber Baron Andrew Carnegie inszeniert Friedensnarrative

Außerdem war der Politikdarsteller Wilson mit seinem Friedensnarrativ nicht allein. Auch wohltäterische Kapitalisten-Stiftungen arbeiteten an solchen Narrativen.

So gründete Andrew Carnegie 1910 die Carnegie-Stiftung für Internationalen Frieden, *Carnegie Endowment for International Peace*. Carnegie gehört zu den *Robber Barons* (Räuberbarone/Raubritter) und war nach Rockefeller und Vanderbilt der drittreichste US-Kapitalist.[170] Er hatte wie sie den Aufstieg der nordamerikanischen Industrie nach dem Bürgerkrieg und die Expansion in den lateinamerikanischen und asiatischen Hinterhöfen vorangetrieben. 1901 verkaufte er seine Stahlholding an die Bank Morgan. Er stiftete zahlreiche Bibliotheken, in New York das Konzerthaus Carnegie Hall und im niederländischen Den Haag den Internationalen Friedenspalast (später wurde dort der Internationale Gerichtshof installiert). Allerdings holte er als ersten Präsidenten der üppig finanzierten Friedensstiftung den Politiker Elihu Root:[171] Der war ab 1899 Kriegs-, dann bis

1909 Chef des State Departments gewesen, hatte die eroberten Staaten Kuba, Puerto Rico und die Philippinen verwaltet, neue Militärstützpunkte in Asien errichtet und die Militärakademie West Point gegründet, 1912 bekam er den Friedensnobelpreis.

Robert Brookings vom Großhandelsunternehmen Cupples gründete 1916 die Denkfabrik *Brookings Institution*. Sie entwickelte ebenfalls Konzepte für die globale Sicherung des US-Privatkapitals. Die Stiftung stellte den US-Kapitalismus als vorbildlichste aller Demokratien dar. Gründer Brookings war zudem noch Kuratoriumsmitglied der Carnegie-Stiftung und wie Carnegie und Rockefeller ein Pionier des milliardenschweren privaten US-Philanthropismus.[172]

8.
Das professionelle Umschalten auf das Kriegsnarrativ

So organisierte die US-Regierung die schnelle Wende von der Friedens- zur Kriegserklärung ebenso professionell.

Die Wende vom Friedens- zum Kriegsnarrativ übernahm das Komitee für Öffentliche Information, *Committee on Public Information – CPI. Es* agitierte wie aus heiterem Himmel gegen den Pazifismus der Bevölkerung, der Wilson-Wähler, der Linken und der meisten Gewerkschaften.

Führender Mitarbeiter war der Harvard-Absolvent Walter Lippmann. Er war für diese Aufgabe ideal. Der Wendehals hatte sich an der Elite-Universität Harvard als Sozialist gegeben. Neben seiner Mitarbeit im CPI finanzierte ihm die Morgan-Bank die Position des Mitherausgebers von *New Republic*, einer liberal-sozialistischen Zeitschrift, die ebenfalls für den Kriegseintritt der USA warb. Lippmann war ein populismusfähiger Propagandist für modernisierten, global ausgreifenden Kapitalismus.[173]

Der Vorsitzende des CPI, George Creel, war ebenfalls ein geübter Wendehals: Er war Mitarbeiter der marxistischen Zeitung *Masses* gewesen. Jetzt konnte er sich mit praktisch unbegrenzten Staatsmitteln an »die Massen« wenden. Der PR-Spezialist Edward Bernays brachte die gerade von Sigmund Freud entwickelten Methoden der Psychoanalyse ein.

Mit viel Geld betrieb CPI Auslandsbüros in Paris, Madrid, Rom, Den Haag, London, Santiago, Buenos Aires, Lima, Moskau und Wladiwostok. Für die Produktion eines schrecklichen Feindbildes wurde in Comics, Filme und Zeitungen investiert. Das war von den Medien der Hearst-Gruppe schon im Krieg gegen Spanien entwickelt worden: Die Gegner, jetzt also deutsche Soldaten, wurden plötzlich als Hunnen und Bestien dargestellt, die in Gestalt brüllender Großaffen ohnmächtige Jungfrauen verschleppen. Hollywood bekam Geld und produzierte Filme wie »Der preußische Hundesohn« und »Der Kaiser, die Bestie von Berlin.«

75.000 gutbezahlte Agitatoren warben mit eintrainierten Standardreden von jeweils vier Minuten als *four minute men* auf öffentlichen Plätzen in etwa 5.000 Städten für den Kriegseintritt. Die Agitatoren sollten zudem kritische Zuhörer den Behörden melden. Telefone wurden abgehört, Briefe geöffnet, um »Spione« zu entdecken. Leitmedien wie die *New York Times* schwenkten blitzschnell um. Die Zeitung der Sozialistischen Partei dagegen wurde beschlagnahmt.[174] CPI wurde nach dem Krieg die Quelle der professionellen Staats- und Konzern-Desinformation, für Wahl- wie für Produktwerbung.[175]

Kriegsgegner ins Gefängnis

Gleichzeitig schränkte der *Espionage Act* (Spionage-Gesetz) vom Juni 1917 die freie Rede drastisch ein: Wer gegen die Kriegsteilnahme der USA sprach, konnte eingesperrt werden: 20 Jahre Gefängnis – keine Seltenheit.

Dieses Gesetz gilt bis heute, die US-Justiz begründet darauf übrigens im 21. Jahrhundert die Anklage gegen Julian Assange, der unbestrittene Kriegsverbrechen des US-Militärs im Irak dokumentierte. Eugene V. Debs, Gründer der Eisenbahnergewerkschaft und 1912 wie 1916 Kandidat der Sozialistischen Partei bei den Präsidentschaftswahlen, wurde 1917 zu 10 Jahren Haft verurteilt, allerdings nach dem Krieg 1921 aufgrund der breiten Solidaritätskampagne entlassen.

1918 wurde noch das Gesetz gegen Aufwiegelung (*Sedition Act 1918*) beschlossen. Die Formulierungen waren schwammig (»unloyale, profane, unflätige und beleidigende Sprache«) und wurden von der Justiz weit interpretiert. Tausende Mitglieder der zwei neu gegründeten Kommunistischen Parteien der USA wurden wegen Aufwiegelung verhaftet, vor allem wenn sie nicht in den USA geboren waren, vielfach wurden sie deportiert. Post wurde konfisziert.[176]

Kurzer Militäreinsatz in Europa

Die 1917 in Frankreich gelandeten US-Truppen führten unter General John Pershing in Europa ihren eigenen Krieg und ließen sich nicht dem französischen Oberkommando unterstellen. Dass es sich bei diesem Einsatz nicht um eine Hilfe zur demokratischen Befreiung handelte, wird auch an der Person des Oberbefehlshabers deutlich: Pershing hatte sich qualifiziert, indem er 1916, im Jahr zuvor, den Einsatz in Mexiko geleitet hatte, um die Interessen von US-Öl- und Bergwerkskonzernen zu schützen.

Die 1. US-Infanteriedivision mit 14.000 Soldaten landete im Juni 1917 in Frankreich, hatte aber weder Artillerie noch Maschinengewehre und konnte erst Ende Oktober eingesetzt werden. Im März 1918 landeten drei weitere Divisionen, erst im Mai 1918 waren die eine Million ausgerüsteten US-Soldaten auf dem Kampfplatz – einige Monate vor Kriegsende. Sie errangen vergleichsweise leichte und schnelle Siege.[177]

9.
Globale Expansion der US-Kapitalisten im Krieg

Die Produktion der US-Konzerne für Freund, Feind und dann für den US-Bedarf erforderte zusätzliche Rohstoffe und Zulieferfirmen.

- So investierten Ölkonzerne wie Standard Oil in neuen Fördergebieten wie Kanada, Mexiko, Panama und Costa Rica.
- Bergwerkskonzerne wie Guggenheim und Anaconda investierten für Kupfer, Erz und Zinn in Chile, Bolivien und Brasilien.
- Reifenhersteller wie Firestone und Goodyear investierten auf der niederländisch besetzten Insel Sumatra.

- Der Fleisch- und Fleischverpackungskonzern Central Products Company investierte in Schlachthäuser, Verpackungsfabriken und Rinderranches in Paraguay.
- DuPont und Ford ließen verstärkt in Kanada produzieren.

Die Banken expandierten ebenfalls:

- Die National City Bank errichtete Filialen in China, Indien, Japan, Großbritannien, im US-Protektorat der Philippinen und in mehreren südamerikanischen Staaten.
- Die Wall-Street-Holding American International Corporation erwarb Anteile an ausländischen Firmen im Bereich Fleischverpackung, Gummiplantagen und Schiffbau.[178]

Dabei verdrängten US-Konzerne und -Banken zugleich britische und andere europäische Unternehmen in den Kolonien der Verbündeten und auch Deutschlands.

Nach der US-Kriegserklärung ergaben Ausrüstung und Verschiffung des US-Militärs nach Europa und der Einsatz vor Ort ein weiteres Geschäft. Etwas mehr als eine Million Militärpersonen wurden über den Atlantik zum Einsatz nach Europa geschickt, vor allem an die Front in Frankreich – ein riesiges logistisches Unternehmen. Dazu gehörten nicht nur der Bau von Schiffen, sondern auch der Bau von 82 neuen Schiffsanlegestellen und die Verlegung von 160.000 Kilometern Telegrafen- und Telefonkabel in Frankreich.

Wall Street und Konzerne koordinieren die Kriegsproduktion

Während Morgan die Kriegskredite koordinierte (und bei allen dadurch ermöglichten Verkäufen zusätzlich eine 1-Prozent-Kommission einstrich), koordinierten die Konzerne, an denen Morgan und die anderen Banken beteiligt waren, die Vergabe der Produktionsaufträge. Damit hatten sie schon 1914 begonnen, aber nun nahmen die Aufträge eine neue Dimension an. Die Rüstungsindustrie koordinierte sich in einer vom Präsidenten am 28. Juli 1917 berufenen Agentur, des *War Industries Board*.

So wurde auch hier – ähnlich wie etwa auch in Deutschland – die systemische Verfilzung von Staat und Privatindustrie praktiziert: Selbstverwaltung der privaten Industrie im staatlich geschützten

Rahmen.[179] Die Vertreter der Privatindustrie verteilten über ihre nach Branchen organisierten Arbeitsgruppen die Rohstoffe, legten Quoten fest und vergaben die Produktions-, Liefer- und Transportaufträge.[180]

Der Banker Bernard Baruch war bis 1919 der Vorsitzende des Board. Er war schon in jungen Jahren als Spekulant an der Wall Street beispiellos erfolgreich. Mit 30 Jahren war er Multimillionär, wobei eine damalige Million heute eher eine Milliarde darstellt. Er verkörperte die reine Lehre der Wall Street wie kaum ein anderer: Er stritt für die vollständige Freiheit des Kapitals, wobei der kritisierte Staat doch als Finanzier des Militärs und für die Fed als *lender of last resort* dienen musste. Der Board war ein Paradebeispiel dafür.[181]

Produktionskosten senken: Massenproduktion

Der Board achtete darauf, die Kosten der Kriegsproduktion zu senken. Die Unternehmen wurden angehalten, Techniken der Massenproduktion und der Standardisierung zu entwickeln. So wurden etwa die Typen der Autoreifen von 287 auf 9 reduziert. Das vermeidet auch, so Baruch, überflüssige Konkurrenzkosten und Mehrfachproduktion, spart Ressourcen.

Der Board förderte die weitere Bildung von Kartellen und nationalen Unternehmerverbänden. Diese Praktiken der autoritären, militärisch durchgezogenen und kreditfinanzierten Effizienz zugunsten der privaten Seite wird auch die US-Nachkriegswirtschaft prägen. Kosten wurden gesenkt, Gewinne erhöht.[182]

Arbeitskosten senken, Gewerkschaften einbinden – oder zerstören

Aus denselben Gründen wurden die Selbstorganisation der Lohnabhängigen und ihr Anteil am Wirtschaftsboom so weit wie möglich eingeschränkt. Viele Arbeiter waren vor dem Krieg in die Arbeitslosigkeit geschickt worden. Zudem hatte der Kriegsboom in den USA seit 1914 zu Preissteigerungen geführt. Die Kaufkraft der Löhne sank. Die Arbeiter mussten weiter arbeiten, durften aber die Gewinne nicht schmälern. Häufig wurde gestreikt.

In den Board beriefen Wilson und Baruch deshalb auch Hugh Frayne, Vorsitzender des Gewerkschafts-Dachverbandes AFL. Er sollte die Gewerkschaften in die Kriegswirtschaft einbinden. Durch gelegentliche Lohnerhöhungen – die aber nicht zu hoch sein durften – sollten Streiks zurückgedrängt werden.

Die kapitalismus- und kriegskritische Gewerkschaft Industrial Workers of the World (IWW) wurde dagegen verfolgt. Die Polizei stürmte 48 Versammlungen, 165 IWW-Sekretäre wurden verhaftet, wegen »Verschwörung« gegen die Einziehung zum Militär: Ein fünfmonatiger Prozess gegen 101 Angeklagte war der bis dahin größte Massenprozess der US-Geschichte. Alle wurden schuldig gesprochen, mit zusätzlichen Geldstrafen von insgesamt 2,5 Millionen Dollar.[183]

Hohe Gewinne, neue Millionäre und Milliardäre

Die bescheidenen Zugeständnisse an Teile der Arbeiterschaft waren nichts im Vergleich zu den Gewinnen der Aktionäre. So verfünffachten etwa die Eisen- und Stahlunternehmer zwischen 1914 und 1917 ihren Export nach Europa, ihre durchschnittliche Profitrate stieg von 7,4 auf 28,7 Prozent. Der Export von Munition und Sprengmitteln verzehnfachte sich allein in den ersten beiden Kriegsjahren. General Smedley Butler stellte nach dem Krieg fest, dass diese Art Kriegswirtschaft 21.000 neue Millionäre und Milliardäre hervorgebracht habe.[184] (siehe S. 87 ff)

Die Rüstungsunternehmer und ihre Banker wurden damals in der Bevölkerung auch als *merchants of death* bezeichnet: Händler des Todes.[185]

10.
US-Rassismus: Im Krieg – und danach

Zu den US-Soldaten gehörten 380.000 Schwarze, also ein Drittel. Dieser Anteil der Schwarzen im Militär war dreimal so hoch wie in der Gesamtbevölkerung.

Verschärfte Rassentrennung für den Kriegseinsatz

Insgesamt hatten sich 700.000 Schwarze registrieren lassen. Für die meisten war es der verzweifelte Versuch, durch den Kriegsdienst den Rassismus zu überwinden, Anerkennung als Bürger zu finden und mit dem – gegenüber den Weißen niedrigeren – Sold zumindest zeitweise der bitteren Armut zu entkommen.

Doch die Wilson-Regierung führte wieder die strikte Rassentrennung ein, die ein bisschen gelockert worden war. So wurden die Schwarzen getrennt ausgebildet und in eigenen Einheiten zusammengefasst, Marine und Luftwaffe waren ihnen ganz versperrt.

Beim Einsatz in Frankreich wurden sie – im Gegensatz zu den weißhäutigen Soldaten – dem französischen Kommando unterstellt: Die Kolonialmacht Frankreich war darin erfahren, in ihren Kolonien farbige Hilfssoldaten zu rekrutieren. Die angeblich antikoloniale US-Demokratie nutzte die Praktiken der europäischen Kolonialmächte, um US-Bürger kolonialistisch zu degradieren. Die schwarzen US-Soldaten wurden vor allem bei niederen Diensten eingesetzt, etwa beim Munitionstransport, Einsammeln und Vergraben von Leichen, Ausheben von Schützengräben, Entladen von Schiffen und Bau von Straßen.[186]

Rassismus auch nach dem Krieg

Das wurde den Schwarzen auch nach dem Krieg nicht gelohnt. Rassismus bestand weiterhin und Arbeitslosigkeit setzte sich fort, mehr noch als bei weißhäutigen Arbeitern, Lynchmorde gingen weiter.[187]

So bilanzierte der schwarze Philosoph und Aktivist William Du Bois, 1909 Mitbegründer der antirassistischen Bürgerrechtsbewegung National Association for the Advancement of Coloured People (NAACP):

»Das ist das Land, in das wir Soldaten der Demokratie zurückkehren:
Es lyncht uns – zwei Lynchmorde an Schwarzen jede Woche
Es will Schwarze als Diener, Hunde, Huren und Affen
Es senkt unsere Arbeitslöhne
Es hält uns dauerhaft arm, verabreicht uns Almosen und verhöhnt unsere Armut
Es raubt uns unsere Rechte
Bei Gott im Himmel – jetzt sind wir wieder die Feiglinge und Trottel, nachdem der Krieg zu Ende ist.«[188]

Weder die schwarzen noch die weißen der insgesamt 50.000 getöteten US-Soldaten waren dafür gestorben, was ihr Präsident versprochen hatte, mit diesem Krieg alle weiteren Kriege zu beenden und die Demokratie zu befördern. Das Gegenteil war der Fall. Weiße und Schwarze der Unterklassen wurden in zahllose weitere Kriege geschickt: Seit dem Krieg gegen Vietnam sind es im 21. Jahrhundert, nach Aufhebung der allgemeinen Wehrpflicht, so viele schwarze und Latino-Soldaten wie nie zuvor, vor allem in den unteren Rängen.

Rassismus auch gegen chinesische Kriegshelfer

Mit Frankreich und England hoben die USA nach Kolonialmanier auch 140.000 arme Bauern in China als Kriegshelfer aus und schafften sie meistenteils nach Europa. In Frankreich, ähnlich wie die Schwarzen aus den USA, hoben sie Schützengräben aus, transportierten Munition und Lebensmittel zu den regulären Soldaten, säuberten Panzer und Artillerie, putzten Unterkünfte, vielfach verachtet und rassistisch diskriminiert.

Wie viele von diesen »Unsichtbaren« getötet, irgendwo verscharrt wurden, ohne Entschädigung für die fernen Angehörigen – erst ein Jahrhundert später hat in den USA eine kaum beachtete »Aufarbeitung« begonnen. Die von den USA unterstützte Nachkriegsdiktatur von Tschiang Kai-shek in Taiwan hatte diesen kolonialen Freundschaftsdienst ebenfalls verdrängt.[189]

11. Mit Ex-Kriegsgegnern: Gemeinsamer Einmarsch in Russland

In allen Bevölkerungen der europäischen Kriegsparteien nahm seit 1916 die Kriegsbegeisterung ab. Kriegsmüdigkeit und Kritik nahmen zu, wegen der vielen, sogar militärisch sinnlosen Toten und wegen des Mangels an Nahrungsmitteln bis hin zu Hunger und Krankheiten. Gewerkschaften streikten in allen beteiligten Staaten, zunehmend im weiteren Verlauf des Krieges.[190] Neue sozialistische Parteien wurden gegründet.

Wilson will mit Kerenski-Regierung »den Kapitalismus implantieren«

Das war auch so in Russland. Die nach der Februarrevolution von 1917 gebildete Provisorische Regierung, seit Sommer dieses Jahres unter Alexander Kerenski, hatte zwar schon die diskreditierte, korrupte Zarenclique abgelöst, kam der Friedenssehnsucht der russischen Soldaten und der Bevölkerung aber nicht nach: Kerenski wurde von den USA, Großbritannien und Frankreich zum Weiterkämpfen gedrängt, aufgepäppelt mit Krediten. Wilson setzte darauf, mit dieser Regierung in Russland »den Kapitalismus zu implantieren«.[191] Sibirien erklärte er zum »Open door«-Gebiet, in dem »American business« expandieren könne.[192]

Die zaristische, antisemitische Führung mit ihrem feudal-oligarchischen Anhang hatte sich zu Tausenden frühzeitig und kampflos zu Brüdern und Schwestern in ihre ausländischen Residenzen wie Baden-Baden, Paris, an die Cote d'Azur, nach London und in die USA abgesetzt.

Die Bolschewiki holen Russland aus dem Krieg

Die Partei der Bolschewiki in Russland war die organisierte Kraft, die ab 1917 für die Beendigung des Krieges kämpfte.

Die meisten Soldaten der russischen Armee wollten nicht mehr kämpfen, viele hungerten. Die meisten Bauern wollten nicht mehr ihren Großgrundbesitzern dienen. Die Demokratie brach sich plötzlich in ungeheurer Schnelligkeit und ungeheurer Tiefe Bahn. In Stadt und Land und auch im Militär hatten sich Räte – Sowjets – wie in Petrograd gebildet. Sie beschlossen ebenso spontan wie einheitlich: Abschaffung der Todesstrafe, auch für Deserteure! Freiheit der Versammlung und der Meinung, auch für Soldaten! Gleiche bürgerliche Rechte für Juden, ethnische Minderheiten und Frauen!

So konnten die Bolschewiki, deren Anführer Lenin im April 1917 aus dem Exil zurückkehrte, im November 1917 bewaffnet, aber ohne große Kämpfe die Regierung übernehmen (»Oktoberrevolution«). Die vorherigen, jahrzehntelangen Kämpfe der Arbeiterbewegung hatten dafür den Weg geebnet.

Russland 1917: Mehr Wahlbeteiligung als in den USA …

Im November 1917 organisierten die Bolschewiki die Wahl zur konstituierenden Versammlung. Trotz Krieg und Hunger nahmen 60 Prozent der Bevölkerung teil. Internationale Beobachter bestätigten die für sie erstaunliche Korrektheit. Über zehn Parteien standen zur Wahl. »Mindestens 44 Millionen Russen gingen zur Wahl. Zum damaligen Zeitpunkt war dies weltweit der bislang größte Ausdruck des Volkswillens. Fast dreimal so viele Russen beteiligten sich im November 1917 an der Wahl als Amerikaner 1916 an der Präsidentschaftswahl.«[193]

Diese Art Demokratie, diese parlamentarisch gestützte Selbstbestimmung gefiel Demokratiepredigern wie Wilson gar nicht, auch deshalb, weil dies auf andere Völker und Nationen übergreifen könnte. Kurz vorher war zudem durch die Wahl in der vom bürgerlichen Demokraten Sun Yat-sen ausgerufenen Republik China etwas Ähnliches »passiert«.

Sowjets: Sofort Friedensverhandlungen

Die neue sowjetische Regierung strebte sofort Friedensverhandlungen mit den Mittelmächten an, mit dem Deutschen Kaiserreich, dem Kaiserreich Österreich-Ungarn, dem Osmanischen Reich und dem Königreich Bulgarien. So wurde im März 1918 der Frieden von Brest-Litowsk geschlossen: Damit verzichtete die sowjetische Seite auf ein Drittel des Territoriums des ehemaligen Zarenreiches, damit auf ein Drittel der Bevölkerung. Und verloren gingen 27 % des fruchtbaren Ackerbodens, 33 % der Textil- und jeweils 73 % der Eisen- und Kohleindustrie. Länder wie Litauen, Estland, Ukraine, Armenien, Weißrussland usw. wurden als Protektorate den Mittelmächten unterstellt.[194]

Enteignung ohne Entschädigung

Im Februar 1918 begannen die Bolschewiki, die mit dem Zarismus verbündeten, ausländischen Unternehmen zu enteignen – diese hatten sich frei der despotisch und auch antisemitisch niedergehaltenen Arbeitskräfte bedient und Gewinne außer Landes geschafft. Nun wollte die neue Regierung die Bodenschätze im Land selbst nutzen.

Das Erarbeitete sollte ganz der eigenen Volkswirtschaft und der eigenen Bevölkerung zugutekommen. So wurden ausländische Banken, Handelsunternehmen und Versicherungen enteignet. Das meiste derartige Privateigentum gehörte US-Amerikanern, betroffen waren aber auch Engländer, Franzosen, Schweden, Belgier, Deutsche.

So wurden auch die US-Unternehmen International Harvester, Otis Elevator, Singer Manufacturing, die National City Bank of New York, die New York Life Insurance und die Equitable Life Insurance enteignet. Die Sowjets weigerten sich, diesen zaristischen Kollaborateuren Entschädigungen zu zahlen.

Die USA machten sich zum Vertreter der imperialistischen Interessen. Im Februar 1918 protestierte der US-Botschafter in Petrograd namens der 14 Alliierten: »Wir betrachten die Enteignungen als null und nichtig.«[195]

US-Regierung: Die Sowjets »ausradieren«!

Die Übergangsregierung Kerenski hatte Teile der zaristischen Armee und zahlreiche von deren Generälen hinterlassen. Sie erhielten verstärkte Waffenlieferungen und Kredite aus den USA, aus Großbritannien und Frankreich.

Am Ende des Weltkriegs waren deshalb die sich bisher so heftig, teuer und massenmörderisch bekämpfenden Kriegsgegner plötzlich vereint, »wie aus heiterem Himmel«: Im gemeinsamen Kampf gegen »die kommunistische Gefahr«. Dieser »heitere Himmel« hatte aber schon während des ganzen Weltkriegs den Kanonendonner und die Schützengräben überwölbt, unsichtbar für Soldaten und Bevölkerung.

Als sich die Niederlage der gehätschelten russischen Warlords abzeichnete, polterte Wilsons Staatsminister Lansing: Die Sowjetregierung muss viel mehr gefürchtet werden als die zaristische Autokratie; nicht die Zaren, sondern die Sowjets sind der natürliche Feind der Vereinigten Staaten: Die Sowjets müssen »ausradiert« werden.[196] Wilhelm Groener, zunächst Chef des deutschen Militärs in der besetzten Ukraine, 1918 dann Chef der deutschen Obersten Heeresleitung (OHL), rief Präsident Wilson auf: Die USA sollen die Führung beim Marsch auf Moskau übernehmen.[197]

Kooperation mit zaristischen Warlords

Ab Mitte 1918 marschierten die USA in Russland ein, mit den Alliierten wie England und Frankreich, aber auch mit den Kriegsgegnern wie dem vormals verteufelten Deutschland, mit Truppen unter General Rüdiger von der Goltz.[198] Dabei operierten die USA auch in Absprache mit dem imperialistischen Konkurrenten Japan, mit den reaktionär geführten Staaten Türkei, Finnland, baltischen Länder, Rumänien. Der britische Rüstungsminister Churchill schwärmte vom »Feldzug der 14 Mächte«.[199]

Auch mit den Resten des zaristischen Militärs kooperierten die 14 Allierten. Die zaristischen Generäle Anton Denikin, Gregori Semjonov, Michail Diterichs, Nikolai Judenitsch, Alexei Kaledin und vor allem Admiral Alexander Koltschak wurden mit Krediten und Waffen überhäuft, bekämpften regionale Sowjets, die sich überall in Russland bildeten.

Japan half den zaristischen Generälen Semjonov und Diterichs, einen Fernost-Staat zu bilden. Die »tschechische Legion« mit 40.000 Mann besetzte Westsibirien und das Wolgagebiet. Semjonov hatte zudem enge Beziehungen zum US-Militärgeheimdienst, hielt für seine Offiziere und Gäste gefangene russische Frauen als Prostituierte bereit und führte ein exzessives Luxusleben.[200] Die deutsche Oberste Heeresleitung unterstützte vor allem General Pjotr Krasnow, der ebenfalls über 40.000 Bewaffnete verfügte. Die Regierung von Estland unterstützte die Weißgardisten von General Judenitsch, der Petrograd belagerte.

Laut Churchill hat allein Großbritannien Kriegsgüter im Wert von 100 Millionen Pfund, Frankreich von 30 bis 40 Millionen Pfund an solche Weißgardisten geliefert.[201] Die Armee von Admiral Koltschak wurde von den USA, Großbritannien und Frankreich als Oberbefehlshaber aller dieser Armeen anerkannt, zum zukünftigen Führer Russlands erklärt, erhielt Kredite, hunderttausende Gewehre und Maschinengewehre, Geschütze und Munition. Zusammen hatten die 14 Staaten und ihre Warlords etwa 200.000 Soldaten unter Waffen.[202]

Judenpogrome durch die Bündnispartner

Das Zarenregime und führende Militärs waren antisemitisch gewesen. Judenpogrome hatten, vor allem nach der Wende vom 19. zum 20. Jahrhundert, zum Regime gehört. Das verschärfte sich nach dem Weltkrieg, weil die Sowjets auch den Juden zu ihrem Menschenrecht verhalfen. Deshalb wurden Juden auch in der öffentlichen Verwaltung, in der Kommunistischen Partei und in der Roten Armee aktiv – so wurde die damit inszenierte »kommunistisch-jüdische Verschwörung« ein zusätzlicher Stachel im Kampf der Weißgardisten und der US-geführten Kapitalisten. Mehrere zehntausend Juden sollen deren Pogromen zum Opfer gefallen sein.[203]

Doch es half nichts. Mit Entsetzen sahen die vereinigten Kapital-Staaten, als wie stark die Unterstützung der Sowjets durch die bisher unter dem Zarismus stumm gemachte, schweigende Mehrheit sich erwies. Zudem waren tausende Offiziere und Generäle zur Roten Armee übergelaufen. Bekannt ist General Michail Tuchatschewski, der 1925 Generalstabschef der Roten Armee wurde. Auch zehntausende Weißgardisten wechselten die Seite.

So entwickelten sich die zaristischen Rest-Generäle zu brutalen regionalen Warlords. raubten im Niedergang möglichst viel Reichtümer zusammen, töteten wahllos. Damit verloren sie schnell den Rest des verbliebenen Rückhalts – und wurden von der neu aufgebauten Roten Armee besiegt.

Die Warlords:
Selbstmord, Hinrichtung, bequemes Exil bei den Alliierten

Die Warlords fanden, unterschiedlich, ein statusgemäßes Ende. Semjonow wollte nach der Niederlage in die USA, wurde aber abgewiesen, flüchtete 1921 nach Japan und wurde nach dessen Niederlage im 2. Weltkrieg an die Sowjetunion ausgeliefert und 1946 in Moskau hingerichtet. Koltschak wurde vor Ort von der Roten Armee erschossen. Kaledin beging Selbstmord. Diterichs fand Aufnahme bei den Briten in Shanghai. Judenitsch verbrachte seinen Lebensabend auf der damaligen britischen Partymeile, in Cannes an der Cote d'Azur. Denikin landete schließlich im freundlichen US-Exil.

USA nutzen alle antikommunistischen Kräfte: antisemitisch, nationalistisch …
Da hatten sich also die USA mit den schlimmsten »Autokraten« zusammengetan, deren Bekämpfung sie vorher zum Kriegsziel erklärt hatten.

Die größtmögliche Koalition der untereinander konkurrierenden kapitalistischen Mächte und der von ihnen abhängigen Staaten und alimentierten oligarchischen Mittäter ergab sich beim Antikommunismus: Zaristische Antisemiten, katholische Monarchisten, bornierte Nationalisten, faschistoid Verblendete, verzweifelte Soldaten, dumpfe Kolonialisten wie Churchill – aber eben auch moderne Kapital-Demokraten wie Wall Street / Wilson: Hier wuchs (und wächst immer wieder) zusammen, was zusammengehört(e) – oder zusammengezwungen wird.

12.
US-Kriegsbilanz: So kann es weitergehen

Die wirtschaftliche Förderung des Kriegs durch die USA hatte diesen verlängert und einem früheren Waffenstillstand zwischen den europäischen Kriegsparteien entgegengewirkt.

Das »kostete zahllose Menschenleben«. Die von Wilson vertretene Politik war wohl »die verhängnisvollste Entscheidung im 20. Jahrhundert, mit der Folge unabsehbaren Elends und Verwüstung. Aber die Profite der Morgans wurden erweitert und gesichert.«[204]

Die Harvard-Ökonomin Wilkins bilanzierte: Der Krieg brachte für die US-Industrie eine »ausgezeichnete Ausgangsposition für weitere internationale Expansion«.[205]

V.
Nach Versailles: Investitionen in die US-Weltfriedensordnung

Im Krieg hatten sich in allen beteiligten Staaten Kritik und Widerstand gegen die Massenschlächterei erweitert, vor allem in der Arbeiterschaft. Und sofort nach dem Krieg hatten Streiks und Unternehmensbesetzungen um sich gegriffen. In Deutschland wie in den USA verdreifachten sich die Streiks von 1914 bis 1921.[206] Mit der erfolgreichen Revolution in Russland hatte sich die Kritik systemisch gewendet, gegen den imperialen Kapitalismus. Zahlreiche sozialistische und kommunistische Parteien wurden gegründet, zwischen Shanghai, São Paulo, Kapstadt, New York, Paris und Berlin. Die Herrschaft der transatlantischen kapitalistischen Klasse war zutiefst erschüttert.

Die herrschende kapitalistische Klasse zittert vor jedem Angriff

John Maynard Keynes, der führende bürgerliche Ökonom des 20. Jahrhunderts, hatte nach dem Krieg für die britische Regierung an den Friedensverhandlungen 1919 in Versailles teilgenommen.

Weil weder soziale Gerechtigkeit noch Frieden in Aussicht standen, verließ Keynes aus Protest die Verhandlungen.

Er konstatierte »eine außerordentliche Schwäche der großen Kapitalistenklasse, die aus dem industriellen Triumph des 19. Jahrhunderts hervorging und noch vor wenigen Jahren unser allmächtiger Beherrscher schien … Damals glaubten die Kapitalisten noch an sich, an ihre Bedeutung für die Gesellschaft, an die Zweckmäßigkeit der

Fortdauer ihres Daseins im Vollgenuss ihrer Reichtümer und des unbeschränkten Gebrauchs ihrer Macht. Aber jetzt zittern sie vor jedem Angriff.«[207]

1. Die Sowjets umwerben, kaufen – oder töten

Als Anfang April 1917 in Russland der zentrale Petrograder Sowjet (Volksrat, Volksversammlung) forderte: Selbstbestimmung! Keine Annexionen! Keine Kontributionen! – da war die Stimmung im Volk so stark, dass auch die noch regierende Provisorische Regierung diese Forderung (»Petrograder Formel«) verbal übernahm, allerdings nicht danach handelte.

US-Regierung umwirbt die Russische Revolution

Und der führende populistische Profi, US-Präsident Wilson, begrüßte nach der Februarrevolution die »wunderbaren und ermutigenden Dinge, die sich in den letzten Wochen in Russland abgespielt haben«. Die bisherige Autokratie sei »abgeschüttelt worden, und das große freigebige russische Volk ist in seiner ganzen Majestät und Macht den Kräften hinzugefügt worden, die für die Freiheit auf der Welt kämpfen«. Weiter erklärte er im Lob der Provisorischen Regierung unter Kerenski, dass »die russische und die amerikanische Revolution einander auf wunderbare Weise ergänzen«. Und Russlands demokratische Revolution würde die Kriegsanstrengungen wiederbeleben, so Wilson in seiner Kriegserklärung vom 2. April 1917 an Deutschland.[208]

Diese Anbiederung hatte einen weiteren Hintergrund. In den kriegführenden Staaten spielten sich zwar nicht so weitgehende Entwicklungen ab wie in Russland, da wurden (zunächst noch) keine bisherigen Regime abgelöst. Aber die Kapitalisten sahen die »Gefahr«, dass es überall so weitergehen könnte wie in Russland, wo die Bolschewiki breiten Anklang fanden. Überall in Europa wollten US-Konzerne, nachdem sie schon so viel am Krieg verdient hatten, jetzt verstärkt investieren – aber wäre das unter den neuen potenziell revolutionären Bedingungen möglich und profitabel?

In den hungernden Bevölkerungen und erschöpften Armeen schwand seit 1916 der Kriegswille. Selbst eine Minderheit in den herrschenden Klassen der Weltkriegsgegner war verunsichert. Im Deutschen Reichstag plädierten 1917 in einer sogenannten Friedensresolution, die Mehrheits-Sozialdemokratie (MSPD), die Zentrumspartei und die Liberalen von der Fortschrittlichen Volkspartei, die allesamt den Krieg begeistert unterstützt hatten, nun für eine Suche nach dessen Beendigung, freilich ohne auf deutsche Gebietsansprüche in Belgien und im Osten zu verzichten. Dem stimmte eine Mehrheit des Reichstages zu. Die Unabhängige Sozialdemokratie (USPD) mit der ihr angeschlossenen Spartakusgruppe lehnte die Resolution ab und forderte dagegen nach dem Vorbild der Petrograder Formel eindeutig den sofortigen Frieden ohne Annexionen und Kontributionen. Dieser Forderung schlossen sich hunderttausende streikende Arbeiter in den Industriezentren wie Berlin und Leipzig an.[209]

Ab November 1918 breiteten sich und Arbeiter- und Soldatenräte in Deutschland aus. Es kam zur weitgehend widerstandslosen Absetzung aller 22 deutschen Könige, Fürsten und Herzöge, nur Kaiser Wilhelm II. klammerte sich an seinen Thron, musste dann aber doch nach Holland ins Exil gehen. Schon am 9. November war das alte Regime gestürzt. Die Räte wählten in Berlin eine provisorische Regierung für die neue deutsche Republik. Die Regierung hieß »Rat der Volksbeauftragten« und bestand aus drei Mehrheits- und drei Unabhängigen Sozialdemokraten.[210]

Vergleichbares tat sich bei Soldaten, Arbeitern, Parteien in Frankreich und Großbritannien.[211] In Irland hatten an Ostern 1917 über 1.000 Mitglieder der Befreiungsbewegung die britische Besatzungsarmee angegriffen. 1918 nahmen etwa 300.000 Arbeiter in der Schweiz an einem Generalstreik teil. Ende 1918 wurde die Kommunistische Partei Deutschlands gegründet, 1919 wurde in München und Bremen sogar eine Räte-Republik gebildet, ebenfalls in Ungarn.

In den USA begeisterten sich nicht nur Sozialisten und Kommunisten für die Russische Revolution, sondern auch Liberale und Bürgerliche, die Ähnlichkeiten mit der amerikanischen Unabhängigkeitsbewegung sahen. 1919 wurden zwei kommunistische Parteien gegründet: Communist Party of America und Communist Labor Party.

Wall Street und Konzerne helfen den Bolschewiki – zunächst

Die Banker von Morgan, National City Bank und die Federal Reserve Bank of New York gründeten eine *American Red Cross Mission*. Sie fuhr im August 1917 unter dieser Tarnung nach Petrograd, bereiste Russland, getrieben von der Frage: Wie und mit wem können wir das große Russland für uns erschließen? Und wie können wir die bisherigen europäischen Investoren verdrängen?[212]

Bei dieser Mission ließ Fed-Chef William Thompson, zugleich Aktionär der Rockefeller'schen Chase Bank, den Bolschewiki eine Million Dollar zukommen. Die Banker hatten ein Gespür dafür, dass sich die provisorische Regierung nicht mehr halten konnte. Zum anderen hofften die Banker, angesichts der absehbar schwierigen Situation der Bolschewiki, diese, falls sie an die Macht kämen, für Zugeständnisse zu gewinnen, aber auch möglichst den Krieg gegen Deutschland weiterzuführen.[213]

1918 gründeten Ford, Standard Oil, Vacuum Oil, GE, Baltimore & Ohio Railroad mithilfe des Wall-Street-Anwalts John F. Dulles die *American League to Aid and Cooperation with Russia*.[214] Auch einige Linke und Kommunisten waren einbezogen. Man forderte u. a. die diplomatische Anerkennung der bolschewistischen Regierung, um bessere Wirtschaftsbeziehungen entwickeln zu können.[215] Die Guggenheims (Bergwerke für Kupfer, Silber, Blei), die Sinclairs (Öl), andere Industrielle und Thompson von der Fed gründeten 1918 auch das *American Russian Syndicate*, das vor allem Förder- und Bergwerkskonzessionen in Russland erwerben wollte.[216]

Guaranty Trust/Morgan half den Sowjets, 1920 in New York eine offizielle Vertretung einzurichten. Später half Guaranty, die erste internationale russische Bank zu gründen, Raskombank, wurde Anteilseigner und agierte als New Yorker Korrespondenzbank.[217]

Gleichzeitig: US-Regierung bekämpft die Demokraten in den USA

Die US-Regierung tat gleichzeitig das (scheinbare) Gegenteil: 1918 fiel die Army mit dem 14-Mächte-Bündnis militärisch in Russland ein, um die Bolschewiki zu vernichten. Dabei wurden auch bolschewistische Funktionäre ermordet. US-Staatsminister Lansing bestand darauf, den Sozialismus »auszuradieren«, weil er schlimmer sei als der Zarismus. Am 8. Januar 1918, während der Friedensverhandlungen von Brest-Litowsk, hatte Wilson dem »russischen Volk« Unterstützung versprochen. Aber ein paar Monate später polemisierte er gegen das »Gift des Bolschewismus«.[218]

Nach den Worten von US-Generalstaatsanwalt Mitchell Palmer musste der Staat gegen »Radikale« im eigenen Land vorgehen, die »eines Tages aufstehen könnten und in einem Überraschungsangriff die Regierung zerstören würden«.

In den Jahren 1919 und 1920 erreichte die »Rote Gefahr« einen Höhepunkt: 25 Mal ließ Wilson die US Army gegen »Arbeiterunruhen« und »Rassenunruhen« einsetzen. Die *Palmer Raids* (Razzien, Überfälle) waren berühmt-berüchtigt: Schläger zertrümmerten Gewerkschaftsbüros und verprügelten Gewerkschafter.[219]

Bekämpfung des Sozialismus auch mit der humanitären Variante
Eine besondere Variante der Bekämpfung des Sozialismus war die »humanitäre« Hilfe. 1919 wurde vom Handelsminister Herbert Hoover die *American Relief Administration* (ARA, Amerikanische Hilfs-Verwaltung) gegründet. Sie fasste mehrere private Hilfsorganisationen zusammen, verstärkte, finanzierte und leitete sie. Die ARA organisierte vor allem Nahrungsmittelhilfen im verarmten Europa, bei Siegern wie Verlierern des Weltkriegs.

Auch so wollte man den befürchteten »sozialen Unruhen« und »kommunistischen Aufständen« vorbeugen. Hoover war vor dem Krieg als weltweit tätiger Bergwerksunternehmer reich geworden, in China wie im amerikanischen Hinterhof: Er hatte auch persönlich einiges zu verteidigen.

Die USA boykottieren die humanitären Hilfen des Völkerbunds | Als sich in Russland 1921 nach drei Trockenjahren in den traditionellen Getreideanbaugebieten der Ukraine und anderen Regionen Hungersnöte für 20 Millionen Menschen anbahnten, lancierte der berühmte Polarforscher Fritjof Nansen einen Appell an den Völkerbund in

Genf: Er bat die Mitgliedsregierungen um Kredite an Russland zum Kauf von Nahrungsmitteln.

Nansen gründete mit dem Internationalen Roten Kreuz und zahlreichen Hilfsorganisationen aus 22 Ländern das *International Committee for Russian Relief* (ICRR). Es wurde von kleineren Staaten wie Norwegen und Schweden und vom Internationalen Gewerkschaftsbund unterstützt. Auch der berühmte russische Schriftsteller Maxim Gorki lancierte einen Hilfsappell an die Völkergemeinschaft.

Die Regierungen Großbritanniens und Frankreichs lehnten strikt ab. Auch die USA lehnten eine Aktion des Völkerbunds ab, in dem sie ohnehin nicht Mitglied waren. Aber die US-Regierung baute auch hier ihr eigenes Instrumentarium auf.

Hoovers ARA war logistisch und finanziell ungleich besser ausgestattet als Nansens pazifistische ICRR. ARA unterstützte vor allem »sozialismusgefährdete« Staaten wie Deutschland, Österreich und die Tschechoslowakei: Deren Bevölkerungen sollten US-freundlich gestimmt werden.

So schickte ARA zwar große Hilfen auch an die sowjetische Regierung – allerdings in enger Verbindung mit dem Vatikan. Der sah seine Glaubensbasis durch den Kommunismus tief erschüttert, weltweit. Mit den Hungerhilfen wollten US-Regierung und Vatikan die russischen Arbeiter und Bauern ihrer Regierung abspenstig machen, so das Kalkül.[220] ARA lieferte schließlich 83 Prozent der Hilfsgüter. Rotes Kreuz und ICRR kamen mit ihren Gaben nur auf 13 Prozent.[221]

Mit ARA trugen die USA dazu bei, den Völkerbund als demokratisch orientierte Koordinationsstelle für humanitäre Hilfe scheitern zu lassen. Die Siegermacht baute auch auf diesem Gebiet ihre eigenen Institutionen und Instrumente auf. ARA war der Startpunkt für die bis heute ausgebaute Praxis der selektiven humanitären Hilfe.[222]

Kapitalistische Pragmatiker setzen sich durch

1922 wurde aus den Sozialistischen Sowjetrepubliken Russland, Ukraine, Weißrussland und Transkaukasien die Union der Sozialistischen Sowjetrepubliken (UdSSR) gegründet. Kleinere Staaten wie

Estland, Lettland, Finnland, Litauen waren aus dem antisowjetischen Bündnis ausgestiegen und hatten sich selbständig gemacht.

Der antikommunistische, aber pragmatische Wall-Street-Anwalt und Unternehmer Averell Harriman brachte es nach einem Besuch in Moskau auf den Punkt: Die sozialistische Revolution ist »stabil«, es gibt »keine Chance für eine Konterrevolution«.[223]

Auch die britische Regierung war schnell zu dieser Einsicht gekommen. Seit Frühjahr 1920 verhandelte sie mit den Sowjets, am 16.3.1921 unterzeichnete sie unter dem militanten Antidemokraten Lloyd George einen englisch-russischen Handelsvertrag. Auch die Regierungen Norwegens, Österreichs, Italiens schlossen mit den Sowjets im Laufe des Jahres 1921 solche Verträge. Am 5. Mai 1921 folgte Deutschland, das am 16.4.1922 die Beziehungen im Vertrag von Rapallo weiter vertiefte, mit gegenseitiger diplomatischer Anerkennung und Handelsbeziehungen.

Umschwenken: Mit den Sowjets kooperieren | Harriman hatte mit seinem Schiffsunternehmen während des Krieges in der Regierungskommission für Schiffbau mitgearbeitet. Er hatte nach dem Krieg weitere Schiffsunternehmen aufgekauft und 1920 die *United America Lines* gegründet, die über 63 Schiffe verfügten. Er hatte die Vision eines weltweit tätigen Schiffsimperiums. Um es zu finanzieren, hatte er 1919 die Bank W. A. Harriman & Company gegründet.

Harriman vereinbarte 1920 mit der Hamburg-Amerika-Linie (HAPAG) ein Kartell zur gegenseitigen Vertretung und zur Aufteilung des Marktes.[224] Obwohl die US-Regierungen das »kommunistische« Russland und dann die Sowjetunion bis 1933 nicht diplomatisch anerkannten, gingen Harriman & Genossen ungestört ihren Geschäften in Feindesland nach. 1922 gründete er, die HAPAG im Schlepp, mit der Lenin'schen Regierung ein 50-zu-50-Joint-Venture, die Deutsch-Russische Transport-Gesellschaft. Über die nach dem Krieg schnell eingerichtete Berliner Niederlassung der Harriman-Bank organisierte er in den Folgejahren Kredite an die Sowjetunion, auch wenn das State Department dagegen war.

Die USA und an zweiter Stelle Deutschland wurden für das nächste

Jahrzehnt die wichtigsten Handelspartner und Lizenznehmer der Sowjetunion. So manche Investoren hofften allerdings, dass die Sowjetmacht doch noch zusammenbrechen oder sich durch die Beziehungen zu den kapitalistischen Ländern von selbst ändern würde. Dann könne man so richtig auf den riesigen Markt und seine Rohstoffe zugreifen.[225]

Lenin: Wir brauchen die USA, aber sie bleiben unser Feind | Den pragmatischen Einsichten der Kapitalisten kam die Lenin'sche Regierung entgegen. Mit der »Neuen Ökonomischen Politik« hatte Lenin im Februar 1920 erklärt: »Wir brauchen amerikanische Industriegüter, Lokomotiven, Autos und ähnliches, mehr als die irgendeines anderen Landes.« Lenin betonte aber auch, dass man sich vor dem Würgegriff des US-Kapitals hüten müsse.

Harriman & Co. verfolgten dabei eine spiegelverkehrte Strategie: Die Kommunisten haben die Unterstützung der Bevölkerung und haben eine hochmotivierte Rote Armee. Die ist gegenwärtig unbesiegbar. Wenn wir aber die Sowjetunion in die »Weltgemeinschaft« zurückbringen wollen, müssen wir sie in internationale Wirtschaftsbeziehungen einbinden. Wenn der Wohlstand steigt, wird sich der Sozialismus von selbst in den Kapitalismus verwandeln. Dabei können wir auch etwas für die US-Wirtschaft tun.

GE, Standard Oil, Ford… | So arrangierte Harriman mit den Vertretern der Sowjetunion in New York 1924 einen Vertrag zur Modernisierung und Ausbeutung der enormen Manganvorkommen im Kaukasus, Harriman investierte in die Modernisierung der Anlagen. Die Sowjets bekamen eine Lizenzgebühr, mit den enteigneten früheren Eigentümern handelte Harriman eine Entschädigung aus.

- GE lieferte auf Kredit elektrische Ausrüstungen und hatte wesentlichen Anteil an der Elektrifizierung des Landes, nach dem Motto der Kommunistischen Partei: »Kommunismus – das ist Sowjetmacht plus Elektrifizierung des ganzen Landes«, verkündet beim VIII. Gesamtrussischen Sowjetkongress 1920.
- Rockefellers Standard Oil und Vacuum Oil kauften vom Industrie-Banken-Komplex Nobel/Rothschild die Konzessionen für

die Ölfelder von Baku, die damals größten erschlossenen Ölfelder der Erde, und übernahmen die internationale Vermarktung russischen Erdöls. Standard Oil baute in Baku eine Kerosinanlage. Der Öl- und Chemiekonzern Koch erhielt Lizenzen.[226]

- Radio Corporation of America (RCA), der größte Radiokonzern der Welt, half mit Patenten.
- Ford verkaufte Traktoren und lizensierte den Bau der Automobilwerke in Gorki.
- DuPont stellte die Technologie für den Bau von Salpetersäurefabriken.[227]

Auch die Banken kooperierten

- Morgans Guaranty Trust half bei der Gründung der ersten internationalen sowjetischen Bank, Raskombank.
- Kuhn Loeb gab Kredite für den 1. Fünfjahresplan.
- Chase National verkaufte sowjetische Anleihen an US-Investoren.
- Der US-Generalagent Gilbert Parker im Berliner Büro für das Management der deutschen Reparationszahlungen genehmigte Kredite, damit deutsche Unternehmen ihre Produkte in die Sowjetunion liefern konnten.

Ingenieurbüros und Techniker | Etwa 2.000 US-Ingenieure und Techniker – ähnlich viele wie aus Deutschland – waren zwischen 1928 und 1933 in der Sowjetunion unterwegs, beim Bau von Dämmen, Talsperren, Fabrikanlagen.

- Die Sperry Gyroscope Company (später: Unisys) beriet bei der Entwicklung der Anilinproduktion.
- Das Ingenieurbüro Arthur McKee beriet bei der Ausrüstung des Stahlkomplexes in Magnitogorsk.
- John Clader half beim Bau der Traktorenfabrik in Cheljabinsk.
- Hugh Cooper beriet beim Wasserkraftwerk Dnjeprostroj.[228]

Sowjetische Vertretung in New York | Die sowjetische Wirtschaft war mit vier Agenturen in New York präsent: Amtorg Trading Corporation, All-Russian Textile Syndicate, Centrosoyus America (Verband der Konsumenten-Kooperativen) und Seiskosojus America (Landwirtschaftsproduzenten).

American-Russian Chamber of Commerce | Bereits 1916, während des Weltkrieges, war die Handelskammer *American-Russian Chamber of Commerce* gegründet worden; sie wurde 1926 neu organisiert. Sie hatte Büros in New York und Moskau. Präsident war Reeve Schley von der Chase National Bank, Vizepräsident war Allen Wardwell von der Wall-Street-Kanzlei Davis Polk & Wardwell. Im Aufsichtsrat waren u. a. vertreten: Die Bank Chase National, The Equitable Trust und Atlas Utilities & Investors, American Car & Foundry (Eisenbahnwaggons), American Locomotives (Loks) und Farquhar (Eisenbahnbetrieb), Anderson Clayton & Fleming (Baumwollhandel), die Wall-Street-Kanzleien W. A. Harriman, Davis Polk & Wardwell und Simpson Thacher & Bartlett, die Versicherungsmakler Johnson & Higgins und Marsh McLennan sowie die Industriekonzerne Westinghouse (Druckluftbremsen), Remington (Schreibmaschinen, Büroausrüstung), Chicago Pneumatic Tool (Kompressoren, Ölbohrgeräte) und das Ingenieurbüro Hugh L. Cooper & Co.

Exporte von Getreide, Erdölprodukten, Holz und Fellen aus der Sowjetunion in die USA hatten sich ab 1924 gegenüber dem Vorkriegsstand verdoppelt. Importe aus den USA – vor allem Baumwolle, Maschinen und Nichteisen-Metalle – machten etwa ein Viertel aller Sowjetimporte aus. Daneben waren Deutschland und Großbritannien die wichtigsten Handels- und Investitionspartner.[229]

Die Sowjetregierung hatte bis 1933 die nach der Oktoberrevolution enteigneten US-Unternehmen nur entschädigt, wenn auch die Schäden gegengerechnet wurden, die die westlichen Militärinvasionen 1918-20 verursacht hatten. Die neugewählte Roosevelt-Regierung anerkannte die Sowjetunion im November 1933 diplomatisch, nachdem die sich auf Entschädigungszahlungen eingelassen hatte. Mehrere US-Unternehmen wurden entschädigt. Die Verfahren zogen sich aber bis in die 1960er Jahre hin.

In den USA: Kampf gegen die »bolschewistische Gefahr«

Während die Konzerne in der Sowjetunion investierten, bekämpften sie in den USA Gewerkschaften, Sozialisten und Kommunisten brutaler als zuvor. Was die Wilson-Regierung mit den *Palmer Raids* 1919 begonnen hatte, wurde intensiviert.

Die Pinkerton Detective Agency und andere Union Buster, die Gewerkschafter als Kriminelle und als »unamerikanisch« bekämpften, konnten sich vor Aufträgen kaum retten. Während Banker und Konzernchefs bei Stalin ein- und ausgingen, unterwanderte das FBI in den USA die Kommunistische Partei, zu der sich die beiden separaten Parteien 1921 zusammengeschlossen hatten. Sie hatte wenige Mitglieder und war angesichts der Größe und Härte des US-Kapitalismus keinerlei »Gefahr«. Aber sie hatte etwas Einfluss in einigen Gewerkschaften.

Gefährlich war dieses Potenzial in längeren Konflikten: Die Kapitalisten wussten, dass sie dann die ohnehin nur passive Zustimmung in der Mehrheit der Bevölkerung verlieren konnten. Überall entdeckten Unternehmer, Medien und Politiker deshalb die »kommunistische Gefahr«. Streiks gegen 12-Stunden-Arbeitstage, gegen Armutslöhne und gegen gefährliche Arbeitsbedingungen wurden als »kommunistisch« angeprangert. Zudem streikten nun auch viele Frauen – ihr Selbstbewusstsein war durch das 1920 eingeführte Frauenwahlrecht gestärkt worden –, ebenso die ohnehin schlechter bezahlten Schwarzen, die nun vielfach Mitglied in Gewerkschaften wurden.[230]

Die Kooperation mit der Sowjetunion führte zu neuen Arbeitsplätzen in den USA. Das verstärkte Sympathien für den Sozialismus. Die Nahrungsmittelspenden gegen den Hunger in der Sowjetunion waren breit unterstützt worden. Dies wurde jetzt von den Kapitalisten als Ansteckungsgefahr empfunden. *Red Scare* (roter Schrecken) wurde zum geflügelten Wort, verstärkt durch inszenierte Bombenattentate. So wurden 1927 die beiden aus Italien eingewanderten Anarchisten Nicola Sacco und Bartolomeo Vanzetti hingerichtet. Das fragwürdige Urteil wurde erst 50 Jahre später amtlich als »unfair« bezeichnet, aber nicht aufgehoben, das Verfahren wurde nicht wieder aufgerollt.[231]

Die Sowjets erstarken:
US-Konzerne gehen zu den Nazis über

US-Kapitalisten schätzten die Investitionsmöglichkeiten, den Absatzmarkt und die stabile und zuverlässig zahlende Sowjetregierung. Aber man hasste den Kommunismus als System.

Man fürchtete keine militärische Expansion, sondern die Ausbreitung eines alternativen Gesellschafts- und Wirtschaftssystems. Diese Furcht stieg 1933: Die neue US-Regierung des Demokraten Franklin Roosevelt hatte die Republikaner abgelöst. Roosevelt anerkannte nun erstens die Sowjetunion diplomatisch, zweitens wertete er mit seinem New Deal die Gewerkschaften auf, beschloss einen gesetzlichen Mindestlohn.

Das war für die Banken und Konzerne zu viel. Sie hatten ab 1928, nach der Abkehr von der Neuen Ökonomischen Politik und dem Übergang zum ersten Fünfjahresplan, schon angefangen, sich aus der Sowjetunion zurückzuziehen. Nun flüchteten sie – auch weil sich mit Hitler und Nazi-Deutschland die viel größere Alternative auftat: nicht nur ökonomisch, sondern auch politisch.

2.
Versailles: Selbstbestimmung der Völker verhindern

US-Präsident Wilson proklamierte am 8. Januar 1918 vor dem US-Kongress sein »14-Punkte-Friedensprogramm«. Die »friedensliebenden Demokratien« sollten den »Kreuzzug« gegen die aggressiven Autokratien weiterführen. Praktisch leitend wurde aber der Kampf gegen »die bolschewistische Gefahr«.

Wilson: »Krieg um alle zukünftigen Kriege zu beenden«

Wilson hatte für die Kriegserklärung 1917 im Januar 1918 noch eine verwegene Zuspitzung draufgesetzt: Dieser Krieg werde der letzte sein, der alle zukünftigen Kriege beendet – *war to end all wars.*[232] Ein riesenhaftes Versprechen, welthistorisch richtig, die Hoffnung der Menschheit – populistisch genial inszeniert. Es kann durchaus auch aufgefasst werden als Reaktion auf das Dekret über den Frieden, das die revolutionäre russische Regierung als erste Amtshandlung im Oktober 1917 beschlossen und dem allrussischen Sowjetkongress vorgelegt hatte.

Wilson forderte eine neue Diplomatie mit offenen Friedensverträgen ohne geheime Abmachungen, die Freiheit der Schiffe auf den Meeren, die Gleichheit der Handelsbeziehungen zwischen allen Nationen und die Beschränkung der Rüstung auf die Sicherheit der Nationen, also auf möglichst niedriges Niveau für die Selbstverteidigung. Besetzte Gebiete sollten zurückgegeben werden; alle Nationen, ob groß oder klein, sollten sich autonom entwickeln können.

Wilson forderte auch die Gründung eines Verbandes der Nationen, der die gegenseitige politische Unabhängigkeit und die territoriale Unverletzlichkeit regeln sollte.[233]

Zeitgeistige Anpassung an revolutionäre Erwartungen

US-Regierungen hatten bisher solche Forderungen nicht erhoben. Aber der zeitgeistig wendige Wilson und seine Berater Creel, Lippmann und Colonel House hatten als Nachfolge des Committee on Public Information (CPI) die Kommission *The Inquiry* gegründet: Sie griffen mit dem 14-Punkte-Programm geschmeidig Forderungen auf, die aufgrund des sowjetischen Drucks in den Waffenstillstands- und Friedensverhandlungen zwischen Deutschland und Russland entstanden waren, etwa die nach offenen Friedensverträgen ohne die bis dahin üblichen Geheimklauseln.

Die Petrograder Formel vom Frieden ohne Annexionen und Kontributionen von 1917 als Vorlage ließen die US-Friedensprediger unerwähnt. Auch von Demokratie als Maßstab des Weltfriedens sprachen sie nicht, auch nicht von den Befreiungsbewegungen, die es damals nicht nur in Russland, sondern in fast allen Kolonien gab, auch wo die USA selbst präsent waren wie in China.

US-Führung in den Versailler Verhandlungen

Die Friedenskonferenz von Versailles fand von Januar 1919 bis Januar 1920 statt. Die USA spielten bei der Aushandlung der Verträge die führende Rolle. Wilson bildete mit den Regierungschefs von Großbritannien, Frankreich und Italien den »Rat der Vier«, auch genannt »Die Großen Vier«. Das sowjetische Russland war ausgeschlossen, genauso wie Deutschland.

Die USA schickten die weitaus größte Delegation. Sie bestand vor allem aus den im Krieg führenden Bankern, Industriellen und Anwälten. Unter ihnen waren auch solche, die in den Jahrzehnten danach wichtige Positionen besetzen werden, auf staatlicher wie kapitalistischer Seite, so die beiden Wall-Street-Anwälte John Foster Dulles und Allen Welsh Dulles.[234]

Die USA ratifizieren den Versailler Vertrag nicht | In Artikel 231 des Versailler Hauptvertrags wurde erstmalig die Alleinschuld einer Kriegspartei festgeschrieben, Deutschlands.

Daraus leiteten vor allem Frankreich, England, Belgien und Italien Reparationen für Kriegsschäden ab, mit US-Zustimmung. Aber die USA als Verhandlungsführer unterzeichneten dann den Versailler Vertrag nicht. Ihre Banker und Konzernvertreter hatten einen anderen Plan. Sie bauten daneben eine eigene Weltordnung auf.

Zunächst sorgten die USA dafür, dass die in Versailles benannten Kriegsverbrecher nicht bestraft wurden.

Versailles: Deutsche Kriegsverbrecher vor Gericht! | Die US-Kriegspropaganda hatte »die Deutschen« kurzfristig als Bestien und Kriegsverbrecher dämonisiert und ihre Anklage und Bestrafung vor einem internationalen Gericht gefordert.

Bei der Versailler Konferenz wurde deshalb eine Liste mit 901 deutschen Kriegsverbrechern zusammengestellt. An erster Stelle stand Kaiser Wilhelm II. Er sollte vor einem Gerichtshof angeklagt werden, der dem Völkerbund angegliedert war. Die anderen Beschuldigten waren leitende Politiker und Militärs wie Reichskanzler Bethmann Hollweg, die Feldmarschälle von Hindenburg und Mackensen, Großadmiral von Tirpitz, U-Boot-Kommandanten. Die Mehrzahl aber waren niedere Offiziersränge und einfache Soldaten. Sie sollten vor Militärgerichte der Alliierten gestellt werden.[235]

Allerdings fehlten die kriegstreibenden Banker und Unternehmer der deutschen Seite – und die der US-Seite sowieso, wie auch ihre Komplizen aus England und Frankreich.

US-Regierung: Kriegsverbrecher nicht bestrafen! | Aber für die USA ging es um die wichtigere Frage: »Das überwältigende Gefühl, das die Versailler Konferenz vorantrieb, war die Angst vor dem, was Wilson ›das Gift des Bolschewismus‹ nannte.«[236] Deshalb waren die deutschen Kriegsverbrecher nach dem Krieg doch keine Kriegsverbrecher mehr.

US-Staatsminister Lansing wischte die britische und französische Unterstützung für die Anklage vom Tisch. Es könne zwar militärische und wirtschaftliche Verträge zwischen Staaten geben, aber keine überstaatlichen »Gesetze der Menschheit« (laws of humanity) und keine überstaatliche Gerichtsbarkeit. Dem stand das »nationale Interesse« der USA entgegen: Es galt weltweit nur US-Recht. Das gilt auch im 21. Jahrhundert.

Für die USA hatte der Kampf gegen das Vordringen der »bolschewistischen Doktrin nach Westen« Vorrang. Deshalb müsse die öffentliche Verurteilung und Demontage der Angeklagten »vermieden werden, um eine Ausbreitung des Bolschewismus zu verhindern«.[237]

USA: Kriegsverbrecher sind nützlich | So wurden auf Druck der USA die Gerichtsverfahren an das Reichsgericht Leipzig in Deutschland abgeschoben. Erwartetes Ergebnis: Der Kaiser wurde gar nicht angeklagt, 888 Angeklagte wurden freigesprochen, 13 wurden zu 6 Monaten bis 4 Jahren Gefängnis verurteilt. Die Verurteilten konnten aber ungehindert fliehen oder wurden sofort laufen gelassen.[238]

Zur Verteidigung der Kapital-Demokratie nach US-Praxis waren Kriegsverbrecher die natürlichen Verbündeten und werden es auch im folgenden Jahrhundert bleiben. So wird es nach dem 2. Weltkrieg ähnlich sein: Vor dem US-geführten Nürnberger Kriegsverbrecher-Tribunal waren keine Banker und Unternehmer angeklagt, nicht einmal diejenigen, deren Taten US-Ermittler genau dokumentiert hatten wie die Chefs von Deutsche und Dresdner Bank. Nur die kleinste oberste militärisch-politische Spitze wurde angeklagt und verurteilt. In Nachfolgeprozessen wurden einige wenige Unternehmer wie Flick und Krupp und Manager – keine Banker – angeklagt, zu geringen Strafen verurteilt und vorzeitig entlassen.[239]

Armenier: minderwertige Rasse wie die Juden

Die USA waren auch führend bei der Nicht-Bestrafung der türkischen Regierung wegen des Völkermords an den Armeniern.

Zwar empörten sich Regierung und Medien in den USA von 1914 bis 1919 über die türkischen Massaker. Die Verantwortlichen sollten, so ein Vorschlag in Versailles, wegen Verbrechen gegen die Menschheit (crimes against humanity) angeklagt und bestraft werden. Doch US-Staatsminister Lansing boykottierte auch diese Initiative, sie verschwand von der Tagesordnung.[240]

Der US-Hochkommissar für die Türkei, Admiral Mark Bristol, erklärte: »Die Armenier sind eine Rasse wie die Juden – sie haben geringen oder gar keinen nationalen Geist und sie haben einen schlechten moralischen Charakter.« So steuerte die US-Regierung auf ein Bündnis mit der Regierung von Kemal Atatürk zu, auch wegen des Zugangs zum Erdöl, vor allem im Irak.[241]

Wilson weist die vietnamesische Befreiungsbewegung ab

Nach dem Krieg hofften viele Befreiungsbewegungen in den französischen, britischen, belgischen, portugiesischen, niederländischen Kolonien auf die Versailler Friedenskonferenz.

So forderte Ho Chi Minh (der sich damals noch Nguyen Ai Quoc nannte, »der Patriot«) namens der vietnamesischen Befreiungsbewegung *Association des Patriotes Annamites* von Paris aus die Versailler Konferenz auf: Wilsons Plan muss auch für die französischen Kolonien gelten! Aber Wilson lehnte ab. Die US-Neokolonialisten unterstützten die europäischen Bündnispartner bei der Unterdrückung ihrer Kolonialvölker.[242]

Die USA werden zwar später Ho Chi Minh unterstützen, als er im 2. Weltkrieg gegen den Feind Japan, die neue Besatzungsmacht in Vietnam, kämpfte. Aber nach dem 2. Weltkrieg, nach der Niederlage Japans, werden die USA die Kolonialmacht Frankreich unterstützen, mit Krediten, Munition und Militärberatern, damit Ho Chi Minhs Befreiungsbewegung bekämpft wurde: Und nach der Niederlage Frankreichs werden die USA ganz den Vernichtungskrieg gegen die vietnamesische Befreiungsbewegung erweitert weiterführen.[243]

Die vietnamesische Befreiungsbewegung war nur eine von vielen, die in Versailles beiseitegeschoben wurden. Im September 1920 versammelten sich in Baku knapp 2.000 Delegierte aus 29 Gebieten Persiens, Armeniens und der Türkei. In zahlreichen Ländern wie Ägypten, Afghanistan, Indien und im Irak kämpften Befreiungsbewegungen gegen das grausame britische Kolonialregime. Das alles blendeten »Die großen Vier« unter US-Führung aus. Im Gegenteil: In ihren Kolonien schlugen alle »Großen Vier« Demokratie und Selbstbestimmung nieder.[244]

Hinterhof-Kolonialist Wilson

Die US-Regierungen verletzten auch während der Versailler Verhandlungen und im Jahrzehnt danach in ihrem bisherigen Machtbereich weiter das Selbstbestimmungsrecht zahlreicher Völker.

So ging die Besetzung Haitis weiter: Die Wilson-Regierung machte es zum Protektorat, ebenso wie das besetzte Kuba. Die aus spanischer Kolonialmacht »befreiten« Philippinen durften auch unter Wilson kein Staat werden, sie wurden weiter als Protektorat von den USA verwaltet, rohstofflich ausgebeutet und zum militärischen Stützpunkt gegen China ausgebaut.

Die Friedensprediger stützten in Mittelamerika und in der Karibik diktatorische Regimes. 1914 und 1916/17 fielen US-Truppen in Mexiko ein.[245] 1919 schickte die Wilson-Regierung Truppen nach Honduras, um einen Generalstreik bei United Fruit niederzuschlagen.[246]

Niederschlagung antimonarchistischer Bewegungen: Ungarn

Im Vertrag von Trianon, einem der Versailler Nebenverträge, wurde die Aufteilung Ungarns beschlossen: Territoriale Abtretungen u. a. an die Monarchien Österreich, Rumänien und Jugoslawien – auch hier von Demokratie keine Rede.

Dagegen gründeten ungarische Sozialisten und Kommunisten am 22.3.1919 die sozialistische Räterepublik. Sie vertrat nicht nur die sozialen Interessen von Arbeitern, sondern auch patriotische und nationale Interessen. Mit dem Kommunisten Béla Kun an der Spitze – er hatte seinen jüdischen Familiennamen Kohn wegen des herrschenden Antisemitismus geändert – wurden Banken, Privatunternehmen und Mietshäuser verstaatlicht sowie adlige Landgüter enteignet und in Produktionsgenossenschaften umgewandelt. Die Regierung beschloss die Trennung von Kirche und Staat, Rede- und Versammlungsfreiheit, Rechte von Minderheiten und das allgemeine Wahlrecht ab dem vollendeten 18. Lebensjahr.

Eine Rote Armee bildete sich. Auch konservative Offiziere wie Oberst Aurel Stromfeld, der das Kommando übernahm, machten mit. Auch in der benachbarten Slowakei bildete sich eine Räterepublik.

Das ging den Freiheits- und Friedensdemagogen in Versailles zu weit. Sie entsandten ihre Invasions- und auch Hilfstruppen reaktionärer Nachbarstaaten. Französische und rumänische Verbände besetzten die Hauptstadt Budapest und zwangen die auch mit Gewerkschaftern neu gebildete Nachfolgeregierung am 6.8.1919 zum Rücktritt. Danach übernahm der Konteradmiral Miklós Horthy die Macht. Seine Truppen entfachten einen weißen Terror gegen die Anhänger der Räterepublik: Etwa 5.000 Menschen wurden ermordet. Horthy wird sich später für Hitler begeistern und eine befreundete faschistoide Diktatur in Ungarn errichten.

Die Regierungen der USA, Frankreichs, Englands und Italiens stimmten überein: Die selbstorganisierte Befreiung und staatliche Selbstkonstituierung der Völker sollten verhindert werden, weil sie mit sozialer Revolution verbunden waren.[247]

Neben Völkerbund: USA bauen eigene Weltordnung auf

Die von den USA allgemein *geforderte* neue Weltfriedensordnung entsprach den Hoffnungen der Mehrheit in ganz Europa, ja der ganzen Welt. Doch die US-Kapitalisten und ihre Politikdarsteller nutzten zwar die Abmachungen von Versailles, bauten aber daneben ihre eigene neue Weltordnung auf:

- Der US-Kongress ratifizierte den Vertrag von Versailles nicht.
- Die USA traten dem Völkerbund (League of Nations) nicht bei.

Ähnlich werden die USA auch nach dem 2. Weltkrieg verfahren: Die UNO mitbegründen, aber gleichzeitig daneben und gegen Völkerrecht und Universelle Menschenrechte eine eigene Weltordnung ausbauen. Im 21. Jahrhundert heißt das:

- »Internationale Gemeinschaft« statt UNO,
- »regelbasierte Ordnung« statt UN-Völkerrecht,
- eigene Definition von »Menschenrechten« ohne Arbeits- und Sozialrechte,
- eigenes weltweites System von hunderten Militärstützpunkten in Dutzenden anderen Staaten und annektierten Territorien.

Die USA blieben wichtigen internationalen Verträgen fern, die während der 1920er und 1930er Jahre abgeschlossen wurden. Internationale Konventionen des Völkerbunds etwa zur öffentlichen Gesundheit, zum Verbot des Opiumhandels und das internationale Abkommen über den Waffenhandel – alles lehnten die USA ab. In die 1919 gegründete Internationale Arbeitsorganisation ILO traten sie erst 15 Jahre später ein, 1934, unter Franklin D. Roosevelt, ratifizierten aber nicht die dort beschlossenen Sozial- und Arbeitsrechte.

Die USA legten aber Wert darauf, bei allen Konferenzen durch Beobachter vertreten zu sein, um die Wünsche aller Beteiligten genau zu erkunden. So schlossen sie ab 1921 getrennte Verträge mit Österreich, Deutschland und Ungarn, ab 1924 mit Großbritannien und Frankreich, danach Ungarn, Polen, Belgien, der Tschechoslowakei, Italien, Rumänien und Jugoslawien.[248]

Zur Abwehr von »sozialen Unruhen«, also der »roten Gefahr«, vergaben die USA Nachkriegshilfen an Polen, Rumänien, Estland,

Litauen, Lettland, Finnland, Österreich, Ungarn, an die Tschechoslowakei und vor allem an Deutschland. Diese »Hilfen« waren begleitet von intensiver Pendeldiplomatie von US-»Sonderbeauftragten«, die vor Ort mit Bankern, Konzernchefs, Oligarchen, Kirchenführern, Monarchisten, Nationalisten, Konservativen und Antikommunisten Kontakt hielten, Regierungsbildungen beeinflussten und auch etwa beim Sturz der ungarischen Räterepublik mitmischten.[249]

Dies stand auch unter dem Ziel, den Absatz von US-Waren und Investitionen in Europa zu fördern. Gleichzeitig erhöhten die USA die Zölle für Waren aus Europa erheblich und erschwerten den Europäern so die Devisenbeschaffung.[250]

Die US-Praxis wird oft als »Isolationismus« bezeichnet. Doch das ist Irreführung, Fremd- und Selbsttäuschung. Die USA bauten, ob Demokraten oder Republikaner regierten, neben Versailles ihr eigenes imperialistisches Globalsystem nicht nur in Mittelamerika, der Karibik und zunehmend in Asien aus, sondern nun auch in Europa.

Sowjetische Friedenspolitik: Neue welthistorische Qualität

Während die Versailler Friedenspläne eine moderne Fortsetzung imperialistischer Politik bisher schon Mächtigster waren, hatten die Friedensvorschläge der Bolschewiki weltgeschichtlich eine neue Qualität: Es ging um die tatsächliche Befreiung aus kolonialer Abhängigkeit, um Selbstbestimmung der Völker, um ihre Gleichstellung, um die Unverletzlichkeit ihrer Grenzen und nicht zuletzt um die Verkleinerung des Militärs der großen Staaten und seine Beschränkung auf Selbstverteidigung.

Die Bolschewiki machten auch Schluss mit der imperialen Geheimdiplomatie der Westmächte und veröffentlichten zum Beispiel am 23.11.1917 in den Tageszeitungen *Prawda* und *Iswestija* das 1916 zwischen Großbritannien und Frankreich geschlossene, geheime Sykes-Picot-Abkommen – Aufteilung des Vorderen Orients/Palästinas für die Zeit nach dem Krieg – zum großen Ärger der Kolonialmächte.

Wilsons Friedensplan: Gegenentwurf zur »kommunistischen Weltrevolution«

Noch nie vorher waren die transatlantischen Kapitalisten systemisch so herausgefordert worden. Die Forderung des Selbstbestimmungsrechts der Völker »ist mit Explosivstoff überladen … Welch Unglück, dass sie überhaupt geprägt wurde«, so US-Staatsminister Lansing.[251]

So erwies sich Wilsons Friedensplan als »Gegenentwurf zur kommunistischen Weltrevolution«.[252] Deshalb liegt hier auch die Wurzel der staatlich-privaten US-Propagandaindustrie, die das 20. Jahrhundert prägen wird. Die allergrößten Lügen mit dem allergrößten professionellen Aufwand wurden angesichts der »kommunistischen Gefahr« produziert – oder, besser gesagt, was man als solche inszenierte.

»Kommunistische Gefahr«: Alles, was von US-Kontrolle abweicht

Zur »kommunistischen Gefahr« zählten dann nicht nur die sich festigende Sowjetmacht in Russland, sondern auch Sozialisten, Sozialdemokraten, Kommunisten, Gewerkschafter, ja auch Neutralisten, Nationalkonservative und Pazifisten der verschiedensten Spielart in den kolonisierten Ländern wie in den kapitalistischen Hauptländern – und in den USA selbst.

Auch wenn Völker und Nationen sich nur national befreien wollten, ohne beispielsweise sozialistisch oder kommunistisch orientiert zu sein, galten sie als »kommunistisch«. Sie wurden teilweise erst so auch in Richtung Sozialismus und Kommunismus gedrängt – wie Ho Chi Minh und die vietnamesische Befreiungsbewegung.

Und Walter Lippmann, führend bei der Wende zum Kriegseintritt der Wilson-Regierung und beim »14-Punkte-Friedensprogramm«, wurde der »Vater des Neoliberalismus«, der neuen »wissenschaftlichen« Irrlehre der »freien Marktwirtschaft«. (siehe S. 229f)

USA fördern die Aufrüstung der alten und neuen Kolonialmächte

Zum dritten Jahrestag des Waffenstillstands trafen sich im November 1921 die Regierungen Großbritanniens, Frankreichs, Japans und der USA in Washington. Entgegen der öffentlichen Bekundung, eine Abrüstungskonferenz abzuhalten, wurde Aufrüstung organisiert.

Das von den USA diktierte Flottenabkommen bestimmte die Volumenanteile der Kriegsschiffe: 10 Anteile für die USA, ebenso 10 für Großbritannien. Japan als neuer fernöstlicher Verbündeter bekam 6 Anteile zugeteilt. Die Verbündeten Frankreich und Italien wurden zurückgestuft: Sie durften je 3 Anteile halten. Japan galt nach Wilsons Sprachregelung zwar als böse »militärisch-aggressive Autokratie«. Aber es war nun ein willkommener Verbündeter gegen die europäischen Kolonialmächte in Asien, etwa in China. Die vier Regierungen leiteten auch damit »eine auf beispiellose Weise von Amerika bestimmte Weltordnung« ein.[253]

Der Keim der nächsten Kriege

So wird aus dem 1. Weltkrieg der 2. Weltkrieg hervorgehen, mit derselben Zielrichtung. »Wilsons Intervention (militärischer Eintritt in den 1. Weltkrieg 1917, WR) hat einen desaströsen Krieg zum Schaden Europas verlängert … und mit dazu beigetragen, eine noch größere Katastrophe heraufzubeschwören«, gestand neuerdings David Stockman, in den 1980er Jahren Budgetdirektor unter dem kriegslüsternen US-Präsidenten Ronald Reagan.[254]

3.
Neue Instrumente: Council on Foreign Relations und Wall-Street-Kanzleien

Die im Krieg mithilfe der privaten Staatsbank Fed weiter vertiefte Verflechtung zwischen Kapitalisten und Staat – bei Dominanz der Kapitalisten – wurde nach dem Krieg institutionell erweitert.

Council on Foreign Relations

1921 wurde der *Council on Foreign Relations* (CFR) gegründet. Er macht seitdem nach außen und international den Eindruck, als sei er eine Institution der US-Regierung. Aber er ist ein privater Think Tank. Wie auch die Fed eine Selbstorganisation der Kapitalisten ist.

Den Anstoß zum CFR gaben Aktivisten der Creel Commission, Elihu Root und Walter Lippmann sowie Wilsons engster Berater Colonel House. Sie hatten nach dem Committee on Public Information (CPI) mit der Gruppe *Inquiry* Wilsons 14-Punkte-Programm entwickelt. Für die institutionelle Fortführung des CPI stießen sie die Gründung des CFR an.

Mitglieder und Mitgründer waren Banker und ihre Anwälte, Konzernchefs, Professoren der Elite-Universitäten, Medientycoons, führende Politiker, Militärs.

- Ehrenpräsident wurde Root, Wilsons Finanzberater während des Krieges und Spitzenanwalt von Morgan.
- Präsident und Vizepräsident wurden John Davis und Paul Cravath. Davis, ehemaliger Rechtsberater Wilsons, war nun der neue Chefanwalt für Morgan – 1924 wurde er Präsidentschaftskandidat der Demokratischen Partei. Cravath war Senior Partner der führenden Wall-Street-Kanzlei Cravath Swaine & Moore, die das Rockefeller'sche Bankenimperium und Kuhn Loeb als Hauptkunden hatte.
- Präsident des Finanzausschusses wurde Alexander Hemphill, Präsident von Morgan Guaranty Trust.
- Die ersten beiden Direktoren waren Paul Warburg von Kuhn Loeb, Mitbegründer der Fed, und Otto Hermann Kahn, ebenfalls von Kuhn Loeb.
- Schatzmeister – um die langweilig werdende Insiderliste nun zu beenden, ohne dass sie am Ende wäre – wurde der Wirtschaftshistoriker Edwin Gay, während des Kriegs im War Industries Board für den Schiffbau zuständig.[255]

1922 gründete der CFR die Quartalszeitschrift *Foreign Affairs*, die bis heute die wohl wichtigste Zeitschrift für die öffentlich diskutierte Seite der US-Weltpolitik darstellt. In die Zeitschrift ging auch die 1910 gegründete Zeitschrift *Journal of Race Development* auf, womit die Frage der Über- und Unterlegenheit von Rassen in den modernisierten und geopolitischen Kontext gestellt wurde.

Der CFR war mit anderen privaten Think Tanks und Unternehmer-Stiftungen vernetzt, so mit der *Carnegie Endowment for International Peace* und der *Rockefeller Foundation*. Er sorgte mit erweitertem Aufwand dafür, dass die Interessen der führenden Kapitalisten populistisch als Interessen »der Nation«, »des Volkes«, »der Arbeitsplätze«, »des Friedens«, »der Demokratie« etc. erschienen.

Council on Foreign Relations: Weltweiter Gebietsanspruch UBIQUE

Der CFR organisiert nach dem Prinzip *revolving door (Drehtür)* die Verbindung zwischen Kapitalisten, US-Regierung und obersten US-Behörden: Aus dem CFR kamen und kommen zahlreiche Regierungsmitglieder, sie gehen zurück in ihre Banken, Konzerne, Wirtschaftskanzleien und kommen wieder. Nach dem 2. Weltkrieg wurde die Morgan-Dominanz durch die Rockefellers abgelöst.

Seit dem Zusammenbruch des sozialistischen Staatensystems hat der CFR einige Funktionen an andere Institutionen abgegeben, etwa an die von Reagan gegründete National Endowment for Democracy – NED, an milliardenschwere Privatstiftungen (Soros, Bloomberg, Gates…) und das World Economic Forum – WEF. Andere Staaten und Staatengruppen wie Deutschland und die EU haben im Zuge der weiteren Amerikanisierung im 21. Jahrhundert eigene CFRs gegründet. Inzwischen sind auch NGOs vertreten.

Der weltweite Gebietsanspruch gilt wie beim State Department: Das Logo des CFR ist ein vom Römischen Imperium inspirierter Reiter. Die Unterzeile lautet einfach und klar lateinisch UBIQUE: Wir reiten überall hin.

Wall-Street-Anwälte koordinieren die US-Kapitalexpansion

Eine wesentliche Rolle bei der US-Kapitalexpansion seit Ende des 19. Jahrhunderts spielten die großen Wirtschaftskanzleien der Wall Street. Schon zu Beginn des 20. Jahrhunderts wurden sie als neue »Hohepriester« des US-amerikanischen Kapitalismus bezeichnet.[256]

Stilbildend: Sullivan & Cromwell | 1879 hatten Algernon Sullivan und William Cromwell an der Wall Street eine Kanzlei gegründet: Sullivan & Cromwell wurde stilbildend für einen neuen Typ von Kanzleien, die es im sonstigen Kapitalismus noch nicht gab. Sie gestalten nicht nur die US-Finanzwelt mit, sondern auch die Innen-, Wirtschafts- und Weltpolitik der USA bis heute. Sie wenden nicht nur geltendes Recht an, sondern schaffen neues Recht, vor allem international. Sie organisieren nationale und internationale Kartelle und Fusionen. Sie sind bei Finanzgesetzen und Handelsverträgen dabei und kennen deshalb am besten auch die von ihnen mitgestalteten Schlupflöcher.

Sullivan & Cromwell koordinierten als Berater der führenden Bank Morgan die Fusion von 28 Stahlunternehmen zu U.S. Steel, bei dem Morgan Hauptaktionär wurde. Die Kanzlei organisierte den Putsch der Separatisten in der Provinz Panama mit, sodass sich Panama von Kolumbien abspaltete und als Separatstaat konstituierte und den US-Investoren günstige Bedingungen für den Kanalbau verschaffte. Cromwell wurde Regierungsberater des neuen US-abhängigen Separatstaates.

John Foster Dulles und Allen Welsh Dulles | 1911 trat ein gewisser John Foster Dulles, 23 Jahre jung, nach Studium an der Elite-Universität Princeton in die Kanzlei Sullivan & Cromwell ein. Er wurde von Wilson in den War Trade Board berufen. Schon im 1. Weltkrieg übernahm Dulles Lobbyismus und Rechtsvertretung auch für Unternehmen des Kriegsgegners. So half er 1917 der Mumm Champagne Company, die der deutschen Sektfirma Mumm gehörte, der Beschlagnahmung in den USA zu entgehen: Er arrangierte einen Scheinverkauf an US-Investoren.[257]

Dulles beriet während des 1. Weltkriegs auch die Diktatoren von Costa Rica und Nicaragua und zugleich US-Konzerne wie United Fruit, die dort ihre Privilegien schützen ließen. Die Regierung Panamas – die sein Mentor Cromwell mit eingefädelt hatte – überredete er, dem weit entfernten Deutschland nach US-Vorbild den Krieg zu erklären. Als 13 Kunden der Kanzlei, die in Kuba Zuckermühlen, Tabakplantagen, Eisenbahnen und Bergwerke besaßen, sich durch eine Revolte gegen den US-gestützten Präsidenten Mario Menocal bedroht fühlten, intervenierte Dulles bei der US-Regierung. Als Folge schickte die US Navy zwei Zerstörer vor die Insel.[258]

Diese Art Aktivitäten baute Dulles nach dem Krieg weiter aus. Als Mitglied der US-Delegation in Versailles bahnte er Kontakte zu deutschen und europäischen Konzernen und Banken an. Er vertrat seitdem auch deutsche Konzerne wie IG Farben und Krupp, belgische Konzerne wie Solvay, zahlreiche US-Konzerne, die schwedische Bank- und Konzerngruppe Wallenberg sowie ihre Geschäftspartner und Filialen in den USA.[259]

Nach dem 2. Weltkrieg wurde Dulles US-Staatsminister. Sein Bruder Allen Welsh Dulles, ebenfalls Partner von Sullivan & Cromwell, beriet US- und europäische Konzerne, gründete im 2. Weltkrieg den US-Geheimdienst OSS, wurde dann Chef des Nachfolgedienstes CIA und machte auch in dieser Funktion eigenständige Weltpolitik im Interesse führender US-Kapitalisten.

Mit dem Staat, aber auch gegen den »eigenen« Staat

Wall-Street-Anwalt John F. Dulles zeigte, dass die vom US-Staat so geschätzten Wall-Street-Anwälte keineswegs so einfach den Interessen »ihres« Staates dienen. Die Wall-Street-Akteure agieren als Teil einer internationalen kapitalistischen Klasse. Sie machen eigenständige Weltpolitik. Sie gehen, wenn es sein muss, gegen »ihren« Staat und gegen »ihre« Regierung vor, selbst wenn sie deren Funktionäre sind. Deutsche und US-Konzerne, die von Wall-Street-Anwälten vertreten wurden, lieferten gegen die US-Neutralitätsgesetze der 1930er Jahre Rüstungsgüter an den Putschisten Franco in Spanien. So hatte US-Finanzminister Henry Morgenthau der rechtmäßigen spanischen Regierung Silber im Wert von 15 Millionen Dollar abgekauft, damit sie Soldaten gegen Franco ausrüsten konnte. Aber Franco nahm sich Dulles als Anwalt, der Klage gegen Morgenthaus Entscheidung erhob.[260]

Von dieser Art Kanzleien gab es neben Sullivan & Cromwell mehrere, z. B.:

- Aus der Kanzlei Root & Clark kam Elihu Root, unter Wilson Kriegs- und Staatsminister. Henry Stimson, seit 1893 Partner der Kanzlei, wurde zwischendurch immer wieder in Regierungsämter gerufen: Kriegsminister von 1911-1913, Gouverneur der Philippinen 1927-1933, Staatsminister 1929-1933, Kriegsminister 1940-1945.
- Aus der Kanzlei Cravath Swaine & Moore hatte Paul Cravath als Anwalt von Westinghouse und Bethlehem Steel den Eintritt der USA in den 1. Weltkrieg betrieben und war Mitbegründer des CFR.

Rechtsverhältnisse der US-geführten westlichen Kapitalistenklasse | Diese Kanzleien waren auch nach dem 1. Weltkrieg als Spürhunde und Arrangeure für Kredite, Kartelle und Unternehmenskäufe in Europa unterwegs: Bei Lenin und Stalin, bei Mussolini, bei Großkonzernen in Deutschland – vor und bei Hitler.

Solche Kanzleien gestalten die US-dominierte Rechtsförmigkeit internationaler Kapitalbeziehungen, die durch Kriege nicht unbedingt leiden. Seit Entstehung an der Wall Street repräsentieren und gestalten sie die jeweiligen Organisationsformen der »transnationalen kapitalistischen Klasse« mit, sind inzwischen ergänzt um Wirtschafts‚prüfer', US-Ratingagenturen, Unternehmens- und PR-Berater.[261] Diese »zivile Privatarmee« verbindet zwar die jeweiligen – untereinander verbündeten, beherrschten, konkurrierenden oder auch verfeindeten – Staaten und Konzerne, ist aber zu keinem dieser Staaten und Konzerne loyal, am meisten freilich zu den führenden Kapitalisten in God's own country.

4.
US-Investments global erweitern

Die USA setzten ihre weltweite Expansion nach dem Krieg fort, erstens in ihren traditionellen Kolonien und Hinterhöfen wie Kanada, Lateinamerika und der Karibik, dann bei den europäischen Alliierten – vor allem in Deutschland.

USA: Staat fördert noch mehr Auslandsinvestitionen

Mit dem *Webb-Pomerene Act* (1918) wurden die Unternehmen von den Einschränkungen des Anti-Trust-Gesetzes befreit, wenn sie im Ausland aktiv werden wollten. So bildeten im Folgejahrzehnt etwa die führenden Elektrokonzerne GE und Western Electric einen nationalen Trust und danach auch internationale Trusts. Auch die Kommunikations-, Auto-, Chemie- und Reifenindustrie nutzte diese Möglichkeiten.[262]

Durch das neue Steuergesetz *Edge Act* (1919) gewährte der Staat den US-Unternehmen steuerliche Vorteile für Auslandsinvestitionen. Banken konnten mit Förderung der Fed Filialen im Ausland betreiben, und der Staat verpflichtete sich, für Auslandsinvestitionen Vorzugskredite draufzulegen.[263]

Weiterer Ausbau der Kolonie Kanada – zulasten Englands | Die meisten Investitionen der Nachkriegszeit galten den traditionellen Standorten, allen voran Kanada. Das Land, Teil des britischen Empire und später des Commonwealth, wurde von US-Konzernen wie Ford, Dow Chemical, DuPont, Goodyear als Standort für Rohstoffbeschaffung – Nickel, Blei, Kupfer, Zink – und für Zulieferarbeiten erschlossen. Die Arbeitskräfte waren noch billiger und williger als in den USA – in Kanada gab es keine auch nur entfernt vergleichbare Arbeiterbewegung.

Kanada wurde zur modernsten US-Kolonie ausgebaut, die Regierungen waren – und sind bis heute – politisch extrem folgsam und unterwürfig. Wall-Street-Banken lösten die Banken der City of London ab. Die allermeisten Anteile an Unternehmen und Banken gehören seitdem US-Investoren: Sie nehmen in den Bergwerken Kanadas auch enorme Zerstörungen der scheinbar unendlich verfügbaren Umwelt im flächenmäßig riesigen Land in Kauf.[264]

Es handelt sich um eine Variante der von den USA praktizierten Entstaatlichung anderer Staaten: »Es ist kein Spaß, der kleine Bruder zu sein. Und wenn es keine Aussicht gibt, so groß zu werden wie der eigene Bruder, dann ist das noch weniger lustig. Das ist das Wesen des kanadischen Problems.«[265]

Weiterer Ausbau der Kolonie Lateinamerika | Der zweite Schwerpunkt nach dem 1. Weltkrieg war weiterhin Südamerika, vor allem Kuba, danach Argentinien, Chile, Mexiko und Brasilien. US-Konzerne und Banken investierten in Bergwerke, Plantagen, Farmen, Eisenbahnen, Häfen und Elektrifizierung. Dabei wurden auch hier, wie in Kanada, schrittweise bisher dominierende Banken aus Großbritannien und Frankreich zurückgedrängt.

Alte reiche einheimische Oligarchen-Clans aus der spanischen Kolonialzeit hielten die US-Interessen hoch und durften mitprofitieren ebenso wie neue Parteien und Diktatoren. Damit wurde in modernisierter kolonialer Tradition auch die Mehrheit der Arbeitskräfte billig gehalten.

5. Wichtigster Standort in Europa: Deutschland

Vom militärischen Todfeind wurde Deutschland zum neuen Lieblingsstandort. So geschäftsmäßig die US-Eliten den Krieg gegen den deutschen Konkurrenten geführt hatten, so geschäftsmäßig gingen sie nach dem Krieg an die wirtschaftliche Erschließung. Die 901 deutschen Kriegsverbrecher, die in Versailles aufgelistet wurden, waren auf US-Initiative straflos geblieben.

Deutschland wie USA: »Die Tore der anderen Nationen aufsprengen«
Die Kapital-Eliten Deutschlands und der USA waren – wie auch die anderen imperialistischen Mächte – schon vor dem Krieg in ihrer Praxis sehr ähnlich. Beide sahen den Staat als Organisator privatwirtschaftlichen Gewinns. Beide bildeten nationale und internationale Kartelle. Bei beiden hatten große Banken die Oberhand gewonnen. Beide wollten ihre bisherigen Einflussgebiete mit allen Mitteln erweitern, vor dem Krieg, mit dem Krieg – und auch nach dem Krieg, die deutschen Kapitalisten dann mit etwas Verzögerung.

Entsprechend US-Präsident Wilsons Motto »Die Tore der anderen Nationen aufsprengen« (siehe S. 95) hatten auch auf deutscher Seite Politiker und Konzerne wie der Nationalliberale Gustav Stresemann im preußischen Kaiserreich internationale Eroberungen angestrebt. Ein großdeutsches Reich sollte Großbritannien und Frankreich überflügeln und durch Annexionen im Osten und Westen Europas und mithilfe von Kolonien ein Wirtschaftsgebiet aufbauen, das mit mindestens 150 Millionen Konsumenten dem Vordringen der USA etwas entgegenzusetzen habe.[266]

Deutschland war wissenschaftlich und technologisch gegenüber den anderen europäischen Mächten am weitesten entwickelt und hatte in Europa zudem die größte Bevölkerung und den größten Markt. So war es, in der Mitte Europas gelegen, am besten geeignet, auch aufgrund der schon bisher in Deutschland selbst entwickelten Pläne, den modernen Kapitalismus auf ganz Europa auszudehnen, perspektivisch auch auf das sozialistische Russland und auf die eurasische Landmasse.

So hatten Deutschlands größte Kohle-, Stahl-, Chemie- und Rüstungsindustrielle, die Stinnes, Kirdorf, Duisberg, Krupp in ihren Kriegszieldenkschriften der Jahre 1914 und 1915 gefordert: Der deutschen Wirtschaft müssen »neue Tore« in Europa geöffnet werden, mit Annexionen in Russland, aber auch im Westen; die kleineren Völker wie Belgien sollten ohne eigene Staatlichkeit für Deutschland arbeiten.[267]

Aber erst einmal Deutschland in die Schranken weisen

Keine zwei Staaten hatten damals eine so starke gegenseitige Vereinbarung über den Schutz kapitalistischen Privateigentums wie die USA und Deutschland. Dies war durch bilaterale Verträge und durch den Beitritt zu internationalen Verträgen gesichert, z. B. zur Pariser Konvention zum Schutz gewerblichen Eigentums (1883). Außerdem wurde dieser Schutz durch die Haager Landkriegsordnung (1907) sogar für den Kriegsfall völkerrechtlich vereinbart: Die wichtigsten kapitalistischen Staaten wollten sich Kriege offenhalten, aber das kapitalistische Privateigentum gleichzeitig schützen.

»Kein Grundsatz des internationalen Rechts war vor dem 1. Weltkrieg in den USA derart fest verankert wie der, dass privates Eigentum von Ausländern innerhalb der Vereinigten Staaten unantastbar war.«[268]

Das hielt den US-Gesetzgeber nicht davon ab, seit der Kriegserklärung 1917 das Gegenteil zu tun. Mit dem *Trading with the Enemy Act* (Gesetz über den Handel mit dem Feind, 6. Oktober 1917) sollte deutsches Kapital – Unternehmen, Beteiligungen, Wertpapiere, Konten, Immobilien, Warenbestände, Schiffe – für die Zeit des Krieges beschlagnahmt werden. Die Nutzung nach dem Krieg sollte offen bleiben.

Deutsche Unternehmen enteignen | Die mit dem Gesetz geschaffene Behörde *Alien Property Custodian APC* (Verwalter von Feindvermögen) ging in der Praxis über das Gesetz noch weit hinaus. Der erste Chef der Behörde, Mitchell Palmer – er wurde zwei Jahre später zum Generalbundesanwalt befördert und zog juristisch den Kampf gegen die »Rote Gefahr durch« – griff die inzwischen von der CPI inszenierte Propaganda auf. Deutsche Firmen in den USA, so agitierte Palmer seien »Spionagezentralen«, die »zerstört« werden müssten. Sie hätten sich mit dem deutschen Staat zu einer Verschwörung zusammengetan, um wie »feindliche Hunnen« die USA zu unterwandern und zu schwächen.[269]

Palmers Behörde schickte Agenten los, die in ganz US-Amerika, aber auch in den entstaatlichten US-Kolonien wie den Philippinen und auf Hawaii nach deutschem Eigentum fahndeten. Deutsche Unternehmen konnten entschädigungslos auf den APC übertragen werden, und nur US-Bürger kamen als Käufer infrage. »Amerikanisierte« deutsche Unternehmen arbeiteten dann weiter für die US-Kriegsproduktion (Medikamente, Glyzerin, Sprengstoffe, Gasmasken, Holzkohle) und für die Gewinne der neuen Eigentümer.[270] So wurden etwa die beiden größten Autotechnik-Zulieferer Bosch Magneto Company und Eisemann Magneto Company 1918 mitsamt ihren 36 US-Patenten an US-Unternehmen verkauft.[271]

Auch nach Kriegsende blühten Deutschenhass und Denunziation. US-Bürger, die als Einwanderer aus Deutschland gekommen waren, wurden in Sippenhaft genommen, kamen als »feindliche Ausländer« auf schwarze Listen. Ihre Vermögenswerte, auch wenn sie nur aus einfachen Haushaltsgegenständen bestanden, wurden eingezogen und an »richtige« US-Bürger verkauft. Fach- und Führungspersonal deutscher Unternehmen wurde ebenso zu Feinden erklärt und in Lagern interniert. In Iowa wurden Gebrauch und Unterricht der deutschen Sprache, in Oklahoma und vielen anderen US-Staaten deutschsprachige Zeitungen verboten.[272] Das war auch deshalb möglich, weil die USA wegen Nicht-Ratifizierung des Versailler Vertrags bis 1921 mit Deutschland im Kriegszustand blieben.

6.000 deutsche Patente zum Schleuderpreis | Korruption erreichte bei der Enteignung deutschen Eigentums gewisse Höhepunkte. So gründeten im März 1919 die wichtigsten US-Chemieunternehmen eine gemeinsame Stiftung, die *Chemical Foundation.* Sie hatte ihren Sitz im US-Bundesstaat Delaware, der damals als Finanzoase aufblühte.

Unter Francis Garvan, dem Nachfolger Palmers als Verwalter des Feindvermögens, verkaufte der APC 6.000 deutsche Patente an die Teilhaber der Stiftung zu einem durchschnittlichen Preis von weniger als 50 Dollar. Der reale Gesamtwert wurde damals auf etwa 20 Millionen geschätzt. Allein für das Patent des Medikaments Salvarsan des Hoechst-Konzerns wäre eine Million Dollar der ungefähre Marktwert gewesen. Der korruptive Deal wurde unter anderem deshalb möglich, weil APC-Chef Garvan zugleich Präsident der Chemical Foundation war, »also quasi an sich selbst zu Schleuderpreisen verkaufte.«[273]

Auch der Staat kaufte auf diesem Wege Patente und verdiente an den Lizenzgebühren. So verschafften sich die USA gerade auf dem Gebiet von Zukunftstechnologien (Chemie, Elektro, Nichteisenmetalle), wo sie gegenüber der deutschen Industrie teilweise im Rückstand waren, erhebliche Wettbewerbsvorteile.

Deutschland zahlt Kriegsentschädigungen an USA – bis 1941 | Gleichzeitig klagten 6.400 US-Unternehmen gegen Deutschland wegen Kriegsschäden, die vor allem Niederlassungen in Europa erlitten hätten. Auch wegen beschädigter und verhinderter Lieferungen aus den USA wurde geklagt.

Die größten Entschädigungssummen erhielten Standard Oil, Singer, International Harvester, United Shoe Manufacturing, Western Electric, Pittsburgh Plate Glass und United Cigarettes Machines.

Die Zahlungen, auch brav von der Hitler-Regierung beglichen, zogen sich bis 1941 hin.[274]

Deutschland sucht den falschen Freund: Sowjetunion

In der neuen Weimarer Republik wurde schnell klar, dass die Reparationszahlungen an England, Frankreich, Italien und Belgien die Wirtschaft schwer belasten würden. In den zwei Jahren seit Gründung der Republik waren fünf verschiedene Regierungen gescheitert, auch wegen der Uneinigkeit über den Versailler Vertrag.

Am 10. Mai 1921 wurde der Zentrumspolitiker Joseph Wirth zum Reichskanzler gewählt. Er bildete eine Regierungskoalition aus SPD, dem katholischen Zentrum und der Deutschen Demokratischen Partei DDP, die sich als linksliberal verstand. Wirth hatte die Arbeiterbewegung, die Novemberrevolution und die Gründung der Weimarer Republik begrüßt. Er rechnete sich dem eher linken Teil der Zentrumspartei zu, die mit den christlichen Gewerkschaften kooperierte.

Wirth suchte die Zusammenarbeit mit den westlichen Mächten, war aber zugleich enttäuscht über deren geringe Zugeständnisse bei den Reparationen. Er wollte Deutschland wirtschaftlich und militärisch stark machen.[275] Deshalb setzte er sich als Ausweg auch für die Zusammenarbeit mit der Sowjetunion ein. Damit wollte Wirth gegen die westlichen Alliierten eine gewisse diplomatische und wirtschaftliche Selbständigkeit des Deutschen Reiches entwickeln. Auch die sowjetische Seite suchte einen Ausweg aus der internationalen Isolation.

Deshalb vereinbarten Deutschland und die Sowjetrepublik im Vertrag von Rapallo 1922 die gegenseitige diplomatische Anerkennung sowie Handelsbeziehungen. Beide Staaten verzichteten auf Reparationen und Entschädigungen; Deutschland sollte Equipment für die Ölförderung in Baku liefern und dafür den Markt für russisches Öl öffnen. Handelsbeziehungen mit den Sowjets hatten ja auch Konzerne und Banken aus den USA aufgenommen.[276]

Antisemitische Terroristen drücken die Republik nach rechts

Wirth wurde wegen seiner positiven Einstellung zur neuen Republik und zu den Gewerkschaften, auch wegen seiner Verhandlungsbereitschaft mit den Alliierten und dann wegen Rapallo von konzernnahen Rechtsradikalen als »Linker« und als »Erfüllungsgehilfe« der Siegermächte verschrien.

Vor allem wurde der Außenminister der Wirth-Regierung, Walther Rathenau, zuständig für Rapallo, zur Hassfigur der Rechtsradikalen. Hier trat besonders die terroristische Organisation Consul (O.C.) hervor, geführt vom maßgeblich am Kapp-Putsch beteiligten ehemaligen kaiserlichen Korvettenkapitän Hermann Ehrhardt. Finanziert wurde die O.C. von nationalistischen und antisemitischen und antimarxistischen Industriellen und Adligen. Rathenau war Aufsichtsratschef der AEG und Jude. Die O.C. prangerte deshalb gerade ihn als »Inkarnation einer jüdisch-kapitalistischen Weltverschwörung« an und ließ ihn am 24. Juni 1922 ermorden.[277]

Vorher hatten O.C.-Mitglieder schon den Politiker Matthias Erzberger – wie Wirth Mitglied der Zentrumspartei – ermordet: Er hatte im November 1919 den Waffenstillstand unterzeichnet. Auch auf Philipp Scheidemann von der SPD, der die Republik ausgerufen hatte, verübte die O.C. ein Attentat. Nach Rathenaus Ermordung rückte die Zentrumspartei von Wirth ab: Hier setzte sich der rechte, kapitalnahe Flügel mit seinem prominenten Mitglied Konrad Adenauer durch, Kölner Oberbürgermeister und Präsident des Preußischen Staatsrats. »Dieser Feind steht rechts!« – dieser Ausruf Wirths im Reichstag nach dem Mord an Rathenau verdeutlicht seine Position im Unterschied zu den rechten Zentrumspolitikern um Adenauer. Die Regierung zerbrach, im November 1922 trat Wirth zurück.

Nach Wirth wurde die Deutschnationale Volkspartei (DNVP) dauerhaft Mitglied der Nachfolgeregierungen. Ab Mitte der 1920er Jahre wurde die DNVP mehrfach Mitglied in den verschiedenen Reichsregierungen. Die DNVP verstand sich als »wirtschaftsliberal« und nationalkonservativ, hatte antisemitische und völkische Elemente. Prominentes Gründungsmitglied war Alfred Hugenberg, bis 1918 Aufsichtsratschef des Stahl- und Rüstungskonzerns Friedrich Krupp, hochgeschätzt vom Kaiser und einer der größten Kriegsprofiteure. Nach 1918 baute Hugenberg den rechtsradikalen, dann zu Hitlers NSDAP offenen Hugenberg-Medienkonzern auf.[278]

Neue US-freundliche Regierungen in der Weimarer Republik

»Ich glaube, dass die Entscheidung über Europas Zukunft im Wesentlichen in den Händen der Vereinigten Staaten liegen wird.«[279] Das erklärte der neue »starke Mann« Gustav Stresemann. Er war ab 1923 bis 1929 einer der einflussreichsten Politiker der Weimarer Republik, zuerst als Reichskanzler wie dann als Außenminister.

Vor dem Krieg war er Geschäftsführer mehrerer Unternehmerverbände gewesen. 1914 hatte er den Deutsch-Amerikanischen Wirtschaftsverband gegründet und agierte bis zu seiner Kanzlerschaft 1923 als dessen gutbezahltes Präsidiumsmitglied. Er war gleichzeitig Mitglied der Deutschen Kolonialgesellschaft und trat für den Krieg und für die Annexion von Gebieten auch in West- und Osteuropa ein. Zum Ende des Krieges wurde er Vorsitzender der Deutschen Volkspartei (DVP), die sich als wirtschaftsliberal verstand und bei der Reichstagswahl 1924 die linksliberale DDP überflügelte. So war Kapital-Lobbyist Stresemann ab 1923 die bestimmende Figur in zehn aufeinander folgenden Regierungen.

Dawes-Plan: Deutschland von »Russland« trennen

Im Versailler Vertrag war Deutschland zu Reparationen verpflichtet worden, ohne Festlegung der Summe. 1920 einigten sich die Alliierten auf 269 Mrd. Goldmark, zahlbar in 42 Jahresraten. Frankreich sollte 52 % bekommen, England 22 %, Italien 10 %, Belgien 8 %. Die USA schlossen mit 16 kriegsbeteiligten Staaten jeweils Sonderverträge ab, 1921 mit Deutschland den Berliner Vertrag, mit der Gründung einer gemeinsamen Abwicklungs-Kommission: *German American Mixed Claim Commission*. Wirth hatte das hingenommen, aber nicht gezahlt.

Aber mit dem US-freundlichen Stresemann wurde die Lösung eingestielt. Die USA wollten Deutschland keineswegs finanziell so auspressen und moralisch-politisch so demütigen, wie es Frankreich, England, Italien und Belgien wollten. Die Reparationskommission der Alliierten unter Leitung des US-Bankers Charles Dawes legte deshalb 1924 den Dawes-Plan vor. Er kam Deutschland entgegen: Die jährlichen Zahlungen wurden herabgesetzt – und vor allem: Die Wall Street gewährte dem Deutschen Reich eine 800 Millionen Goldmark schwere Riesenanleihe. Die geschwächten europäischen Kriegsgegner beugten sich dem US-Diktat. Vor allem: Die USA wollten die Verbindung zwischen Deutschland und »Russland« verhindern.

Die Wall Street organisiert das Kreditkarussell – zu ihren Gunsten

1924 trat der Dawes-Plan in Kraft, genannt nach dem Vorsitzenden Charles Dawes. Dawes kam von der National City Bank. Die Banken und Unternehmen, mit denen er und sein Stellvertreter Owen Young (General Electric) verbunden waren, gehörten zu den Profiteuren des Krieges wie auch des Reparationsmechanismus. Zu den kreditgebenden und Anleihen verkaufenden Wall Street Banken gehörten neben Morgan und Chase auch Dillon Reed, Lee Higginson, Kuhn Loeb, Equitable Trust und Goldman Sachs.

- Mit der Dawes-Anleihe und nachfolgenden weiteren Krediten vor allem aus den USA wurde Deutschland erstens instandgesetzt, die Reparationen an die ehemaligen europäischen Kriegsgegner zu zahlen,
- zweitens konnten damit Frankreich, England, Italien und Belgien den Wall-Street-Banken die Kriegskredite zurückzahlen,
- drittens warfen die Anleihen und Kredite für die Wall-Street-Banken Zinsen ab; sie verdienten jedenfalls zunächst sehr gut: 7 Prozent jährliche Zinsen, Ausgabekurs nur 92 Prozent – die Anleger in den USA konnten also 100-Dollar-Anleihen für 92 Dollar kaufen,
- viertens blieben die europäischen Alliierten weiter abhängig von den US-Banken,
- fünftens wurde vor allem Deutschland von den USA dauerhaft abhängig und für die Ansiedlung von US-Unternehmen und den Absatz von US-Waren geöffnet.[280] US-Banken wurden zu den

größten Kreditgebern in Deutschland. Ab 1924 betrug der US-Anteil der Kredite für den deutschen Staat 80 Prozent, für die Konzerne 56 Prozent.[281]

Deutschland bekam die wohltätigen Kredite allerdings nur unter Auflagen zugunsten der US-Seite:

- Die Deutsche Reichsbank durfte keine Kredite mehr an Unternehmen vergeben, der Markt musste für US-Waren und ebenfalls für US-Niederlassungen geöffnet werden.
- Das Deutsche Reich musste im Bereich Arbeitsmarkt und Soziales Ausgaben kürzen.
- Das Deutsche Reich musste Zölle und die Verbrauchssteuern für Branntwein, Tabak, Bier und Zucker zugunsten der Reparationszahlungen verpfänden.
- Das Deutsche Reich musste das Importverbot für ausländische, d.h. vor allem für US-amerikanische Autos aufheben – mit dem Verbot hatte die deutsche Autoindustrie gefördert werden sollen.[282]
- Reichsbahn und Reichsbank, bisher staatlich, wurden der Entscheidungsmacht der Reichsregierung entzogen, in eine betriebswirtschaftliche Rechtsform umgewandelt. Sie war einer Aktiengesellschaft ähnlich, im Aufsichtsrat waren ausländische Experten vertreten. Die beiden Unternehmen mussten sich an den Reparationszahlungen beteiligen.[283]

US-Hochkommissar in Berlin | Die Wall Street übernahm das Management des Kreditkarussells nicht nur in New York, sondern auch vor Ort in Berlin. Sie setzte 1924 Parker Gilbert als hochbezahlten Generalagenten ein. Er kam aus der Wall-Street-Kanzlei Cravath & Henderson und war stellvertretender Finanzminister, bevor er den Job in Deutschland übernahm.

Als »Hochkommissar« hatte Gilbert mit über hundert Mitarbeitern die Aufsicht über die Reparationszahlungen. Er hatte ein ständiges Büro in Berlin. Ihm unterstand das Abwicklungskonto bei der Reichsbank. Er überwachte die Einhaltung der Auflagen und machte Vorschläge zur Kürzung der deutschen Staatsausgaben. Als 1930 das Büro aufgelöst und durch die Bank for International Settlements (BIS) abgelöst wurde, kehrte Gilbert an die Wall Street zurück und wurde Mitinhaber der Bank Morgan.

Deutscher Wall-Street-Komplize: Hjalmar Schacht | Ein wichtiger Garant und Mitorganisator der US-Überwachung war der deutsche Banker Hjalmar Schacht. Er war von 1908 bis 1915 stellvertretender Direktor der Dresdner Bank gewesen, die seit 1905 zusammen mit Morgan US-Anleihen an deutsche Anleger verkaufte. Auf Druck der US-Regierung wurde er 1923 als Präsident der Deutschen Reichsbank installiert.

Schacht hatte während des Krieges als Finanzkommissar der Reichsbank dem besetzten Belgien Zwangsabgaben auferlegt – schon da hatte er sich als Finanz-Autokrat zugunsten der mächtigeren Kapitalmacht bewährt. Er zog zusammen mit Gilbert die Kreditauflagen durch.

Die mächtigen Ruhr-Industriellen kuschen | Schacht und Gilbert gelang es auch, die putschbereite Schwerindustrie an Rhein und Ruhr zu zähmen. Die mächtigen Stahl-, Kohle-, Chemie- und Rüstungsindustriellen wie Hugo Stinnes und ihre bisher kreditgebenden Banken wie J. H. Stein hatten zunächst vor, die Reparationen zu umgehen und mit der schon vor dem Krieg mit ihnen kartellmäßig verbundenen Schwerindustrie Frankreichs eine Separatlösung zu organisieren: Entweder eine eigene Zentralbank (Goldstandardbank) und/oder einen Separatstaat unter französischer Protektion zu gründen. Ein politischer Helfer, wenngleich zwielichtig zögernd, war der Zentrumspolitiker Konrad Adenauer.[284]

Der Versuch eines Separatstaates an Rhein und Ruhr war das vorletzte Aufbäumen der französischen und deutschen Schwerindustrie gegen die US-Übermacht. Doch die angloamerikanischen Banker waren stärker. Die Bank of England mit ihrem Direktor Montagu Norman unterhielt mit Schacht traditionell enge Beziehungen. Wall-Street-Anwalt John Foster Dulles und Schacht standen seit 1920 im Arbeitskontakt.[285] Der Separatstaat wurde verschämt begraben.[286] Er wird nach dem 2. Weltkrieg als Montanunion in anderer Form wiedererstehen – aber nach US-Vorgaben.[287]

Die Dominanz der US-Banken war auch darin begründet, dass die deutschen Banken nach dem Krieg wegen der Inflation und wegen des Verlustes der deutschen Kolonien unterkapitalisiert waren. Deshalb waren deutsche Konzerne wie Stinnes, die Vereinigten Stahlwerke und Krupp auf Anleihen vor allem von US-Banken angewiesen.[288]

Neben dem deutschen Staat griffen auch immer mehr Großstädte wie München, Berlin und Köln vor allem auf US-Kreditgeber zurück. So finanzierte etwa Adenauer seine Prestigeprojekte wie die Mülheimer Brücke und den Neubau der Universität mithilfe von US-Kommunalanleihen und machte damit die Stadt Köln zur höchstverschuldeten in Deutschland. Adenauer traf sich dazu in Berlin mit Wall-Street-Bankern von Lee, Higginson & Company.[289]

US-Investitionen vor allem in Deutschland

Insbesondere mithilfe von Dawes-Krediten kauften US-Konzerne ab 1925 Unternehmen und Beteiligungen in Deutschland und gründeten Niederlassungen, oft verbunden mit der Gestellung günstiger Grundstücke und Steuerbefreiungen durch deutsche Städte. Deutschland war in Europa der absolut bevorzugte Investitionsstandort: 1930 betrugen die US-Investitionen in Deutschland 9,1 Prozent aller Investitionen im Ausland, während auf Großbritannien 3,9, auf Frankreich 3,1, auf Italien 2,6, auf Belgien 1,6 und auf Polen 1,1 Prozent entfielen.[290]

US-Konzerne kaufen deutsche Unternehmen und errichten Filialen

- GM kaufte Opel, den größten Autohersteller Deutschlands, der zu den 10 größten deutschen Unternehmen gehörte.
- IBM kaufte Dehomag, die damals größte Datenverarbeitungsfirma in Europa (Hollerith-Methode, Lochkarten).[291]
- ITT kaufte mehrere deutsche Telefon- und Radiofirmen, darunter Lorenz, Standard Elektrizitätsgesellschaft und Hansawerke, errichtete die Niederlassung Mix & Genest.
- Anaconda Copper Mines und Brown Brothers Harriman wurden Großaktionäre bei der Bergwerksgesellschaft Georg von Gieches Erben (Zink-Gewinnung).

- Seiberling Rubber aus Akron/Ohio kaufte Fulda-Reifen
- Eastman Kodak kaufte 50 Prozent der Chemiefirma Odin-Werke
- Ford gründete Fabriken in Berlin (1925), dann in Köln (1929), wo der Mussolini-Bewunderer Adenauer für günstige Grundstücke und weitgehende Steuerfreiheit sorgte.[292]
- Viele US-Firmen gründeten in Deutschland Vertriebsgesellschaften, so die Reifenhersteller Goodrich und Goodyear sowie der Getränkehersteller Coca-Cola.
- Die deutsche Tochterfirma von Standard Oil betrieb 1925 bereits 1.000 Tankstellen in Deutschland.[293]
- Der Hollywood-Konzern 20th Century Fox gründete die Tochtergesellschaft Fox Tönende Wochenschau, vertrieb Filme und produzierte Reportagen für deutsche Kinos.

US-deutsche Vorkriegskartelle: Nicht aufgelöst | Die US-deutschen Vorkriegskartelle wurden nach dem Krieg weder von der deutschen noch der US-Regierung aufgelöst, im Gegenteil. US- und deutsche Konzerne gründeten neue gemeinsame Holdings sowohl in den USA wie in Deutschland, so etwa Bayer, BASF, Hoechst und Agfa unter dem Dach der IG Farben zusammen mit Standard Oil: Man vereinbarte z. B., dass Standard Oil fortgeschrittene petrochemische Verfahren nur mit Zustimmung der IG Farben anwendet – darunter jene zur Herstellung hochwertigen Benzins, synthetischen Ammoniaks, Methanols und synthetischen Kautschuks.[294] Im Aufsichtsrat der IG-Farben-Tochter American IG Chemical Corp., in der mehrere US-Chemiefirmen zusammengefasst waren, saßen neben den deutschen Direktoren Carl Bosch, Max Ilgner und Dietrich Schmitz die Vertreter von Ford, GE und Standard Oil.[295]

- Die IG Farben bildeten daneben noch ein Kartell mit dem größten US-Chemiekonzern DuPont. Man etablierte sich als gegenseitiger Großaktionär. DuPont erwarb darüber hinaus noch ein Aktienpaket der deutschen Degussa.[296]
- Mit vier Dutzend US-Konzernen unterhielt die IG Farben enge vertragliche Beziehungen, darunter Alcoa (Aluminium), Dow Chemical und Monsanto.[297]

- Krupp und GE schlossen 1927 einen Kartellvertrag über den Welthandel mit dem rüstungswichtigen Wolframkarbid.[298]
- GE machte sich zum jeweils größten Aktionär beim Konkurrenten AEG und bei Osram – gleichzeitig hielt AEG ein Aktienpaket von GE.
- DuPont bildete mit Dynamit Nobel ein Munitionskartell für den Verkauf in Südamerika.
- Westinghouse kooperierte mit Siemens.
- BMW erhielt durch Pratt & Whitney Zugang zur modernsten Technologie für Flugzeugmotoren.[299]

Wall Street fördert Kartelle in Deutschland | Wall-Street-Banken trieben mithilfe ihrer privilegierten Kreditvergabe die Monopolbildung in der deutschen Industrie voran. So initiierte Dillon Read den Zusammenschluss mehrerer deutscher Stahlkonzerne wie Thyssen, Rheinische Stahlwerke, Phoenix-Gruppe, Bochumer Verein, Otto Wolff und Deutsch-Luxemburgische Bergwerks- und Hütten AG zur Vereinigten Stahlwerke AG: Sie wurde mit 240.000 Beschäftigten zum größten Stahlkonzern nicht nur Deutschlands, sondern Europas. Die Aktien wurden auch auf dem US-Markt verkauft.[300]

USA als Ausgangspunkt der Weltwirtschaftskrise

Der US-Kapitalismus löste Ende der 1920er Jahre eine der wiederkehrenden, typischen kapitalistischen Krisen aus: Hochspekulation mit extremen Gewinnen der Wall Street, dann Absturz, Insolvenzen, Arbeitslosigkeit. Wegen der inzwischen engen Bindungen an die Krisenverursacher wurde Deutschland besonders tief in die die Weltwirtschaftskrise ab 1928 einbezogen. Die US-Seite nutzte dies, um den Standort Deutschland noch intensiver an sich zu binden.

Neuauflage des Dawes-Plans: Der Young-Plan | Weil mit der Krise die Rückzahlungsfähigkeit des deutschen Staates, deutscher Unternehmen und Städte weiter zurückging, legten die USA einen neuen Plan vor: Young-Plan. Namensgeber Owen Young hatte als Wall-Street-Anwalt mithilfe der Bank Morgan GE zum größten Elektrokonzern ausgebaut, hatte 1919 auf Anregung der Wilson-Regierung den Radiokonzern RCA als GE-Tochter gegründet, wurde 1922 selbst GE-Vorstandschef (und wird dies bis 1939 bleiben). Morgan war GE-Großaktionär. Owen war zudem Leitungsmitglied der auch in Deutschland aktiven Rockefeller-Stiftung.

Young hatte schon den Dawes-Plan mitgestaltet. Mit dem Nachfolgeplan wurden die Zahlungsverpflichtungen Deutschlands weiter verringert, der Zeitraum der Zahlungen wurde auf 59 Jahre verlängert, bis 1988. Diese »Hilfe« für Deutschland ermöglichte US-Investoren den erweiterten Zugriff. Sie konnten ihren Warenexport nach Europa intensivieren, insbesondere nach Deutschland, während sie selbst auf europäische Produkte die Einfuhrzölle erhöhten.[301]

Allerdings: Nicht »Deutschland« als eine angebliche nationale und soziale Einheit kam in den Genuss dieser Hilfen. Deutsche Unternehmen, die am Krieg gut verdient hatten und die Gewinne behalten durften, hatten zwar nach dem Dawes-Plan zunächst einige wenige Reparationen gezahlt, aber die USA hatten dafür gesorgt, dass der Staat den Unternehmen die Kosten ersetzte zulasten der abhängig Beschäftigten. Durch den Young-Plan wurden die Unternehmen auch formell von Reparationen entlastet.

Der versprochene Aufschwung blieb in den USA wie in Deutschland auf Banken und Konzerne beschränkt. Die Arbeitslosigkeit in Deutschland ebenso wie in den USA stieg weiter an, Banken diesseits und jenseits des Atlantiks brachen zusammen, die größeren wurden in den USA wie in Deutschland auf Staats- und Bürgerkosten gerettet. Die letzten Regierungen vor Hitler kürzten die Ausgaben für Arbeitslose.[302]

Ford konnte so in Köln mit hohen Subventionen und heimlichen Steuererleichterungen – gedeckt und organisiert durch den US-ergebenen Oberbürgermeister Adenauer – 1930 seine zweite Filiale in Deutschland eröffnen.[303]

Bilanz: US-Kapitalpräsenz in Europa und Deutschland

So waren Anfang der 1930er Jahre die führenden US-Konzerne auf verschiedenste Weise in Deutschland präsent – als Alleineigentümer, mit Beteiligungen, mit Vertriebs- und mitgebrachten Zulieferfirmen.

Neben den bereits genannten Konzernen waren dies zum Beispiel Texaco, United Fruit, American Metal, International Harvester und Singer.

Deutsche und US-Unternehmen bildeten globale Kartelle, legten Preise und Produktionsmengen fest, teilten Märkte, Lizenzen und Patente auf, wiesen sich Rohstoffe zu und intensivierten ihre Handelsbeziehungen.

Dabei spielten Wall-Street-Anwälte wie John Foster und Allen Welsh Dulles sowie Averell Harriman eine wichtige Rolle, die sie bei der Neuordnung Deutschlands und Westeuropas nach dem 2. Weltkrieg ausbauen werden.

Taylorismus als Vorbild | US-Konzerne waren führend bei der wissenschaftlich organisierten, tieferen Ausbeutung der lohnabhängigen Arbeitskraft. Dafür steht in dieser historischen Phase der Taylorismus: Aufteilung der Arbeit in möglichst kleine Schritte, die zeitlich, örtlich, bewegungsmäßig genau definiert sind; Ausschaltung unnützer Schritte; autoritäre und eng begrenzte Vorgaben für die Beschäftigten; gezielte Auswahl der jeweils geistig, körperlich, seelisch geeignetsten Beschäftigten; Trennung von intellektuell-wissenschaftlicher Vorbereitung und untergeordneter Ausführung. Dies war zudem eng mit Massenproduktion und Bandarbeit verbunden.

Nach der Installierung des Dawes-Plans »wanderten ganz Karawanen deutscher Techniker, Ingenieure, Betriebsleiter, Direktoren, Professoren und ›Wirtschaftsführer‹ nach den USA, um dort die Wunder der rationalisierten Industrie kennenzulernen. Nach Besichtigung der amerikanischen Paradebetriebe ... begann man in Deutschland mit einem Feuereifer die Umstellung der Betriebe nach amerikanischem Muster.«[304]

US-Filialnetz in (West-)Europa und darüber hinaus | US-Unternehmen haben von 1919 bis 1929 ihre Investitionen im Ausland verdoppelt, vor allem in Kanada, Kuba, Südamerika, Mexiko und Westindien, und zwar mit den dort traditionellen Bergwerken, Agrarplantagen und mit Ölförderung.

In Europa konzentrierten sich die Investitionen dagegen auf die entwickelte Industrie, wo US-Konzerne meist führend waren, auf Autos, Elektrosysteme, elektrische Haushaltsgeräte, Filme, Radiotechnik, Reifen, Büro- und Landmaschinen. US-Ölkonzerne erwarben Lizenzen und Beteiligungen an Raffinerien und Handelsfirmen nicht nur in Lateinamerika, Kanada und im Iran, sondern jetzt auch in Frankreich, Polen, Italien, Spanien, Großbritannien, Norwegen, Belgien und Deutschland.[305]

Gleichzeitig nahmen US-Konzerne britischen Unternehmen die Vorherrschaft in traditionellen Staaten bzw. Kolonien des Empire ab, nicht nur in Mittel- und Südamerika, sondern vor allem in den wichtigen britischen Einflussgebieten Kanada, Südafrika und Rhodesien.[306]

1929 hatten sich 1.300 US-Unternehmen in Westeuropa etabliert, doppelt so viel wie 1914.[307] ITT, Ford, GE, GM, DuPont, Goodyear, Singer, Otis Elevator, International Harvester, Remington hatten zudem gleichzeitig bis zu zwei Dutzend Filialen und Vertriebsorganisationen in verschiedenen Staaten Europas. Ebenso wurde Hollywood zum Marktführer für Filme und Wochenschauen in ganz Europa.

US-Konzerne 1929: »Wir können europäische Monopole aufbrechen«

US-Konzerne hatten schon bei der Expansion in ihren Hinterhöfen die aufblühende Finanzoase des US-Mini-Staates Delaware genutzt, die vom Munitionskonzern DuPont angeschoben wurde. Auch die Bermudas und das afrikanische Liberia (für Schiffe) wurden zu US-genutzten Finanzoasen ausgebaut.

US-Konzerne gehörten bei ihrer Durchdringung Europas deshalb zu den häufigsten Nutzern der nach dem 1. Weltkrieg hier ebenfalls neu aufstrebenden Finanzoasen. Das waren neben der schon etablierten Schweiz die Klein(st)staaten Luxemburg und Liechtenstein – sie entzogen sich als Monarchien auch unternehmens- und steuerrechtlich der um sich greifenden Demokratisierung und kamen den US-Interessen entgegen.[308] So lautete die enthusiastische Bilanz der US-Konzerne schon 1929, auch im Blick auf weitere Erfolge: »Europäische Investment-Hindernisse können beseitigt werden. Europäische Monopole können aufgebrochen werden.«[309]

6.
Hilfen für das antisemitisch-antikommunistische Polen

Wilson hatte in seinem 14-Punkte-Friedensplan die Gründung eines souveränen polnischen Staates vorgesehen, mit Zugang zum Meer. Dies wurde im »kleinen Versailler Vertrag« 1919 festgelegt. Damit wurden dem neuen Staat Gebiete zurückgegeben, die ihm vor allem vom Deutschen Kaiserreich, von Österreich-Ungarn, dem Zarenreich abgenommen worden waren. Wegen der damit hier nun präsenten Ethnien von Juden, Ukrainern, Russen, Deutschen, Weißrussen, Kaschuben, Litauern wurde Polen zum besonderen Schutz dieser Minderheiten verpflichtet.

Piłsudski: Der polnische Mussolini

Marschall Józef Piłsudski war eine ähnliche Figur wie Benito Mussolini. Er war Ende des 19. Jahrhunderts Mitbegründer der polnischen sozialistischen Partei und Schriftführer der Parteizeitung *Der Arbeiter*. Im Weltkrieg organisierte er nationalistische militärische Verbände, kämpfte erst gegen die zaristischen Unterdrücker, dann gegen die Besatzungsmacht Deutschland, und dann als Führer des größer gewordenen polnischen Militärs erbittert gegen die Rote Armee.

Die sozialistische Partei war nationalistisch und stand im Bündnis mit der katholischen Kirche und den adligen Großgrundbesitzern. Über den in Versailles festgelegten Staat hinaus strebte Piłsudski ein Großpolen an. Es sollte das Königreich Polen fortsetzen, das vom Jahre 1000 bis 1795 bestanden hatte. Eine »Ostföderation« sollte zudem das Baltikum, die Ukraine und den Kaukasus einschließen. Wie Mussolini wandelte sich so der Wende-Sozialist Piłsudski zum Klein-Imperialisten und Antikommunisten.

Die polnische Armee war unter Piłsudski mit den USA, Großbritannien und den Truppen des westlichen Bündnisses 1919 in Russland eingefallen, um die Sowjets zu vernichten. Dazu hatte sich die polnische Armee auch mit der nationalistisch-antikommunistischen Regierung von Symon Petljura in der Ukraine verbündet. Im Friedensvertrag von Riga zwischen Sowjetrussland, der Sowjetukraine und der Republik Polen wurde letzterer die Westukraine zugeschlagen. Im anderen Teil der Ukraine setzten sich wie in Russland ebenfalls Arbeiter-, Volks- und Arbeiterräte durch und begründeten einen Sowjetstaat.

Nach der polnischen Staatsgründung berief das Parlament Piłsudski neben seiner Funktion als Oberbefehlshaber des Militärs zum Staatschef. Dann verlor er zeitweise diese Funktion, sodass er sich 1926 mit einem Putsch zum »starken Mann« Polens machte, in wechselnden Funktionen, u.a. als Verteidigungsminister. Er regierte diktatorisch nach dem Vorbild Mussolinis.

Verfolgte Minderheiten der Juden, Russen, Ukrainer

Die polnische Regierung kündigte das Minderheiten-Schutzabkommen. Minderheiten wurden verfolgt, ihre Schulen geschlossen, orthodoxe Priester ins Gefängnis gesteckt. Das erträumte Großpolen war antikommunistisch gegen Sowjetrussland gerichtet. Deshalb wurden die Minderheiten, die dafür als Hindernis betrachtet wurden, verfolgt, vor allem Juden, Russen und Ukrainer. Die Kommunistische Partei, in der viele Juden Mitglied waren, wurde verboten. Hunderte Juden wurden ermordet, hunderttausende Juden gingen ins Exil, die meisten blieben.

Piłsudski mit Hitler

1933 gratulierte Piłsudski Hitler zu dessen Wahlsieg. 1932 hatte er mit der Sowjetunion einen Nichtangriffspakt abgeschlossen, dasselbe tat er 1934 mit NS-Deutschland. Die tiefe Gemeinsamkeit der antisemitisch-antikommunistischen Großpolen-Träumer bestand aber mit Hitler. Göring, Goebbels und Hitler planten mit Piłsudski einen gemeinsamen Kriegszug gegen die Sowjetunion – aber man musste einsehen, dass das noch zu früh war.[310] Auch die Nachfolger Piłsudskis, der 1935 starb, waren »nationale Sozialisten« wie Hitler, sie wurden als »Hitlerschüler« bezeichnet.[311]

Polen: Westliche »Seuchenzone« gegen den Sozialismus

Die Westalliierten kritisierten diese Entwicklung nicht, insbesondere Frankreich verstärkte die Beziehungen zu Polen. Auch die US-Regierungen sahen über die antidemokratischen Praktiken hinweg.

Für die USA war Polen der wichtigste Staat im *Cordon sanitaire*: Die von den USA, Großbritannien und Frankreich in Versailles neu geschaffenen Staaten von Finnland über das Baltikum, Polen, Ungarn, die Tschechoslowakei bis Rumänien sollten eine westlich orientierte Puffer- und Sicherheitszone gegen die Sowjetunion und die »bolschewistische Gefahr« bilden.[312]

Der Sozialismus wurde als eine Ansteckungsgefahr, als Seuche angesehen. *Cordon sanitaire* war ein Begriff aus der Seuchenhygiene: Eine besonders gesicherte Zone, damit sich ansteckende Krankheiten nicht über Grenzen hinweg verbreiten können. In dieser »Seuchenzone« förderten die Westalliierten rechtsradikale und antisemitische Kräfte: Sie waren »natürliche« Bündnispartner – wirtschaftlich waren sie unwichtig. Investitionen nach US-Gewinnerwartungen lohnten sich nicht.

Die US-Regierung schickte eine Kommission unter dem jüdischen Diplomaten Henry Morgenthau, dem späteren Finanzminister der Roosevelt-Regierung. Er sollte die antisemitischen Aktivitäten untersuchen. Gleichzeitig warnte Herbert Hoover, Leiter der in Europa tätigen Hilfsorganisation American Relief Administration – ARA: Nicht so viel Aufhebens um die Judenverfolgung machen! Unser Bündnispartner Polen darf seinen guten internationalen Ruf nicht verlieren![313] So hieß es dann auch im Morgenthau-Bericht: Die polnische Regierung ist nicht verantwortlich, es handelt sich um »isolierte Exzesse«, die den Umständen des Nachkriegs geschuldet sind.[314]

Diesem Konzept werden die USA und die EU nach 1990 wieder folgen, mit der »Osterweiterung« von EU und NATO, mit der modernisierten Fortsetzung des *Cordon sanitaire*, dem »Intermarium«, der besonders rechtsradikal durchsetzten »Ost-NATO«: Auch dabei wird Polen die zentrale Rolle spielen.[315]

7.
Begeisterung und Kredite für Mussolinis Faschismus

Mit der Förderung Mussolinis begannen die USA den wichtigsten politischen Zugriff auf Europa.

Wall Street: »Auch wir brauchen einen Mann wie Mussolini«

Auch in Italien hatten seit 1917 Arbeiter gegen den Krieg gestreikt. Die Russische Revolution wurde insbesondere im industriellen Zentrum Norditalien, besonders in Turin, begrüßt. Nach dem Krieg bildeten sich landesweit Arbeiterräte und Fabrikkomitees. 1920 hatten etwa eine Million Arbeiter ihre Fabriken besetzt. Die Zeitung *L'Ordine Nuovo* (Die neue Ordnung) der Kommunistischen Partei unter Antonio Gramsci fand Zuspruch.

Doch die faschistischen Schwarzhemden-Trupps des Wende-Sozialisten Benito Mussolini knüppelten und schossen den Generalstreik brutal nieder. Und nach dem Marsch auf Rom 1922 wurde Mussolini schnell von König Emmanuele III. als neuer Regierungschef inthronisiert. Da war die international höchst wachsame US business community begeistert. Henry Ford, der schon 1922 Hitler lobte, lobte auch Mussolini. Der Duce wurde in den USA zur europäischen Leitfigur. Elbert Gary, der mit John Pierpont Morgan und Andrew Carnegie den Stahlkonzern US Steel gegründet hatte, forderte 1923: »Auch wir brauchen einen Mann wie Mussolini.«[316]

Das *Wall Street Journal* empfahl 1923 ebenfalls: *Needed a Mussolini* (gebraucht wird ein Mussolini).[317] Henry Luce, Herausgeber der Magazine *Time* und *Life*, präsentierte Mussolini 1928 als den »wichtigsten politischen Führer der Gegenwart.«[318] Das war repräsentativ. Die Medienholding Time, 1923 gegründet, war ein Wall-Street-Unternehmen: Aktionäre waren die Bank Morgan, die Unternehmen Brown Brothers Harriman und New York Trust Company, die Rockefellers Standard Oil gehörte.[319]

Neu mit dabei: Der Vatikan

Der vor dem Krieg als radikaler Sozialist auftretende, dann aber zum glühenden Kriegsbefürworter mutierte Mussolini hatte einen gewissen Massenanhang gewonnen. Er wertete nach seinem Machtantritt die durch die Demokratisierung angeschlagene Monarchie auf, ebenso die katholische Kirche und den Papst.

Mit den Lateranverträgen von 1929 erkannte Mussolini den Vatikan als selbständigen Staat an, mit Privilegien wie eigene Gerichtsbarkeit, Autokennzeichen, Bank, Münzen und Briefmarken. Der Katholizismus wurde Staatsreligion. Der Vatikan, bis Mitte des 19. Jahrhunderts ein Feudalkonzern mit riesigen Ländereien, war von der italienischen Republik weitgehend entmachtet und enteignet worden – Mussolini zahlte dafür hohe Entschädigungen. Der Vatikanstaat war von Steuern befreit. Einen Teil der staatlichen Gelder legte er in Unternehmen an: Gas, Bau, Rüstung.[320]

Auch die Wilson-Regierung finanzierte Mussolini

Der nunmehrige Diktator hatte zwar nach dem 1. Weltkrieg kurzzeitig die reichen Staaten wie die USA angeprangert, weil sie die »proletarischen« Staaten betrügen.[321] Aber das war erstens Demagogie, zweitens war er nach der Machtübernahme der beste Freund der neuen Weltmacht.

Das hatte eine Vorgeschichte. Der sozialistische Dampfplauderer hatte sich schon vorher bei den reaktionären politischen Kreisen Westeuropas und der USA angedient. Die beiden Gründerstaaten der Entente Cordiale, Frankreich und Großbritannien, hatten Mussolinis Zeitung *Il Popolo d'Italia* (Das Volk Italiens) seit Kriegsbeginn heimlich mit hohen Summen finanziert, neben italienischen Industriellen, die am Krieg verdienen wollten. Die Zeitung agitierte für den Kriegseintritt der zögernden italienischen Monarchie an der Seite der Entente: Italien zog schließlich 1915 in den Krieg.[322] Auch Wilsons CPI hatte für dieses Ziel in Rom ein eigenes Büro eingerichtet und ebenfalls zur Finanzierung von Mussolinis Zeitung beigetragen.[323]

Wie in den US-Bananenrepubliken verbot Diktator Mussolini alle anderen Parteien außer der eigenen. Das Parlament wurde ausgeschaltet, an seiner Stelle erließ der Regierungschef Dekrete mit Gesetzeskraft. Die Presse unterlag der Zensur. Die von Staat und Unternehmen unabhängigen Gewerkschaften wurden aufgelöst, stattdessen wurden faschistische Korporationen nach dem Führerprinzip gebildet: Der Unternehmer als Führer der Beschäftigten. Selbständige Interessenvertretung und Streiks waren verboten, Unternehmen galten als »große Familien«, wie in den USA auch beim Autokönig Henry Ford.

Der US-Botschafter tritt in die faschistische Partei ein

US-Botschafter Washburn Child schrieb aus Rom: *We are having a fine young revolution here. No danger. Plenty of enthusiasm and color. We all enjoy it.* (Wir haben hier eine prima junge Revolution. Keine Gefahr. Viel Enthusiasmus und Farbe. Wir genießen es alle.) Der Repräsentant der US-Demokratie war so hemmungslos begeistert, dass er, wider alle diplomatischen Gepflogenheiten, in die faschistische Partei eintrat.[324]

Er wiederholte die Klischees, die in den USA immer dann die Öffentlichkeit beherrschten, wenn eine Befreiungsbewegung in Mittelamerika niedergeschlagen und ein Diktator eingesetzt worden war: Mussolinis Revolution habe *increased confidence, normalcy of functions* (gestiegenes Vertrauen, Normalität der Funktionen) gebracht.

Auch im State Department begeisterte man sich: »Der Erfolg der Faschisten ist ein Ausdruck von Italiens Jugendlichkeit.«[325]

US-Leitmedien mehrheitlich für Mussolini

1927 waren in der *New York Sun* und der *New York Herald Tribune* zwölf populistische, von Mussolini gezeichnete Artikel über das Alltagsleben des Diktators erschienen, geschrieben von seiner Geliebten Margherita Sarfatti. Die Artikel hatten großen Anklang.

Der US-Medientycoon William Hearst (Cosmopolitan Productions) und das *Time Magazine* verpflichteten danach das Team Mussolini/Sarfatti 1931 exklusiv: Für weitere Artikel bekamen sie jeweils 1.500 Dollar. Im selben Jahr bekam übrigens auch Adolf Hitler von Hearst einen ähnlichen Vertrag.[326]

Die anderen Leitmedien berichteten mehrheitlich ebenfalls positiv über den italienischen Faschismus, so die akademische *NYT*, Illustrierte wie *Fortune* und Populärmedien wie *Reader's Digest*. 1923 bestanden in den USA vierzig fascist clubs. Die *New York Herald Tribune* lobte 1933 Sarfatti als die »Heldin des italienischen Faschismus«.[327]

Mit dem Kolonialkrieg Italiens gegen das Völkerbundmitglied Abessinien/Äthiopien 1935/36 und der Einführung der Rassengesetze 1938 nahm die Begeisterung ab. Mussolinis medial inszenierte Beliebtheit machte zwar »die dunkle Seite der US-Demokratie« deutlich.[328] An der Praxis von Ford, Morgan & Co. in Italien änderte sich aber nichts.

Die jüdische Mutter des Faschismus im Weißen Haus

Mussolinis Geliebte Margherita Sarfatti war Jüdin. Sie stammte aus einer vermögenden Bankiersfamilie Venedigs und investierte ihr geerbtes Millionenvermögen in die faschistische Bewegung.[329] Sarfatti schrieb seit 1912 in Mussolinis erster sozialistischer Zeitung *Avanti*, plante dann mit ihm den Marsch auf Rom, gab dann die Parteizeitung *Il Popolo d'Italia* heraus und agierte als Beraterin und oberste Kulturmanagerin des Diktators.[330]

Der italienische Faschismus war zunächst aus zwei Gründen weniger antisemitisch im brutalen Sinne als der deutsche: 1. Der Vatikan als wichtige Stütze der Diktatur begründete seinen Antisemitismus nicht rassistisch, sondern biblisch-religiös (»Die Juden haben Jesus Christus getötet«). 2. Die faschistische Partei Italiens PNF »zählte viele jüdische Mitglieder«, schon bei der Gründung. Der Finanzminister Mussolinis von 1932 bis 1935, Guido Jung, war Jude.[331]

Sarfatti hatte 1925 die offizielle Mussolini-Biografie zuerst in England veröffentlicht, wo es bei den Royals, der Hocharistokratie und in der City of London viel Sympathie gab, wie ein paar Jahre später auch für Hitler.[332] Das Buch wurde in viele Sprachen übersetzt. Sarfatti galt als kulturvolle Botschafterin des neuen Italien. 1934 geriet ihre siebenwöchige Werbereise für den Faschismus in den USA zu einem »Triumphzug« – mit Empfängen in der High Society, Dinnerpartys, Radio- und Zeitungsinterviews. So war auch ein Empfang im Weißen Haus bei US-Präsident Roosevelt selbstverständlich.[333]

Mussolinis Geliebte konnte schließlich der von ihr selbst beförderten Vernichtungsmaschine entkommen. Sie flüchtete 1938 privilegiert ins Ausland – aber ihre Schwester und deren Mann starben auf dem Transport ins KZ Auschwitz.

Geld aus den USA für den Vatikan

Die für Jahrzehnte zukunftsträchtige Beziehung der US-Führung zum Vatikan wurde in diesen Jahren von Francis Spellman begonnen.

1925 wurde er zum ersten US-amerikanischen Attaché des Vatikanstaats ernannt. Er schrieb 1929 in die USA aus Anlass der Lateranverträge, mit denen der Vatikan zum eigenen Staat erklärt wurde: »Wundervolle Tage! Jeder hier strahlt vor Glück.« Nicht nur der »Heilige Vater«, sondern auch Mussolini »haben ihren Platz in den Geschichtsbüchern sicher.«[334]

Auch die protestantischen US-Banker hatten die Bedeutung dieses Katholizismus für den Kampf gegen die »bolschewistische Gefahr« erkannt.

Spellman wurde zum »Monsignore Prezioso« (der wertvolle Monsignore), wie ihn der Papst liebevoll nannte: Spellman beschaffte immer mehr Geld aus den USA.[335] Und er wurde belohnt: 1939 ernannte ihn Papst Pius XII. nicht nur zum Erzbischof von New York, sondern auch zum US-Militärbischof.

Wall-Street-Anwälte McCloy und Harriman beraten Mussolini

PR-Berater und Wall-Street-Anwälte aus den USA koordinierten die Investitionen.

- Ivy Lee, der PR-Berater Rockefellers, vermittelte zwischen italienischen und Wall-Street-Banken.
- John McCloy von der Kanzlei Cravath Henderson & de Gersdorff richtete sich ein Jahr lang in Italien ein und wurde Mussolinis Finanzberater.[336] Er wurde später US-Hochkommissar für die Bundesrepublik Deutschland und Berater bzw. Aufpasser des ersten Bundeskanzlers Adenauer.
- Averell Harriman fuhr 1926 nach Verhandlungen mit der Sowjetregierung von Moskau nach Rom. Dort verhandelte er mit Mussolini über die Bedingungen, unter denen die Wall Street italienische Anleihen auf den Markt bringen und wie Harriman selbst die Finanzierung eines Wasserkraftwerks vermitteln würde.[337]

Gelder aus dem Dawes-Kreditkarussell und Staatsanleihen

Die USA verklärten ihr Eindringen in Italien als Hilfe für den Wiederaufbau des kriegsgeschädigten Landes – wie in Deutschland. Der Duce versprach den staatlichen Schutz für ausländische Investitionen und förderte die Privatisierung öffentlicher Einrichtungen. Der von den US-Konzernen gelobte *corporate state* und sein Verbot der Gewerkschaften garantierten niedrige Löhne.

Italien erhielt über den Dawes-Plan einen Anteil der deutschen Reparationszahlungen aus dem Versailler Vertrag. Bedingung war, dass damit US-Kredite zurückgezahlt wurden, die Italien im Krieg für Munition und Kriegsgerät aus den USA aufgenommen hatte. Die USA gewährten der Regierung Mussolinis zudem außerordentlich günstige Bedingungen: 80 Prozent der Schulden wurden gestrichen, die Laufzeit für den Rest betrug 62 Jahre, der Zins 0,4 Prozent. Auch französische und britische Banken waren an diesem Kreditkarussell beteiligt.[338]

Gleichzeitig brachten Wall-Street-Banken eine 100-Millionen-Dollar-Staatsanleihe auf den Markt. Damit finanzierte Italien den Aufbau der Infrastruktur, Straßen, Elektrifizierung, Regierungsgebäude, Wohnungen in Rom und anderen Städten. Die Zinsen beliefen sich auch hier, wie in Deutschland, im Durchschnitt auf jährlich 7 Prozent. Sie wurden u.a. erwirtschaftet durch die Niedriglöhne und das Streikverbot – dafür sorgten die faschistischen Gewerkschaften.

US-Konzerne kaufen Anteile an den besten Unternehmen Italiens

Thomas Lamont von der Bank Morgan, die eine Tochtergesellschaft in Italien gegründet hatte, traf Mussolini im Frühjahr 1923 und stellte eine große Anleihe in Aussicht: »Mussolini beeindruckte mich, er ist ein ehrlicher Typ«, berichtete der Banker.[339]

So strömte US-Kapital in das Land, vor allem für den Kauf von Beteiligungen in den italienischen Wachstumsbranchen, in der hydroelektrischen, elektrotechnischen und Rüstungsindustrie, in der Großchemie, in der Autoreifenfabrik Pirelli, beim Autokonzern FIAT, beim größten italienischen Chemiekonzern Montecatini (später Montedison). US-Banken wie Bankers Trust und Konzerne wie GE und US Steel erwarben Anteile an italienischen Unternehmen, so Morgan am Autokonzern FIAT. Der Agnelli-Clan, Großaktionär bei FIAT, persönlich eng verbunden mit Mussolini, spielte bei der Aushandlung von Industrieanleihen eine wichtige Rolle. Ford gründete in Triest eine Filiale. Außerdem bot die expansive Außenpolitik des Duce im Mittelmeerraum und auf dem Balkan (in Triest und Dalmatien) weitere Möglichkeiten für US-Investoren.

Internationale Handelskammer tagt in Rom

Die US-Handelskammer hatte, unterstützt von der Carnegie-Stiftung, 1919 die Handelskammern Großbritanniens, Frankreichs, Italiens und Belgiens zur Gründung der Internationalen Handelskammer (*International Chamber of Commerce*, ICC) nach Atlantic City/New Jersey eingeladen. Der Welthandel sollte liberalisiert werden, nach dem zeitgeistigen Motto »Frieden durch Freihandel«.

Nach dem ersten internationalen Kongress in London 1921 organisierte die ICC für den 18.3.1923 den nächsten Kongress in Rom: Mussolinis Regime galt als vorbildlich für den US-geführten Freihandel.[340] Unter den eintausend Delegierten ragte die US-Delegation mit ihren 200 Mitgliedern durch Menge und Prominenz hervor. Aber auch die Vertreter aus Großbritannien, Frankreich, Deutschland, Japan und anderen Staaten beklatschten Mussolini: Er war das erste Staatsoberhaupt eines wichtigen Landes, der die damals in den Unternehmermilieus grassierende Furcht vor dem »Kommunismus« mit Blut und Eisen gebannt hatte und eine systemische Alternative bot.

USA: Größter ausländischer Unterstützer Mussolinis

Die Mussolini-Regierung organisierte die Beziehung zwischen Staat und Privatwirtschaft um. Der klassische Gegensatz zwischen Staat und Privat sollte verschwinden. Nach dem US-Vorbild des *corporate liberalism* übernahmen Privatunternehmen, Banken und Unternehmensverbände als »Agenturen« Aufgaben, die bisher staatlich waren, etwa beim Ausbau der Infrastruktur.

»In mehrfacher Hinsicht trugen die USA zur Festigung des faschistischen Regimes bei – mehr als andere Staaten, in der Erwägung eigenen materiellen Nutzens und zum Vorteil der den Faschismus tragenden und von ihm profitierenden führenden Schichten in Italien.«[341]

8.
USA und international: Frühe Förderungen für Hitler

Die Weimarer Republik hatte sich als günstig für die US-Expansion erwiesen. Doch in der durch Arbeiter- und Soldatenräte erzwungenen Demokratie gab es leibhaftige sozialdemokratische Kanzler, einflussreiche Gewerkschaften und sogar eine kommunistische Partei, die ungleich mehr Sympathien hatte als die kommunistische Partei in den USA. Solange US-Truppen nach dem Krieg noch in Deutschland stationiert waren, halfen sie auch bei der Unterdrückung von Streiks und gingen gegen »kommunistische Agitation« vor.[342] Aber diese US-Stütze war bald weg.

Henry Ford: Der weltweit bekannteste Industrielle

Mit Mussolini war es dagegen schnell und einfach gegangen. Deshalb wollten so manche Unternehmer der US-amerikanischen Siegermacht überall in Europa einen Mussolini, oder etwas Ähnliches.

Henry Ford war der schnellste, erfolgreichste US-Aufsteiger. Schon im zweiten Jahr nach dem Krieg produzierte Ford mehr als eine Million Fahrzeuge, weit mehr als alle anderen Autohersteller in den USA und in Europa.

Ab 1919 gründete Ford Filialen in Europa, in Irland, Dänemark, Spanien, Frankreich, 1922 in Italien, 1924 in den Niederlanden und Schweden, 1925 die erste Filiale in Deutschland, in Berlin. Ford war der weltweit bekannteste Industrielle.

New York Times: Schon 1922 Bericht über Ford und Hitler

Bekanntlich war es der Gewerkschaftsfeind Ford, der auf der Suche nach sicheren Investitionen in Europa schon 1922 den noch unbekannten Politanfänger Adolf Hitler entdeckte und öffentlich unterstützte.

Das berichtete die *New York Times* zeitnah und ganz unparteiisch: Der Reporter hatte Hitler im Dezember 1922 in dessen Hauptquartier in München aufgesucht, berichtete über das Foto Henry Fords und die Sammlung der antisemitischen Schriften Fords auf Hitlers Schreibtisch sowie über die Unterstützung Fords für den »antisemitischen bayerischen Parteichef«.[343]

Ford und Hitler: Wie die Arbeitskraft systemisch ausbeuten?
Der Antisemitismus war nur ein Teil der »Inspiration«, die nach Hitlers Aussage von Ford ausging. Organisch damit verbunden war sein Antikommunismus, also die Ausbeutung der menschlichen Arbeitskraft.

Fords Antisemitismus: International erfolgreich

In den USA hatte der führende Auto-Industrielle Henry Ford großen Erfolg mit seinem Pamphlet *The international Jew: The World's Foremost Problem* (1922). Es erreichte mit Unterstützung in der Konzernwelt und ohne Kritik etwa von Regierungsseite eine Auflage von 500.000. Der Antisemitismus war unter den industriellen Aufsteigern verbreitet: Sie standen in kapitalistischer Konkurrenz zu den vielfach jüdischen Ursprüngen der Wall Street. Der Hammer-Verlag in Leipzig veröffentlichte 1922 die deutsche Übersetzung von Fords Pamphlet.[344] 1926 erschien die 26. Auflage. Das setzte sich weiter fort: 1937 erschien die 33. Auflage. Übersetzungen erschienen in allen wichtigen Sprachen Europas und Asiens, in Frankreich, Italien, Spanien, Polen, Dänemark, Norwegen, Bulgarien, China, Japan. Neben den USA hatte Ford den größten Erfolg in Deutschland.[345] Ford unterstützte den Putschversuch der Hitler-Truppe 1923 in München und zahlte ab dann jährlich 50.000 Dollar an Hitler zu dessen Geburtstag.[346] Der Ford-Konzern mit seinen zahlreichen Filialen wurde zu einem »Arsenal des Nationalsozialismus« in Europa.[347]

Ford passte konzeptionell in Hitlers »nationalen Sozialismus«: Massenproduktion für den Massenkonsum, aber ohne Rechte für die Arbeiter. Ford führte seine Fabriken wie ein Diktator, der zugleich väterlich sich um alles sorgte. Das *Sociology Department* führte in den Wohnungen der Arbeiter Kontrollen in punkto Sauberkeit und die Lebensweise »richtiger Amerikaner« durch. Niemand durfte Gewerkschaftsmitglied sein. Die firmeneigene Privatarmee des *Service Department* ließ Arbeiter während der Arbeit und im Privatleben bespitzeln und Missliebige verprügeln. Hitler wird sich daran orientieren, wenn er ab 1933 die Gewerkschaften verbot und die Betriebe nach dem Muster »Der Unternehmer als Führer der Gefolgschaft« organisierte.

Weitere frühe Hitler-Finanziers: Niederlande, Schweiz …

Natürlich war Ford mit der frühen Hitler-Finanzierung nicht allein, weder aus den USA noch aus Europa. Während der 1920er Jahre bekam die NSDAP auch Geld aus Österreich, England, der Tschechoslowakei, Finnland, Frankreich, Italien, den Niederlanden, Schweden, Italien.[348]

- Der Niederländer Sir Henri Deterding war Hauptaktionär des Ölkonzerns Shell, Sitz in London, 1920 der größte Ölproduzent der Welt. Während des Krieges war Shell der Hauptlieferant von Benzin für das britische Militär. Shell hatte Ölquellen weltweit, besonders in den USA, die russischen Ölquellen waren von den Sowjets enteignet worden. Deterding galt zu Beginn des 20. Jahrhunderts als einer der reichsten Männer der Welt. Er finanzierte ex-zaristische Militärs, um die Sowjets zu vernichten, finanzierte Freikorps in Deutschland, die gegen die Republik kämpften. Der vermögende Antikommunist wurde vom sympathisierenden britischen König 1920 in den Adelsstand erhoben. Schon 1921 entdeckte er Hitler und ließ ihm im ersten Schritt 4 Millionen Gulden zukommen – es sollten nicht die letzten sein.[349]
- Die Familie Schwarzenbach in der Schweiz unterhielt seit Ende des 1. Weltkriegs einen breiten Freundeskreis. Renée Wille, Tochter des Oberbefehlshabers der Schweizer Armee Ulrich Wille, Anhänger Kaiser Wilhelms II., hatte Alfred Schwarzenbach ge-

heiratet: Der war Mitinhaber der größten Textilfirma der Welt, die Seidenprodukte herstellte und vor allem in die USA exportierte: Robert Schwarzenbach & Co. mit Sitz in Thalwil, Kanton Zürich. In der Schwarzenbach-Familie träumte man wie in den USA von einem »deutschen Mussolini« und sammelte Geld für Hitler. Ende 1922 überbrachte Wille persönlich in München die erste Spende für die NSDAP. Im August 1923 organisierten die Schwarzenbachs eine mehrtägige Vortragsreise für Hitler in Zürich und Umgebung. In Unternehmervillen und Luxushotels traf Hitler mit Industriellen, Offizieren, Publizisten zusammen. »Nach vorsichtigen Schätzungen« konnte Hitler zwischen 11.000 und 33.000 Schweizer Franken als Spenden mitnehmen: Das war damals genug, »um die wichtigsten Kader der Partei und der SA-Schlägertrupps bezahlen zu können … Am 8. November 1923 schlagen Hitler und seine Gefolgsleute zu: Sie wagen den Putsch, wie in Zürich angekündigt.«[350]

- Hitler-Spenden liefen auch über Unternehmen, an denen US-Konzerne beteiligt waren, so über AEG und Osram, an denen GE erhebliche Anteile hielt.[351] Weitere solcher Hitler-Finanziers listet der US-Autor Anthony Sutton auf.[352]
- Natürlich waren deutsche Unternehmen Hitlers Hauptfinanziers. Frühe deutsche Geldgeber in den 1920er waren etwa die Stahlunternehmer Fritz Thyssen und Emil Kirdorf, ebenso Günther Quandt, der Privatbankier Wilhelm von Finck und die Münchner Unternehmerfamilien Bechstein und Bruckmann.[353]

US-Medien engagieren Hitler, wie schon Mussolini

Der Auslandspressechef der NSDAP, Ernst Hanfstaengl, vermittelte Kontakte in die USA. Hanfstaengl war Sohn eines reichen Münchner Kunsthändlers und Verlegers, der Filialen in London und New York unterhielt. Hanfstaengls Mutter, Katherine Sedgewick, geborene Heine, stammte aus einem reichen Clan der US-Ostküste.

Hanfstaengl hatte an der privaten Elite-Universität Harvard studiert, war 1909 im Weißen Haus zur Weihnachtsfeier bei Präsident Theodore Roosevelt eingeladen, lernte auch den späteren Präsidenten

Franklin D. Roosevelt kennen. Er wurde nach dem Krieg bei den Astors und Vanderbilts eingeladen, verkehrte mit Bankchef John Pierpont Morgan, dem Propaganda-Spezialisten Walter Lippmann und dem Wall-Street-Anwalt John McCloy. Er verkehrte im Harvard-Club, in dem sich die Ex-Studenten mit führenden Bankern, Politikern und Militärs trafen.[354] Er pendelte zwischen den USA und Deutschland.

Auf Empfehlung seines Freundes Truman Smith, Vertreter des Militärattachés in der Berliner US-Botschaft, besuchte Hanfstaengl 1922 eine Veranstaltung der NSDAP im Münchner Bürgerbräukeller, begeisterte sich für Hitler. Er trat der NSDAP bei, führte Hitler in die Münchner High Society ein, zu denen die Unternehmerfamilien Bechstein (Klaviere) und Bruckmann, der Schriftsteller Oswald Spengler (»Der Untergang des Abendlandes«) und der monarchische Adelsclan der Wittelsbacher gehörten.[355]

Hitler als Star in US-Medien

Harvard-Absolvent Hanfstaengl half Hitler beim Einsatz von US-Propaganda-Methoden. Er vermittelte auch den Kontakt zu Hearst. Der US-Medienunternehmer sah seit dem Wahlerfolg der NSDAP 1930 Hitler als den kommenden Mann, wie er schon Mussolini so identifiziert hatte. Hearst verpflichtete auch Hitler als hochbezahlten Autor: Der bekam pro Artikel doppelt so viel wie Mussolini, nämlich 3.000 Dollar.

Am 28. September 1930, zwei Wochen nach der für Hitler so erfolgreichen Wahl, erschien dessen Artikel »Adolf Hitlers Own Story: He Tells What is the Matter with Germany and How He Proposes to Remedy it«. Daraufhin wurde Hitler zum ebenfalls hochbezahlten Starautor anderer US-Medien. Hitler nahm bevorzugt britische und US-Journalisten im Flugzeug mit zu seinen Auftritten, etwa Sefton Delmer vom britischen *Daily Express.*[356] Am 27. Oktober 1931 hatte GE-Chef Young, der Organisator des Young-Plans, Carl-Friedrich von Siemens zu einem

Empfang in der New Yorker GE-Zentrale eingeladen. Siemens sollte im engen Kreis »vertraulich und rückhaltlos« seine Beurteilung der Lage kundtun. Siemens erklärte: Angesichts der »bolschewistischen Gefahr« sei Hitler immer noch das kleinere Übel.[357]

US-Botschafter: Deutschland als Bollwerk gegen den Kommunismus

US-Botschafter in Berlin von 1930 bis 1933 war Frederic Sackett, Unternehmer und ehemaliger Fed-Banker. Vor seiner Ernennung zum Botschafter war er republikanischer Senator.

In den letzten Wochen der Weimarer Republik sorgte er sich darum, wie in Deutschland das »effektivste Bollwerk gegen den Kommunismus« errichtet werden könne. Als bei der Wahl am 6. November 1932 die KPD einen erheblichen Stimmenzuwachs verzeichnete, kabelte er nach Washington: Deutschland brauche nun »eine starke, zentralisierte und mehr oder weniger militärische Regierung«.[358]

VI.
Mit Mussolini, Franco, Hitler zum 2. Weltkrieg

Der US-Kapitalismus operierte auch im Europa der 1930er Jahre unter der Flagge von »Frieden«, »Demokratie« und »freier Handel« – und kooperierte mit allen faschistischen Diktatoren gegen die »kommunistische Gefahr«.

»Faschismus mit freiem Handel vereinbar«

Bei den in Europa vielfach aufflammenden Konflikten der 1930er Jahre standen die USA politisch zwar formell an der Seite der »Demokratien«, aber US-Konzerne und US-Leitmedien förderten politisch vorzugsweise Diktaturen, nicht nur Mussolini und Piłsudski wie bisher, sondern nun auch Hitler in Deutschland, Franco in Spanien, Metaxas in Griechenland sowie in Asien Chinas Diktator Tschiang Kai-shek und die aufstrebende imperialistische Monarchie Japans.

Die US-Vertreter hatten schon 1923 beim großen Treffen der Internationalen Handelskammer in Rom die Vereinbarkeit von Faschismus und Freihandel erklärt.

Auch in den mit den USA verbündeten »Demokratien«, insbesondere in Großbritannien und Frankreich, gingen Kapitalisten und Regierungen in diese Richtung. Gemeinsam wurden sie angetrieben – angesichts der von ihnen beförderten ungerechten Zustände zu Recht – durch die Angst vor der »bolschewistischen Gefahr«.

Antisemitismus in den USA

US-Konzerne, ihre Leitmedien und das State Department waren militant antikommunistisch, was damals oft und »ganz natürlich« auch antisemitisch bedeutete.

Das Reformprogramm New Deal von Präsident Roosevelt mit Schutz der Gewerkschaften, mit Mindestlohn und öffentlichen Investitionen in die Infrastruktur wurde deshalb als *Jew Deal* angeprangert. Juden galten als gefährlicher als die Nazis. Massiver Rassismus überhaupt hatte sich traditionell in Einwanderungsgesetzen niedergeschlagen.

Das State Department als direktester Vertreter der Kapitalinteressen in der Regierung agitierte gegen den eigenen Präsidenten, der nachgab, um sich zu halten. Der jüdische Finanzminister Henry Morgenthau wurde zwar im Amt belassen, aber kaltgestellt.[359]

1. Bank für Internationalen Zahlungsausgleich (BIS): Die erste Weltbank wird zur Kriegsbank

Mit dem Young-Plan 1929 hatten die USA die Reparationszahlungen des Deutschen Reiches noch einmal stark gekürzt und bis 1988 gestreckt. Als dann 1931 Reichskanzler Brüning von der Zentrumspartei erklärte, dass Deutschland gar nichts mehr zahlen könne, beschlossen die USA zweierlei. Erstens: Deutschland muss erst einmal nicht mehr zahlen, zunächst für ein Jahr (Hoover-Moratorium), zweitens: Deutschland bekommt einen 100-Millionen-Dollar-Kredit. Beides sollte dazu dienen, in Deutschland die Wirtschaftskrise einzudämmen, so hieß es. In Wirklichkeit ging es vor allem um US-Investitionen.[360]

Wall Street und US-Regierung gründen erste Weltbank

Der neue Kredit wurde über eine 1930 neu gegründete, internationale Bank ausgezahlt: *Bank for International Settlements* (BIS, Bank für Internationalen Zahlungsausgleich, BIZ). So heißt sie noch heute und agiert als Zentralbank der Zentralbanken. Der Sitz wurde nach Basel in die Finanzoase Schweiz verlegt. Die BIS ist auch »Globalisierungskritikern« im 21. Jahrhundert immer noch kaum bekannt, obwohl sie seitdem und bis heute eine global regulierende Rolle spielt, etwa mit den Regulierungen Basel I (1988), Basel II (2004) und Basel III (2010).[361]

Die BIS war das Kernstück des Young-Plans. Sie sollte die Reparationsforderungen langfristig aufrechterhalten. Zugleich sollte das Kreditkarussell dem Einfluss der Regierungen und der öffentlichen Diskussion entzogen werden. Das Reparations-Büro unter Gilbert Parker in der Reichsbank wurde aufgelöst. Der Völkerbund blieb außen vor.

Die BIS war eine Aktiengesellschaft. Die Anteile wurden durch die Zentralbanken der Gründerstaaten USA, Großbritannien, Deutschland, Frankreich, Italien, Belgien und Japan eingezahlt. Den US-Anteil zahlte ein Bankenkonsortium unter Führung von Rockefellers First National Bank of New York: Sie war der größte BIS-Aktionär. Damit wurde der Einfluss der Wall Street noch größer. Präsident wurde Gates McGarrah, Präsident der New Yorker Fed, vorher Präsident der National City Bank.

Sitz in der »neutralen« Schweiz

Im Staatsvertrag mit der Schweiz hieß es: Der Bank sind alle Bankgeschäfte erlaubt, außer der Ausgabe von Banknoten und Kontenführung für Individuen und Unternehmen.

Die BIS hatte in der angeblich »neutralen« Schweiz einen exterritorialen Status. Die BIS unterliegt nicht dem Schweizer Recht und nicht der Schweizer Finanzaufsicht. Die extrem hohen Einkommen der führenden Beschäftigten werden in der Schweiz nicht besteuert. Der Sitz in Basel liegt außerhalb der Hauptstadt Bern und außerhalb des zentralen Schweizer Finanzplatzes Zürich.

Aber gleichzeitig übernahm der Schweizer Staat den Schutz der Bank gegen ausländische Eingriffe. Die BIS beruhte somit auf einem Verfassungsbruch. Nur die zwei Kommunisten in der Schweizer Nationalversammlung stimmten dagegen.[362]

Kriegsbank BIS: Banker kooperieren über Feindschaften hinweg

Die Arbeitsweise wurde als ein rein technischer Mechanismus ausgegeben, der sich nach »objektiven« Finanzgesetzen selbst reguliert. Der erste Bankpräsident Gates McGarrah stellte zum Amtsantritt zufrieden fest: »Die Bank ist vollständig jeder Kontrolle von Regierungen und jedem Einfluss politischer Art entzogen.«[363] So etwas hatte die Wall Street immer gewollt, mit der Fed in den USA schon erreicht – und nun hatte sie es auch international durchgesetzt. Schon 1931 wurden nach den Gründerstaaten USA, Großbritannien, Deutschland, Frankreich, Italien, Belgien und Japan weitere Staaten mit ihren Zentralbanken Mitglied: Schweden, Norwegen, Finnland, Dänemark, Polen, Ungarn, Rumänien, Bulgarien, Tschechoslowakei, Estland, Litauen, Griechenland, Albanien, Jugoslawien. Der sowieso auf Bankgeheimnis und internationale Kapitalkriminalität spezialisierte Standort Schweiz wurde tief in das BIS-System einbezogen. Die BIS durfte ihre internationalen Transaktionen über Schweizer Privatbanken und auch über die Schweizer Nationalbank abwickeln. So unterhielt die BIS mehrere Golddepots in privaten und staatlichen Schweizer Banken. Zeitweise war der Chef der Schweizer Nationalbank, Ernst Weber, gleichzeitig Vorsitzender des BIS-Verwaltungsrates. Der Schweizer Bundespräsident Jean-Marie Musy jubelte: »Und nun hoffen wir, dass die Schweiz durch die Reparationsbank vollends zur Drehscheibe der internationalen Kapitalbewegung, zum Clearing-House für den Kapital-, Devisen- und Goldverkehr der Welt werde.«[364]

Auch unter Wall-Street-Führung: Juden raus!

Die deutsche Reichsbank blieb auch 1933 Aktionär der BIS. Das Deutsche Reich entsandte den von Hitler wiederernannten Reichsbankpräsidenten Hjalmar Schacht in den BIS-Verwaltungsrat. Die BIS akzeptierte ebenso, dass Schacht Carl Melchior rauswarf: Der jüdische Bankier von der Hamburger Privatbank M. M. Warburg war seit Beginn 1930 stellvertretender Vorsitzender im BIS-Verwaltungsrat gewesen.

Gegen diesen Antisemitismus kam bei den Wall-Street-Bankern kein Protest auf. Auch nicht als die Hitler-Regierung Kurt Freiherr von Schröder, SS-Mitglied, als Nachfolger von Melchior benannte. Von Schröder hatte in seiner Kölner Bank J. H. Stein das Sonderkonto »S« zugunsten von Himmlers SS eingerichtet. Er hatte durch das Geheimtreffen am 4. Januar 1933 in seiner Kölner Villa zwischen Hitler, in dessen Gefolge sich Hess, Himmler und Keppler befanden, und Franz von Papen in Abstimmung mit den Ruhrindustriellen die Kanzlerschaft Hitlers eingefädelt. Außerdem war er Vertreter von ITT in Deutschland, Schwiegersohn des IG-Farben-Großaktionärs Georg von Schnitzler sowie Sprecher der Reichsgruppe der deutschen Privatbanken. Er hatte beste Verbindungen zu den verwandten Banken des Schröder-Clans in New York und London (J. Henry Schroder, Schrobanco). Danach wurden noch Hermann Schmitz, Chef der IG Farben, sowie Robert Pferdmenges von der NS-freundlichen Kölner Bank Sal. Oppenheim in den Verwaltungsrat der BIS berufen.[365]

BIS: Faschisten, Demokraten, Neutrale vereint

Aus der Abwicklung der Versailler Reparationen wurde so schrittweise ein neues internationales Finanzsystem aufgebaut. In ihm wurden politische Gegensätze neutralisiert. Ob die Verbündeten USA, Großbritannien und Frankreich, ob die faschistischen Diktaturen Deutschland, Japan und Italien, ob die »Neutralen« wie Schweden und Schweiz – alle arbeiteten gut zusammen, zum Wohle der führenden Kapitalisten ihrer Länder.

So lobte BIS-Chefökonom Per Jacobsson aus dem »neutralen« Schweden im Rotary Club Basel am 4. November 1940: Der deutsche Reichsbankpräsident Schacht habe seit 1933 das NS-Wirtschaftswunder bewirkt, und zwar durch zwei Maßnahmen: Erstens durch die unbegrenzten Rüstungskredite, zweitens durch das Tiefhalten der Löhne und deren hohe Besteuerung. Damit sei die Finanz- und Wirtschaftspolitik des Deutschen Reiches erfolgreicher als die Reformpolitik etwa des Demokraten Roosevelt in den USA und des Sozialisten Léon Blum in Frankreich, die auf Erhöhung der Arbeitseinkommen gesetzt hätten.[366]

Die erste größere Probe ihres nazifreundlichen Könnens hatte die BIS ja schon 1938 gezeigt: Sie übertrug nach dem »Anschluss« Österreichs auch das Gold der ohne Krieg eroberten Nachbarrepublik an das Deutsche Reich.[367]

2.
USA setzen weiter auf Mussolini

Nach der von der Wall Street ausgelösten Weltwirtschaftskrise Ende der 1920er Jahre wurde wie schon vor dem 1. Weltkrieg auch jetzt die Republikanische Partei mit der Krise identifiziert. Banken und Konzerne schwenkten auch diesmal mehrheitlich auf die Demokratische Partei um, wie 1913 auf den Demokraten Wilson und wie auch später oft nach Wirtschaftskrisen.

Wall Street schwenkt nach Krise (wieder) um auf Demokraten
So auch Sidney Weinberg, Chef der einflussreichen Investmentbank Goldman Sachs (»Mr. Wall Street«, so die *NYT)*, traditionell mit den Republikanern verbunden: Er wurde Mitglied des Exekutivkomitees der Roosevelt'schen Wahlkampagne und vermittelte die Spenden der Wall Street. Nach der Wahl berief ihn Roosevelt in den Wirtschaftsrat der Regierung.[368]

So setzte auch Franklin Roosevelt von der Demokratischen Partei seit seiner Präsidentschaft ab 1933 auf soziale und Arbeitsreformen im Inneren, um die Arbeiter und die Bevölkerungsmehrheit bei der Stange zu halten und sozialistische Bestrebungen zu verhindern. Die Arbeitslosigkeit in den USA lag bei etwa 25 Prozent. Sozialistisches Gedankengut fand Anklang, in tausenden Städten und Fabriken wurde gestreikt, Farmer wehrten sich gegen Enteignungen.[369]

Allerdings kam nun hinzu: In den 1930er Jahren organisierten sich viele Arbeiter außerhalb des etablierten Gewerkschaftsdachverbandes AFL, der im 1. Weltkrieg eng an die Regierung angebunden worden war. Viele Arbeiter organisierten sich nun vor allem in den neuen Bereichen der industriellen Massenproduktion: Der Congress of Industrial Organizations (CIO) entstand.[370] Nicht nur hier sahen die Konzerne und die Roosevelt-Regierung den »Kommunismus« als gestiegene Gefahr. Auch der verhasste Sozialismus in der Sowjetunion hatte sich gefestigt. Die vielen Wirtschaftsaufträge aus der Sowjetunion hatten in der Arbeiterschaft Sympathien für den Sozialismus geweckt. Und in europäischen Staaten regten sich demokratische, sozialistische und kommunistische Bewegungen.

USA: Mussolini ist »gemäßigt«, ein »Realpolitiker«

Die US-Regierungen der 1920er Jahre hatten zwischen »extremen« und »gemäßigten« Faschisten unterschieden, so bei Mussolini. Dies wurde dann gegenüber Hitlers Nationalsozialisten, Francos Falangisten und anderen Diktatoren wieder die Sprachregelung. Als »gemäßigt« galt Mussolini, der US-Investitionen förderte und als kompromissbereiter »Realpolitiker« bezeichnet wurde. Politische Morde und die Abschaffung der Demokratie galten als damit verträglich bzw. wurden in der Öffentlichkeit verdrängt – darin hatten US-Regierungen und US-Medien in ihren »Hinterhöfen« ohnehin schon lange Übung.

Roosevelt: Mussolini ist ein bewundernswerter Gentleman

So bekräftigte Roosevelt nach seinem Amtsantritt die Wertschätzung für den italienischen Diktator: »Ich bin tief beeindruckt von Mussolinis Erfolgen und durch seine erwiesene ehrliche Absicht, Italien wieder aufzubauen und gegen Unruhe in Europa anzugehen«, schrieb Roosevelt am 16. Juni 1933 an den US-Botschafter in Rom, Breckinridge Long. In einem privaten Brief an einen Freund steigerte der Präsident sein Lob: »Ich sage Ihnen im Vertrauen, dass ich eine sehr enge Beziehung zu diesem bewundernswerten italienischen Gentleman aufrechterhalten werde.«[371]

US-Konzerne liefern Waffen für Mussolinis Kolonialkrieg in Äthiopien
So gaben US-Unternehmen und Roosevelts New-Deal-Regierung Mussolini auch freie Hand für seinen ersten Krieg.

Am 3. Oktober 1935 fielen die italienische Armee und Luftwaffe in Äthiopien ein (»Abessinienkrieg«). Roosevelt beschwor zwar seinen Staatsminister Cordell Hull, den kürzlich beschlossenen *Neutrality Act* umzusetzen. Doch es blieb beim Appell. Kein Embargo wurde beschlossen. Die einschlägigen US-Unternehmen lieferten. Dieser Gegensatz zwischen dem auf Neutralität pochenden US-Kongress und dem mit den Konzernen verbundenen State Department prägte die ersten Jahre der Roosevelt-Regierung.

Italiens Krieg gegen Äthiopien war der bis dahin höchstmotorisierte Krieg, deshalb waren Kriegsfahrzeuge und Ölprodukte wie Benzin aus den USA, von Ford, GM und Standard Oil (später: Exxon), entscheidend.[372]

Die USA fördern Mussolinis Verbrechen in Äthiopien | Die Regierungen Großbritanniens und Frankreichs unternahmen ebenfalls nichts gegen den Krieg, der offiziell 1936 beendet war, als Guerillakrieg aber bis 1941 dauerte. Der wiederholte Einsatz von Giftgas, Brandbomben, das Verbrennen von Dörfern und Kirchen, die Zerstörung einer Zeltstadt des Roten Kreuzes sowie die Massaker an erblindeten Soldaten, an Rebellen und Zivilisten der als barbarische Untermenschen angesehenen afrikanischen Bevölkerung führten zu etwa 700.000 getöteten Äthiopiern.[373] Das erregte keine Gegenmaßnahmen der angemaßten Demokratiehüter und Friedensprediger.

Das State Department begründete die US-Haltung auch damit, dass eine Niederlage in Äthiopien die innere Lage in Italien gefährde und zur Machtergreifung der Linken führen könne. Damit seien nicht nur US-Investitionen in Italien, sondern auch der stabilisierende Einfluss von Mussolini in Europa gefährdet.[374]

Italien war auch ein Stützpunkt für weitere faschistische Kräfte. So erhielt der Chef der kroatischen Ustascha, Ante Pavelić, Exil in Italien und konnte von dort aus Aktionen planen, etwa den Mord am jugoslawischen König Alexander I. in Marseille 1934. Dem Attentat fiel auch der französische Außenminister Louis Barthou zum Opfer. Pavelić wird im 2. Weltkrieg von Hitlers Gnaden Chef des extrem grausamen faschistischen Staates Kroatien werden.

3. USA fördern Diktator Metaxas in Griechenland

Nachdem die griechische Revolution von 1821 gegen das Osmanische Reich zunächst erfolgreich war, wurde die erste Republik Griechenland dann doch der monarchischen Garantiemacht England unterstellt und mit deutschen Marionetten-Königen ausstaffiert. Davon konnte sich die Demokratiebewegung nach dem 1. Weltkrieg zunächst befreien. 1924 wurde ein Parlament gewählt. Die Monarchie, wegen Kriegsabenteuern diskreditiert, wurde durch Volksabstimmung abgewählt. Der König wurde ins Exil gezwungen. Die zweite Republik wurde ausgerufen. Nach bewegten Kämpfen und mehreren Attentaten auf den Ministerpräsidenten Eleftherios Venizelos (1928–1933) erstarkten eine Mitte-Links-Koalition, ebenso die Kommunistische Partei KKE.

Doch Monarchisten, Militärs, Unternehmer, die Kirche und die britische Regierung wollten das nicht. Republikanische Offiziere versuchten einen Putsch gegen die Regierung. Kriegsminister und General Iannis Metaxas ließ Arbeiterstreiks blutig niederschlagen. 1935 erklärte er den Ausnahmezustand und löste das Parlament auf. Er ließ unter Kriegsrecht Gegner erschießen und den Staatsapparat säubern. Er ließ foltern und Bücher verbrennen. Er orientierte sich beim Umbau der Gesellschaft an Mussolini und Hitler. Er ließ sich als »Führer« des »Dritten Hellenischen Reiches« bezeichnen; als »Arbeiter des Volkes« führte er den 8-Stunden-Tag ein ebenso wie eine Sozialversicherung. Freilich ließ er Gewerkschaften, oppositionelle Medien und die kommunistische Partei verbieten und führte nach dem Vorbild von Hitlers Deutscher Arbeitsfront (DAF) eine verpflichtende Einheitsorganisation von Lohnabhängigen und Unternehmern ein. Er organisierte einen *corporate state*, der nach Mussolinis Vorbild auch mit der Monarchie verbunden war.[375] Londoner Banken gaben dem Regime üppige Kredite, auch wenn die Rückzahlung nicht sicher war.[376]

Council on Foreign Relations (CFR): Die »unreifen Griechen« können sich nicht selbst regieren

Auch für Griechenland war nach US-Doktrin die Abwehr einer »kommunistischen Revolte« willkommen. Auch sollten die seit den 1920er Jahren gemachten US-Investitionen geschützt werden.[377] Schon damals hatte Griechenland zudem für die USA ähnlich wie für Großbritannien eine militärische Bedeutung im Blick auf den Balkan und den Nahen Osten. Nach dem 2. Weltkrieg wird dies noch bedeutsamer werden.

Schon 1926 hatte Charles Howland in der CFR-Zeitschrift *Foreign Affairs* behauptet: Die griechische Bevölkerung sei »unreif«, »zu emotional« und vielfach »faul«, sie könne sich nicht selbst regieren. Sie schwanke in ihren politischen Vorlieben »volatil« hin und her.[378] Nach dem Putsch lobte der Autor William Miller in derselben Zeitschrift »die neue Ära in Griechenland«. Ein anderer lobte »Griechenlands wohltätigen Despotismus«.[379]

Das State Department urteilte, Metaxas sei zudem besser für Großbritannien, dem als Garantiemacht auf diese Weise ein »stabiler« Verbündeter erhalten bleibe. Der US-Botschafter in Athen, Lincoln MacVeagh, berichtete nach Washington, dass er Metaxas darin berate, den streikenden Textil- und Landarbeitern einige Zugeständnisse zu machen, aber den »Satan« Kommunismus unbedingt zu beseitigen.

Das State Department bestärkte MacVeagh: Jede Regierung mit linker Beteiligung sei inakzeptabel, während eine rechtsgerichtete Diktatur nicht nur tolerierbar, sondern offensichtlich notwendig sei. Am 28.11.1935, kurz nach der Machtübernahme Metaxas', berichtete MacVeagh an Präsident Roosevelt persönlich: Da die Griechen zu demokratischen Verfahren unfähig seien, haben sie »die Revolution folgerichtig als fait accompli* akzeptiert«. Metaxas sei ein Garant gegen Anarchie und Kommunismus sowie für eine stabile und moderne Entwicklung Griechenlands.[380]

---

* fait accompli (frz.) bedeutet vollendete Tatsache

4.
US-Konzerne beliefern den Putschisten Franco in Spanien

Auch spanische Diktatoren wurden von den USA willkommen geheißen. Der erste war Miguel Primo de Rivera. Der adlige Großgrundbesitzer und General putschte 1923 mithilfe des Militärs, der Kirche und der Monarchie: Die Politik habe das Land ruiniert, es müsse unter dem Motto »Land, Glaube, König« neu aufgebaut werden. Er ließ das Kriegsrecht bestehen, löste das Parlament auf und verhängte Zensur.

Rivera modernisierte die Infrastruktur des Landes, z.B. Eisenbahnen und Elektrifizierung – Modernisierung nach den Vorbildern Ford und Mussolini. Das US-Business glaubte schon, die Methode Mussolini komme in Westeuropa gut voran. Am 8. Juni 1925 präsentierte das *Time Magazine* auf der Titelseite den Militärdiktator Primo de Rivera.

Ford und ITT investieren unter der Diktatur

Ford errichtete 1929 eine Fabrik für Lastwagen, ITT wurde Mehrheitsaktionär der nationalen Telefongesellschaft. Standard Oil und Texaco Oil warf der Diktator allerdings raus und gründete eine nationale Öl-Gesellschaft.

Die Korruption, die er angetreten war zu bekämpfen, blühte in neuer Form auf: Profiteure der Modernisierung waren die alte Elite, nicht nur der Adel, sondern auch die reiche katholische Kirche, die zahlreiche Zeitungen und Industriebeteiligungen besaß und neu erworben hatte. Die soziale Unruhe staute sich an, der Diktator ließ Streiks von der Armee niederschlagen, 1930 musste er abdanken.[381]

Das US-Business war enttäuscht. Doch José Antonio und Pilar, Sohn und Tochter des Diktators, führten sein Werk fort: Sie gründeten 1933 nach Mussolinis Vorbild die faschistische Partei Falange (Phalanx = lateinisch für dicht geschlossene Kampfformation). Sie wurde die moderne parteimäßige Massenbasis, die ihrem Vater gefehlt hatte und die dem nächsten Anlauf zur Diktatur zum Erfolg verhalf.

Gefährdete demokratische Republik

Nach Riveras Abdankung hatten 1931 erstmals wieder demokratische Wahlen stattgefunden. Die Monarchie wurde abgeschafft, der Clan um König Alfonso XIII. ging ins Exil. Allerdings war damit die Demokratie keineswegs gefestigt. Die noch mächtigen Wahlverlierer – Großgrundbesitzer, Unternehmer in enger Verbindung mit der katholischen Kirche und dem Militär – versuchten die Verhältnisse wieder zu ändern. Über die Wahlen war das nicht möglich, die Falange erhielt fast keine Stimmen. Als Gewerkschaften von Land- und Bergwerksarbeitern gegen die Konterrevolution streikten, schlug diesmal der Armeegeneral Francisco Franco blutig zu. Er ließ Arbeitersiedlungen aus der Luft bombardieren und etwa zweitausend Streikende standrechtlich erschießen.[382]

Als nach der Auflösung der Rechtsregierung 1936 erneut gewählt wurde, siegte knapp die Volksfront (*Frente Popular*). Republikaner, Sozialisten, die wenigen Kommunisten und sogar ein Teil der starken Anarchisten hatten sich auf gemäßigte, nationale Forderungen verständigt. Großgrundbesitzer sollten gezwungen werden können, Land zu verkaufen, das die Regierung an landlose Bauern verteilen würde. Die neue Regierung setzte Franco als Oberbefehlshaber der Armee ab und versetzte ihn zum Militär auf die Kanarischen Inseln. Obwohl die Kommunisten nur 17 von 473 Parlamentssitzen innehatten und gar nicht an der Regierung beteiligt waren, riefen Oligarchen und Kirche die »kommunistische Gefahr« aus.

General Franco putscht mithilfe von Mussolini und Hitler

Franco verdankte seinen Aufstieg der Bekämpfung von Aufständen in den spanischen Kolonien. Der Katholik, verheiratet mit der Erbin eines adligen Großgrundbesitzers, ließ sich als »Führer« feiern (*El Caudillo*) und legte sich den Titel »Generalissimus« zu – wie es der von den USA und Hitler gleichzeitig in China geförderte »Generalissimus« Tschiang Kai-shek tat. Francos Partei, die Falangisten, orientierte sich an Mussolinis Schwarzhemden und Hitlers Braunhemden.

Franco organisierte im Juli 1936 den Putsch gegen die Regierung in Madrid. Das NS-Regime organisierte mit Lufthansa und Luftwaffe den Transport von etwa 14.000 Soldaten der Spanischen Legion aus Marokko auf das spanische Festland. Hitler schickte auch Geld, Waffen, Kriegsschiffe und U-Boote. Mehr als 10.000 deutsche Soldaten der »Legion Condor« griffen auf Francos Seite in den als »Bürgerkrieg« bezeichneten Krieg ein: Es war ein internationaler Krieg gegen den »Kommunismus«, tatsächlich aber gegen eine demokratisch gewählte Regierung. Die IG Farben spendete mit Blick auf Bergbaulizenzen und lieferte Brandbomben.

Mussolinis Italien half ebenfalls mit Kriegsschiffen und mit Truppen. Auch aus der benachbarten portugiesischen Diktatur des António Salazar kam Hilfe. Ein Höhepunkt der grausamen Kriegsführung war die Bombardierung der Stadt Guernica und das dadurch verursachte Massaker an der Zivilbevölkerung.

USA: Politisch neutral, aber Konzerne beliefern Franco

Der US-Kongress beschloss während der Präsidentschaft von Roosevelt 1935, 1936, 1937 und 1939 vier Neutralitätsgesetze (*Neutrality Act 1935* usw.). Auslöser waren der Krieg Mussolinis gegen Äthiopien und Francos Krieg in Spanien. Damit wurde die Unterstützung für kriegführende Staaten verboten. Das betraf aber nur Waffen und anderes Kriegsgerät, ab 1936 auch Anleihen und Kredite. Freilich ließ das Gesetz Hintertüren offen: Zivile Güter und Rohstoffe durften geliefert werden, zum Beispiel Öl und Stahl. Wenn militärische Lieferungen nicht auf Kredit gekauft, sondern direkt bezahlt wurden, war auch das erlaubt, so das Gesetz von 1939.

Finanzminister Morgenthau hingegen wollte der spanischen Republik helfen und kaufte spanisches Silber im Wert von 15 Millionen Dollar. Damit sollten Soldaten gegen Franco ausgerüstet werden. Doch das State Department ließ das Geld einfrieren. Präsident Roosevelt gab das Geld nicht wieder frei.[383] Trotz der vom US-Kongress beschlossenen Neutralitätsgesetze lieferte DuPont Bomben an Francos Armee. Ford, Studebaker und General Motors lieferten 12.000 Militärfahrzeuge aus ihren Produktionsstätten in den USA, Deutschland und Frankreich. Texas Oil und Standard Oil lieferten Treibstoffe, Standard Oil organisierte das über die Tochtergesellschaft Vacuum

Oil mit Sitz im nordafrikanischen Tanger, einer französischen Kolonie.[384] Für die Lieferungen nutzten die US-Konzerne auch ihre Handelsbeziehungen mit Deutschland und Italien. Auch dadurch handelte es sich in Spanien nicht um einen Bürgerkrieg, sondern um eine Art kleinen Weltkrieg vor dem großen Weltkrieg.

Chase Bank in Paris: Konto für Franco

Rockefellers Chase National Bank, Filiale Paris, verweigerte der spanischen Republik die Eröffnung eines Kontos. Es sollte der Republik und auch der »Lincoln-Brigade« zur Verfügung stehen: Die bestand aus US-Freiwilligen, die als Teil der Internationalen Brigaden für die Republik gegen Franco kämpften. Aber Chase richtete das Konto nicht ein. Gleichzeitig errichtete die Bank aber ein Konto für Franco, das auch vom Präsidenten der Deutschen Reichsbank, Schacht, befürwortet wurde.[385]

Nur aus zwei Staaten kam Hilfe für die rechtmäßige Regierung, aus Mexiko und vor allem aus der Sowjetunion. Die USA lehnten das Ersuchen der spanischen Regierung um Hilfe ab. Die Volksfrontregierung in Frankreich unter Léon Blum, die der spanischen Republik helfen wollte, wurde durch die französische Kirchen- und Unternehmerlobby zurückgepfiffen und gab auch dem Druck Londons nach.

Neue Connection USA – Vatikan

Die katholischen Bischöfe in den USA unterstützten den vom Vatikan initiierten Aufruf der spanischen Bischöfe an die katholischen Bischöfe der Welt: Er richtete sich gegen die Absetzung der Monarchie, gegen die laizistischen Gesetze der republikanischen Regierung und gegen die »bolschewistische Kanaille«.

Papst Pius hatte den exilierten König Alfons XIII. bereits 1933 im Vatikan empfangen. Der Vatikan, von Mussolini zum Staat erklärt, hatte die Franco-Regierung schon 1937, noch vor ihrem Sieg, diplomatisch anerkannt. Franco war der Verteidiger des spanischen Katholizismus; Papst Pius XI. huldigte dem Diktator, er habe »Gnade und Gerechtigkeit« für das Land gebracht.

Kardinalstaatssekretär Eugenio Pacelli reiste einige Wochen nach dem Putsch im Oktober 1936 nach Washington. Der Priester Francis Spellman, der seit 1925 US-Attaché beim Vatikanstaat gewesen war, eng mit Pacelli zusammengearbeitet hatte und 1932 zum Weihbischof von Boston ernannt worden war, vermittelte die Kontakte zu den wichtigen Katholiken der US-Geschäftswelt. Zu ihnen gehörte Joseph Kennedy, Banker, Medienunternehmer, professioneller Alkoholschmuggler mit Verbindungen zur Mafia. Kennedy war ein wichtiger Unterstützer des New Deal.[386] Pacelli traf sich auch mit dem damals wichtigsten Repräsentanten des US-Protestantismus, Präsident Roosevelt: Der versprach gegenüber Franco Neutralität und eine »Politik des Schweigens«.[387]

Pacelli wurde 1939 Papst Pius XII. Sofort ernannte er den Vermittler Spellman zum Erzbischof von New York. Und die Roosevelt-Regierung ernannte ihn nach Erlaubnis durch den Papst umgehend zum US-Militärbischof. Pacelli und Spellman werden während des 2. Weltkrieges und danach wichtige US-Bündnispartner beim dann noch größeren Kampf gegen die »kommunistische Gefahr« sein.

Die traditionell überwiegend protestantischen US-Eliten hatten wendig erkannt: Für unsere Herrschaft in Europa brauchen wir den Katholizismus und den Vatikan.

USA und Großbritannien: Sofort diplomatische Anerkennung Francos

Noch vor dem Sieg der Putschisten hatten die befreundeten Regierungen der USA, Großbritannien und Frankreich, das Franco-Regime am 27.2.1939 diplomatisch anerkannt. Die US-Regierung anerkannte das faschistische Spanien einige Wochen später, am 1.4.1939, dem Tag, an dem die Putschisten ihren Sieg erklärten. Das Embargo, das aus den Neutrality Acts gegen Spanien hätte resultieren müssen, wurde offiziell aufgehoben. Nun durften auch Waffen, Munition und Kriegsgerät legal geliefert werden – aber solche Feinheiten sind für US-Kapitalisten nebensächlich. »Wir sollten in der Lage sein, exzellente Beziehungen mit Franco aufzubauen, der uns offensichtlich gewogen ist«, so der britische Appeasement-Politiker Neville Chamberlain.[388]

US-Kredit an Franco-Spanien

Die US-Regierung setzte sich auch für die Interessen der Telefongesellschaft ITT ein. Sie hatte, vom vorherigen Diktator Primo de Rivera protegiert, in Spanien das nationale Telefonsystem betrieben. Weil Franco der Meinung war, ITT habe der republikanischen Regierung geholfen, hatte er sie mit Regierungsantritt verstaatlicht. Der US-Botschafter in Madrid handelte mit Franco einen Deal aus: ITT wird den US-Eigentümern zurückgegeben, dafür erhält Spanien einen 100-Millionen-Dollar-Kredit, um Benzin, Weizen, Baumwolle, Fleisch und Gummi kaufen zu können. Das US-amerikanische Rote Kreuz unter dem Vorsitz des Chefs des Council on Foreign Relations – CFR, Norman Davis, übernahm die Verteilung.[389]

Unter Franco galt das Kriegsrecht weiter, bis 1948. So blieben alle Parteien außer der Falange verboten, ebenfalls die Gewerkschaften, und es gab keine allgemeinen Wahlen. Sofort mit seinem Regierungsantritt und dann im Schatten des 2. Weltkriegs pferchte das Putschregime verbliebene Gegner in Konzentrationslager; es ermordete etwa 150.000 Menschen, die als politische Gegner angesehen wurden, darunter nicht nur Kommunisten, sondern auch katholische Priester – die tatsächliche Zahl ist bis heute ungeklärt. Etwa 200.000 Spanier verhungerten in den ersten Jahren des Franco-Regimes (Años de Hambre, Jahre des Hungers).[390]

US-Justiz verfolgt Unterstützer der spanischen Republik

Die US-Justiz verfolgte seit dem erweiterten Neutrality Act von 1937 alle US-Bürger, die als Freiwillige an den Internationalen Brigaden in Spanien teilnahmen oder teilnehmen wollten. Während die Lieferungen von US-Konzernen an die Putschisten ungehindert liefen, wurden die Unterstützer der spanischen Regierung illegalisiert; dies betraf auch die Abraham-Lincoln-Brigade, zu der sich US-Amerikaner in Spanien zusammengeschlossen hatten.

In den USA ging der Kongressausschuss für unamerikanische Umtriebe, bereits 1934 zur Abwehr »kommunistischer« Aktivitäten gegründet, gegen US-Bürger vor, die Opfer der Franco-Diktatur unterstützten.

Der vom Kongressabgeordneten Martin Dies (Demokratische Partei) geleitete Ausschuss setzte beispielsweise das Washington Committee for Democratic Action sowie das U.S. Spanish Relief Committee auf die schwarze Liste. Sie galten als unamerikanisch und subversiv, obwohl sie auf der Seite der demokratisch gewählten Regierung Spaniens standen.

Franco-Spanien im 2. Weltkrieg: US-Bollwerk in Europa

Während des 2. Weltkrieges förderten die USA Franco-Spanien durch Handel, Subventionen und den Ausbau von Konzernfilialen, so für ITT und Firestone. Der US-Botschafter während des Krieges, Carlton Hayes, der auch eng mit der Botschaft im faschistischen Portugal kooperierte, befürwortete den Wunsch Francos: »Die USA sollen realistischerweise Spanien als ein besonderes Bollwerk in Europa nutzen.«[391]

Großbritannien unter Churchill assistierte den USA auch in Spanien, lieferte im Krieg Öl, Gummi und Weizen. »Lieber Generalissimus Franco, Ihre Nation und meine sind Freunde im besten Sinne des Wortes«, bejubelte der britische Botschafter Samuel Hoare den Diktator. Deshalb trage seine Regierung dazu bei, das durch »den Bürgerkrieg« verwüstete Land wieder aufzubauen.[392]

Franco-Spanien wird auch nach 1945, ohne NATO-Mitgliedschaft, wichtiges US-Bollwerk in Europa bleiben, mit Wirtschaftshilfe, Marine- und Airbase-Stützpunkten – und als großer Abnehmer von Hollywood-Filmen, wie schon im Krieg.

5.
Gelobte faschistische Diktatur in Portugal

Portugal hat im 20. Jahrhundert eine ähnliche politische Geschichte wie Spanien. 1910 entstand durch eine Revolution eine demokratisch-parlamentarische Republik, die Monarchie wurde abgeschafft. Auch hier waren die alten Kräfte der Großagrarier, der landbesitzenden Kirche, der wenigen Industriellenfamilien und des Militärs mit der Demokratie nicht einverstanden.

Salazars »Neuer Staat« gegen den »Kommunismus«

Bis 1928 wechselten sich drei Dutzend Regierungen ab. Dagegen setzte sich ein Mussolini-Bewunderer durch: António de Oliveira Salazar. 1928 putschte General Manuel Gomes da Costa mit einem 15.000-Mann-Marsch in die Hauptstadt Lissabon. Salazar wurde zunächst Finanzminister, ab 1932 Ministerpräsident. Er übernahm weitere Ministerien und hatte die Stellung eines Diktators. Nach Gestapo-Vorbild richtete er eine Geheimpolizei ein. Politische Gegner wurden in das KZ in einer afrikanischen Kolonie weggesperrt.

Salazar konzipierte den *Estado Novo* (neuer Staat) nach faschistischem Vorbild als nationale Einheit, ohne Parteien (außer der Einheitspartei Nationale Union), ohne Gewerkschaften und Zivilgesellschaft. Unternehmen, Beschäftigte, Kirchen, Regionen hatten sich in Korporationen zu organisieren. Das wichtigste Ziel auch hier: »Portugal vor dem Kommunismus retten!«

Salazar unterstützte Francos Putsch in Spanien. Sofort nach Ende des ‚Bürger'kriegs schlossen die beiden Regierungen einen Freundschaftsvertrag, mit regelmäßigen Konsultationen zwischen den Staatsoberhäuptern.

Weihen von Vatikan, Großbritannien und den USA

Wie die anderen faschistischen Führer schloss Salazar ein Konkordat mit dem Vatikan. Es garantierte der Kirche Privilegien in Erziehung und Wissenschaft und die Förderung ihres Vermögens. Pius XII. lobte Salazar, wie er schon Mussolini gelobt hatte und Franco loben wird: »Ich segne ihn mit meinem ganzen Herzen und ich hege die höchste Sehnsucht, dass er fähig sein möge, sein erfolgreiches Werk der nationalen Wiederherstellung zu vollenden, in spiritueller und materieller Hinsicht.«[393]

Auch die Weihen aus Großbritannien und den USA ließen nicht auf sich warten. Der britische Diplomat Sir George Rendell vom Foreign Office (1930-38) lobte, Salazar habe das Chaos abgelöst und stehe an der Spitze eines »ordentlichen, blühenden und gut geführten Landes«.[394] Die Oxford University verlieh 1939 dem Diktator die Ehrendoktorwürde für Zivilrecht.

In den USA schwärmte das *Life Magazine* 1940 vom »bei weitem besten Diktator der Welt, dem größten Portugiesen seit Heinrich dem Seefahrer«. Weiter hieß es: Salazar »fand ein Land in Chaos und Armut. Er hat den Haushalt ausgeglichen, Straßen und Schulen gebaut, Slums geschlossen, die Sterblichkeitsrate gesenkt und die Selbstachtung der Portugiesen enorm gesteigert.«[395] Die Fordham University in New York verlieh ihm 1938, schon ein Jahr vor Oxford, die Ehrendoktorwürde für Recht.

Portugal, wie Spanien, leistete trotz oder wegen erklärter Neutralität im 2. Weltkrieg dem Hitler-Regime Beihilfe zur Kriegsführung, mit Geldwäsche und Lieferung des rüstungswichtigen Edelmetalls Wolfram.[396] Nach dem Krieg wurde die Diktatur ein wichtiger militärischer Bündnispartner der USA, wie Spanien – und dazu als NATO-Gründungsmitglied.

6.
USA rüsten Hitler auf: wirtschaftlich, medial, politisch

Die USA führten die in der Weimarer Republik angebahnten Beziehungen mit Deutschland nach 1933 nicht nur weiter, sondern intensivierten sie.

Roosevelt anerkennt die Sowjetunion, US-Konzerne schwenken auf Hitler um

Die US-Regierung unter Wilson hatte mit Großbritannien und Deutschland die sowjetische Regierung militärisch bekämpft, dann aber wegen Erfolglosigkeit aufgegeben. Bis 1933 wurde der Sowjetunion die diplomatische Anerkennung verweigert. Aber große US-Konzerne wie Ford, GM, RCA, GE, Westinghouse, Harriman, die Chase National Bank und andere hatten in der Sowjetunion investiert. (siehe S. 128ff)

PR-Agentur von Ivy Lee schaltet von Sowjetunion auf Hitler um | Die US-Konzerne erwiesen sich als hemmungslos opportunistisch. Erst hatten sie nach dem Bürger- und Interventionskrieg in der Sowjetunion investiert – gegen die US-Regierung. Dann schwenkten sie um: Ab 1933 zogen sie sich aus der dann von Roosevelt diplomatisch anerkannten Sowjetunion zurück und unterstützten Hitler-Deutschland – wieder (zunächst) gegen die eigene Regierung.[397]

Die PR-Agentur Parker & Lee (siehe S. 54) hatte im 1. Weltkrieg u.a. den Rüstungskonzern Bethlehem Steel beraten, der auch das Deutsche Reich belieferte. Nach dem Einstieg von US-Banken und -Konzernen in der Sowjetunion warb Lee in der US-Öffentlichkeit um Sympathie für den sozialistischen Staat.[398]

Gewinngier zum scheinbar gegenteiligen Verhalten: 1929 übernahm Lees Agentur PR-Aufgaben für den deutschen Chemiekonzern IG Farben, der mit Rockefellers Standard Oil verbunden war. Lee beriet auch Mussolini und Adolf Hitler.[399]

USA liefern Öl an Deutschland | Deutschland war nach dem 1. Weltkrieg von Ölquellen im Nahen und Mittleren Osten abgeschnitten. Sie waren den Siegerstaaten Großbritannien und Frankreich zugeschlagen worden. Aber US-Konzerne wie Standard Oil lieferten an das Deutsche Reich – erst vor, dann auch unter den Nazis: Öl, Benzin, Schmieröle, Dieselöl, aber auch Komponenten wie Ethyl. Mit US-Patenten konnten die IG Farben Benzin und auch das wichtige Flugbenzin aus der in Deutschland massenhaft verfügbaren Braunkohle herstellen. Ab 1939 erhöhten die US-Konzerne die Preise, das Deutsche Reich zahlte.

Adolf Hitler und Hermann Göring, die wichtigsten Personen der NS-Regierung, galten den führenden US-Medien, der Wall Street und dem State Department als »gemäßigte« Politiker – wie schon Mussolini. Das State Department begrüßte den Austritt nicht nur Italiens, sondern auch Deutschlands aus dem Völkerbund im Oktober 1933 – die USA waren ja selbst nie Mitglied gewesen – und aus der Internationalen Abrüstungskonferenz.

US-Regierung weiß seit 1934: Hitler-Deutschland bereitet den Krieg vor
Der von Hitler berufene Reichsbankpräsident Schacht verhandelte mit der US-Regierung, den Handel zu intensivieren und insbesonde-

re den Export deutscher Waren in die Vereinigten Staaten zu fördern. Damit sollte es Deutschland ermöglicht werden, Geld zu verdienen und seinen Kreditverpflichtungen nachzukommen.[400]

Am 16. März 1935 kündigte die deutsche Regierung die Militärklauseln des Versailler Vertrages und führte die allgemeine Wehrpflicht ein. Der Öffentlichkeit, der US-Regierung und den US-Unternehmen war also spätestens jetzt bekannt: Deutschland rüstet auf, Deutschland bereitet den nächsten Krieg vor. Dazu hatte Botschafter Dodd in Berlin schon am 19. September 1934 in seinem Tagebuch festgehalten: In den Vereinigten Staaten sei man überzeugt, »dass Deutschland sich fertig macht, um sich in einen neuen Krieg zu stürzen«.[401]

US-Konzerne: Hitler ist besser als Roosevelt | Die Deutsch-Amerikanische Petroleum-Gesellschaft (DAPG, später Esso) war eine 100-Prozent-Tochter von Standard Oil: DPAG-Chef Emil Helfferich wurde sofort 1933 Mitglied im Freundeskreis Reichsführer SS, auch Himmler-Kreis genannt. Hier waren etwa 50 Industrielle und Banker Mitglied, auch Reichsbankpräsident Schacht. Sie überwiesen zusammen jährlich bis zum Ende des »Tausendjährigen Reiches« etwa eine Million RM auf das Sonderkonto »S« bei der Kölner Privatbank J. H. Stein des Hitler-Förderers Kurt von Schröder.[402]

Den US-Konzernen war Hitler wesentlich näher als der New Deal: In den USA bekämpften sie die Arbeitsgesetzgebung Roosevelts heftig und setzten professionelle Gewerkschaftsfeinde (*union buster*, spezialisierte Agenturen wie die Pinkerton Detective Agency) gegen Gewerkschaften und Belegschaftsvertreter ein.[403]

Dodd schrieb 1936 aus Berlin an seinen Präsidenten: »Eine Clique US-amerikanischer Industrieller ist höllisch darauf versessen, unser demokratisches System durch einen faschistischen Staat zu ersetzen. Sie arbeitet eng mit den faschistischen Regimes in Italien und Deutschland zusammen. Ich hatte auf meinem Botschafterposten in Berlin zahlreiche Gelegenheiten zu erfahren, wie eng unsere herrschenden amerikanischen Familien dem Naziregime verbunden sind.«[404]

US-Konzerne produzieren für die Wehrmacht | Mit der Aufrüstung sowie mit der Rationalisierung in Unternehmen und Staat nach US-Vorbild erschlossen sich für die schon in Deutschland aktiven US-Konzerne weitere Möglichkeiten. Ford, GM und Chrysler produzierten seit 1935 in ihren westeuropäischen und vor allem deutschen Niederlassungen zehntausende Lkw und andere Militärfahrzeuge für die Wehrmacht.

GM/Opel errichtete 1938 in Brandenburg ein neues Werk für die Produktion von 25.000 Lkw jährlich. GM und Ford produzierten schließlich fast 90 Prozent der gepanzerten 3-Tonnen-Leichtkraftwagen und 70 Prozent der mittleren und Schwer-Lkw. Ford stellte von Pkw auf Kriegs-Lkw um und erreichte den weitaus größten Produktionsumfang im Kriegsjahr 1943. Deshalb wunderten sich US-Soldaten 1944 nach der Landung in der Normandie, dass sie auf der Gegenseite, bei der Wehrmacht, ähnliche Militärfahrzeuge wie in der US Army entdeckten.[405]

US-Technologie für deutsche Kampfflugzeuge und Raketen | Andere US-Konzerne wie Pratt & Whitney und Boeing erweiterten ebenfalls ihre Produktion für den Kriegsbedarf Deutschlands, etwa bei Antrieben für Raketen und Kampfflugzeuge. Mit Lizenzen von Pratt & Whitney fertigte BMW ab 1933 bis 1945 insgesamt 21.000 luftgekühlte Flugmotoren.[406] Auch mit GM-Patenten wurden Flugzeugmotoren für die deutsche Luftwaffe gebaut.[407] Auch für ITT, DuPont und für andere US-Unternehmen stiegen die Umsätze während der 1930er Jahre vor allem im Standort Deutschland. ITT war am Hersteller von Jagdflugzeugen, Focke-Wulf, beteiligt. ITT produzierte in der aufgekauften Firma Huth GmbH Radarteile für die Wehrmacht.

Die deutschen Unternehmen profitierten vom höheren technologischen Niveau ihrer US-Partner und Miteigentümer. Das galt auch für die schon genannten Chemiefirmen unter dem IG-Farben-Dach[408] und für BMW in Kooperation mit Pratt & Withney (Twin Wasp SC-Motor für das Kampfflugzeug Me 109).[409]

Kriegs-Kartelle von US- und deutschen Konzernen | Die Kartelle zwischen US- und deutschen Unternehmen aus den 1920er Jahren bestanden fort, z.B. Standard Oil und IG Farben. Die USA belieferten das Deutsche Reich für die Blitzkriege vor dem großen Krieg und auch bis in die ersten Monate des Russlandfeldzugs im Oktober 1941 mit Öl und Benzin.[410]

Neue Kartelle wurden gebildet, nicht zuletzt im Bereich militärischer Hochtechnologie. So einigten sich die Berliner Askania-Werke 1933 mit dem führenden US-Hersteller Sperry Gyroscope darauf, die Märkte und Patente für Navigationsinstrumente – Autopiloten und künstliche Horizonte* – aufzuteilen. Ähnliche Kartellabsprachen galten für Siemens & Halske mit Bendix Aviation sowie für den Feinoptikhersteller Zeiss mit Bausch & Lomb.[411]

US-Konzerne:
Lieber mit Gewerkschaftsfeind Hitler als mit Roosevelts New Deal

Die in Deutschland aktiven US-Unternehmen gliederten sich auch arbeitsrechtlich ohne jeglichen Widerstand, viele mit Begeisterung, in die völkische NS-Wirtschaftskonzeption ein. Sie vollzogen die Zerschlagung der Gewerkschaften und der Betriebsräte zugunsten einer angeblich harmonischen Betriebsgemeinschaft nach dem Prinzip von »Führer und Gefolgschaft« mit.

GM, Ford: »judenfrei« | Schon 1930, drei Jahre vor Hitlers Machtantritt, stellte GM in Rüsselsheim ein NSDAP-Mitglied in der Werkszeitschrift *Opel-Geist* als Redakteur ein. Dieses Blatt propagierte im Nazi-Jargon den »Willen zur Werksgemeinschaft«. Das sei ein Bestandteil des Wiederaufstiegs »unseres Volkes« bis zum »endgültigen Sieg«. Schon vor 1933 war GM der zweitgrößte Auftraggeber von Werbeanzeigen im NS-Führungsmedium *Völkischer Beobachter*.[412] Auch die Aussonderung von Juden vollzogen US-Filialen nach 1933 ohne Protest mit, sorgten für »Judenreinheit«. Ford Deutschland er-

* Künstliche Horizonte: Fluglageanzeige mithilfe verschiedener Messinstrumente, wenn im Cockpit Erde und Himmel nicht sichtbar sind.

klärte 1936, man werde »nur noch mit arischem Personal« arbeiten. GM trennte sich von jüdischen Zulieferern. Als »judenfrei« präsentierten sich auch andere US-Unternehmen in Deutschland, so ITT in seinen vielen Filialen.

Nachdem die Sowjets 1932 den Öl-Unternehmer Fred Koch wegen seines exzessiven Antikommunismus hinauskomplimentiert hatten, wurde er in NS-Deutschland tätig. Er errichtete in Hamburg-Finkenwerder die Eurotank-Raffinerie und besuchte Deutschland häufig. Der Faschismus war für ihn der ideale politische Rahmen: »Ich meine, die einzigen gesunden Länder in der Welt sind Deutschland, Italien und Japan, denn sie arbeiten alle hart«, schrieb er 1938.[413] Koch Industries, größter nicht an der Börse notierter US-Konzern, fördert über die Koch Family Foundation auch noch im 21. Jahrhundert professionelle Union Buster und zahlreiche rechtsradikale Bewegungen wie die Tea Party.

Coca-Cola und Hakenkreuz: Eine Werbe-Einheit | »Coca-Cola eiskalt«-Transparente hingen bei Goebbels' Propagandareden im Sportpalast neben dem Hakenkreuz.

Das führende US-Getränk wurde bei Sportveranstaltungen beworben und verkauft, etwa bei Autorennen und der jährlichen Deutschland-Radrundfahrt. Nazi-Großausstellungen waren geschmückt mit Coca-Cola-Werbung, etwa die Ausstellung »Schaffendes Volk«.

Die Konzessionärs-Versammlungen der Konzernfiliale in Deutschland fanden unter einem riesigen Hitlerbild statt und wurden mit einem gemeinsamen »Heil Hitler« beendet. Coca-Cola-Wagen begleiteten Aufmärsche der Hitlerjugend. Coca-Cola schaltete Werbung im Reichsrundfunk, in Partei- und Tageszeitungen, in populären Illustrierten und im führenden Antisemitenblatt *Der Stürmer*.[414] Coca-Cola wurde einer der drei offiziellen Getränkesponsoren der Olympischen Spiele 1936. Das Unternehmen agierte als Teil des Nazistaates – wie Coca-Cola als Teil des US-Staates agierte.

Beim Einmarsch der Wehrmacht in Österreich prangten Hakenkreuz und das Cola-Emblem nebeneinander. In Wien wurde eine Niederlassung gegründet. In der Sonderausgabe des Magazins *Die*

Wehrmacht zur Annexion des Sudetenlandes sah die Werbung so aus: Eine Hand hält eine Cola-Flasche vor die Weltkarte, Textzeile: »Ja, Coca-Cola hat Weltruf«.[415]

IBM: »Wir sezieren den deutschen Volkskörper« | IBM hatte 1925 das deutsche Datenverarbeitungs-Unternehmen Dehomag gekauft. Mit Hitlers Regierungsantritt gingen die Umsätze in Deutschland sprunghaft in die Höhe, ungleich mehr als in jedem anderen Staat.

Mithilfe von IBM rationalisierten große Unternehmen die Produktion. IBM entwickelte das Lochkarten-System der Dehomag weiter und lieferte Datenverarbeitung für Banken, Reichsbahn, Rüstungsbetriebe, für Ministerien und Verwaltung, auch für die Volkszählungen mit Erfassung von ethnischer und religiöser Zugehörigkeit, für die Auswertung der von den Nazis eingeführten Stamm- und Familienbücher. Versicherungen konnten die Gesundheitsprofile der Gesellschaft besser ermitteln. Lohnbuchhaltung, Inventur, Materialkalkulation, Personalverwaltung, Wareneinsatz, Fertigungsüberwachung, staatliche Statistik, auch in den KZs – überall lieferte IBM.

»Wir sezieren den deutschen Volkskörper«, erklärte der Geschäftsführer der 1934 eröffneten IBM-Produktionsstätte in Berlin. »Wir sind stolz darauf, an einer Arbeit mitwirken zu dürfen, die dem Arzte unseres deutschen Volkskörpers (Adolf Hitler, EB) das Material für seine Untersuchung bietet, damit unser Arzt feststellen kann, ob die auf diese Weise errechneten Werte vom Standpunkt der Volksgesundheit aus gesehen in einem harmonischen d.h. gesunden Verhältnis zueinander stehen oder ob durch Eingriffe krankhafte Verhältnisse heilend korrigiert werden müssen.«[416]

NS-Orden für US-Konzernchefs: Ford, IBM, GM

1937 hatte Hitler den Verdienstorden vom Deutschen Adler (DAO) eingerichtet. Ihn erhielten ausländische Staatsbürger, die sich um das Deutsche Reich verdient gemacht hatten.

Als einer der ersten erhielt ihn IBM-Chef Thomas Watson. In Berlin ließ er sich dafür ehren, dass er als Vorsitzender des Außenhandelsausschusses der *American Chamber of Commerce* für die

Jahrestagung der Internationalen Handelskammer 1937 mit 2.500 Delegierten aus 42 Staaten Berlin als Tagungsort durchgesetzt hatte: Man tagte unter Hakenkreuzfahnen in der Kroll-Oper, dem Domizil des Reichstages. Hitler wurde bejubelt. Göring lobte die »starke Aufrüstung« des Deutschen Reiches. Reichsbankpräsident Schacht betonte, rassische Vorrechte entstünden aus »einer von Gott gegebenen Unterscheidung der Nationen gemäß der Rasse«. Das Orchester spielte Beethoven und das Horst-Wessel-Lied, das wichtigste Kampflied der NSDAP. Am 28. Juni 1937 traf Watson Hitler in der Reichskanzlei. Bei der Feier mit 3.000 Gästen unter Leitung von Propagandaminister Goebbels überreichte Schacht dem IBM-Chef den Orden mit goldgefasstem Kreuz, Reichsadler und Hakenkreuz.[417]

Henry Ford erhielt 1938 zu seinem 75. Geburtstag den Orden wegen seiner Verdienste um die Motorisierung und »die Schaffung eines neuen Sozialethos«.[418] Ford hatte den deutschen »Führer« nicht nur wegen dessen Antisemitismus gelobt und dauerfinanziert, sondern auch wegen der diktatorischen, gewerkschaftsfreien Führungsprinzipien, die auch in den Unternehmen notwendig und effizient seien. Am 30. Juli 1938 überreichte in Cleveland der deutsche Botschafter Karl Kapp dem global führenden Antisemiten den Orden. Die anwesenden 1.500 Geschäftsleute und Prominenten klatschten.[419] Danach bespendete Ford Hitler zu dessen Geburtstag am 20. April 1939 mit 35.000 Reichsmark.[420]

James Mooney erhielt 1938 den Adlerorden in Gold. Mooney war der für die Auslandsniederlassungen zuständige Vizepräsident von GM.[421]

Auch der transatlantisch populäre US-Hitler-Fan Charles Lindbergh wurde geehrt. 1927 hatte er mit dem Flugzeug *The Spirit of St. Louis* den Atlantik überquert, erhielt die höchste US-Tapferkeitsauszeichnung, Medal of Honor, war Oberst der US Army und wurde von der Rockefeller-Stiftung für Eugenikforschungen gefördert. 1938 erhielt er vom Reichsluftmarschall Göring den Adlerorden.[422]

Auch führende US-Medien feierten diese transatlantische Verbindung: 1938 präsentierte das *Time Magazine* nach dem Anschluss Österreichs Hitler als »Mann des Jahres«.

So verdoppelten US-Konzerne während der 1930er Jahre bis zur deutschen Kriegserklärung an die USA ihre Niederlassungen im Deutschen Reich auf 553.[423]

7.
US-Finanzierung von Ostraum- und Rasseforschung

US-Kapitalisten und Hitler-Deutschland kooperierten auch wissenschaftlich.

Rockefeller finanziert Ostraum-Forschungen
Die Rockefeller-Stiftung vergab bis mindestens 1938 Forschungsgelder und Stipendien an deutsche Universitäten und Forschungsinstitute, z.B. für Rasseforschung am Kaiser-Wilhelm-Institut in Berlin.

So erhielt etwa 1935 auch Karl Schiller, Mitglied der SA und des NS-Rechtswahrerbundes ein Forschungsstipendium. Er arbeitete am Institut für Weltwirtschaft in Kiel. Das zuvor private Institut war 1933 vom NS-Staat übernommen worden, sofort wurden jüdische Mitarbeiter entfernt. Schiller leitete eine Gruppe, die zur Großraumwirtschaft in Europa, insbesondere Osteuropa forschte. Die meisten Aufträge kamen vom Oberkommando der Wehrmacht (OKW). Da deckten sich offensichtlich die Interessen der USA und Hitler-Deutschlands. Noch 1940 reiste Institutsdirektor Professor Andreas Predöhl zur Rockefeller-Filiale in Paris, um Forschungsberichte zu übergeben.[424] Karl Schiller wurde später in der Bundesrepublik Wirtschaftsminister in der SPD-geführten Regierung unter Kanzler Willy Brandt.

Carnegie Foundation: Lob der Nürnberger Rassengesetze
Der US-Eugeniker Charles Davenport hatte mit seinem von der Carnegie- und der Rockefeller-Stiftung finanzierten Labor seit 1904 mit den führenden deutschen Eugenikern zusammengearbeitet, mit Erwin Baur, Fritz Lenz und Eugen Fischer. Sie veröffentlichten 1921 das zweibändige Standardwerk »Grundriss der menschlichen Erblichkeitslehre und Rassenhygiene«. In den USA waren Begriffe wie

Herrenrasse (master race) und Untermenschen (undermen) geläufig. Gesetze erlaubten die Zwangssterilisation von »genetisch Minderwertigen«. Die »Erkenntnisse« Davenports über die Bedrohung der Zivilisation durch die Untermenschen wurden auch in Deutschland popularisiert.[425] Die Rockefeller Foundation vergab ab 1922 jährlich hunderte Stipendien, auch an Eugeniker, in den USA, weltweit. Von 1929 bis 1934 förderte die Stiftung das Berliner Kaiser-Wilhelm-Institut für Anthropologie, menschliche Erblehre und Eugenik, das von Eugen Fischer geleitet wurde.[426]

Der einflussreichste Popularisator der Forschungen war Lothrop Stoddard. Er war häufig in Berlin und traf Hitler, Himmler und Goebbels. Er setzte Juden mit Bolschewisten und Untermenschen gleich und trat für die »physische Beseitigung der Juden aus dem Deutschen Reich« ein.[427] Auf diesen Forschungen hatte 1924 auch der *Immigration Restriction Act* (Gesetz zur Einwanderungsbeschränkung) der USA beruht: Er enthielt nach einem ethnisch definierten Quotensystem hohe Quoten etwa für Briten und Skandinavier, die niedrigsten Quoten für Russen und Polen – was praktisch meistens Juden betraf.[428]

Die von der Carnegie-Stiftung finanzierten *Eugenical News* lobten die 1935 in Deutschland beschlossenen Nürnberger Rassengesetze als »gesunde Wissenschaft.«[429] Erst 1938 beendete die Stiftung die Förderung der Zeitschrift. Aber da war es zu spät: »Der Krieg gegen die Schwachen war von amerikanischen Slogans, Karteikarten und chirurgischen Messern aufgestiegen zu Erlassen, Ghettos und Gaskammern der Nazis.«[430]

8.
US-Öl für Hitlers Blitzkriege

Standard Oil und Texas Oil versorgten Deutschland auch unter Hitler mit Treibstoffen und Schmiermitteln und erhöhten den Umsatz.

Standard Oil hatte 1939 zahlreiche Tochterunternehmen in Deutschland und Österreich, vielfach durch Aufkauf bisheriger Unternehmen: Deutsch-Amerikanische Petroleum GmbH, Allgemeine Ölhandels-GmbH, Deutsche Erdöl-Raffinerie, Gewerkschaft Austrogase Wien, Glückauf GmbH, Mineralöl-Raffinerie vorm. August Korff, Norddeutsche Mineralölwerke Stettin, Rumänien Mineralöl GmbH (Sitz Berlin/Hamburg), Reichskraftsprit GmbH, Benzin- und Ölindustrie AG vorm. Gustav König, Deutsche Vacuum GmbH, Standard Vacuum Oil GmbH, Hydrierwerke Pölitz AG, Waried Tankschiff-Reederei GmbH und Rohöl-Gewinnungs AG Wien.[431]

Das Netz der 1.000 Tankstellen der Standard-Oil-Tochter DAPG wurde ab 1939 über die Arbeitsgemeinschaft Mineralölwirtschaft (AMV) in die NS-Kriegswirtschaft integriert.[432]

»Wie aus der Mineralölstatistik des Oberkommandos der Wehrmacht hervorgeht, lieferten die Vereinigten Staaten im Jahre 1937 mehr als eine Million Tonnen Öl, im Jahr 1938 gar 1,25 Millionen Tonnen – ein Viertel der gesamten deutschen Ölimporte ... Als der Krieg am 1. September 1939 dann ausbrach, hatte Deutschland genügend Vorräte angehäuft.«[433] Das setzte die Wehrmacht in den Stand, mit ihren Blitzkriegen bis Sommer 1940 – zunächst Polen, dann Dänemark und Norwegen, dann Belgien, Frankreich, Niederlande, Luxemburg – und dann in Osteuropa neue Ölvorräte zu erobern, die die Fortsetzung des Weltkriegs, insbesondere den Überfall auf die Sowjetunion ermöglichten. Aber Standard Oil setzte direkte Lieferungen bis Oktober 1941 fort, noch drei Monate nach dem Überfall der Wehrmacht auf die Sowjetunion. (siehe S. 202, Fußnote 405)

US-Konzerne feiern Hitlers Sieg über Frankreich

Der Blitzkrieg Hitlers über Frankreich wurde in den USA fröhlich gefeiert: Im New Yorker Hotel Waldorf Astoria trafen sich am 26. Juni 1940 James Mooney/GM und Edsel Ford, beide Träger des von Hitler ins Leben gerufenen Verdienstordens vom Deutschen Adler, sowie mehrere US-Konzernchefs wie Torkild Rieber von Texas Oil mit den Chefs ihrer Filialen in Deutschland, etwa dem Anwalt Gerhardt Westrick, der die deutsche ITT-Filialen leitete.[434]

9. Hollywood-Produktionen: Im Dienste von Goebbels und Hitler

Hollywood produzierte Propaganda für Hitlers Aufstieg und Herrschaft.

Hollywood: Zensur nach Initiative von Goebbels

Hollywood passte sich schon vor der Hitler-Regierung an Wünsche aus Deutschland an. 1930 sollte *All Quiet on the Western Front* in die deutschen Kinos kommen. Der Film basierte auf dem erfolgreichen Anti-Kriegs-Roman *Im Westen nichts Neues* von Erich Maria Remarque. Die NSDAP kaufte 300 Eintrittskarten der ersten Aufführung in Berlin, warf Stinkbomben und weiße Mäuse ins Publikum und randalierte vor dem Kino. Die Aufführung wurde abgebrochen. Der Berliner Gauleiter und spätere Propagandaminister Joseph Goebbels hetzte im Saal gegen den Film, weil er die Ehre der deutschen Soldaten in den Dreck ziehe.[435]

Der Film wurde danach in dieser Fassung nicht mehr gezeigt. Carl Laemmle, Chef der Produktionsfirma Universal Partners, versprach sich gerade von diesem Film einen großen Erfolg in Deutschland. Deshalb stimmte er eine stark geänderte Fassung mit der Zensurbehörde des Deutschen Reiches ab. Der pazifistische Gehalt wurde entfernt, auch in allen Versionen für andere Sprachgebiete.

Hollywood: Der erste profaschistische Film

Hollywood produzierte den ersten großen profaschistischen Film: *Gabriel over the White House.* Darin setzt sich in den USA ein volksnaher Diktator durch, inspiriert vom Engel Gabriel. Er löst die damaligen Probleme der Massenarbeitslosigkeit. Der Film wurde vom Medientycoon William Hearst protegiert, der Mussolini und Hitler als Autoren seiner Medien hohe Honorare zahlte.[436] Das größte Studio, Metro Goldwyn Mayer (MGM), produzierte den Film, der mit der Darstellung des Führerprinzips auch in Deutschland Erfolg hatte.

NS-Konsul und Rabbi segnen Zensur ab

Im Kontakt mit der deutschen Botschaft in Washington stand Georg Gyssling, NSDAP-Mitglied und von 1927 bis 1941 der für Hollywood zuständige deutsche Konsul. Er überwachte ab 1933 auch die jüdischen Filmkünstler, die aus Deutschland flüchteten. Die Studios gaben ihm die Drehbücher, er verhandelte mit der internen Aufsichtsbehörde von Hollywood (Hays Office) jede Formulierung, bis sie passte. Hays Office kontrollierte auch die weltweite Verkäuflichkeit der Filme.

Gyssling einigte sich ebenso mit der vor Ort präsenten jüdischen Lobby aus Jewish Congress, Anti-Defamation League und B'nai B'rith. Ein Rabbi segnete die Vereinbarungen ab: Kein Film sollte das Missfallen Hitlers erregen, die Geschäfte durften nicht gefährdet werden. Ergebnis: Ab 1933 kamen weder Juden noch Nazis in den Filmen vor.

Goebbels überzeugt Hitler: Hollywood ist besser als deutscher Heldenfilm

Goebbels war überzeugt: Hollywood-Filme sind besser als deutsche. Sie sind die bessere Propaganda, weil man die Propaganda nicht bemerkt. Goebbels schickte Regisseure wie Leni Riefenstahl nach Hollywood zum Lernen.

Hitler wollte Filme mit kämpferischen Nazi-Helden produzieren lassen – aber dagegen setzte Goebbels das Muster Hollywood durch: Einfache Menschen werden zu Führerpersönlichkeiten, etwa wenn Clark Gable in *Meuterei auf der Bounty* (1935) gegen den tyrannischen Kapitän aufsteht. *The Lives of a Bengal Lancer* (Deutscher Titel: *Angelsächsische Kameradschaft*) war zehnmal erfolgreicher als Riefenstahls *Triumph des Willens* und wurde mit Gary Cooper in der Hauptrolle zum Schulungsfilm der Hitlerjugend: Ein Offizier der britischen Kolonialtruppen zweifelt zuerst an den Fähigkeiten des Kommandanten, dann sieht er sein Unrecht ein und opfert sich, damit der Krieg gegen die aufsässigen Inder gewonnen wird.

So kaufte Goebbels in Hollywood, was er kriegen konnte. Bis 1940 kamen etwa 350 neue Hollywood-Produktionen in deutsche Kinos und wurden meist große Publikumserfolge. So strömten Millionen

Deutsche in die gut gemachten Filme mit Greta Garbo, Marlene Dietrich, Claudette Colbert, Clark Gable und Gary Cooper. Einige Filme wie *Tarzan* und *Blonde Venus* wurden wegen »Unzüchtigkeiten« abgelehnt. *The Prizefighter and the Lady* wurde abgelehnt, weil die Hauptperson, ein jüdischer Boxer, den Davidstern auf seine Hose aufgenäht hatte.

Hollywood: Werbefilme für Hitlers Wahlkämpfe

»Fox Tönende Wochenschau« produzierte im Auftrag der NSDAP für Hitlers Wahlkämpfe gefühlsduselige, personenbezogene Werbefilme mit Titeln wie »Der Führer« und »Hitlers Kampf um Deutschland«. Die Tochterfirma des Hollywood-Konzerns 20th Century Fox produzierte schon vor 1933 und dann auch während des Dritten Reiches bis 1940 Wochenschauen – etwa über den Besuch Mussolinis bei Hitler 1937: »Mussolini und Hitler, die Hüter der Europäischen Kultur, reichen sich die Hand«.[437]

Für den Wahlkampf 1932 finanzierte Fox Vorführ-Lkw, um solche Filme in Städte und Dörfer zu bringen.[438] So manche Korrespondenz mit Nazi-Behörden endete mit »Heil Hitler«. Erst ab 1942 produzierte Hollywood Anti-Nazi-Filme, die aber diesmal der Zensur des Office of War Information (OWI) der Roosevelt-Regierung unterlagen. Erst ab Ende 1944 kamen allmählich Juden in Filmen vor, aber nur als einzelne. Der erste Film, der die Judenvernichtung seriös thematisierte, kam viel später: Das Tagebuch der Anne Frank, 1959.

Jüdische Initiativen gegen Hitler werden unterdrückt

Die wichtigsten Hollywood-Studios gehörten jüdischen Immigranten: William Fox (Fox), Louis Mayer (MGM), Adolph Zokor (Paramount), Harry Cohn (Columbia Pictures), Carl Laemmle (Universal Pictures) sowie Jack und Harry Warner (Warner Brothers). Sie verschwiegen auch während des Weltkriegs die Judenverfolgung, in Abstimmung mit der jüdischen US-Lobby und der US-Regierung.

Der bekannte Drehbuchautor Hermann Mankiewicz, jüdischer Herkunft, hatte 1933 die Idee zu einem hitlerkritischen Film: *The Mad Dog of Europe* (Europas verrückter Hund). Darin sollte eine patriotische jüdische Familie gezeigt werden, die sich aufgrund von brutaler Verfolgung gemeinsam mit einer deutschen Familie zu Nazi-Gegnern entwickelt. Der Film fand keinen Produzenten, Begründung: Damit würden künftige Geschäfte mit den Nazis unmöglich.

Eine Initiative des bekannten Drehbuchautors Ben Hecht (*Vom Winde verweht*, 1939) mit Kurt Weill, Frank Sinatra und Marlon Brando forderte 1943 die Hollywood-Chefs auf, als Juden gegen den Judenmord öffentlich vorzugehen. Die Initiative wurde unterdrückt.[439]

Einzig *The Great Dictator* von Charlie Chaplin kam – nach fünf Jahren heftiger Diskussionen – in Hollywood zustande (1940), ein Slapstick. Chaplin sagte später, er hätte ihn nicht gedreht, wenn er von den KZ der Nazis gewusst hätte.

10. USA retten Olympische Spiele 1936 zugunsten Hitlers

1931 hatte das IOC die Wettkämpfe 1936 an Deutschland vergeben – Winter- und Sommerspiele. Doch ab 1933 wurden in NS-Deutschland Juden aus Sportvereinen ausgeschlossen. Die beiden jüdischen Sportverbände Makkabi und Schild – sie hatten noch 1935 etwa 350 Mitgliedsvereine mit insgesamt 40.000 Mitgliedern – wurden ebenfalls behindert, etwa dadurch, dass sie keine Sportstätten mehr nutzen durften. Es sollten auch keine Juden in die deutsche Olympia-Mannschaft aufgenommen werden.

US-Olympia-Funktionär Brundage: Antikommunistisch, antisemitisch

Deshalb wurde im Vorfeld der Spiele weltweit gegen die Abhaltung der Spiele in Deutschland protestiert. Sportverbände aus der Sowjetunion, Spanien, Niederlande, Norwegen und Schweden waren für Boykott. Als einzige Regierungen schlossen sich die sowjetische und die republikanische in Spanien an. Auch der US-Athletikverband AAU unter Präsident Jeremiah Mahoney plädierte für den Boykott. In New York demonstrierten zehntausende gegen die Austragung in Berlin.[440]

Doch der Präsident des Amerikanischen Olympischen Komitees (AOC), Avery Brundage, ließ die entscheidende Abstimmung verschieben, bis sich durch neue, extra herangekarrte Delegierte eine knappe Mehrheit von 58 gegen 56 Stimmen für die Teilnahme ergab.[441] In der internationalen Meinungsbildung für oder gegen den Boykott gaben die USA den Ausschlag. Zudem würde die US-Teilnahme oder Nicht-Teilnahme über die Bedeutung der Spiele entscheiden. Das war Brundage genauso klar wie Hitler.

Brundage war der größte Immobilieninvestor in Chicago. Er ließ Hochhäuser, Luxusappartments und Hotels bauen, auch eine Fabrik für Ford. Den Aufstieg verdankte er Regierungsaufträgen im 1. Weltkrieg. Brundage bewunderte Hitler und zeigte sich als bekennender Antisemit. Für ihn und seinesgleichen war der Ausschluss von Juden normal. »In meinem Club in Chicago sind auch keine Juden zugelassen.«[442] Die Boykottbewegung sah er als »jüdisch-kommunistische Verschwörung«.[443] Er deckte die Lüge der deutschen Delegation, die 1934 bei der IOC-Tagung in Athen behauptete: Es werden 21 jüdische Sportler für die Olympiaausscheidungen benannt.

IOC: Antisemiten setzen sich durch

Brundage hatte zahlreiche wichtige Mittäter. Charles Sherill, Brigadegeneral im 1. Weltkrieg, Anwalt in New York und US-Botschafter in Argentinien und der Türkei, begeisterte sich für den Faschismus. In einem langen Leserbrief in der *NYT* am 4.3.1933 lobte er Hitler schon früh als den besten deutschen Politiker. Ebenso hatte Sherill zuvor schon Mussolini als den neuen Staatsmann gefeiert, der anstelle der unfähigen Demokratie in Europa wieder Ordnung herstellen könne.[444] Sherill, Mitglied des IOC-Exekutivkomittees, empfahl Hitler in zwei Treffen, wie ein oder zwei Alibi-Juden in der deutschen olympischen Mannschaft die internationale Öffentlichkeit beruhigen könnten: So durfte dann etwa die in Deutschland geborene Fechterin Helene Mayer als »Halbjüdin« doch teilnehmen – auf US-Druck. Sie lebte damals schon in den USA, 1940 erhielt sie die US-Staatsbürgerschaft

Brundage und Sherill wurden vom IOC-Präsidenten Henri de Baillet-Latour unterstützt.[445] Der Adlige gehörte zum Milieu der 20 reichsten belgischen Familien, die mit dem Königshaus seit Mitte des 19. Jahrhunderts über die Bank Société Générale de Belgique und die belgische Zentralbank verbunden und an zahlreichen Unternehmen beteiligt waren, auch im Kongo.

Baillet-Latour hatte während der deutschen Besatzung Belgiens im 1. Weltkrieg mit der deutschen Zivilverwaltung kollaboriert. »Juden fangen in der Regel an zu schreien, bevor sie einen echten Grund dazu haben«, schrieb der IOC-Präsident an Brundage. Bei den Olympischen Spielen in Berlin gab Baillet-Latour dann neben Hitler den Hitlergruß. Baillets Ehefrau Gräfin Elisabeth de Clary gratulierte Hitler 1938 zur Annexion des Sudetenlandes und begrüßte 1940 die Besetzung Belgiens durch die Wehrmacht, weil damit endlich »die NS-Ideologie nach Belgien« komme.[446] Bei der Beerdigung Baillet-Latours 1942 im besetzten Brüssel prangte auch ein von Hitler geschickter Kranz mit Hakenkreuzen auf dem Sarg.

Auch der IOC-Vizepräsident Sigfrid Edström zog mit: Der Chef des schwedischen Elektronikkonzerns ASEA machte mit dem Deutschen Reich gute Geschäfte, auch später während des 2. Weltkrieges. Er teilte den Antisemitismus seiner Freunde Brundage und Karl Ritter von Halt: Der war Vorstandsmitglied der Deutschen Bank, Mitglied der NSDAP, spendables Mitglied im Freundeskreis Reichsführer SS, führender deutscher Sportfunktionär und seit 1929 Mitglied des IOC.[447]

Hitler bot 1935 dem IOC-Gründer und Ehrenpräsidenten Baron Pierre de Coubertin eine Lebensrente an, wenn der sich für die Ausrichtung der Spiele in Berlin ausspreche.[448]

Selbstverständlich warben die faschistischen Achsenmächte Italien und Japan für die Spiele in Berlin. Bei der Sitzung des IOC zu Beginn der Spiele 1936 wurden zudem die Spiele für 1940 nach Tokio vergeben. Im Juni 1939 vergab das IOC unter Brundage und Edström die Winterspiele 1940 aufs Neue nach Deutschland.

Brundage: Berliner Spiele waren die schönsten der modernen Zeit

Während der Wettkämpfe zog Brundage zwei US-Sprinter jüdischer Herkunft aus der 4 x 100-Meter-Staffel zurück; er wollte Hitler nicht weiter ärgern, nachdem der schwarze US-Sprinter Jesse Owens schon drei Goldmedaillen gewonnen hatte. Nach den Olympischen Sommerspielen ruinierte Brundage die Karriere Owens.

Das Deutsche Reich wollte sich nach dem Sport-Großereignis in den USA durch eine erheblich vergrößerte Botschaft präsentieren: Dem Bauunternehmer Brundage wurde der Auftrag für den Neubau in Washington in Aussicht gestellt.[449]

Brundage wurde 1952 IOC-Präsident und blieb es bis 1972. Als 1968 bei den Olympischen Spielen in Mexiko die beiden schwarzen US-Goldmedaillen-Gewinner Tommie Smith und John Carlos mit erhobener Faust gegen die Rassendiskriminierung protestierten, schloss er sie aus, sie mussten die Spiele sofort verlassen. Gegen den wiederholten Hitlergruß der Sportler 1936 in Berlin hatte er dagegen keine Einwände gehabt. Noch 1971 bekannte er ohne Scham und Bedauern: »Die Berliner Spiele waren die schönsten der modernen Zeit.«[450]

Brundage hatte recht: 1932 hatten die USA in Los Angeles die bis dahin größten und glänzendsten Olympischen Spiele organisiert. Das nahm Hitler-Deutschland als Vorbild und machte die Berliner Ausgabe 1936 noch größer und glänzender. Die USA und NS-Deutschland waren führend in der populistischen Politisierung des Sports zugunsten kapitalistischer Verhältnisse.

Wall-Street-Berater John McCloy neben Hitler auf der Ehrentribüne
Im Olympia-Stadion durfte Wall-Street-Anwalt John McCloy mit Ehefrau in der Privatloge Hitlers neben Göring sitzen – McCloy hatte zugunsten des Deutschen Reiches die Aussetzung der Versailler Reparationszahlungen verhandelt.[451] Vorher hatte er die Interessen der Wall Street mit Mussolini verhandelt. (siehe S. 172f)

11. Nazikritischer US-Botschafter in Berlin: Durch Hitler-Fan ersetzt

Mit seinem Amtsantritt hatte Präsident Roosevelt den Historiker William Dodd als neuen Botschafter in Deutschland berufen: Dodd sprach fließend Deutsch, hatte an der Universität Leipzig 1900 eine

Doktorarbeit über Thomas Jefferson verfasst, war bis 1933 Professor an der Universität Chicago.

US-Botschafter kritisiert die Nazis

Dodd war überzeugter Liberaler, Humanist und Bewunderer deutscher klassischer Kultur. Am 14. Juli 1933 trat er sein Amt in Berlin an. Doch Dodd machte sich durch seine Kritik an Nazi-Deutschland bei US-Konzernen und Banken und im State Department immer unbeliebter. Am 29. August 1936 trug er nach einer Unterhaltung mit Reichsbankpräsident Schacht in sein Tagebuch ein: Dr. Schacht geht nach Paris mit Instruktionen Hitlers, um mit den faschistischen Kräften Frankreichs den Sturz der Volksfrontregierung unter dem jüdischen sozialistischen Ministerpräsidenten Léon Blum zu beschleunigen – was schnell gelang.

Dodd charakterisierte seinen Kollegen, den französischen Botschafter André François-Poncet in Berlin: Er ist »nicht weit davon entfernt, ein Faschist zu sein«. Dodd notierte: Mussolini und Hitler führen in Europa, Franco steht vor dem Sieg in Spanien, Blum steht vor dem Sturz, faschistische Kräfte herrschen bereits in Österreich, Polen, Ungarn und Rumänien. Das ist noch nicht das ganze Spektrum, schreibt Dodd: »In den Vereinigten Staaten drängen Kapitalisten in dieselbe faschistische Richtung, unterstützt von Kapitalisten in England.«[452]

US-Konzerne: Nazikritischen Botschafter absetzen!

State Department, Wall Street und Konzerne bedrängten Roosevelt, Dodd abzusetzen: 1937 wurde er abgesetzt, Nachfolger wurde der Hitler-Fan Hugh Wilson. Der lobte die Hitler-Regierung, die an einer »besseren Zukunft« arbeite. Hitler habe »sein Volk aus moralischer und wirtschaftlicher Verzweiflung herausgeholt und zu Stolz und Wohlstand geführt … und Deutschland gegen kommunistische Einflüsse widerstandsfähig gemacht und Arbeiterforderungen nach höheren Löhnen unterdrückt«.[453]

So ersetzte auch die britische Regierung ihren NS-kritischen Botschafter Eric Phipps durch den offenen Nazi-Sympathisanten Neville

Henderson: Der warb schon vor dem Einmarsch Hitlers in Österreich für den »Anschluss«. So beehrten 1938 die drei Botschafter der wichtigsten westlichen Demokratien – USA, Großbritannien, Frankreich, also Hugh Wilson, Neville Henderson und André François-Poncet – den NSDAP-Parteitag. Das war auf Initiative von Dodd bisher abgelehnt worden. Gleichzeitig grenzten alle drei Botschaften auf Druck der Nazis die sowjetische Botschaft vom diplomatischen Leben in Berlin aus.[454]

12.
Aufrüstung der aufstrebenden Kapital-Monarchie Japan

In Asien nahm die aufstrebende imperialistische Kapital-Monarchie Japan für US-Investitionen und Handel die erste Stelle ein, weit vor Niederländisch-Ostindien und den von den USA seit 1898 militärisch besetzten und als Protektorat bis 1945 ausgebeuteten Philippinen. Die von der US-Regierung im 1. Weltkrieg gegenüber dem deutschen Kaiserreich angeprangerte »Autokratie« war angesichts der noch viel brutaleren Autokratie in Japan vergessen.

Die US-Regierungen einschließlich derjenigen Wilsons hatten die japanischen Besetzungen in China und anderen Teilen Asiens – Taiwan, Mandschurei, Korea – akzeptiert, auch formell dann mit dem Lansing-Ishii-Agreement von 1917. Damit wurde der gegenseitige Handel ausgebaut. Die USA wie Japan kämpften beide gegen die alten europäischen Kolonialmächte, die bisher in China und im Pazifik dominierten. In Versailles bekam Japan die bisherige deutsche Kolonie Qindong zugesprochen. 1921 wurde Japan von den USA in das Flottenabkommen mit Großbritannien und Frankreich einbezogen und durfte seine Marine ausbauen.

Mit der verschärften Aufrüstung brauchte Japan – wie NS-Deutschland – hochleistungsfähiges Benzin und sonstige kriegsfähige Treib- und Schmierstoffe. Der 1928 abgeschlossene Vertrag zwischen der Japan Gasoline Company und dem US-Konzern Universal Oil Products wurde in den 1930er Jahren bis 1940 ständig ergänzt und erweitert durch Verträge von Mitsubishi Oil und Nippon Oil auf japanischer Seite und Gulf Oil und Standard Oil auf US-Seite. Die größten US-Rüstungskonzerne, so Boeing, Bethlehem Steel, Aluminium Company of America, Ohio Seamless, Air Associated lieferten wichtige Materialien und technische Verfahren für die japanische Luftwaffe.

US-Senator Harley Kilgore vom Subcommittee of War Mobilization des US-Kongresses warnte vergeblich: Die von US-Konzernen mit deutschen und japanischen Konzernen gebildeten Kartelle bedrohen die nationale Sicherheit der USA und bereiten einen Krieg vor. Doch was »national interest« war, das legten auch in diesem Fall nicht die Abgeordneten und die Regierung fest, sondern die Konzerne.[455]

13. Großbritannien: Komplizenschaft mit NS-Deutschland

Großbritannien war der wichtigste Alliierte der USA. Und die britische High Society und die City of London bewunderten Hitler. Großbritannien war bis zum Krieg der wichtigste europäische Handelspartner von NS-Deutschland.

Kolonialist Churchill schätzte Hitler und Mussolini

Die britische Regierung unterstützte 1935 Mussolinis Vorbereitungen für den Eroberungskrieg in Äthiopien. Wenn diese Operation scheitern würde, so Außenminister Samuel Hoare, wäre Mussolinis Herrschaft in Italien gefährdet, »dann würde er wahrscheinlich aus der italienischen Politik verschwinden und es könnte eine kommunistische Regierung in Italien und eine völlige Änderung der gesamten europäischen Situation geben«, hieß es in der Kabinettssitzung am 2.12.1935,[456] genauso wie im US State Department. (siehe S. 187f)

Churchill hatte schon als Kriegsminister 1917 gemeinsam mit den USA die militärische Invasion Russlands betrieben, um »das bolschewistische Baby bereits in der Wiege zu erwürgen«. 1926 trat er dafür ein, in England den Generalstreik mit Militär niederzuschlagen: »Entweder das Land bricht den Generalstreik oder der Generalstreik bricht das Land.« Als eingeschworener Imperialist hetzte er in den 1930er Jahren gegen die Unabhängigkeitsbewegung in der Kronkolonie Indien und verhöhnte Mahatma Gandhi als »halbnackten Fakir«.[457]

Auch Churchill hatte Mussolini und Hitler als gute Politiker geschätzt, die für Ordnung sorgen und den Adel aufwerten. »Man kann Hitler nicht mögen und doch seine patriotische Leistung bewundern«, schrieb Churchill 1937.[458] Der verbissene Antikommunist sorgte sich, ob Hitler gegenüber »Russland« möglicherweise die falsche Taktik einschlage: »Wird Hitler denselben Fehler machen wie Napoleon?«, fragte Churchill dann besorgt vor dem Überfall der deutschen Wehrmacht auf die Sowjetunion.[459]

Nazi-Sympathien in der britischen High Society

Hitlers Regime hatte – wie im europäischen Adel überhaupt – viele Bewunderer in der englischen High Society.[460]

Eine herausragende Figur war Charles Stewart Henry Vane-Tempest-Stewart, Erbe einer der ältesten und reichsten Familien des Vereinigten Königreichs, kurz genannt Lord Londonderry. Seinem Clan gehörten große verpachtete Ländereien und Kohle-Bergwerke.[461] Der 7. Marquess of Londonderry, Mitglied der »konservativen« Partei, war mit der Königsfamilie ebenso familiär wie mit den jeweiligen Ministerpräsidenten. Winston Churchill war sein Cousin. Der Lord wurde 1931 Minister für die Luftwaffe. Er besuchte Hitler seit 1935 mehrere Male, traf Göring wiederholt in dessen Jagdhütte, dinierte mit Außenminister Ribbentrop.

Zu den Nazi-Sympathisanten gehörten aus dem Adels-Milieu auch der Duke of Buccleugh, der Marquess of Lothian, der Duke of Westminster, der Duke of Bedford, Baron Allen of Hurtwood, der Earl of Glasgow und hunderte andere.[462]

Auch die Royals bewundern Hitler

Neben den vielen reichen Adligen zeigte auch die britische Königsfamilie Sympathien für den Adelsretter Hitler.[463] Ihre Herkunft aus dem deutschen Adel (Haus Sachsen-Coburg-Gotha, Haus Hannover), der in der NS-Elite-Organisation SS überproportional vertreten war, spielte dabei eine Rolle.

In einem Kurzfilm aus dem Jahr 1933 spielt die Queen vor dem königlichen Schloss Balmoral mit ihren Kindern, den Prinzessinnen Elizabeth, der späteren Queen, und Margaret lachend immer wieder den Hitlergruß durch, animiert von Prinz Edward, Prince of Wales, dem späteren König Edward VIII.[464]

Als König Edward VIII. die reiche Amerikanerin Wallis Simpson heiraten wollte, musste er zurücktreten. Auch Simpson bewunderte Hitler. Nachdem Edward und Simpson geheiratet hatten, besuchten sie 1937 Hitler in dessen Alpen-Refugium auf dem Obersalzberg und danach Mussolini in Rom. Das *Time Magazin* feierte 1936 Simpson als Person des Jahres, womit zum ersten Mal eine Frau diesen begehrten Titel bekam.[465]

Gegen Kriegsende flüchtete das Paar nach Spanien und Portugal. »Es wäre eine Tragödie für die Welt, wenn Hitler gestürzt würde«, so Edward.[466] Regierungschef Churchill versetzte ihn auf die Bahamas und ernannte ihn zum Gouverneur dieser britischen Kronkolonie. Nach dem Krieg war das luxuriös lebende Paar ein bewunderter Teil des westlichen Jet Set. Bei den US-Präsidenten Eisenhower und Nixon waren sie gern gesehene Gäste im Weißen Haus.[467]

Britische Massenblätter loben Hitler

The Times und *News Chronicle* lobten Hitler als moderaten Politiker, der seine Chance bekommen müsse. Antisemitismus war auch in der britischen Nobel-Etage normal.

Viscount Lord Rothermere, Verleger mehrerer Zeitungen, machte Propaganda für den deutschen Diktator. In Editorials seines populistischen Massenblatts *Daily Mail* – verkaufte Auflage zwei Millionen, mit viel Sport, Mode und mitfühlenden Berichten über die netten Royals – ließ er nach Hitlers Regierungsübernahme verlauten: Vor Hitler sei Deutschland von »fremden Elementen« beherrscht worden, mit zwanzigmal mehr Juden als vor dem Weltkrieg. Nazi-Grausamkeiten seien isolierte Gewaltakte, die von anderen Medien aufgeblasen würden. Die »kräftigen jungen Nazis« seien »Europas Wächter gegen die kommunistische Gefahr«.

Das »gigantische Reservoir der nationalistischen Energie Deutschlands« solle doch die Möglichkeit bekommen, »die dünn besiedelten Räume im Westen Russlands zu überfluten.« Rothermere schickte Hitler ein Glückwunschtelegramm zum Einmarsch in das Sudetenland. Auch er gehörte zu den Gästen Berliner Dinnerpartys, die von Hitler, Göring und Goebbels für gleichgesinnte ausländische Gäste gegeben wurden.[468]

Lord Londonderry und Lloyd George lieben Göring und Hitler

NS-Außenminister Ribbentrop war wiederholt zu Privatbesuchen bei Lord Londonderry. Sie bestätigten sich gegenseitig, dass die französische Volksfrontregierung unter Léon Blum gefährlich sei. Londonderry schrieb im Mai 1936 an Göring: »Ich sympathisiere sehr mit Ihnen in Ihrer Beurteilung des Kommunismus, und ich sehe mit Bestürzung auf die gestiegene Zahl kommunistischer Abgeordneter im französischen Parlament und auf dieselbe Entwicklung, wenn auch in geringerem Umfang, in Belgien.«[469]

Lloyd George, britischer Premierminister während des 1. Weltkriegs, war mit dem Auslandspresse-Chef der NSDAP, Ernst Hanfstaengl (siehe S. 178 f), befreundet. Der ging bei ihm in den Vorkriegsjahren ein und aus, wie bei Roosevelt in den USA. Über Hanfstaengl schickte Lloyd George signierte Fotos mit Begleittext an Hitler: »Für Kanzler Hitler, in Bewunderung für seinen Mut, seine Entschlossenheit und seine Führerschaft.«[470]

Britische Adelstöchter pilgern zu Hitler

Hanfstaengl war oft zu Besuch bei der Familie von Lord Redesdale, der enge Kontakte zu Churchill hatte. Eine der Redesdale-Töchter, Diana Mitford, nachdem sie sich von einem der reichsten Playboys des Landes, Bryan Guinness, getrennt hatte, heiratete Sir Oswald Mosley, den Führer der British Union of Fascists. Diana und ihre jüngere Schwester Unity, begeisterte Antisemitinnen, wollten unbedingt Hitler kennenlernen.[*/471]

* Allerdings gab es ein »schwarzes« bzw. »rotes« Schaf in der Familie: Jessica Mitford, die zweitjüngste Tochter, war Kommunistin und in Spanien auf der republikanischen Seite.

Hanfstaengl nahm sie mit zum Nürnberger Parteitag der NSDAP. Unity Mitford zog nach Deutschland und war häufige Besucherin Hitlers, der sie im Braunen Haus und in der Reichskanzlei empfing. Hitler hielt die Verbindung auch deshalb aufrecht, weil Mitford in der britischen Botschaft ein- und ausging und gezielte Nachrichten hin- und hergingen.[472]

Wirtschaftlich-finanzielle Komplizenschaft

Als die USA 1930/31 dem Stopp der deutschen Reparationszahlungen zustimmten (Hoover-Moratorium), war Großbritannien betroffen: Diese Zahlungen fehlten nun für die Rückzahlung der britischen Schulden bei den New Yorker Banken.[473] Zum Ausgleich intensivierten englische Banken und Unternehmen ihre Geschäfte mit Deutschland.

Die *Anglo-German Association* mit ihrem deutschen Ableger Deutsch-Englische Gesellschaft koordinierte die Interessen. Präsidenten waren Lord Reading, Ex-Vizekönig von Indien, und Wilhelm Cuno, Ex-Reichskanzler und Chef der Hamburg-Amerika-Linie. Juden wurden ab 1933 ausgeschlossen, 1935 wurde die Gesellschaft als Anglo-German Fellowship neugegründet. Auf britischer Seite gehörten zu den Mitgliedern Lord Londonderry, Lord F. C. Tiarks (Miteigentümer der J. Henry Schroder Bank und Gouverneur der englischen Nationalbank), dazu noch Vertreter der Banken Lazard und Midland und der Unternehmen Firth-Vickers, Unilever, Dunlop, Imperial Chemical Industries (ICI).[474] Außenminister Chamberlain war Großaktionär bei ICI, das zum Kartell mit IG Farben gehörte.[475]

Britische Konzerne liefern Rüstungsgüter an NS-Deutschland

So wurde Großbritannien in den 1930er Jahren der wichtigste europäische Wirtschaftspartner des absehbaren Kriegsgegners Deutschland.[476]

Britische Konzerne wie Lancashire Cotton und Dunlop Rubber unterhielten ihre Niederlassungen in Deutschland. Olex war die Vertriebsgesellschaft der Anglo-Iranian Oil Company in Berlin und München. Zwischen 1932 und 1937 steigerten britische Unternehmen den Export rüstungswichtiger Rohstoffe nach Deutschland um ein Vielfaches: Aluminium um das Doppelte, Eisen- und Stahlschrott um das knapp Dreifache, Kupfer um das Vierfache, Platin und Iridium um das Siebenfache, Glycerin um das Achtfache, Blei um das Vierzigfache.[477] Rolls-Royce lieferte ab 1934 für die ersten Modelle der im Auftrag von Reichsluftfahrminister Göring hergestellten Kampfflugzeuge den Motor Kestrel V.[478]

Londoner Großbanken – darunter Lazard, Barclays, Lloyds und J. Henry Schroder – ermöglichten diesen Export durch Kredite.*/[479] Im Sommer 1939, kurz vor der Kriegserklärung an Deutschland, stimmte auch die Bank of England in der Bank für Internationalen Zahlungsausgleich – BIS der Enteignung des tschechischen Goldes zugunsten des Deutschen Reiches zu.[480]

1937: Britischer Generalstab bei deutschem Militärmanöver

Hitler-Deutschland war im Oktober 1933 aus der Genfer Abrüstungskonferenz und aus dem Völkerbund ausgetreten. Damit war Deutschland nicht mehr an die Rüstungsbeschränkungen aus dem Versailler Vertrag gebunden.

1935 wurde das deutsch-britische Flottenabkommen geschlossen. Vorbereitet wurde es unter dem Premierminister Ramsay MacDonald (Labour), ratifiziert unter Stanley Baldwin, einem Industriellen von den »Konservativen«. NS-Deutschland durfte seine Kriegsmarine stark erweitern, durfte 35 Prozent der britischen Kriegsmarine-Tonnage erreichen. Erlaubt waren nun auch Schlachtschiffe und Flugzeugträger. Für U-Boote galten 100 Prozent.[481]

---

* Die Bank J. Henry Schroder geht auf die Gründungen als J. Henry Schröder Bank Anfang des 19. Jahrhunderts in London und später auch in New York zurück. Gründer war die hanseatische Bankiersfamilie Schröder. Die Bank beteiligte sich im US-Bürgerkrieg an Krediten für die Südstaaten. Kurt Freiherr von Schröder, der am 4. Januar 1933 die Kanzlerschaft Hitlers einfädelte, nutzte während des NS die internationalen Verbindungen der Bank, die sich aus Schröder in Schroder umbenannte. Sie ist heute als Schroders plc mit dem Zentralsitz in London weltweit bei privaten Infrastrukturinvestitionen aktiv, spielte z. B. eine zentrale Rolle bei den Privatisierungen in England unter der Premierministerin Margaret Thatcher.

Im August 1937 folgte der britische Generalstab der Einladung Hitlers, einem Großmanöver der Wehrmacht mit 150.000 Soldaten des Heeres und der Luftwaffe in Thüringen beizuwohnen. Auch der von den britischen Regierungen geschätzte Diktator Mussolini war anwesend. Besuche und Gegenbesuche der Militärs und der jeweiligen Unternehmen und Ministerien beider Staaten folgten.

14.
Frankreich: Die Sozialistische Regierung wird gekippt

Anders als von Großbritannien gingen von Frankreich nach dem 1. Weltkrieg verschiedene Friedensinitiativen aus, die über die Rhetorik Wilsons hinausgingen.

USA unterlaufen europäische Friedens- und Handelsverträge

Aristide Briand, schon Premierminister und Außenminister während des 1. Weltkriegs, von 1925 bis 1929 französischer Außenminister, kritisierte die harten Bedingungen des Versailler Vertrags für Deutschland und wollte ein kollektives Sicherheitssystem entwickeln. Er war der »Chefarchitekt« der Verträge von Locarno (1925): Deutschland wurde in den Völkerbund aufgenommen, es anerkannte die Westgrenzen und verpflichtete sich, die Frage der Ostgrenzen friedlich zu lösen. Die Staaten anerkannten gegenseitig die Achtung der territorialen Integrität.

Briand initiierte den Briand-Kellogg-Pakt (1928). Frank Kellogg war damals Chef des State Departments. Hier wurde völkerrechtlich jeder Angriffskrieg geächtet und mit Sanktionen belegt, die vom Völkerbund zu vollziehen waren. Bis Ende 1929 unterzeichneten alle wichtigen Staaten, insgesamt 62, auch die Sowjetunion. Briand verstand den Pakt auch als Gegengewicht gegen die einseitige Bevorzugung Deutschlands durch die USA. Allerdings hielten vor allem die USA, Deutschland und Großbritannien den Pakt nicht ein – z. B. blieb dann der Überfall Italiens auf Äthiopien ohne jegliche Sanktionen.[482]

Briand fasste seine Politik in der »Denkschrift über die Errichtung einer Europäischen Union« zusammen (1932). Doch die Verträge, die er zustande brachte, blieben Formalitäten. Auch die nächste Initiative war nicht erfolgreich. Sein Nachfolger Louis Barthou wollte das Werk seines Vorgängers erweitern: Als Gegner Hitlers und Mussolinis leitete er einen französisch-sowjetischen Vertrag ein. NS-Deutschland geriet in die Isolation. Doch Barthou wurde 1934 in Marseille durch einen bulgarischen Nationalisten ermordet, zusammen mit dem jugoslawischen König Alexander I. Zu den Organisatoren des Attentats gehörte Ante Pavelić, Führer der kroatischen Ustascha, der Hitler nacheiferte und in Mussolinis Italien Exil genoss.[483] Pavelić wird im 2. Weltkrieg von Hitlers Gnaden eine extrem grausame Stellvertreter-Diktatur in Kroatien errichten.

USA gegen die französische Volksfrontregierung

Schließlich wollte auch die Volksfrontregierung, die 1936 zustande kam, den Frieden in Europa sichern. Das Bündnis unter Ministerpräsident Léon Blum setzte sich aus der sozialistischen Partei SFIO und der Radikalen Partei (parti radical: linksbürgerlich, liberal) zusammen. Die Kommunistische Partei stellte keine Minister, unterstützte die Regierung aber im Parlament.

Unter Blum, der Roosevelts New Deal bewunderte,[484] wurden die 40-Stunden-Woche eingeführt und erstmals der bezahlte Urlaub. Die Gewerkschaften wurden staatlich geschützt, ebenso das Streikrecht. Außerdem förderte die Regierung Lohnerhöhungen. Sie wollte die französische Nationalbank, die den Privatbanken gehörte, ebenso verstaatlichen wie Rüstungsbetriebe.

Doch die französischen Kapitalisten zogen mit Hilfe der Nationalbank Kapital ins Ausland ab, auch in die USA.[485] Aus dem Unternehmerlager wurde gegen die »kommunistische Gefahr« gewettert, es wurden Parolen laut wie »Hitler wird hier alles in Ordnung bringen« und »Lieber Hitler als Blum!«[486]

Blum wollte mit den USA transatlantische Beziehungen zustande bringen, *coopération atlantique* genannt. Die USA sollten sich »auf wirtschaftlichem Feld an der Aufrechterhaltung der politischen Sicherheit Europas beteiligen und als Verbündete an die Seite Frankreichs« kommen.[487] Doch Roosevelt winkte ab. Schon 1934 hatte der

US-Kongress beschlossen, keine Kredite an Staaten zu vergeben, die die Kredite aus dem 1. Weltkrieg nicht mehr bedienten (*Foreign Securities Act*). Die USA verhinderten eine Devisenkontrolle ebenso wie eine Anleihe, die Frankreich in New York auflegen wollte.[488]

Die Volksfrontregierung wollte den USA eine Erklärung abringen, dass sie im Falle eines Krieges in Europa den Verbündeten beistehen – doch die US-Regierung lehnte wieder ab. Um die Beziehungen zu den USA trotzdem aufrechtzuerhalten, ging die Volksfrontregierung Kompromisse ein. Sie zog die Hilfen für die gewählte Regierung in Spanien, die durch Francos Putsch bedroht war, zurück. Blum rüstete auf und stimmte einer von den USA und Großbritannien verlangten Abwertung des Franc zu. Doch das half nichts. Im Handelsvertrag von 1936 erpressten die USA von der Regierung einseitige Vorteile für US-Produkte (Nahrungsmittel, Automobile).[489]

Großbritannien gegen die französische Volksfrontregierung

Blum unternahm auch den Versuch, mit Großbritannien und der Sowjetunion einen Dreierbund gegen Hitler zu schmieden. Aber die britische Regierung lehnte ab. Ein Grund war auch die britische Sympathie mit Franco: Wenn Frankreich der spanischen Republik helfe, dann werde Großbritannien mit dem Deutschen Reich gehen und Franco unterstützen, so Churchill.[490] So lehnte es auch der britische Marineminister Admiral Chatfield gegenüber der französischen Regierung ab, gegen Franco vorzugehen, denn dieser sei ein »guter spanischer Patriot«.[491]

Innen- und außenpolitisch isoliert, musste Blum nach anderthalb Jahren zurücktreten. Seine Regierung konnte die Spannung zwischen den sozialen Reformen und hohen Löhnen einerseits und Aufrüstung und gleichzeitiger Kapitalflucht andererseits nicht überbrücken. Die mehrheitliche Wählerschaft der Regierung wurde in kurzer Zeit zermürbt. Blums zweite Regierungszeit 1938 dauerte nicht einmal vier Wochen.

Édouard Daladier von der Radikalen Partei, der Kriegsminister gewesen war, löste Blum ab. Er war ein Opportunist nach dem Geschmack des Unternehmerlagers. 1936, vor der Gründung der Volksfront, hatte er bei der Bevölkerung noch Beifall bekommen durch seine opportunistische Anklage: 200 reiche Familien beherrschen Frankreich! Aber als neuer Regierungschef entzog Daladier den Abgeordneten der Kommunistischen Partei die Mandate im Parlament, verbot die Partei und ihre Zeitung *l'Humanité*. Er ließ Streiks durch die Armee niederschlagen, erhöhte Steuern für die abhängig Beschäftigten.[492] Er ließ per Dekret Internierungslager für »unerwünschte Ausländer« errichten, dann auch für Franzosen, die nach dem Sieg Francos in ihr Heimatland flüchteten. Er erkannte Francos Regierung sofort an, wie die britische und die US-Regierung.

Die kapitalistischen Führungsstaaten USA und Großbritannien wollten keine Bündnisse gegen NS-Deutschland.

15.
Appeasement: Mit Hitler gegen die Sowjetunion

Das Appeasement, also das Besänftigen gegenüber NS-Deutschland, hatte also eine lange Vorgeschichte – sie bestand auch gar nicht aus »Besänftigen«, sondern aus intensiver Kooperation, gerichtet gegen die »kommunistische Gefahr« und gegen die Sowjetunion. Seit 1930 kooperierten auch in der BIS die Zentralbanken der westlichen Kapital-Demokratien mit den Zentralbanken der faschistischen Achsenmächte Deutschland, Italien und Japan.

Westmächte dulden die Annexion Österreichs, des Sudetenlands …

Am 12. März 1938 marschierte die Wehrmacht in Österreich ein. Am 17. März schlug die Sowjetunion den USA, Frankreich und Großbritannien ein gemeinsames Vorgehen gegen NS-Deutschland vor, sei es innerhalb, sei es außerhalb des Völkerbundes – alle drei Regierungen lehnten ab. Ende März traf sich Hitler mit dem Führer der Sudetendeutschen Partei der Tschechoslowakei und ließ erkennen, dass das Sudetenland zu Deutschland gehöre.

Danach entwickelten die westlichen Kapitalmächte auch auf der politisch-diplomatischen Ebene ihre beschönigende »Appeasement«-Alternative. Damit wollten sie die Kriegsgefahr bannen, so behaupteten sie öffentlich. Beim Münchner Abkommen – unter Vorsitz von Mussolini – Ende September 1938 machten der britische Premierminister Chamberlain und der französische Ministerpräsident Daladier das Zugeständnis an Hitler: Deutschland darf sich auch das Sudetenland (in der Tschechoslowakei) eingliedern. Die Art und Weise, wie dies geschehen kann, ließ man freundlicherweise offen. Die Regierungen der Tschechoslowakei und der Sowjetunion waren nicht eingeladen.

Hitler und Stalin sollen sich gegenseitig vernichten!

Chamberlain verkündete nach dem Münchner Abkommen: »Ich glaube, es ist der Frieden für unsere Zeit … Gehen Sie nach Hause, schlafen Sie gut und ruhig!« So konnte die deutsche Wehrmacht 1938, ein halbes Jahr nach dem Einmarsch in Österreich und zwei Tage nach dem Münchner Abkommen, in der Tschechoslowakei ungehindert einfallen, trennte das Sudetenland ab, machte im März 1939 die Slowakei zum antisemitischen Satellitenstaat und annektierte mit Böhmen und Mähren die restliche Tschechoslowakei als Protektorat. Dem folgte im September 1939 der Einfall in Polen. NS-Deutschland konnte weiter aufrüsten. Es konnte sich Devisen und Rohstoffe nun auch durch Annexionen beschaffen. Die US-geführten Kapitalmächte hatten den nächsten großen Schritt zum 2. Weltkrieg gemacht. Auch die US-Führung teilte mit dem Münchner Abkommen die »Hoffnung, es werde zwischen Deutschland und Russland zu einem Krieg der gegenseitigen Vernichtung kommen«, so der führende US-Stratege des 20. Jahrhunderts, Walter Lippmann.[493]

16.
Paris 1938: Geburt des ›wissenschaftlichen‹ Neoliberalismus

Die expandierenden US-Imperialisten hatten in Europa nicht nur kräftig investiert, sondern auch neue politische Stützen (Faschismen), kulturelle (Hollywood) und religiöse (katholische Kirche, Vatikan) gefördert. Auch eine »wissenschaftliche« Stütze stand an.

Der wendige Ex-Sozialist Walter Lippmann hatte Wilsons Kriegseintritt begründet und das 14-Punkte-Friedensprogramm mitkonzipiert. Danach hatte er die im Krieg erprobte Manipulation der öffentlichen Meinung theoretisch zusammengefasst: Die Mehrheit des Volkes ist zum Verständnis der komplizierten gesellschaftlichen Verhältnisse nicht fähig, sondern muss, in einer Demokratie, von den Eliten fürsorglich geführt werden.[494]

Eine Theorie für den neuen corporate capitalism

Nun war einerseits durch den Sozialismus in der Sowjetunion, durch ähnliche Bestrebungen in allen wichtigen kapitalistischen Staaten und andererseits durch die faschistischen Diktaturen die Frage nach der richtigen wirtschaftlichen Ordnung brennend geworden – die vergleichsweise ruhige kapitalistische Entwicklung bis zum 1. Weltkrieg war vorbei. Aber auch der altertümliche, primitive »Manchester-Kapitalismus« mit seinem freien *laissez-faire* der Unternehmer konnte nicht so weitergeführt werden, auch nicht theoretisch.

Lippmann hatte 1937 in seinem Buch *The Good Society* die neuen Systeme sowohl des Sozialismus wie des Faschismus als autoritär kritisiert. Aber Lippmann kritisierte auch heftig Roosevelts New Deal – viel heftiger als den Faschismus.

Feindbilder: Bolschewismus, Volksfrontregierung und Roosevelts New Deal

So berief Lippmann zur Klärung 24 Banker, Industrielle und professorale Ökonomen aus Frankreich, Österreich, Belgien, Polen und Spanien zu einem Kolloquium vom 26.-30. August 1938 nach Paris ein. Der Ort war gezielt ausgewählt: In Frankreich war zur Erleichterung der Kapitalisten aller Länder vier Monate vorher die französische Volksfrontregierung endgültig gescheitert.

Damit war auch die Unterstützung einer solchen Regierung durch Kommunisten beendet, damit auch die Aufwertung der abhängig Beschäftigten und ihrer freien Vertretungen durch neue menschenrechtliche Sozial- und Arbeitsrechte. So war das Kolloquium auch als Unterstützung für die neue »konservative«, antikommunistische Regierung gedacht. Der diffuse Begriff des »Neoliberalismus« blieb auf dem Kolloquium umstritten, setzte sich aber durch.

Vordergründige Kritik des Faschismus

Der wichtigste Praktiker unter den Eingeladenen war Roger Auboin: Als Mitglied im Generalrat der französischen Nationalbank war er seit Anfang 1938 zugleich Generaldirektor der Bank für Internationalen Zahlungsausgleich – BIS – und wird dies zwei Jahrzehnte bis 1958 bleiben. Die wichtigsten Theoretiker waren die beiden österreichischen Ökonomen Friedrich von Hayek und Ludwig von Mises. Die beiden Adligen hatten nach dem 1. Weltkrieg mitgewirkt, in Österreich den »Bolschewismus« zu verhindern, waren keine Gegner Hitlers, aber wie Lippmann Gegner des New Deal.

Die einflussreichsten Zusammenfassungen der neuen Theorie verfasste im Anschluss an das Kolloquium Friedrich von Hayek.[495] Er kritisierte zwar den Faschismus als »totalitär«, aber auch den Sozialismus. Beide seien Ausbund des »Kollektivismus«, der die Freiheit des Individuums zerstöre. In Wirklichkeit war diese Gleichbewertung von Sozialismus und Faschismus nur oberflächlich. Nur der Sozialismus wurde grundsätzlich kritisiert – er sei ungleich schlimmer als der Faschismus.

Lippmann, Hayek & Co. kritisierten nämlich auch jeden Reform-Kapitalismus wie Roosevelts New Deal: Kollektive Rechte für Lohnabhängige und deren freie Vertretungen, vom Staat gesetzlich geschützt, etwa ein gesetzlicher Mindestlohn, ein staatlich organisierter Wohlfahrtsstaat – das alles sei mit »freiem Markt« unvereinbar. Privateigentum und Wert der Familie dürften nicht per Demokratie zur Disposition gestellt werden. Während sie den abhängig Beschäftigten alle kollektiven Rechte absprachen, traten Lippmann, Hayek & Co. unbekümmert für staatlich zu garantierende, kollektive (freilich nicht so genannte) Rechte für die privaten Unternehmer ein.

Neoliberaler Kapitalismus: Weiterhin offen zu Faschismen

Zudem blieb in den Veröffentlichungen der selbstverständliche Subtext ungenannt: Vorbild ist der *corporate capitalism* der USA, wie er sich vor und im 2. Weltkrieg unter der Hand gegen den New Deal durchgesetzt hatte. Hayek und Mises fanden deshalb ihre Wirkungsstätte nach dem Krieg in den USA. 1947 gehörten sie zu den Begründern der Mont Pèlerin Society, jahrzehntelang die Brutstätte des begrifflich diffusen, praktisch aber wirkmächtigen »Neoliberalismus«.

Und so darf die US-Kapital-Demokratie, nun »wissenschaftlich« begründet, auch weiterhin niemals nach links abweichen – bei Bedarf aber immer nach rechts, zu autoritären, korrupten Oligarchen bis hin zu Faschismen. So lobte Hayek nach dem US-geleiteten blutigen Militärputsch gegen den demokratisch gewählten Präsidenten Salvador Allende in Chile (1973) »die persönliche Freiheit«, die nun unter Diktator General Pinochet gewährleistet werde.[496]

VII.
2. Weltkrieg: »American Imperialism«

Die USA hatten nach dem 1. Weltkrieg eine demokratische Friedensordnung für Europa und die Welt verkündet, aber mit sich als Zentrum das Gegenteil organisiert.

Die USA hatten sich aus allgemeinen politischen Institutionen und Verträgen wie dem Völkerbund ferngehalten, hatten daneben bilaterale Verträge geschlossen, Diktatoren aufgerüstet, Konzerne hatten Märkte geöffnet, Wall-Street-Banken hatten Staaten und Unternehmen abhängig gemacht. Damit haben die US-Akteure ein eigenes internationales System aufgebaut.

Dies setzte die US-Kapital-Demokratie im 2. Weltkrieg fort. Die USA waren wie im 1. Weltkrieg nicht selbst bedroht und griffen zunächst wieder kriegsfördernd finanziell und wirtschaftlich ein. Das Hauptkriegsziel: Den Boden bereiten für den kollektiven, von den USA geführten, erweiterten Imperialismus.

Mit einem globalen Geheimdienst, zwei Weltbanken und schließlich der Atombombe kamen während des Krieges neue Institutionen und Werkzeuge hinzu, die nach dem Krieg erweitert wurden.

1.
US-Kriegsziel: Erneuertes »American Century«

Hitler-Deutschland war seit 1938 in Europa in militärischer Expansion: Anschluss Österreichs und des Sudetenlandes, Blitzkriege gegen Polen, Belgien, Luxemburg, Niederlande und Frankreich; Blitzkriege gegen Dänemark und Norwegen; dann der deutsche Luftkrieg gegen

England vom Juli bis Ende Oktober 1940 (Battle of Britain) – nirgends griffen die USA militärisch ein, nicht einmal zugunsten der »Verbündeten«, keine Kriegserklärung an Hitler.

USA lassen Hitler und Japan militärisch freien Lauf

Die japanische Invasion Chinas 1937 und die Besetzung Vietnams im Sommer 1941: Die USA reagierten nicht. Auch danach der Blitzkrieg der Wehrmacht gegen die Sowjetunion im Juni 1941 (Unternehmen Barbarossa) – keine militärische Reaktion von Seiten der USA.

Die USA reagierten militärisch erst, als am 7.12.1941 Japan den extrem hochgerüsteten US-Militärstützpunkt Pearl Harbor auf der Inselgruppe Hawaii überfiel. Diesen Angriff können sich die USA unter imperialistischen Brüdern und Schwestern allerdings mindestens zur Hälfte selbst zuschreiben: Sie hatten Hawaii annektiert und zu einem nach Asien und gegen Japan vorgeschobenen Militärstützpunkt ausgebaut. (siehe S. 84 ff.)

Erst dann erklärte die Roosevelt-Regierung Japan den Krieg. Erst als Deutschland und Italien einige Tage später, am 11.12.1941, den USA den Krieg erklärten, erklärten die USA Deutschland und Italien den Krieg.

Aber die US-Akteure griffen militärisch trotzdem nicht ein. Sie hatten andere Mittel und Ziele.

US-Kriegsziel 1940: »American Imperialism«

Das globale Kriegsziel der USA lautete: Amerikanisches Jahrhundert! Amerikanischer Imperialismus! Dieses Ziel wurde nicht von der Regierung entwickelt. Medientycoon Luce stellte sein *Life*-Editorial am 17. Februar 1940 unter die Überschrift »The American Century«. In *Life* und den zwei weiteren kapitalen Leitmedien *Fortune* und *Time* folgten Vorschläge, wie das »amerikanische Jahrhundert« aussehen sollte. Das ging zurück auf eine Serie von Roundtable-Diskussionen, die *Fortune* mit der Prominenz aus Wall Street und Konzernwelt organisiert hatte. In dem zusammenfassenden Bericht »An American Proposal« vom Mai 1942 in allen drei Medien hieß es: Nötig ist ein »American Imperialism«, »amerikanischer Imperialismus«.

Er sollte sich vom britischen Imperialismus – der »ein toter oder sterbender Imperialismus« geworden sei – unterscheiden: Es sollten nicht Plantagen betrieben und Reichtümer aus den anderen Staaten abtransportiert werden, sondern US-Banken und Unternehmen sollten in anderen Staaten so viel wie möglich in moderne industrielle Produktion investieren. Der New Deal Roosevelts solle internationalisiert werden, aber mit mehr Freiheiten für die Privatindustrie. Die USA, so hieß es, fürchten sich dabei auch nicht, »industriellen Rivalen zu eigener Stärke zu verhelfen«. So unbekümmert verkündete man öffentlich das Kriegsziel »amerikanischer Imperialismus«.[497]

Das hatte der Council on Foreign Relations – CFR vorberaten. Er richtete dann 1939 das *War and Peace Studies Project* ein. Hier entwickelten State Department, Professoren der Elite-Universitäten und Wall-Street-Anwälte konkrete Vorschläge, »um amerikanische Interessen zu sichern« und damit »zur zukünftigen Organisation der Welt« beizutragen. CFR-Präsident Norman Davis sah es wie Luce: »Das britische Empire wird niemals wiedererstehen ... die Vereinigten Staaten werden seinen Platz einnehmen.«[498]

Organisierte Vernichtung von Arbeiter- und Demokratiebewegungen

Für diesen *American Imperialism* müsse, so hieß es im American Proposal, der wichtigste historische Faktor der letzten Jahrzehnte, nämlich »der Aufstand des internationalen Proletariats«, bekämpft werden.

Dazu gehöre es – wie es auch die Neoliberalen um Lippmann, Hayek & Co. 1938 gefordert hatten –, dass die Arbeitsrechtsreformen des New Deal durch »restriktive Arbeitsregelungen« ersetzt werden.[499] Die Arbeit sollte billiger, die Lohnabhängigen sollten finanziell, rechtlich, organisatorisch und moralisch geschwächt und entkollektiviert werden. Dagegen sollen sich die privaten Kapitaleigentümer in vielfältigen, national wie international geeigneten Formen intensiver als bisher zusammenschließen: Die Arbeiterklasse wird ent-organisiert, die Kapitalistenklasse organisiert sich dagegen noch mehr als bisher.

Deshalb wurde folgendes Szenario entwickelt: Die USA müssen darauf eingestellt sein, dass »die Menschen in Europa nach zwei oder drei oder mehr Jahren Krieg in eine so schreckliche Situation geraten, dass revolutionäre Bewegungen entstehen, die zum Kommunismus neigen«.[500] Deshalb sollten schon während des Krieges in Europa die der »kommunistischen Gefahr« zugeschriebenen Kräfte ausgeschaltet oder stillgestellt werden. Gleichzeitig sollten schon während des Krieges die geeigneten Bündnispartner ausgesucht werden, die man für die Nachkriegsordnung des American Century brauchen würde. Diese Aufgabe wird im Krieg der neue, von dem Wall-Street-Anwalt Allen Welsh Dulles geführte Geheimdienst OSS übernehmen.

Erst sollen sich Deutschland und Russland gegenseitig zerstören

Das operative militärische Hauptziel war zweigeteilt: Der kapitalistische Hauptkonkurrent Deutschland sollte militärisch besiegt und wirtschaftlich erschlossen werden. Zugleich und mithilfe Hitler-Deutschlands sollte der Systemfeind Sowjetunion weitestgehend geschwächt werden – er war der wichtigste Repräsentant der gefürchteten internationalen Arbeiterbewegung und des alternativen Wirtschafts- und Gesellschaftssystems Sozialismus.

Deshalb sollten sich Deutschland und »Russland« möglichst soweit wie möglich gegenseitig zerstören. Danach hätten die USA freie Bahn zum »Wiederaufbau« Europas. Der damals führende republikanische Senator und erste Nachkriegs-US-Präsident Harry Truman erklärte zwei Tage nach dem Angriff der Wehrmacht auf die Sowjetunion: »Wenn wir sehen, dass Deutschland auf der Gewinnerstraße ist, müssen wir Russland helfen, und wenn Russland auf dem Weg ist, den Sieg davonzutragen, dann müssen wir Deutschland helfen. So lasst sie sich auf diese Weise so viel wie möglich gegenseitig umbringen, obwohl ich unter keinen Umständen Hitler als Sieger sehen möchte.«[501]

Am Folgetag berichtete die *Chicago Tribune:* Die größte Hoffnung der Nation müsse sein, »dass Hitler und Stalin sich gegenseitig vernichten.«[502] Diese Hoffnung hatte der Kapital-Stratege Lippmann schon 1938 mit dem Münchner Abkommen bilanziert. (siehe S. 229)

2. Dem Alliierten Großbritannien helfen und ihn schwächen

Am 14. August 1941, sieben Wochen nach dem Überfall der Hitler-Wehrmacht auf die Sowjetunion, proklamierten Roosevelt und Churchill die Atlantik-Charta. Sie war eine Neuauflage des 14-Punkte-Progamms von Wilson aus dem Jahr 1917: Die Grundsätze der internationalen Politik sollten »Hoffnung auf eine bessere Zukunft der Welt« geben. Sogar die Exilregierungen der weiteren westlichen Alliierten wie Frankreich, die Niederlande und Belgien waren nicht beteiligt. Vor allem: Die angegriffene Sowjetunion galt für die USA und Großbritannien nicht als Bündnispartner.

Wieder Wirtschaftskrise in den USA

So verlegten sich die US-Akteure auf großzügige wirtschaftliche Hilfen für die Verbündeten, vor allem Großbritannien, später dann auch für den kurzzeitig-taktischen Verbündeten, die Sowjetunion. Das hatte die US-Wirtschaft zudem bitter nötig. Der New Deal hatte nach einigen Anfangserfolgen nicht zu einem Wirtschaftsaufschwung geführt.

Die USA hatten 1937/38 wieder einmal und wie schon vor dem 1. Weltkrieg und dann wieder nach dem 1. Weltkrieg eine ihrer typischen Wirtschaftskrisen. Die USA als Land der im Vergleich zur Produktivität billigst gehaltenen Arbeitskräfte – von kleinen Berufsgruppen mit einflussreichen Gewerkschaften abgesehen – und der hohen Privatgewinne pendelten und pendeln schneller als andere zwischen Überproduktion und fehlender Kaufkraft, zwischen Bereicherung der Oberschicht und Massenarmut hin und her.

Den 1. Weltkrieg hatten die US-Akteure unter ähnlichen Voraussetzungen als bis dahin größten Wirtschaftsboom gestaltet. Was lag näher, als dieses profitable Geschäftsmodell zu wiederholen?

Nachdem Deutschland Großbritannien bombardierte, fanden die USA zunächst folgende Lösung: Sie verkauften dem britischen Verbündeten Waffen und Lebensmittel, aber gegen Barzahlung und Abholung (*cash and carry*), weil die königliche Regierung ihre Schulden aus dem 1. Weltkrieg noch nicht bezahlt hatte. Die USA lieferten 50 alte Zerstörer an die Royal Navy, dann Flugzeuge, Landfahrzeuge, Öl, weitere Rüstungsgüter, auch Nahrungsmittel in Dosen – für die Soldaten, und in großen Mengen für die Zivilbevölkerung.

Lend Lease Act: Vor allem Hilfe für die USA selbst

Als den Briten Geld und Gold ausgingen, tüftelte die Wall Street ein Vergütungssystem aus, das der Kongress in Gesetzesform goss: *Lend Lease Act*. Er trat am 11.3.1941 in Kraft. Er hatte nicht die primäre Zielsetzung, anderen Staaten zu helfen, sondern »die Verteidigung der Vereinigten Staaten zu fördern«, so hieß es im Gesetz. So floss der größte Teil der Gelder in die Ausweitung der wichtigsten US-Rüstungsbetriebe wie Ford, Chrysler, Douglas, Boeing, Bell, Cartridge-Wright und in den Hafenausbau.[503]

Insbesondere England bekam Kredite, aber mit Auflagen, etwa dass es nach dem Krieg seine gesamten Vorzugszölle, die in seinem Weltreich galten, aufheben und für US-Waren öffnen musste. Ebenso gab Großbritannien die Nutzung von Kolonien an die USA ab, die dort mit Verträgen über 99 Jahre Militärstützpunkte ausbauten und auch die Verwaltung, etwa die Justiz übernahmen, so auf den Bermudas, in Neufundland und Labrador.

»Hilfen« aus dem Lend-Lease-Programm gingen insgesamt an 30 Staaten. Nur die Sowjetunion musste direkt zahlen. Die anderen Staaten waren dagegen verpflichtet, nach dem Krieg den USA Militärstandorte zu überlassen und zu einer liberalisierten Wirtschaftsordnung beizutragen. Nebenbei: Das wird auch in der Europäischen Union realisiert werden. 2022 beschloss der US-Kongress ein Lend-Lease-Gesetz für die Ukraine. (siehe S. 286)

Roosevelt machte Edward Stettinius zum Vorsitzenden des *Office of the Lend Lease Program*. Er kam von GM, war dann Chef des größten Stahlkonzerns U.S. Steel. Die Stahlindustrie war mit der Auto- und Ölindustrie der größte Profiteur des Programms: Autokonzerne wie Ford, Dodge und Studebaker stellten auf Panzer- und Lkw-Produktion um, Stahl wurde für Gewehre, Flaks, Flugzeuge, Schiffe und Munition gebraucht. Die Ölkonzerne lieferten etwa 90

Prozent der Treibstoffe an die westlichen Alliierten und dann auch an die Sowjetunion.

Stettinius war schon im 1. Weltkrieg Mitglied des *War Industries Board* gewesen. 1943 nahmen die Konzerne die Sache noch direkter in die Hand: Stettinius wurde Chef des State Departments. Im Laufe der Kriegsjahre übernahmen immer mehr Konzernchefs und Banker Funktionen in den einschlägigen Ministerien.

So verzehnfachten die USA ihre Exporte allein nach Großbritannien zwischen 1939 und 1944 von 505 Millionen Dollar auf 5,2 Milliarden Dollar.[504] Das sollte aus Sicht der US-Industrie möglichst lange so weitergehen. Die Banker wollten möglichst lange viele Kredite vergeben. So setzten sich auch Morgan-Chef Lamont und Stettinius dafür ein, dass die USA Großbritannien nicht militärisch zu Hilfe kamen.[505] Der verlängerte Krieg schuf Extra-Gewinne und kein US-Soldat musste dafür kämpfen. Die Churchill-Regierung und die mitverdienende City of London waren damit einverstanden und bereiteten damit auch ihre noch tiefere Vasallenschaft nach dem Krieg vor.

US-Atombombe: Uran aus dem belgischen Kongo

Die USA praktizierten das Lend-Lease-Prinzip auch gegenüber anderen Verbündeten. So bezahlte Belgien sowohl während des Krieges wie danach die Kriegskredite durch die Lieferung wichtiger Mineralien sowie Kupfer und Kobalt aus seiner Kolonie Kongo; von hier kam auch das Uran für die US-Atombomben. Die belgische Exilregierung sicherte den USA weitere Vorteile für die Nachkriegszeit zu.[506] Dänemark stimmte für seine Kolonie Grönland schon 1940 der Nutzung durch die USA für den Militärstützpunkt Thule zu – den bauten die USA nach dem Krieg für ewig aus, insbesondere in Richtung der Sowjetunion, dann Russlands und der Arktis.[507]

Über 30 Staaten bekamen solche »Hilfen«. Den Hauptanteil bekam Großbritannien (31 Mrd.), dann die Sowjetunion (11), Frankreich (3), China (1,6), Niederlande (0,25), Belgien (0,16), sodann Griechenland, Norwegen, Türkei, Jugoslawien, Saudi-Arabien, Polen, Liberia, Iran und 22 weitere Staaten.[508]

Die Hilfen flossen zahlreich an antikommunistische Akteure wie die Vichy-Kollaborationsregierung in Frankreich, die königliche Kollaborationsregierung in Belgien, den Diktator Tschiang Kai-shek in China, den Scheich von Saudi-Arabien sowie an solche Regierungen, die in Lateinamerika und der Karibik von den USA eingesetzt worden oder sonstwie abhängig waren, z. B. in Kuba.

3.
Verspätet auch Lieferungen an die Sowjetunion

Nachdem die von den US-Konzernen hochgerüstete Wehrmacht ihre Blitzkriege im Westen und Norden erfolgreich beendet, die Front stillgelegt und noch kurz Griechenland und den Balkan besetzt hatte, hatte Hitler-Deutschland am 22. Juni 1941 seine Hauptkriegsaktion begonnen: Eroberung der Sowjetunion (»Unternehmen Barbarossa«). Es wurden zwei Ziele verfolgt: Erstens den riesigen Raum Russlands zur zukünftigen Ausbeutung erobern, auch durch Vernichtung von großen Massen der Bevölkerung, zweitens: Marxismus, Kommunismus, Sozialismus mit Stumpf und Stiel ausrotten. Die Wehrmacht wütete von Beginn an mit totalem ideologischem Vernichtungskrieg, mit Judenmassakern, Kommunistenmorden und verbrannten Dörfern und Fabriken.

USA rechnen mit einem erfolgreichen NS-Blitzkrieg in der Sowjetunion

In Washington glaubte man zunächst an einen erfolgreichen Blitzkrieg der Wehrmacht in der Sowjetunion.

Es herrschte die »Annahme, dass Hitler den Sieg in wenigen Wochen davontragen könne«; US-Militärs wie auch der britische Oberbefehlshaber Archibald Wavell schätzten: In maximal sechs Wochen ist »Russland« besiegt. US-Kriegsminister Stimson hielt den deutschen Überfall zudem für eine für die USA günstige »schicksalhafte Fügung«.[509] Die USA belieferten das Deutsche Reich noch drei Monate nach Beginn des Russlandfeldzugs, bis Oktober 1941, mit Öl und Benzin.[510]

Dann doch die Sowjetunion unterstützen, kurzzeitig!
Als die Sowjetunion aber den Blitzkrieg stoppte, schwenkten US-Konzerne und Roosevelt um. Ab Oktober 1941 wurde die Sowjetunion mit Kriegsmaterial beliefert, aber nur zögerlich. Erst ab 1943 nach dem Sieg des sowjetischen Militärs über die Wehrmacht bei Stalingrad begannen die ernsthaften US-Lieferungen – bis dahin waren lediglich fünf Prozent der Gesamtmenge geliefert worden. So wurde der Systemfeind nur kurzzeitig zum taktischen Verbündeten.

Der wichtigste Koordinator der Kriegslieferungen an die Sowjetunion war der Banker und Unternehmer Averell Harriman. Als Roosevelts Sonderbeauftragter pendelte er zwischen London, Moskau und Washington. Er hatte 1920 bilanziert, dass die sozialistische Revolution militärisch nicht besiegt werden könne und deshalb wirtschaftliche Beziehungen aufgebaut werden sollten. (siehe S. 127) In den 1930er Jahren hatte er den New Deal als Vorsitzender des National Recovery Council mitorganisiert und war Partner der Wall-Street-Bank Brown Brothers Harriman.

Tausende US-Unternehmen waren daran beteiligt, bis Kriegsende an die Sowjetunion ihre Produkte zu liefern: 400.000 Jeeps und Lkw, 13.000 Lokomotiven und Waggons, 90 Schiffe, 18.700 Bomber und Jagdflugzeuge, 7.000 Panzer, auch zehntausende Flakgeschütze und Maschinengewehre, Telefonkabel und Feldtelefone, Hochleistungsbenzin mit hoher Oktanzahl, Aluminium, dann Stiefel, Uniformen und Nahrungsmittel. Die Sowjetunion bezahlte – im Unterschied zu den westlichen Verbündeten – alle Lieferungen mit harter Währung, zum größeren Teil mit Mangan- und Chromerzen, den Rest mit Gold.[511]

4.
Wall Street leitet Hitlers Kriegsbank in der Schweiz

Um solche und weitere Transaktionen international zu organisieren, bekam die BIS eine weitere Funktion: Sie wurde Hitlers Kriegsbank, unter US-Führung. Der exterritoriale Status der BIS in der ohnehin auf geheime und kriminelle Geschäfte spezialisierten Finanzoase Schweiz war dafür ideal.[512]

Übertragung des tschechoslowakischen Goldes auf die Deutsche Reichsbank

Die erste Probe ihres Könnens hatte die BIS am 15. März 1939 geliefert. Die deutsche Wehrmacht hatte die Tschechoslowakei besetzt. Daraufhin schickte deren Zentralbank ein Telegramm zur BIS nach Basel: Die BIS solle die »bei der Bank of England in London deponierten tschechoslowakischen Währungsreserven von 23,1 Tonnen Gold an die Deutsche Reichsbank überschreiben. Am 24. März verbuchte die BIS dieses Geschäft und lieferte dem Aggressor Hitler auch noch die tschechoslowakischen Währungsreserven in London aus.«[513]

Der über die BIS mitorganisierte Raub in Europa zugunsten des NS-Regimes hatte begonnen. Bisher hatte der Niederländer Wilhelm Beyen die Bank geführt. Er hatte gute Beziehungen zum holländischen Konzern Unilever, dem weltgrößten Hersteller von Seifen und Margarine. Unilever hatte mehrere große Werke in Deutschland und förderte über die von ihm finanzierte Gruppe *Anglo-German Fellowship* die niederländischen Wirtschaftsbeziehungen zu NS-Deutschland. Beyen ermöglichte es über die BIS, dass Unilever einen Teil seiner Gewinne zum Hauptsitz nach London transferieren konnte, trotz des deutschen Devisenverbots.

Hitlers Kriegsbank unter Führung der Wall Street

Aber für die Kriegsgeschäfte wurde zum 1. Januar 1940 wieder ein Wall-Street-Banker zum BIS-Präsidenten: Thomas McKittrick. Er war 1917 Vizedirektor der First National City Bank und baute für deren Umgehungsgeschäfte die Niederlassung in der Schweiz auf, in Genf. Nach dem 1. Weltkrieg war er in der Filiale London der Wall-Street-Bank Lee Higginson, war dort auch Vorsitzender der US-Handelskammer.

Das *Wall Street Journal* kommentierte: »Mit der Ernennung eines Amerikaners soll die internationale Bank aus dem Bannkreis der europäischen Politik gerückt werden … McKittrick verspricht nicht nur eine neutrale, sondern auch effiziente Kontrolle der BIS in schwieriger Zeit.«[514]

In der BIS arbeiteten, wie schon vor dem Krieg, die Zentralbanken aller wichtigen, am Krieg beteiligten Staaten zusammen – unter Ausschluss der Sowjetunion:

- die USA und Großbritannien,
- die faschistischen Achsenmächte Deutschland, Japan, Italien,
- die NS-besetzten Staaten Frankreich, Belgien, Niederlande, Polen, Tschechoslowakei, Österreich,
- die »neutralen« Staaten wie die Schweiz und Schweden, die »nur« wirtschaftlich am Krieg teilnahmen.

Jenseits aller militärischen und politischen Gegensätze war man sich in der BIS einig: Die Sowjetunion bleibt ausgeschlossen. Sie war der gemeinsame Feind aller westlichen Diktaturen und Kapital-Demokratien.

Raubgold-Wäsche für Hitler-Deutschland

So wurde die BIS zu Hitlers Kriegsbank. Mit Kriegsbeginn war das Deutsche Reich eigentlich bankrott. Die Reichsmark galt international nichts mehr. Devisen für Deutschland konnte nur die BIS beschaffen.[515]

Zum Beispiel wusch sie Raubgold – wie im Falle der Tschechoslowakei –, das die Wehrmacht aus den Zentralbanken der besetzten Staaten stahl. Die BIS tauschte das Gold in Devisen – Schweizer Franken, schwedische Kronen, portugiesische Escudos, US-Dollars –, die das NS-Regime für den Kauf kriegswichtiger Güter im Ausland brauchte: Eisenerz, Kugellager und Kohle aus Schweden, Wolfram zur Stahlhärtung aus Portugal und Spanien, Rindfleisch aus Argentinien, Ölprodukte aus den USA.

Die BIS lenkte Arisierungsgewinne, die sich auf den Pariser Konten der Chase National Bank (Rockefeller) und Morgan ansammelten, zur Reichsbank. Die an der BIS beteiligten Privat- und Nationalbanken finanzierten die für das Deutsche Reich wichtigen Warenflüsse des 2. Weltkrieges und schöpften daraus Gewinne ab – die BIS war eine Aktiengesellschaft. So ließ sich auch die Deutsche Reichsbank ihre Dividenden auszahlen.

Wall-Street-Banker führt die kapitalistische Kriegsbank

Das Führungstrio bestand aus dem Präsidenten McKittrick, dem Franzosen Paul Auboin, der an Lippmanns Neoliberalismus-Treffen 1938 in Paris teilgenommen hatte, und dem Direktor der Deutschen Reichsbank, Paul Hechler. Eine wichtige Rolle spielte auch der Präsident der britischen Nationalbank, Bank of England, Montagu Norman, der in London viele nachgeordnete BIS-Operationen ausführte.

Die Vertreter des NS-Regimes und der Deutschen Reichsbank besetzten gleichberechtigt Posten als Direktoren und Mitglieder des Verwaltungsrats, so Reichsbankpräsident Schacht, Reichsbank-Vizepräsident Emil Puhl und der Kölner Privatbankier von Schröder, der in seiner Bank J. H. Stein das Sonderkonto der deutschen Industrie für die SS verwaltete und enge Beziehungen zu ITT und Londoner und New Yorker Banken hatte. (siehe S. 185) Mitarbeiter aus Deutschland stellten das größte Personalkontingent.

McKittrick ging nach dem Krieg dahin, wo er hergekommen war: Zur Wall Street. Er wurde Chef der Chase National Bank. BIS-Funktionäre übernahmen in der Finanzwelt der Nachkriegszeit führende Aufgaben, im IWF, im Marshall-Plan, in nationalen Zentralbanken, so Karl Blessing, der in der Bundesrepublik Deutschland Präsident der Bundesbank wurde.

5.
US-Produktion in Deutschland für die Wehrmacht

US-Konzerne belieferten auch im 2. Weltkrieg Freund und Feind und bedrohten die nationale Sicherheit der USA.

US-Konzerne: Wir beliefern Freund und Feind

GM-Chef Alfred Sloan erklärte zur Kriegsproduktion für die Wehrmacht: »Ein weltweit tätiges Unternehmen sollte sein Handeln strikt an geschäftlichen Überlegungen orientieren und dabei die politischen Meinungen seiner Manager ebenso außer Acht lassen wie die politische Meinung des Landes, in dem es tätig ist.«[516]

Auch der Ford-Chef hoffte, dass »weder die Alliierten noch die Achsenmächte den Krieg gewinnen«. Er trat dafür ein, dass die USA »Kriegsmaterial sowohl an die Alliierten wie auch an die Achsenmächte liefern, bis die beiden Lager, vollständig erschöpft, zusammenbrechen.« So produzierte Ford in den USA und in europäischen Niederlassungen für beide Seiten.[517] Und so produzierten US-Konzerne auch im Krieg für NS-Deutschland.

Seit 1917 galt in den USA der *Trading with the Enemy Act*. Das Gesetz verbot den Handel mit Feindstaaten. Aber US-Firmen lieferten während des Krieges trotzdem Schmieröle über das »neutrale«, aber nazifreundliche Spanien und über die »neutrale« Schweiz. US-Firmen fanden auch Umwege über nordfranzösische Kolonien – sie unterstanden der Vichy-Regierung, mit der die USA diplomatische Beziehungen unterhielten.[518]

GM belieferte beide Seiten: GM-Tochter Opel in Deutschland produzierte für die Nazis, GM-Tochter Vauxhall in Großbritannien produzierte für die Alliierten.

IBM lieferte die modernste Datenverarbeitung, für die USA, aber auch in Deutschland etwa für die Kriegs- und Gefangenentransporte in Europa und die Erfassung der KZ-Häftlinge.

Ford-Produktion für die Wehrmacht: Höhepunkt 1943

Edsel Ford, Sohn des Unternehmensgründers Henry Ford, blieb bis zu seinem Tod 1943 Vorsitzender des Aufsichtsrates der von Ford Motor Company umbenannten Ford Werke Köln AG. Die unter den Nazis steuerlich geförderte Pkw-Produktion stieg bis 1939 stark an, dann steigerten die Kölner Werke die bereits 1934 von der Wehrmacht bestellte Produktion von Militär-Lkw. 1943 waren dies 17.472 Lkw, 1944 immer noch 13.015. Die Kölner Werke kontrollierten auch die Ford-Betriebe in den von der Wehrmacht besetzten Staaten Frankreich, Belgien, Niederlande und Dänemark. Ford produzierte in den USA gleichzeitig für das US-Militär.

US-Konzerne:
Verschwörung gegen die »nationale Sicherheit« der USA

Die US-Konzerne schädigten dabei teilweise das US-Militär. Sie behinderten die von der Roosevelt-Regierung forcierte eigene Aufrüstung und die Belieferung des Bündnispartners Großbritannien. Auf US-Exporteure konnten sich die Nazis selbst dann noch verlassen, »als Öl und Benzin in den USA rationiert wurden.«[519]

1942 hatte das Justizministerium die 60-köpfige Ermittlungsgruppe *Economic Warfare Production* eingerichtet. Sie untersuchte die Verflechtung von deutschen Unternehmen mit US-Kartellen und die Produktion von US-Unternehmen für die Nazis. 1943 ergänzte der Kongressausschuss *Subcommittee on War Mobilization* unter Leitung des Senators Harley Kilgore die Ermittlungen.

Es stellte sich heraus: Die Kartellverträge der US-Firma Bausch & Lomb mit der Zeiss AG verboten, dass Bausch & Lomb nach Großbritannien liefern darf. Genauso verbot der Vertrag der deutschen Firma Askania mit der US-Firma Sperry Gyroscope, in ihrer englischen Niederlassung Technologie für englische Kampfflugzeuge zu produzieren. Ähnliches galt für Siemens & Halske mit Bendix Aviation.[520]

Das ITT-Kommunikationssystem des deutschen Oberkommandos der Wehrmacht (OKW) ermöglichte die Decodierung des US-Diplomaten-Codes.[521]

Am 22.9.1939 – also nach dem Überfall der Wehrmacht auf Polen – schlossen IG Farben und Standard Oil ein geheimes Abkommen: Danach konnte Standard Oil auch im Falle eines Krieges die von IG Farben erhaltenen Patente, etwa zur Kautschukproduktion, in den USA zurückhalten.

Aufschlussreich ist somit die Feststellung des Senatsausschusses, dass (nicht die Nazis, sondern) US-Konzerne sich der Verschwörung (conspiracy) gegen die USA schuldig gemacht und die nationale Sicherheit der USA bedroht haben.[522]

US-Filialen unter Zwangsverwaltung?

Vielfach behaupten US-Konzerne, ihre deutschen Filialen hätten unter Zwangsverwaltung gestanden.

Der Form nach stimmt dies. Aber Umgehungen waren einfach. Bei GM/Opel wurde das deutsche Mitglied des Aufsichtsrats Carl Lüer, in Absprache mit der GM-Zentrale, 1941 zum Aufsichtsratsvorsitzenden berufen und dann als Zwangsverwalter eingesetzt. Lüer war auch stellvertretender Leiter der Reichswirtschaftskammer. GM blieb Eigentümer. Die Gewinne wurden zum Aufkauf weiterer Unternehmen in Deutschland verwandt. GM kontrollierte alle Aktien und konnte alle Maßnahmen erlauben oder verbieten. In den USA gestand die US-Regierung gleichzeitig GM eine Steuerminderung wegen entgangener Gewinne zu. Nach dem Krieg wurden blockierte Dividenden an die Aktionäre ausgezahlt. GM erhielt Entschädigung für Kriegsschäden.[523]

Bei ITT Deutschland, deren wichtigster Kunde die Wehrmacht war – etwa über die Beteiligung am Flugzeughersteller Focke-Wulf –, ging es so: Sosthenes Behn, Chef von ITT in den USA, einigte sich mit Luftwaffenchef Göring, dass als Zwangsverwalter Dr. Gerhard Westrick eingesetzt wurde, ein Wirtschaftsanwalt. Der hatte schon 1939 formalrechtlich »das Stimmrecht über die US-Aktienmehrheit bei ITT in Deutschland übernommen, dann auch bei den ITT-Niederlassungen in der Tschechoslowakei, in Ungarn, Belgien, Norwegen, Dänemark und Frankreich. Doch alle wesentlichen Entscheidungen wurden weiterhin von Sosthenes Behn getroffen.«[524] ITT lieferte übrigens nicht nur für die deutsche Kriegsmaschinerie, sondern auch an die Achsenmächte Italien und Japan.[525]

Bei Ford, GM, ITT usw. durften die Gewinne in Deutschland nach der Kriegserklärung nicht an die Muttergesellschaften in den USA ausgeschüttet, sondern mussten reinvestiert werden. Nach dem Krieg konnten die US-Muttergesellschaften aber sofort auf ihr Eigentum und die Gewinne zugreifen.

NS-Funktionäre bedienen sich

Da blühte auch die NS-typische Korruption: Die formal in Vorstand und Aufsichtsrat entsandten NSDAP-Funktionäre kassierten ihre Vergütungen, ohne viel tun zu müssen, Spenden gingen an die SS.[526] Die Gewinne wurden für den Aufkauf weiterer deutscher Unternehmen verwandt, wie bei Opel/GM.

Coca-Cola: Aktiv im 3. Reich und die Erfindung der Fanta

Die deutsche Niederlassung von Coca-Cola, 1929 gegründet, war in Europa die erfolgreichste Niederlassung des schon damals weltgrößten Herstellers alkoholfreier Getränke. 1939 standen etwa 40 Abfüllanlagen in den großen deutschen Städten. Deutschland-Chef Max Keith war auch für die Niederlassungen im restlichen Europa zuständig, vor dem Krieg und auch während des Krieges. Göring und andere Nazi-Größen ließen sich gern bei Parteiveranstaltungen mit einer Coca-Cola-Flasche ablichten. Bei Aufmärschen der NSDAP und der Hitlerjugend wurden Cola-Werbe-Transparente ebenso aufgezogen wie bei den Olympischen Spielen 1936 in Berlin: »Coca-Cola köstlich und erfrischend«.

Weil Coca-Cola dann im Krieg mit allen US-Truppen weltweit mitzog, in Nordafrika, Italien, in Asien, war in Deutschland das weltbekannte Logo nicht mehr passend. Deshalb wurde die Produktion in Deutschland auf das Getränk »Fanta« umgestellt, abgeleitet von »fantastisch«, und es erhielt ein anderes, auch andersfarbiges Logo. Die Abfüllanlagen in Deutschland blieben ausgelastet, die Wehrmacht war wichtiger Abnehmer. Coca-Cola Deutschland ging so vor wie andere Konzernfilialen: Die erheblichen Gewinne wurden in Deutschland reinvestiert oder geblockt. Nach Kriegsende wurden sie an die US-Zentrale ausgeschüttet. Fanta ist bis heute ein Coca-Cola-Produkt und wird weltweit in rund 70 unterschiedlichen Geschmacksrichtungen hergestellt.[528]

Das NS-Regime schonte im Gegenzug solche Konzerne, die aus Deutschland an die USA lieferten. So produzierte die Bayer AG Medikamente gegen Tropenkrankheiten. Die US-Armee brauchte in Asien diese Medikamente in großen Mengen. Der deutsche Chemiekonzern lieferte sie über neutrale Staaten wie die Schweiz und Portugal.[527]

Zwangsarbeiter bei Ford, GM & Co. in Deutschland

Auch für US-Firmen in Deutschland war es selbstverständlich, Zwangsarbeiter zu beschäftigen.[529] Socony Vacuum Oil, vorher eine Tochter von Standard Oil, später Mobil, produzierte sogar im besetzten Polen für die Deutschen und ließ sich Zwangsarbeiter aus Auschwitz zustellen.[530] Ford, Opel/GM, IBM, International Harvester sowie ITT und GE als Großaktionär beim Flugzeughersteller Focke-Wulf und bei AEG gehörten zu den prominenten Beschäftigern von Sklavenarbeitern.

Wenn es, wie behauptet, während des Krieges keinen Kontakt und Einfluss von US-Seite gegeben hätte, warum haben gerade dann US-Aktionäre, US-Zentralen nicht dagegen protestiert, dass ihre Filialen in Deutschland Zwangsarbeiter, nicht nur russische und polnische und französische, sondern auch jüdische beschäftigten?

6.
Frankreich: USA und die NS-freundliche Vichy-Regierung

US-Konzerne belieferten die Wehrmacht nicht nur direkt aus Deutschland, sondern auch aus Frankreich und über neutrale Staaten wie die Schweiz, Schweden und Franco-Spanien.

US-Konzerne feiern Hitlers Blitzkrieg gegen Frankreich

Am 26. Juni 1940 feierten in Europa engagierte US-Konzerne im New Yorker Hotel Waldorf Astoria den Sieg Hitlers über Frankreich. (siehe S. 209) James Mooney von GM, Edsel Ford, Torkild Rieber von Texas Company (Texaco), William Weiss von Sterling Products und Dietrich Schmitz, Bruder des Kartellchefs der IG Farben / General Aniline fielen sich in die Arme.[531]

Das State Department wies den US-Botschafter Admiral Leahy an, mit der französischen NS-Kollaborationsregierung von Vichy unter Marschall Pétain die Beziehung »so eng wie möglich« zu gestalten und weitere Kontakte zu Militärs, Unternehmern und Bankern zu suchen.[532] Der Experte für Westeuropa und Nordafrika im State Department, Robert Murphy, bezeichnete Pétain neben Franco als wichtigen Gewährsmann wider »die rote Gefahr«.[533] Auch Churchill sah im Antisemiten Pétain den »verehrungswürdigen und erlauchten Marschall«.[534]

USA: De Gaulles »Freies Frankreich« und die Résistance ausschalten!
Dagegen bekämpften die USA die antifaschistische Bewegung »Freies Frankreich« von General Charles de Gaulle. Dieser war als Unterstaatssekretär aus der französischen Regierung ausgetreten, weil er deren NS-Sympathien und dem schnellen Waffenstillstand mit Deutschland nicht zustimmte. Er baute aus dem Londoner Exil eine provisorische Regierung auf. Er wollte mit den USA und Großbritannien zusammenarbeiten, aber Roosevelt wie Churchill lehnten ab.

Der Vichy-Regierung unterstanden die weltweiten französischen Kolonien, auch die im Krieg strategisch wichtigen Kolonien in Nordafrika: Algerien, Tunesien, Marokko. Die USA ernannten beim alliierten Einmarsch im November 1942 den Antisemiten Admiral François Darlan zum Militärgouverneur in Algier und zum Hochkommissar für die anderen nordafrikanischen Kolonien Frankreichs. Auch ihm gewährten die USA Hilfen aus dem Lend-Lease-Programm. Er hatte die Nürnberger Rassengesetze übernommen, hatte die Juden verfolgt, hatte Kommunisten ins Gefängnis gesteckt, hatte Anhänger de Gaulles verhaften lassen und Flüchtlinge aus Europa an die Gestapo ausgeliefert. Offiziere, die sich der Résistance anschlossen, wurden aus dem Militär entfernt.[535]

Nachdem Darlan einem Attentat zum Opfer fiel, setzte das State Department Henri Giraud ein. »Die Regime von Darlan und Giraud waren neofaschistisch und wurden unterstützt von den lokalen Kolonialherren, Bankiers und Industriellen.« Roosevelt und der Oberkommandierende der US-Militärs, Dwight Eisenhower, billigten die Praktiken ihrer neuen Verbündeten.[536]

Die USA, Großbritannien ebenso wie Darlan und Giraud lehnten alle Vorschläge de Gaulles ab, eine provisorische Regierung zu bilden. Die Ablehnung wurde noch heftiger, als de Gaulle offizielle Beziehungen zur Französischen Kommunistischen Partei (Parti Communiste Français, PCF) und zur Leitung der antifaschistischen Widerstandsbewegung *Conseil National de Résistance (CNR)* aufnahm. Diese hatten die Mehrheit der französischen Bevölkerung hinter sich.

US-Hochkommissar Jean Monnet: De Gaulle zerstören!

1943 wurde der französischstämmige US-Banker Jean Monnet von Roosevelt als Hochkommissar für die französischen Kolonien Nordafrikas ernannt, die vom US-Militär besetzt waren.[537] Monnet hasste de Gaulle und seine Bewegung »Freies Frankreich« wegen dessen Konzept der nationalen Souveränität Frankreichs – das widersprach den US-Kriegszielen. Monnet, der zukünftige »Gründungsvater Europas« von US-Gnaden, teilte am 6. Mai 1943 aus Algier der US-Regierung mit: Mit de Gaulle ist keine Verständigung möglich, er ist ein Feind des »europäischen Wiederaufbaus«, er muss »zerstört werden«.[538]

Als die USA, Großbritannien und ihre Alliierten im Juni 1944 in der Normandie landeten und auf Paris losmarschierten, wollten sie in Frankreich unter General Eisenhower ein militärisches Besatzungsregime einrichten (*Allied Military Government*, AMGOT). Wegen der großen Zustimmung der Bevölkerung zu de Gaulle, zur Résistance und zur Kommunistischen Partei ließen die USA im Juli 1944, nach der Befreiung von Paris durch die Résistance, die provisorische Regierung de Gaulles zwar zu, aber erkannten sie nicht an. De Gaulle machte sich bei den USA auch nicht dadurch beliebter, dass er versprach, die Kommunisten wegen ihres Ansehens als Antifaschisten zwar zu berücksichtigen, aber keinesfalls an Entscheidungen zu beteiligen.[539] Die USA verdrängten de Gaulle, setzten eine neue Regierung mit ihrem Vertrauten Jean Monnet sowie solchen Kollaborateuren ein, die während des Krieges vom Geheimdienst OSS ausgesucht worden waren. Diese Regierung wurde von den USA anerkannt.[540]

US-Konzerne und -Banken liefern jüdisches Eigentum aus

US-Konzerne und -Banken verhielten sich im besetzten Frankreich »neutral«, d.h. sie arbeiteten in Paris mit der Nazi-Besatzungsmacht zusammen.

Die französische Kapitalistenklasse hatte Hitler herbeigesehnt. Französische Konzerne wie Citroën, Renault, Peugeot produzierten im Krieg hochbezahlt für die Wehrmacht. Banken wie Crédit Lyonnais lieferten Aktien von vermögenden Juden an Deutschland aus.[541] Aber das taten auch US-Unternehmen.

In Paris pflegten die Niederlassungen der Wall-Street-Banken beste Beziehungen mit der deutschen Besatzungsmacht. Carlos Niedermann, Filialleiter von Chase Manhattan, berichtete im Mai 1942 seinen Chefs in New York: Wir haben »angenehme Beziehungen« zu den deutschen Behörden, Offizieren und Banken. Die Pariser Chase-Filiale sperrte in vorauseilendem Gehorsam die Konten jüdischer Kunden, noch bevor die Gestapo das befohlen hatte.[542]

Eine französische Regierungskommission stellte 1999 fest: Chase Manhattan, Morgan, Guaranty Trust, Bank of the City of New York und American Express arbeiteten bei der Enteignung französischer Juden eng mit der deutschen Besatzungsverwaltung zusammen. Allein Chase Manhattan fror »in enger Zusammenarbeit mit den NS-Behörden« etwa 100 Konten jüdischer Eigentümer ein.[543]

US-Konzerne gründen eigene Bank in Frankreich

Ford hatte in Frankreich drei Werke. Sie produzierten während des Krieges vor allem für die Wehrmacht: Flugzeugmotoren, Pkw und Lastwagen.[544] Im nordafrikanischen Oran, zur Vichy-Regierung gehörig, eröffnete Ford Frankreich 1941 eine neue Niederlassung, um vor Ort Lkw und gepanzerte Fahrzeuge für den deutschen Afrika-Feldzug unter General Rommel zu produzieren. 1943 eröffnete Ford ein weiteres Werk im besetzten Belgien, in Liège.[545]

Der Geschäftsführer von Ford Frankreich, Maurice Dollfuss, schrieb 1943 an seine Chefs in Detroit: Die Zusammenarbeit mit den deutschen Besatzungsbehörden und der Vichy-Regierung ist ausgezeichnet: »Wir arbeiten innerhalb eines gemeinsamen Rahmens, und ich kann Ihnen versichern, dass wir die bestmögliche Protektion bekommen werden.«[546] Ebenso verfuhren etwa GM und Dunlop.[547]

Zur finanziellen Abwicklung gründeten die französischen Filialen von Ford und IBM mit französischen Banken und der Deutschen Kredit-Bank eine neue, gemeinsame Bank: Société de Crédit Intercontinentale.[548]

7.
Franco-Spanien: Ausbau zur US-Bastion

Das faschistische Spanien wurde während des Krieges zu einer »wichtigen US-Bastion in Europa« ausgebaut, berichtete der US-Botschafter in Madrid, Carlton Hayes, über seine erfolgreiche Kriegsmission.[549]

Um Franco bei der Stange zu halten und seine Neutralität sicherzustellen, durfte Spanien das kriegswichtige Edelmetall Wolfram tonnenweise teuer an Deutschland verkaufen – die deutschen Rüstungskonzerne brauchten es für die Stahlhärtung bei Gewehren, Kanonen, Munition usw.[550]

US-Konzerne wie Westinghouse, Ford, GM, Chrysler, Singer erweiterten ihre Investitionen. Die USA begannen mit weiterer Wirtschaftsförderung, etwa im Bereich Tourismus. Hollywood produzierte, wie schon mit Goebbels in Deutschland geübt, mit francofreundlicher Zensur, d.h. mit nachträglichen Änderungen. Franco träumte mit dem US-Botschafter vom 3. Weltkrieg gegen den Kommunismus. »Spanien ist mehr ein amerikanisches als ein europäisches Land«, konstatierte zufrieden der US-Botschafter.[551]

Auch ITT produzierte in Spanien für Deutschland. Dabei konnte ITT unbekümmert das »nationale Interesse« der USA schädigen. Dieses Interesse war aber nur politisch, von der Regierung und vom Kongress definiert: Im Konfliktfall war und ist in den USA kapitalistisches Banken- und Konzerninteresse dem US-Staat übergeordnet.

8.
Schweden beliefert die USA und Deutschland

Über seine Niederlassung im neutralen Königreich Schweden automatisierte ITT das Telefonsystem im besetzten Dänemark im Auftrag NS-Deutschlands.[552]

Der schwedische Wallenberg-Konzern belieferte nicht nur Deutschland mit kriegswichtigen Gütern wie Erz, Kugellagern, Edelstahl, sondern auch die Alliierten, etwa durch seine Tochtergesellschaft Ericsson, an der zu einem Viertel ITT beteiligt war. Der

Wallenberg-Konzern verkaufte über seine Enskilda-Bank Unternehmensaktien, die ihren jüdischen Eigentümern geraubt worden waren, zugunsten des Hitler-Regimes und tarnte deutsche Beteiligungen an schwedischen Unternehmen.[553]

Schwedische Konzerne wie Ericsson, Asean Brown Boveri (ABB), Electrolux, AGA, Alfa Laval und Wicanders Svenska betrieben Niederlassungen in Deutschland.[554] Die größte waren die Vereinigten Kugellagerfabriken (VKF) mit mehreren Standorten – Schweinfurt, Stuttgart und Berlin, sie gehörten den Svenska Kullagerfabriken SKF. VKF war die größte Tochtergesellschaft von SKF und produzierte auf Bestellung der deutschen Wehrmacht. Der Einsatz von Zwangsarbeitern, die bei der SS bestellt wurden, war selbstverständlich.[555]

Die Schwedische Nationalbank (Riksbank) war in der US-geführten BIS vertreten und stellte mit Per Jacobsson den Chefökonomen. Die Wallenberg-Gruppe unterhielt enge Beziehungen zu ihm, wenn es z. B. um Arisierungen in Ungarn ging.[556]

Anders als dies wird die Geschichte des Mitglieds der Wallenberg-Familie Raoul Wallenberg immer wieder erzählt, der in Ungarn mehrere tausend Juden rettete, auch mithilfe von US-Geldern.[557] Er wurde international häufig geehrt. Dagegen wird die NS- und US-Kollaboration des Wallenberg-Konzerns von den US- wie schwedischen und deutschen Kapitalisten wie auch Historikern nachhaltig im Dunkel der verfälschten Kriegsgeschichte gelassen. Der hier zitierte Bericht der schwedischen Regierung aus dem Jahr 1999 wurde in den Leitmedien des US-geführten Westens allenfalls am Rande erwähnt, meist jedoch komplett beschwiegen.

9.
Schweiz: Rüstungslieferant und US-Finanzoase

Die eidgenössische Alpenrepublik war im 2. Weltkrieg »neutral«, d. h. sie war ein zentraler Hitler-US-Kollaborateur: Standort für den US-Geheimdienst, für die internationale Kriegsbank, die Bank für Internationalen Zahlungsausgleich – BIS, und sowieso für Schweizer

Banken sowie als Rüstungslieferant für NS-Deutschland – und der Staat Schweiz vertrat diplomatisch Nazi-Deutschland gegenüber allen Staaten, die wie die USA die diplomatischen Beziehungen abgebrochen hatten.

Das half auch Schweizer Unternehmen wie den Rüstungskonzernen Oerlikon-Bührle und Brown Boveri, die zu den größten Rüstungslieferanten für Deutschland gehörten. Die führenden Privatbanken und auch die Schweizer Nationalbank agierten als wichtige Dienstleister, Hehler und Kollaborateure für Deutschland, auch in Verbindung mit der BIS.[558]

Krupp und IG Farben nutzten das gesetzlich abgesicherte Angebot für Tarnfirmen. Dazu gehörte die Finanzholding IG Chemie, die von der IG Farben 1927 in Zürich gegründet worden war. Sie war die weitaus größte Kapitalgesellschaft der Schweiz und diente als Tarnung für die Niederlassungen der IG Chemie in den USA.

Umgehungsgeschäfte für US-Unternehmen

IBM gründete 1927 in der Schweiz die Internationale Geschäftsmaschinen Gesellschaft, 1937 umbenannt in Watson Business Machines, 1943 in IBM Extension Suisse. So konnte IBM seine für die Kriegsplanung wichtigen Datenverarbeitungen auch auf diesem Wege weiter an das Deutsche Reich verkaufen.[559]

US-Geschäftsleute nutzten die Schweiz für geheime Treffen mit Wirtschaftsmanagern der Nazis. So trafen sich am 21. März 1942 in Montreux und St. Moritz Vertreter der Hermann-Göring-Werke und des US-Rüstungskonzerns DuPont, so der Bericht des US-Konsuls in Basel.[560]

Eduard Hofer, Direktor der ITT Schweiz, stand auch während des Krieges im engen Kontakt zur New Yorker ITT-Zentrale. ITT Schweiz wurde von ITT-Betrieben in Deutschland und Italien, aber auch von solchen in den deutsch besetzten Staaten Belgien, Dänemark, Norwegen und Polen beliefert und produzierte damit »ganz legal« in der Schweiz für NS-Deutschland.[561]

Ein häufiger Gast in Bern zwischen 1941 und 1945 war Gerhard Westrick aus der Berliner Kanzlei Albert & Westrick. Die Kanzlei vertrat die deutschen Niederlassungen von Ford, GM, Kodak, Standard Oil und Davis Oil, Texas Company und Sterling Products genauso wie Krupp und Flick.[562] Albert & Westrick war die deutsche Korrespondenzkanzlei der Wall-Street-Kanzlei Sullivan & Cromwell mit den Anwälten John Foster Dulles und Allen Welsh Dulles, die großenteils dieselben Kunden hatten.

10. US-Geheimdienst: Gewinne sichern, Nazigegner schwächen

Die US-Regierung gründete 1942 ihren ersten Auslandsgeheimdienst, der nicht direkt einem Militär unterstand: Office of Strategic Services, OSS.

US-Geheimdienst: Geführt von Wall-Street-Anwälten

Zwei Wall-Street-Anwälte leiteten den neuen, für Kriegszwecke gegründeten US-Geheimdienst OSS, Office of Strategic Services: William Donovan von der Kanzlei Donovan, Leisure, Newton & Irvine war Chef von OSS. Allen Welsh Dulles von der Kanzlei Sullivan & Cromwell, gleichzeitig Direktor in der Schroders Bank an der Wall Street, leitete die wichtige OSS-Europazentrale. Sie hatte ihren Sitz in der Schweizer Hauptstadt Bern, der US-Botschaft zugeordnet, mit einer Nebenstelle am Finanzplatz Zürich.

Das OSS hatte in Europa drei Hauptaufgaben:

- Aktivitäten und Gewinne der US-Unternehmen in Europa sichern, dazu gehörten alle wichtigen politischen, ökonomischen und militärischen Informationen in NS-Deutschland und in den deutsch besetzten Staaten.
- Antifaschisten aller Couleur abschöpfen und je nach Ausrichtung stärken, lenken oder eben schwächen, unterwandern, instrumentalisieren, erpressen, desinformieren, ausschalten.
- Geeignetes antikommunistisches Personal für die US-Durchdringung Europas nach dem Krieg in Europa – in Ost wie West – aufspüren.

Zum OSS gehörten etwa 25.000 formelle und informelle Mitarbeiter, die mit landesüblicher Kleidung und gefälschten Pässen z. B. antifaschistische Partisanengruppen in Italien, Griechenland und Frankreich infiltrierten. Es wurden rechts- wie linksorientierte Intellektuelle einbezogen, aus den jeweiligen Staaten und aus den USA, so etwa Paul Baran, Paul Sweezy und Jürgen Kuczynski, auch Anhänger der marxistisch angehauchten »Kritischen Theorie« wie Herbert Marcuse. Nach dem Krieg wurden linksgerichtete Mitarbeiter »abgeschaltet« oder nicht in die Nachfolgedienste wie CIC und CIA übernommen.

Das OSS hielt international Kontakte zu allen Seiten, zu Nazis und Anti-Nazis, zu Unternehmern, Bankern, Politikern, Diplomaten, Gewerkschaftern und Priestern, in Jugoslawien zu den antikommunistischen monarchischen Tschetnik-Partisanen ebenso wie zu den Tito-Partisanen, in Italien zur Mafia wie zur demokratischen Resistenza, zur französischen Résistance unter kommunistischer Führung wie zu de Gaulle und ebenso zu den antisemitischen Generälen in den nordafrikanischen Kolonien Frankreichs. Für die Arbeiterbewegung war die Abteilung Labor Branch zuständig. Dulles verfügte über Millionensummen an Schwarzgeld in allen Währungen und ließ sie selektiv an die jeweils passenden Personen verteilen.

Weil es vorrangig um die Interessen der Konzerne und Banken ging, bestand die OSS-Führungsmannschaft aus weiteren Wall-Street-Anwälten, Bankern und Unternehmenschefs, so Theodore Ryan von Equitable Life Insurance; John Haskell, Vizepräsident der Börse New York; Hugh Angleton von National Cash Register; Junius und Henry Morgan von der Bank Morgan; William Vanderbilt vom Eisenbahn- und Banken-Clan; Alfred DuPont vom Rüstungskonzern DuPont; John Archibold von Standard Oil.[563]

Enger Kontakt zu Hitlers Kriegsbank

US-Konzerne benötigten Informationen aus allen Staaten, in denen sie Niederlassungen hatten und in die sie lieferten. Allen Welsh Dulles hielt deshalb auch ständigen Kontakt mit der BIS.[564] So führte Dulles während des Krieges den BIS-Chef McKittrick als Agent Nr. 644, den Hauptgeschäftsführer Auboin als Nr. 651, den deutschen Anwalt Westrick, der deutsche wie US-Konzerne vertrat, als Nr. 842.[565]

Der Bruder von Allen Welsh Dulles, John Foster Dulles, nach dem Krieg Chef des State Departments, agierte im Krieg als Anwalt der BIS.[566]

11.
In Italien: Mit der Mafia gegen Antifaschisten

Wie in Frankreich war die Kommunistische Partei Italiens (Partito Comunista Italiano, PCI) die wichtigste antifaschistische Kraft. Sie konnte sich trotz Illegalität halten. Die Resistenza begann mit kommunistisch geführten Arbeiterstreiks in Norditalien.[567] Neben der kleineren Sozialistischen Partei bestand der führende PCI aber nicht auf proletarischem Klassenkampf, sondern auf patriotischen und sozialen Werten, suchte das Bündnis mit Konservativen und Christen. Sie bildeten 1944 die Dachorganisation Comitato de Liberazione Nationale (CLN, Komitee für die nationale Befreiung).

Bewaffnete Partisanen bekämpften die deutsche Besatzungsmacht und faschistische Polizei. Man baute, regional unterschiedlich, ab 1943 Selbstverwaltungen von unten auf. Faschistische Verwaltungen wurden schrittweise ersetzt. Eisenbahnen und Krankenhäuser wurden ingang gesetzt, Notgeld wurde ausgegeben. Es entstanden einige Partisanenrepubliken.[568]

US-Bündnispartner: Die Mafia

Aber die USA und Großbritannien suchten andere Bündnispartner. Die militärische Besetzung Italiens begann im Juli 1943 in Sizilien – auch mithilfe der Mafia.

Die Mafia war von Mussolini aus Konkurrenzgründen – man war sich zu ähnlich – in den Untergrund gedrängt worden. Aber OSS-Chef Dulles stellte über die New Yorker Mafia die Verbindung zur sizilianischen Mafia her und weckte sie aus ihrem Schläferdasein.[569] Zusammen mit Großgrundbesitzern und Papst Pius XII. ordnete das US-Militär unter General Eisenhower die Verwaltung neu: Faschisten wurden abgesetzt, Antifaschisten wurden abgewiesen. 95 Prozent aller neuen Bürgermeister Siziliens waren Mafiosi oder wurden von der Mafia ausgewählt. So sollte dann möglichst auch weiter auf dem italienischen Festland verfahren werden.[570]

US-Militär: Verträge mit politischen Leichen

Nach der Absetzung Mussolinis im Juli 1943 fand das US-Militär den vom faschistischen System übriggebliebenen König Emmanuele III. und schloss mit der politischen Leiche einen Friedensvertrag. Mussolinis wegen militärischer Misserfolge zurückgetretener Generalstabschef, Marschall Pietro Badoglio, wurde als Ministerpräsident eingesetzt.

Das OSS ging davon aus, dass in Italien im März 1945 noch 182.000 bewaffnete Partisanen aktiv waren, nachdem etwa 70.000 von Wehrmacht und SS getötet worden waren, und dass weitere 500.000 Rekrutierungswillige bereitstanden. Die Roosevelt- und Churchill-Regierungen malten deshalb auch in Italien »die kommunistische Gefahr« an die Wand, die sie durch ähnliche Entwicklungen in Jugoslawien und Griechenland verstärkt sahen.[571] Dies war schon wegen der Programmatik des PCI Unsinn, aber auch wegen der Politik der Sowjetunion, die weder willens noch in der Lage war, die Partisanen zu unterstützen. In Wirklichkeit ging es den USA darum, eine demokratische, selbstbestimmte antifaschistische Neubildung Italiens schon während des Krieges im Keim zu ersticken.

Als US- und britische Truppen Rom eroberten, nahmen sie den Partisanen die Waffen ab. Widerwillige, sprich »kommunistische« Partisanen wurden ins Gefängnis gesteckt, die gutwilligen Partisanen bekamen Nahrungsmittel und Arbeitsplätze.

Separater Waffenstillstand in Italien

Der Schweizer Geheimdienstchef Max Waibel vermittelte für den SS-General Karl Wolff den Kontakt zum OSS. Die Führung der SS mit Heinrich Himmler setzte nicht ohne Grund darauf, dass sie ihren Kampf gegen den Kommunismus mit den USA gemeinsam weiterführen könne. Wolff verhandelte mit Allen Welsh Dulles. Die Sowjetunion blieb ausgeschlossen. Die US-Militärs vereinbarten Anfang 1945 eine separate Kapitulation mit der deutschen Wehrmacht in Italien (Operation Sunrise), vor der definitiven Kapitulation des Deutschen Reiches im Mai 1945.[572]

So wurde die Mafia zur größten, in Italien auch jahrzehntelang politisch – insbesondere in der neugegründeten »christlichen« Partei Democrazia Cristiana – einflussreichen Organisation des organisierten Verbrechens in Europa.[573]

12. Jugoslawien: OSS hat Angst vor Titos Massenbasis

Deutschland und Italien besetzten 1941 das Königreich Jugoslawien. In Kroatien setzte Hitler den Führer der faschistischen Ustascha-Bewegung, Ante Pavelić, als Diktator ein. Sein Regime ließ 22 Konzentrationslager errichten und Juden, Kommunisten, Antifaschisten jeder Richtung, Roma und ebenso orthodoxe Christen verfolgen und ermorden. Die katholische Kirche mit ihren Bischöfen unterstützte das Regime und stellte Priester als Wächter im KZ. Partisanen wurden an die deutschen Truppen ausgeliefert. Schätzungsweise wurden 400.000 Menschen ermordet, darunter 300.000 Serben.[574]

In kurzer Zeit fand die von der kommunistischen Partei unter Josip Broz Tito organisierte Partisanenbewegung breiten Rückhalt in der Bevölkerung, über ethnische und religiöse Grenzen hinweg. Ab 1943 konkretisierte Tito das Konzept für eine föderale, multiethnische Nation. Ausländische Industrie sollte verstaatlicht, ethnische Gegensätze sollten versöhnt werden.

Die antifaschistische Bewegung mit etwa 200.000 bewaffneten Partisanen wurde schnell zum einzigen oppositionellen Machtfaktor gegen die deutsche und italienische Besatzung und gegen das Pavelić-Regime. Unter Titos Leitung würden die Partisanen absehbar das Nachkriegsgeschehen in Jugoslawien dominieren. Deshalb unterstützten OSS und die Briten, die für den Balkan zuständig waren, Tito mit Waffen, Logistik und technischem Gerät. Damit sollte kurzfristig-taktisch Titos Jugoslawien zunächst zur neutralen Zone gemacht und der befürchtete Einfluss der Sowjetunion ausgeschaltet werden. Stalin hatte aber die Bitte Titos um Waffenhilfe sowieso verweigert.[575]

Tito machte in den Verhandlungen mit Großbritannien Zugeständnisse für die Nachkriegsordnung. Auf keinen Fall sollte die Monarchie fortgeführt werden. Tito war einverstanden, dass von den 25 Ministerien nur 6 von Kommunisten besetzt würden.

Geheimdienst-Chef Dulles: Tito isolieren!

OSS-Chef Dulles, zu dessen wichtigsten Agenten der Kroate Ivan Pavelić zählte (Nr. 501), inszenierte Tito, obwohl Stalin jegliche Unterstützung abgelehnt hatte – als sowjetisches U-Boot: Tito würde ein »totalitäres kommunistisches Regime« errichten, das die Sowjets als Muster für ganz Osteuropa nutzen könnten.[576] Vor allem die geplante Verstaatlichung westlicher Unternehmen – darunter Bergwerke – bestärkte Dulles' Hass. Deshalb unterstützten die USA bis zuletzt die exilierte, von den Briten in London alimentierte Marionette König Peter II. Das OSS bewaffnete – gleichzeitig mit der Unterstützung der Tito-Partisanen – die serbischen Tschetniks, die monarchistischen Partisanen, die mit der Wehrmacht kollaborierten und ihr Tito-Partisanen auslieferten. Die Tschetniks waren längst diskreditiert, in Serbien selbst, aber auch bei der britischen Regierung. Aber Dulles folgerte: Tito hat die Massen hinter sich, gerade deshalb müssen Monarchisten und Nazi-Kollaborateure unterstützt werden.

13.
US-Geheimdienst: Attentat gegen Hitler verhindern!

Das OSS hielt Kontakte fast zum gesamten Widerstandsbereich in Deutschland, von radikalen Linken über Sozialdemokraten, Kirchenführer bis zu Konservativen, den Militärs und Geheimdienstlern – nicht zu Kommunisten. Zu den registrierten Informanten gehörten der in die Schweiz exilierte Ex-Kanzler aus der Weimarer Republik, Joseph Wirth von der Zentrumspartei (Nr. 478), genauso wie namentlich ungenannte katholische und protestantische Kirchenfunktionäre (Nr. 665, 821), ebenso namentlich nicht genannte »deutsche Sozialisten« (Nr. 399-G) und »deutsche Sozialdemokraten und Eisenbahnarbeiter« (Nr. 399-N) sowie die »deutschen Arbeiterführer W. D., V. B., G. R.« (Nr. 831-833) mit ihren Namenskürzeln.[577] Dulles hatte als engsten Informanten den Vizekonsul im deutschen Generalkonsulat in Zürich, Hans Bernd Gisevius: Der sympathisierte mit den Attentätern um Claus Schenk Graf von Stauffenberg, hielt ständigen Kontakt mit ihnen, da er frei hin- und herreisen konnte.[578]

Das OSS hielt Kontakte zum Vatikan, zu dem häufig in Berlin weilenden schwedischen Banker Wallenberg, zum Verschwörer Carl Goerdeler, mit den führenden Sozialdemokraten Julius Leber und Wilhelm Leuschner, aber auch zu Linken von der »Roten Kapelle« und vom Nationalkomitee Freies Deutschland (NKFD), dessen Offiziere in der Gefangenschaft mit den Sowjets kooperierten.

Die USA und Großbritannien, die militärisch noch nicht auf dem Kontinent präsent waren, hatten sich auf »unconditional surrender« geeinigt: Deutschland soll sich bedingungslos ergeben! Keine Verhandlungen, auch nicht mit dem Widerstand um die Offiziere, Geheimdienstler und Bürgerlichen, die ein Attentat auf Hitler planten. Keine Verhandlungen mit dem Nationalkomitee Freies Deutschland NKFD und auch nicht mit den deutschen Offizieren und General Paulus, die nach der Niederlage in Stalingrad sich dem NKFD angeschlossen hatten. International und öffentlich spielten Roosevelt und Churchill den antifaschistischen Widerstand in Deutschland als nicht-existent herunter (»Ganz Deutschland wird von NSDAP und SS beherrscht«), obwohl sie über das OSS und Allen Welsh Dulles das Gegenteil wussten. Sie fürchteten: Nach Hitlers Tod und einem Waffenstillstand mit den Sowjets kommt eine SPD-geführte Regierung. Adam von Trott zu Solz, Mitglied der radikalen Widerstandsgruppe Kreisauer Kreis und mit Claus Schenk Graf von Stauffenberg Mitverschwörer des 20. Juli 1944, wurde beim OSS als Informant Nr. 800 geführt. Dulles ließ den Attentätern seit 1943 über alle Kanäle laufend eintrichtern: Von den Alliierten kommt keinerlei Hilfe! Auch deshalb verzögerte sich das schließlich gescheiterte Attentat.[579]

14.
Zivilbevölkerung bombardieren, Rüstungsindustrie schonen!

Während die USA den antifaschistischen Widerstand öffentlich verleugneten und praktisch behinderten, schonten die Bomber der Alliierten bis in die letzten Monate des Krieges die deutsche Industrie, besonders die Rüstungsindustrie – so die Ergebnisse des sofort nach Kriegsende vor Ort in Deutschland erstellten Berichts *The effect of strategic bombing on the German war economy*. Der Bericht wurde von einer US-Regierungskommission erstellt, zu der der bekannte Harvard-Ökonom und US-Regierungsberater John Kenneth Galbraith wie der deutsche Ökonom Jürgen Kuczynski gehörten.[580]

Die britischen und US-Militärs bombardierten bevorzugt die dicht besiedelten Stadtzentren: So etwa Köln, Dresden und Hamburg (Operation Gomorrha). In Köln zum Beispiel wurde die dicht bevölkerte Innenstadt in Schutt und Asche gelegt, während die Ford-Werke, das Kölner Industriegebiet Niehl und die ausgedehnten Villenviertel Marienburg und Lindenthal geschont wurden.

Die Wehrmacht kampffähig halten, gegen die »Russen«!

Insgesamt waren 131 deutsche Städte betroffen, zum Kriegsende hin auch Kleinstädte. Schätzungsweise wurden 500.000 Menschen getötet.[581] Die Systematik der Bombardements diente der Strategie: Die Bevölkerung terrorisieren, aber die Wehrmacht kampffähig halten, damit sie die vorrückende Rote Armee möglichst weitgehend schädigt.

Die deutsche Rüstungsindustrie war zum Kriegsende besonders produktiv. 1944 wurde die im Krieg größte Zahl an Kampfflugzeugen hergestellt.[582] Vom Kampfflugzeug ME 109 des Messerschmitt-Konzerns wurden im Krieg 30.000 Stück produziert, davon entfiel auf das Jahr 1944 die größte Zahl: 13.786 Stück. Sogar von Anfang 1945 bis zum letzten vollen Kriegsmonat, April 1945, wurden noch 2.969 Stück produziert.[583]

Auch Munitionsfabriken wurden nicht angegriffen, unter den zahlreichen Treibstofffabriken nur eine einzige, die Brabag-Hydrierwerke. Andere kriegswichtige Industrien wie die Autofabriken, die Militär-Lkw produzierten, wurden geschont wie die bereits genannten Kölner Ford-Werke: Sie übertrafen 1943 mit 17.472 Lkw sogar die Vorkriegsproduktion von 1939, 1944 wurden noch 13.015 Militär-Lkw produziert. So konnte Ford Köln sofort in den ersten Tagen nach dem Einmarsch des US-Militärs weiterarbeiten und die ähnlichen Fahrzeuge des US-Militärs reparieren.[584]

Alliierte: Rüstungsindustrie nicht bombardieren!

Die Wehrmacht sollte gut gerüstet gegen die vorrückende Rote Armee kämpfen können. Dies zeigte sich auch bei der Bombardierung der Stadt Dresden im Februar 1945. Die britischen und US-Bomber warfen – wie später die Atombomben in Hiroshima und Nagasaki – ihre tödliche Fracht nur auf die bewohnte Innenstadt ab. Weder wurden Truppen der Wehrmacht noch die in den Vororten konzentrierte Industrie bombardiert.[585] Der US-Kriegsgefangene Kurt Vonnegut, der mit mehreren Kameraden im Keller des Dresdner Schlachthofes Nr. 5 den Feuersturm überlebte, hat später die Ereignisse im Roman »Schlachthof 5« (Slaughterhouse Five, 1969) verarbeitet. Für den Massenmord mussten die Offiziere bei der Befehlsausgabe an die Piloten lügen, etwa dass in Dresden das Hauptquartier der deutschen Wehrmacht sei. Gegenüber anderen Piloten wurde das Hauptquartier der Gestapo angeführt.

Sofort nach dem Krieg ließ die US-Regierung unter Leitung des bekannten Ökonomen und Regierungsberaters J. Kenneth Galbraith vor Ort die Bombenschäden dokumentieren: Die Rüstungsindustrie war geschont, die Bevölkerung terrorisiert worden.[586] 87 Prozent des Maschinenparks der IG Farben – des weitaus größten Unternehmens mit tausenden von chemischen und Metall-Betrieben – konnten unbeschädigt genutzt werden. Und die industrielle Fertigungskapazität lag wegen Steigerungen im Krieg über denen des Jahres 1939. Die deutsche Industrie sei »startklar«.[587]

Das Bombardieren und Töten von Zivilbevölkerung gehört seit

dem US-Bürgerkrieg zu den selbstverständlichen Praktiken des US-Militärs, auch später, am bekanntesten etwa in Vietnam, im Irak, in Afghanistan …

Daran ist auch erkennbar, wie sich in der Art des Militärs die jeweilige Politik niederschlägt: Die Rote Armee war auf Verteidigung ausgerichtet. Das britische und US-Militär hatte eine wesentliche Komponente in der Fähigkeit, aus der Luft weitflächige und schnelle Angriffe außerhalb des eigenen Territoriums zu organisieren, und zwar in einem Krieg, der sich auch gezielt auf die Tötung von Zivilbevölkerung richtete.[588]

15.
Neues Weltfinanzsystem: IWF und Weltbank

Die USA und Großbritannien bereiteten auch auf dem Gebiet der Finanzen die Nachkriegsordnung vor.

Neue Leitwährung: US-Dollar

Im Juli 1944 berief man im US-Bundesstaat New Hampshire die Konferenz von Bretton Woods ein. Auch hier wollten die USA kein System gleichberechtigter Nationen. Zunächst schmetterte die US-Delegation die Vorschläge der britischen Delegation ab: Deren Leiter Keynes hatte eine neu zu schaffende, neutrale Währung vorgeschlagen (Bancor).[589]

In der Begründung für das neue Finanzsystem tauchten Formulierungen aus der Atlantik-Charta auf: freier Handel, Abschaffung des Protektionismus, Förderung der wirtschaftlichen Entwicklung aller Nationen. Doch die USA installierten sich als Ober-Protektor. Die Währungen der in Bretton Woods vertretenen 44 Staaten wurden an den Dollar gebunden.

In den beiden hier gegründeten Institutionen, Internationaler Währungsfonds (IWF) und Internationale Bank für Aufbau und Entwicklung (später Weltbank), behielten sich die USA das Vetorecht gegen alle Entscheidungen vor. Sie bestimmten die Höhe der Einlagen jedes Staates und schusterten sich die Sperrminorität zu. Die

USA hatten das Recht, die Finanzverhältnisse der anderen Staaten zu überprüfen, wenn diese Kredite beantragten. Kein Mitgliedsstaat von IWF und Weltbank stellt bis heute so viele vor allem leitende Mitarbeiter wie die USA. So erhielten und erhalten die USA einen privilegierten Einfluss auf die Finanzverhältnisse anderer, auch »befreundeter« Staaten.

1944: Hitlers Kriegsbank wird fortgeführt

US-Finanzminister Henry Morgenthau wollte Hitlers Kriegsbank, die Bank für Internationalen Zahlungsausgleich – BIS, schließen. Die provisorische Regierung Frankreichs unter de Gaulle schloss sich an.[590] Denn erstens traten ja die beiden Bretton-Woods-Institutionen IWF und Weltbank an die Stelle dieser bisherigen internationalen Bank. Und zweitens hatte sich die BIS als Finanzier des Nazi-Regimes gründlich diskreditiert. Doch Wall Street, Bank of England und State Department widersprachen. Sie wurden unterstützt von der Mehrzahl der nach Bretton Woods eingeladenen Staaten. Dazu zählten die Diktaturen aus dem US-Hinterhof wie die Dominikanische Republik, Honduras, Guatemala, Kuba, Nicaragua, Ecuador, El Salvador, dann die von den USA eroberten und ohne eigene Staatlichkeit verwalteten Philippinen. Aus dem britischen Einflussgebiet waren etwa die Marionettenmonarchie Ägypten und der Apartheidsstaat Südafrika vertreten. So wurden IWF und Weltbank die modernisierte, weiter globalisierte Fortsetzung der BIS. Aber so blieb zusätzlich auch die BIS erhalten, bekam nach 1945 neue Aufgaben als Zentralbank von noch zahlreicheren Zentralbanken und wurde als weiteres Instrument der US-Vorherrschaft über das Weltfinanzsystem ausgebaut, zunächst für den Marshall-Plan.[591]

Am Ende der Bretton-Woods-Konferenz durfte der Sprecher des privilegierten Verlierers Großbritannien, Delegationsleiter Keynes, das idealistische Friedensgerede darbringen: »44 Länder haben gelernt zusammenzuarbeiten, damit die menschliche Brüderschaft mehr wird als eine Phrase«. Dann standen alle Teilnehmer auf – abgespielt wurde die US-amerikanische Nationalhymne: »God bless America«.[592]

16.
USA: Arisierung und Holocaust verdrängen

Arisierung und Holocaust wurden in den USA bis nach Kriegsende von den führenden Kapitalisten, der Regierung und den Leitmedien verdrängt – mit der Arisierung blieb das bis heute.

Arisierungen: Kein Thema

Bis Ende 1937 hatten Unternehmer, Banken und Behörden in Deutschland rund 3.000 größere Firmen jüdischer Eigentümer enteignet und »häufig gegen ein Spottgeld an die nichtjüdische Konkurrenz verramscht.«[593]

Aber weder US-Regierung noch die in Deutschland präsenten Wall-Street-Banker, Wall-Street-Anwälte und US-Konzerne hatten während des Hitler-Regimes gegen die Arisierung zehntausender jüdischer Unternehmen, Geschäfte von Kaufleuten und Handwerkern protestiert. Arisierung – das war business as usual, genauso wie die Förderung faschistischer Diktatoren. Wie hatte doch Avery Brundage, erfolgreicher Bauunternehmer in Chicago und Präsident des Amerikanischen Olympischen Komitees, der für Hitler gegen internationalen, auch jüdischen Boykott Olympia in Berlin 1936 gesichert hatte, doch ganz normal bekundet: Bei mir im Golf-Club von Chicago gibt's auch keine Juden! (siehe S. 214)

Seit seiner Gründung 1942 war der US-Geheimdienst OSS mit Europasitz in Bern über die beginnende »Endlösung der Judenfrage« informiert: Massaker in Polen, der Sowjetunion, im Baltikum und der Ukraine, dann zahlreiche KZ in Osteuropa, Gaskammern, Massentransporte aus besetzten westeuropäischen Staaten, Massenvernichtungen. Berichte von jüdischen und anderen Informanten, darunter westlichen Diplomaten etwa aus Prag, liefen seit 1942 beim OSS in Bern ein.[594]

Proteste gegen Judenvernichtung in New York

Zu den Dauerinformanten des OSS gehörte Eduard Schulte, erfolgreicher deutscher Unternehmer im besetzten Polen, Wehrwirtschaftsführer: Er fuhr ab 1942 wiederholt in die Schweiz und informierte die Genfer Vertretung des Jüdischen Weltkongresses über »Millionen Juden am Rande der Vernichtung«. Schulte wurde vom OSS abgeschöpft und als Informant Nr. 643 geführt, zusammen mit einem ihm zugeordneten weiteren Informanten mit der Nr. 675.[595]

Die Information gelangte nicht über den OSS, sondern über den Jüdischen Weltkongress nach New York. Am 24. November 1942 gab Rabbi Stephen Wise, Präsident des Jüdischen Weltkongresses, bei einer Pressekonferenz in New York bekannt: Die Nazis bereiten die Massenvernichtung der Juden vor, etwa in KZ in Polen. Wise berichtete über Gaskammern und dass die Nazis Seife aus den Leichen der Juden machten. Doch nur fünf der 17 größten US-Zeitungen machten daraus eine Schlagzeile. Von Januar bis März fanden in New York und London Protestversammlungen mit zehntausenden Teilnehmern statt.[596]

Aber OSS, State Department und Leitmedien würgten Informationen und Proteste ab | Dulles hielt in Bern Berichte über die Judenvernichtung zurück. Er kabelte nach Washington: Das ist »ein wildes, von jüdischen Ängsten inspiriertes Gerücht«.[597]

Finanzminister Morgenthau wies in seinem Bericht an den Präsidenten darauf hin: Wenn es keine Gegenmaßnahmen gibt, »wird diese Regierung für alle Zeiten eine Mitverantwortung für diese Vernichtung tragen«. Aber das State Department agierte als Judenhetzer: »Dieser Jude Morgenthau.«[598]

Das State Department verbot die Weiterleitung von Informationen an die Öffentlichkeit. Die Öffnung des Landes für die Aufnahme von mehr jüdischen Flüchtlingen wurde abgelehnt. Der Jüdische Weltkongress gab 1943 seine erfolglosen Proteste auf.[599]

Die US-Visaabteilungen in Italien, Deutschland, Frankreich, der Schweiz, Spanien und Portugal hatten schon vor dem Krieg möglichst wenige Einreisegenehmigungen ausgestellt, insgesamt einige tausend, nur an wenige reiche und prominente Juden.

Juden vor dem Transport nach Auschwitz schützen? Nein! | Der Jüdische Weltkongress forderte dann aber 1944 und 1945 wiederholt:

Die Eisenbahnlinien von Budapest nach Auschwitz müssen bombardiert werden, um den Abtransport der ungarischen Juden zu verhindern!

Aber der stellvertretende Kriegsminister, Wall-Street-Anwalt McCloy, lehnte ab: Dies sei keine Frage der nationalen Sicherheit! Die US-Militärführung behauptete: Wir haben keine Kapazitäten frei! Freilich hatte die Air Force viele Kapazitäten frei, um die Bevölkerungen in den dicht besiedelten Zentren deutscher Städte zu bombardieren und zu töten.[600]

USA: Keine Rückgabe arisierter Unternehmen!

Für die Nachkriegsplanung legte die US-Regierung fest: Keine Rückgabe arisierten Eigentums! Die Rückgabe würde »erhebliche soziale Spannungen in Deutschland auslösen«, hieß es im Memorandum des *Executive Committee on Economic Foreign Policy* vom Juli 1944.[601]

Beim Nürnberger Kriegsverbrechertribunal nach dem Krieg wurde die Arisierung ganz ausgespart, sogar in den wenigen Verfahren gegen Unternehmer wie Flick und Krupp und gegen Manager der IG Farben. Bis heute wurde arisiertes Unternehmenseigentum nicht zurückgegeben, bestenfalls mit geringen Summen »entschädigt«[602] – nur bei Kunstgegenständen und Häusern wird bis heute mit einzelnen Rückgaben aufwendig und öffentlichkeitswirksam herumgemacht.

Im Jahre 2000 kam immerhin die – sehr überschaubare – Entschädigung der noch lebenden ehemaligen Zwangsarbeiter hinzu – aber keine Rückgabe von Unternehmen. Jüdische Lobbyorganisationen trugen und tragen das mit, ebenso der Staat Israel. Das ist US-Kapital-Praxis: Arisierung war und bleibt rechtens. Der stärkere Kapitalist gewinnt, auch wenn er ein Verbrecher ist.

Antisemiten verwandeln sich in Prosemiten

Nach dem 2. Weltkrieg werden die US-Akteure im Laufe eines Jahrzehnts den vorher geförderten, genutzten, geduldeten Antisemitismus schrittweise, vorsichtig, scheinbar unmerklich in sein Gegenteil inszenieren. Die führenden Antisemiten verwandelten sich in die führenden Prosemiten.

Allerdings übersieht der US-Prosemitismus den Palästinenser-Hass in Israel – der darf im »jüdischen Staat« Israel regierungsamtlich exekutiert und im US-geführten sonstigen Westen heuchlerisch, aber praktisch umso nachhaltiger unterstützt werden.

17.
Massenmord: Zwei Atombomben auf Zivilisten

Japan hatte die Sowjetunion verschiedentlich gebeten, beim Aushandeln eines Waffenstillstands mitzuhelfen, denn zwischen beiden Staaten bestand ein Neutralitätspakt. Außerdem könnte die Sowjetunion den Pakt kündigen, Japan den Krieg erklären und zur Niederlage Japans beitragen.[603] Doch die US-Regierung bremste diese Möglichkeiten einer schnelleren Kriegsbeendigung aus.

US-Präsident Truman: Den Krieg gegen Japan verlängern

Roosevelt-Nachfolger Truman brauchte noch Zeit, damit im Juli 1945 der letzte Atomtest in der Wüste von New Mexico durchgeführt werden konnte; erst dann würde die Atombombe einsatzfähig sein.

Die Sowjetunion sollte daran gehindert werden, als Alliierter in die japanisch besetzten Gebiete Nordchina, Mandschurei und auch in Japan mit einzumarschieren. Die USA wollten das besetzte Asien alleine befreien, um ihr Einflussgebiet mithilfe auch der japanischen Nazi-Kollaborateure zu erweitern – und um ihren faschistischen Schützling Tschiang Kai-shek auf dem chinesischen Festland vor Niederlage und Bestrafung zu retten.

Das State Department hielt Mitte Mai 1945 fest: Wenn die Sowjetunion dem Krieg gegen Japan beitrete, dann »werden die Mongolei, die Mandschurei und Korea nach und nach in den russischen Einflussbereich geraten, und unausweichlich werden China und auch Japan ihnen folgen.«[604]

US-Militärs warnen: Atombomben sind militärisch unnötig

Die führenden US-Generäle Dwight Eisenhower, Douglas McArthur, Carl Spaatz und William Leahy setzten sich seit November 1944 dafür ein, dass die Sowjetunion in den Kampf gegen Japan einbezogen werde.[605] General George Marshall stellte am 18. Juni 1945 fest: »Die Wirkung des russischen Eintritts wird in der hoffnungslosen Situation Japans der entscheidende Schritt zur Kapitulation sein, wenn wir gleichzeitig von See kommen«.[606]

Und die Militärs erklärten den Einsatz der Atombombe für militärisch unnötig.[607] Japan stand sowieso der Kapitulation nahe. Auf der Hauptinsel mit der Hauptstadt Tokio war nur ein Viertel des Militärs präsent, der größere Teil war durch See- und Luftblockade an der Rückkehr gehindert, Flotte und Luftwaffe waren ausgeschaltet.[608] Zudem hatte Japans wichtigster Bündnispartner, Deutschland, bereits im Mai 1945 kapituliert. Der Bündnispartner Italien hatte schon zwei Jahre vorher kapituliert. Und der Geheimdienst G-2 des US-Militärs fügte am 7. Juli zur aussichtslosen Situation Japans hinzu: Die von den Japanern eingesetzten »Marionetten-Regime« in Korea, Thailand, Burma, Mandschurei zerfallen.[609]

Massenmord an der Zivilbevölkerung

Trotzdem warf die US Air Force auf Befehl Trumans am 6. August die hastig fertiggestellte, in ihren Auswirkungen auf militärische und zivile Ziele nicht ausgetestete Atombombe Little Boy über der japanischen Stadt Hiroshima ab, am 9. August die zweite, doppelt so zerstörerische Atombombe Fat Man über Nagasaki, jeweils über dem Stadtzentrum.

Es wurden hunderttausende Zivilisten ermordet, wenn man die Folgen der Atomstrahlung bis heute und in der Zukunft miteinbezieht. Es wurden auch tausende koreanische Zwangsarbeiter und zwölf gefangene US-Piloten in den Tod geschickt.

Die Abwürfe hatten keinen militärischen Sinn, sonst hätten sie, wenn überhaupt, über militärischen Einrichtungen erfolgen müssen. Truman lehnte zudem ab, die Bevölkerungen von Hiroshima und Nagasaki vorher zu warnen und eine Evakuierung zu ermöglichen. Truman log in seiner Presseerklärung am Tag des Abwurfs: Hiroshima sei wegen seiner Industrie- und Transportanlagen ausgewählt worden. Die gab es aber nicht.[610] Das galt auch für das drei Tage später bombardierte Nagasaki. Beide Städte standen nicht auf der Liste der Air Force mit den 33 wichtigsten Angriffszielen in Japan.[611]

Die US-Regierung wollte die zerstörerische Wirkung zudem außerhalb der USA am »lebendigen Objekt« testen: Die Bomben wurden gezielt auf bewohnte Städte geworfen, die zudem noch keine Zerstörungen aufwiesen. Wie viele Menschen und Gebäude können durch die Atombomben vernichtet werden? Das wusste man noch nicht, denn alle bisherigen Tests hatten in unbewohntem Gebiet stattgefunden. Und warum mussten es zwei Abwürfe sein? Little Boy erhielt seine Zerstörungskraft durch hochangereichertes Uran, Fat Man erhielt seine Zerstörungskraft durch das wirksamere Plutonium.

Abseits der Öffentlichkeit gab Truman später selbst zu, dass die Atombombe »Mord« bedeutet: Sie sei »weit schlimmer als Gas und biologische Kriegsführung, denn sie wirkt auf die Zivilbevölkerung und ermordet sie massenhaft« (murders them wholesale).[612]

Als Truman bei anderer Gelegenheit vor Kameras über den Abwurf informierte, sagte er: »Diese Stadt ist jetzt unbewohnbar.« Dabei grinste er überlegen. Diese Sequenz wurde in den US-Medien sofort zensiert und tauchte nicht mehr auf.[613]

Lizenz zum Töten: Japaner als Untermenschen

Die US-Kriegspropaganda hatte »die Japaner« als Nips und Japs herabgesetzt und als Tiere und Untermenschen verhöhnt. Das gehört zur US-Kriegsführung: Auch Zivilbevölkerung ist Hass- und Tötungsobjekt.

Die Verächtlichmachung asiatischer Menschen hatte im US-Militär seit der Eroberung der Philippinen Tradition. Der seit damals übliche Begriff war »gook«: klein, hässlich, minderwertig, schmutzig, hinterhältig. Er war später auch im US-Krieg gegen die Befreiungsbewegung in Korea üblich und wurde spätestens im Krieg gegen Vietnam synonym mit »Kommunist«.

Die GIs machten deshalb im Kampf gegen Japan in der Regel keine Gefangenen, sondern erschossen sie, verstümmelten Leichen, schlugen Köpfe ab, führten Leichenteile als Trophäen herum.[614] Die US-Truppen »sahen die Japaner so wie die Deutschen die Russen sahen – als Untermenschen«.[615]

Einsatz gegen das Gespenst des »Kommunismus«

Die Sowjetunion sollte aus Ostasien ferngehalten werden. Zudem bildeten sich vor der Potsdamer Konferenz in mehreren von der Roten Armee befreiten Staaten neue Regierungen. Die Sowjetunion forderte deren Anerkennung durch die Westalliierten, diese lehnten ab.[616]

Auch das ohne sowjetische Hilfe durch Titos Partisanen befreite Jugoslawien wurde dem sowjetischen Einflussbereich zugerechnet. Auch Griechenlands Befreiungsbewegung »drohte« zu gewinnen; und obwohl auch sie ohne sowjetische Unterstützung auskam, wurde sie im antikommunistischen Furor des aufsteigenden »American Imperialism« der Sowjetunion zugeschrieben.

So vertraute Präsident Truman unmittelbar nach dem Abwurf der beiden Atombomben einem Berater während der Potsdamer Konferenz an: Jetzt können wir diese Kerle – gemeint waren die »Russen« – züchtigen.[617]

USA bis heute: Möglicher Ersteinsatz der Atombombe

Truman widerrief sofort die Abmachung mit den Sowjets, sie zur militärischen Operation gegen Japan heranzuziehen. Ebenso beendeten die USA sofort alle Hilfen, die man der Sowjetunion bisher gewährt hatte. Der von seiner Nützlichkeit entbundene Verbündete wurde in wenigen Tagen das, was er vorher gewesen war: Systemischer Hauptfeind. Für Truman und für seine Nachfolger wurde die Sowjetunion zur Verkörperung der »Kräfte des Bösen« (forces of evil).[618]

Am Tag des Abwurfs über Nagasaki erklärte Truman: Rumänien, Bulgarien und Ungarn dürfen »keiner Einflusssphäre irgendeiner Macht angehören«, verbunden mit der Ankündigung, die Atombombe im alleinigen Besitz der USA zu halten und keine Kontrolle zuzulassen.[619]

Der verbissene Kampf gegen die »bolschewistische Gefahr« rechtfertigte den Massenmord in Hiroshima und Nagasaki an unbeteiligten Menschen, Kinder eingeschlossen. Bis heute halten sich die USA den Ersteinsatz der Atombombe für weitere Konfliktsituationen offen – etwa in Europa.

Schon im Krieg: Atombombe gegen Sowjetunion gerichtet

Die Militärs und das State Department hatten das Atombombenprojekt (»Manhattan Project«) an sich gezogen, finanzierten es geheim ohne Beteiligung des Finanzministers Henry Morgenthau. Sie entwickelten die von Hitler-Deutschland begonnene Atombombe weiter – die Furcht vor der deutschen Atombombe war der Auslöser für das US-Projekt gewesen.

Drei Wochen vor dem Abwurf schickten 155 an dem Projekt beteiligte Wissenschaftler eine Petition an den US-Präsidenten, dass die Bombe nicht eingesetzt werden solle. Doch General Leslie Groves, der Leiter des Projekts, leitete die Petition nicht weiter. Groves schrieb später, 1962, in seinem Buch »Now it can be told« (Jetzt kann es ausgesprochen werden): »Es gab für mich nie eine Illusion darüber, dass Russland unser Feind war. Auf dieser Grundlage wurde das Projekt betrieben.«[620]

Bereits im Dezember 1945 sah der Plan Operation Totality einen Erstschlags-Atomkrieg gegen die Sowjetunion vor, mit dem Abwurf von bis zu 30 Atombomben auf die 20 größten Städte. Der Plan wurde bis 1948 laufend ergänzt, zuletzt mit einem Einsatz von 130 Atombomben. Er wurde nur aufgegeben, weil die informierte Sowjetunion schnell selbst Atombomben für den Gegenschlag entwickelt hatte.[621]

Atombomben-Abwürfe: *New York Times* organisiert die Zensur

Nach den Abwürfen wachten US-Zensoren darüber, dass die radioaktive Verseuchung nicht bekannt wurde. Reporter blieben von Hiroshima und Nagasaki ausgesperrt. Niemand durfte fotografieren. Zwei Journalisten schafften es trotzdem in den ersten Monaten nach dem Abwurf:

- Das Manuskript des Pulitzer-Preisträgers Georges Weller wurde durch die US-Militärführung aus dem Verkehr gezogen und konnte erst 2006 von seinem Sohn veröffentlicht werden.
- Der australische Reporter Wilfred Burchett konnte nur außerhalb der USA, im Londoner *Daily Express* am 5. September 1945, seinen Artikel »Die Atompest« veröffentlichen, aber dann jahrzehntelang nichts mehr.[622]

Die auch damals als seriös, als journalistisches Flaggschiff geltende, »liberale« *NYT* übernahm die Gegenpropaganda der US-Regierung – gerade ihr »kritisches« Image war dafür günstig. Der Wissenschaftsjournalist der *NYT*, William Laurence, stand auf der Gehaltsliste des Pentagon. In seiner Titelgeschichte vom 13. September 1945 bezeichnete er die Darstellung von Burchett als »japanische Propaganda«, es gebe gar keine radioaktiven Strahlungen.[623] Erst in den 1990er Jahren, angestoßen durch Burchett, konnten US-Autoren genaue Recherchen über die Strahlungen veröffentlichen. Die Petition der 155 Atomwissenschaftler, die vor dem Einsatz der Bombe gewarnt hatten, wurde mit den Namen der Unterzeichner erst 1998 veröffentlicht. Die *NYT* – führende Aktionäre: BlackRock & Co. – hat bis heute diese Funktion: »kritisch« hochprofessionell über Nebensachen berichten und alle Regierungs- und Geheimdienstlügen, die im »nationalen Interesse« liegen, verbreiten: »bolschewistische Gefahr«, US-geförderte Diktaturen, US-inszenierte Feinde, Kriege in Vietnam, Irak, Afghanistan, Jugoslawien, Libyen ...[624]

Leó Szilárd, der mit Albert Einstein Präsident Roosevelt zu Beginn des Krieges die Entwicklung der Atombombe empfohlen hatte – damit Nazi-Deutschland dem nicht zuvorkommt –, bekannte zwei Jahrzehnte später, kurz vor seinem Tod: »Wenn die Deutschen statt uns Atombomben auf Städte geworfen hätten, hätten wir den Abwurf von Atombomben auf Städte als Kriegsverbrechen bezeichnet, und wir hätten die Deutschen für schuldig gesprochen, zum Tode verurteilt und gehängt.«[625]

Tödliche Halluzination der »kommunistischen Gefahr«

Wie tief die Halluzination der »kommunistischen Gefahr« die führenden Demagogen selbst erfasste, zeigte James Forrestal. Bis 1937 war er Mitinhaber von Dillon Read, der damals drittgrößten Wall-Street-Bank. 1947 wurde er von Truman zum US-Verteidigungsminister berufen.

Der glühende Antikommunist Forrestal wollte weit mehr aufrüsten als der ebenfalls aufrüstungsbesessene US-Kongress bewilligte. Truman entließ ihn 1949, Forrestal erlitt einen Nervenzusammenbruch und wurde in die psychiatrische Abteilung des Militärhospitals Bethesda eingeliefert. Er stürzte sich aus seinem Krankenzimmer im 16. Stock, nachdem er im Garten des Krankenhauses russische Tanks »gesehen« hatte.[626]

»Demokratischer« Vasall Japan

Truman hatte auf der Konferenz von Potsdam im Juli 1945 der Erklärung zugestimmt, dass »die Autorität und der Einfluss derjenigen, die das Volk von Japan betrogen und in einen Welteroberungszug missgeleitet haben, für alle Zeit ausgemerzt« wird. Dazu gebe es »keine Alternative«.[627]

Doch nach dem Krieg machte Truman sofort das Gegenteil. Die US-Regierung richtete in Japan eine Vasallenregierung ein: Sie wurde aus dem Personal des herrschenden Clans rekrutiert, der den Krieg angeführt hatte. Ein winziger Teil des politischen und militärischen Personals wurde nachsichtig bestraft, aber die Eigentümer des Privatkapitals, die Gewinner des Kriegs, mit denen die USA zuvor Handel betrieben hatten, wurden weiter gefördert. Die Monarchie blieb erhalten, denn sie war auch hier wie in West- und Nordeuropa ein schützendes Milieu für faschistoide Mittäter und ein Bollwerk gegen die »kommunistische Gefahr«.

Die US-Besatzungsmacht blieb mit Militärstützpunkten im Land. Auf nationale Souveränität und demokratische Reformen pochende Politiker wurden verfolgt, gewerkschaftliche Streiks wurden niedergeschlagen, Streiks im öffentlichen Dienst wurden verboten. Die USA legten den Wechselkurs zwischen Yen und Dollar fest. Konzerne wie Fuji, Mitsubishi und Sumitomo wurden mit billigen US-Krediten aufgepäppelt. Die USA bauten Japan zu ihrem Bollwerk im Osten Eurasiens aus.

Nachfaschistischer Imperialismus unter US-Führung

1936 hatten die beiden wichtigsten faschistischen Mächte, Deutschland und Japan, den Anti-Komintern-Pakt gegründet. Den Völkerbund hatten sie verlassen. 1937 hatte sich nach der Eroberung Äthiopiens das faschistische Italien angeschlossen. 1940 bildeten die drei

Regime den Drei-Mächte-Pakt, auch genannt Achse Berlin – Rom – Tokio. Man wollte den Systemfeind, die Kommunistische Internationale mit der Kernmacht Sowjetunion, vernichten und gleichzeitig auf der Erde drei kapitalistische Großreiche errichten: Europa von Lissabon bis Wladiwostok sollte unter deutscher Vorherrschaft stehen, Asien unter japanischer Vorherrschaft und das Mittelmeer mit Teilen Afrikas unter italienischer Herrschaft.

Ab 1939 schlossen sich die kleineren faschistischen und faschismusnahen Mächte an: Zunächst Ungarn, das von dem Hitler-Bewunderer Miklós Horthy regiert wurde, 1940 folgten die faschistischen Regierungen Bulgariens, Finnlands, Rumäniens sowie die Regierungen der von der Wehrmacht besetzten Länder Dänemark, Kroatien und Slowakei.

Die USA regten, ähnlich wie nach dem 1. Weltkrieg, die Gründung der Vereinten Nationen an, hielten sich aber bei Bedarf nicht an die dort beschlossenen Rechte – Völkerrecht und Universelle Menschenrechte –, sondern bauten daneben ihre eigene Weltordnung auf: investiv, militärisch, geheimdienstlich, rechtlich, medial.

So entwickelten die US-Akteure nach dem Krieg den als Kriegsziel definierten, übergreifenden, neuen »American Imperialism« weiter. Er vereint(e) die drei gescheiterten Reiche und die ehemaligen Verbündeten als Vasallen unter einem gemeinsamen Dach. Dafür zogen die USA die jeweiligen Kapital-Eliten heran und oktroyierten parlamentarische, allerdings antikommunistisch gesäuberte, abhängige Kapital-Demokratien – wie in Japan, geschmeidig den Verhältnissen angepasst unter US-Protektion auch im Separatstaat Bundesrepublik Deutschland, in Frankreich, Belgien, den Niederlanden, Italien, Schweden, Spanien, Portugal, in der EU, auch in der »neutralen« Schweiz, deren Kapitalisten schon im Krieg ihre Komplizenschaft sowohl mit Nazi-Deutschland wie mit den USA lukrativ bewiesen hatten.

Das imperialistische Handwerkszeug

Die US-Akteure demonstrierten zuletzt in Japan mit dem wiederholten Massenmord von Hiroshima und Nagasaki wesentliche ihrer Praktiken:

- Angabe falscher Kriegsziele
- Eigenes Handeln als das Handeln einer anderen Partei ausgeben (false flag)
- Gezielte Tötung von Zivilpersonen als Teil der Kriegsführung
- Fremde, rassistisch degradierte Ethnien als Versuchskaninchen für die Erprobung neuer Tötungspraktiken
- Leugnen und Vertuschen von Folgen des eigenen Handelns
- Keine Entschädigungen für schwerste Völkerrechts- und Menschenrechtsverletzungen, keine Entschuldigung
- Zensur: staatliche Zensur und mediale Selbstzensur, Mittäterschaft von »kritischen« und »liberalen« ‚Qualitäts'medien
- Entstaatlichungen: In besiegten Staaten mithilfe einheimischer Oligarchen Einrichtung einer in wesentlichen Bereichen (Militär, Investitionen …) von außen gelenkten, antikommunistischen Fassaden-Demokratie
- Straflosigkeit bei Kriegsverbrechen für Präsidenten, Generäle, Bank- und Konzernchefs und deren Berater
- Ständige Erweiterung von Militärstützpunkten in anderen Staaten, neu gegründeten Separatstaaten und annektierten Territorien rund um die Erde

18.
Der »Kalte Krieg« begann im heißen Krieg

Der »Kalte Krieg« ist eines der findigen Narrative, mit denen die US-Fake-Industrie die US-Praktiken seit dem 2. Weltkrieg bis heute verschleiert.

Der Begriff wurde vom wichtigsten US-Ideologen des 20. Jahrhunderts popularisiert: Walter Lippmann.[628] In der Creel Commission hatten der gewendete Harvard-Edel-Sozialist im 1. Weltkrieg die US-Bevölkerung im wendehälsigen Schnellgalopp auf den vorher abgelehnten Kriegseintritt getrimmt. Lippmann gehörte danach zu den Mitbegründern der auch psychoanalytisch begründeten Meinungsmanipulation, und er stieß in Kritik am New Deal Roosevelts die erneuerte kapitalistische Irrlehre mit an, den Neoliberalismus.

»Kalter Krieg« war und ist heißer Krieg

»Kalter Krieg« soll bedeuten: Nach dem 2. Weltkrieg ist der militärische Krieg zu Ende, und es beginnt die Phase der nicht-militärischen Auseinandersetzung zwischen dem »freien Westen« und dem »kommunistischen Ostblock«.

Doch in Wirklichkeit begann der »Kalte« Krieg spätestens mit der Münchner Appeasement-Konferenz 1938. Die US- und die britische Regierung lehnten immer wieder die Vorschläge der Sowjetunion ab, Bündnisse gegen das aufrüstende Hitler-Deutschland einzugehen, nach dem Überfall auf die Sowjetunion 1941 endlich militärisch zu intervenieren und die Westfront gegen die deutsche Wehrmacht zu eröffnen. Aber Roosevelt und Churchill stützten die Hitler-Wehrmacht so lange wie möglich durch Rüstungsgüter, wodurch die Rote Armee so weit wie möglich vernichtet werden sollte. Die Westfront wurde so spät wie möglich, ein knappes Jahr vor Kriegsende, eröffnet, im Frühjahr 1944.

Gleichzeitig unterwanderten Agenten des US-Geheimdienstes OSS in ganz Europa die national und/oder sozialistisch motivierten Widerstandsbewegungen gegen die faschistischen Besatzungen. Insbesondere die Kommunisten sollten ausgeschaltet werden, während zugleich rechtsradikale, monarchistische und andere NS-Kollaborateure unterstützt wurden. Dies setzen die USA mit dem ebenfalls von Allen Welsh Dulles geführten Nachfolgedienst CIA nach dem 2. Weltkrieg erweitert fort.

Oder historisch genauer gesagt: Der kalte, heiße vielgestaltige Krieg der USA in Europa hatte bereits mit der militärischen Intervention gegen die Sowjets 1917 begonnen und wird als Systemkonflikt bis heute auf dem ganzen Planeten fortgeführt.

VIII.
Der weiterdauernde Systemkonflikt

Nach dem 2. Weltkrieg waren die USA Mitbegründer der UNO, bauten aber – wie schon nach dem 1. Weltkrieg neben dem Völkerbund – eine eigene Weltordnung auf: eigene Militärbündnisse und einen eigenen Typ von Wirtschaftsbeziehungen mit privaten Schiedsgerichten, weltweiter Betrieb von mehreren hundert Militärstützpunkten, auch auf annektierten Territorien, Lagerung von Atombomben in »befreundeten« Staaten, die darauf keinen Zugriff haben. Zu dieser Praxis gehörten Dutzende völkerrechtswidrige Putsche, Kriege, Stellvertreterkriege, Militäroperationen wie in Korea, Nicaragua, Indonesien.[629]

Neben der UNO und gegen die UNO bauen die USA verstärkt seit den 1990er Jahren zusätzlich eine alternative, von ihnen so getaufte »Internationale Gemeinschaft« auf, zu der wechselnde US-Vasallen herangezogen werden. So praktizieren die USA neben dem UN-Völkerrecht ihre Erfindung einer »regelbasierten internationalen Ordnung« (rules-based international order), führen völkerrechtswidrige Kriege wie in Jugoslawien/Serbien, im Irak, in Afghanistan, Syrien und Libyen, exekutieren auch von deutschem Boden aus weltweite Drohnenmorde und bereiten Stellvertreterkriege durch Aufrüstung und Förderung rechtsradikaler Kräfte vor – wie seit 1994 in der Ukraine.

Und neben den Universellen Menschenrechten entwickelten die

USA eine selektive Variante vor allem individualistischer, egoistischer »Menschenrechte«, zunehmend konzentriert um Sexualität, ohne die Sozial- und Arbeitsrechte. Da präsentieren US-Konzerne und Kapitalorganisatoren wie BlackRock und ihre Leitmedien young coloured people und fordern die Geschlechtergerechtigkeit für Frauen – aber nur für die US-gefälligen jungen Führungskräfte, während die Mehrzahl der Frauen in untergeordneter Arbeit menschenrechtswidrig ausgebeutet, erniedrigt und verarmt wird wie nie zuvor – in den USA selbst wie in den US-Investitionsstandorten der EU und ebenso im annektierten »Überseegebiet« Puerto Rico, in Indien, Vietnam, Taiwan, in der Ukraine usw.

1.
USA: Nur der US-geführte Kapitalismus ist gut

Kapitalisten und ihre Lobbyverbände wie der Council on Foreign Relations – CFR, Business Roundtable & Co., Regierung, Militär, Geheimdienste, Leitmedien und private Elite-Universitäten der USA fördern seit Beginn keineswegs, wie sie suggerieren, den Kapitalismus als allgemeines System, sondern nur einen US-geführten Kapitalismus: Andere nationale und regionale Kapitalismen können zwar erst einmal gefördert, aber auch geschädigt, degradiert und verarmt werden wie gegenwärtig die EU.

Gutes Russland, böses Russland – obwohl beide kapitalistisch

Als nach 1990 das nun kapitalistische Russland mit dem korrupten und besoffenen Boris Jelzin einen US-freundlichen Staatschef hatte, der Unternehmen an einheimische Oligarchen und US-Investoren verscherbelte, die Bevölkerung verarmte und Selbstmorde zunahmen – da war Russland ein Freund.

Aber als das immer noch kapitalistische Russland danach mit Wladimir Putin einen nationalbewussten Staatschef hatte, der den Ausverkauf stoppte und die Verarmung bekämpfte und die Selbstmorde zurückgingen – da inszenierten die USA Russland zum Todfeind.

Democracy notfalls mit Diktatoren und Oligarchen

Die US-Kapital-Demokratie fördert seit ihrer Gründung auch nicht grundsätzlich die Demokratie, sondern ein jeweils US-geführtes Regierungssystem.

Zu deren Führungskräften gehören im Konfliktfall aber nicht Demokraten, sondern Diktatoren und sonstige Varianten antidemokratischer und monarchischer Autokraten wie die Faschisten des 20. Jahrhunderts in Europa, dann in der EU und im Europa des 21. Jahrhunderts rechtsradikale Oligarchen wie besonders in Polen, Ungarn, Kroatien, Nordmazedonien, im Baltikum und Kosovo und in der Ukraine.

US-Kapital-Demokratie: Kapital ist wichtiger als Demokratie

Die US-Kapital-Demokratie bedeutet auch nicht, dass die Regierung den Staat regiert. Auch die gewählten Abgeordneten der von den Kapitalisten als dienlich selektierten und dauerfinanzierten, korrumpierten Parteien regieren den Staat nur formell. Vielmehr regieren die führenden Kapitalisten.

Die führenden Konzerne, Banken und ihre Multi-Aktionäre wie gegenwärtig BlackRock, Vanguard, State Street & Co. sind Staaten im Staate, besetzen im eingespielten Drehtürmechanismus Regierungs-, Behörden- und Beraterposten nach der Methode von *revolving door* (Drehtür) und *regulatory capture* (Übernahme der Aufsichtsbehörden).[630]

- Die führenden US-Kapitalisten haben die Staatsverschuldung zu ihren Gunsten in solche Höhen getrieben, wo eine Rückzahlung in der bisherigen Logik nicht mehr möglich ist. Jede von den Kapitalisten verursachte Finanz- und Wirtschaftskrise führt zu neuer Überschuldung, mithilfe derer der Staat erpresst wird (*debtocracy*). Das gilt an erster Stelle für die USA selbst, aber auch immer mehr für ihre Einflussgebiete wie die EU.
- Die führenden Kapitalisten organisieren die demokratiezerstörende Klassenspaltung zwischen der dauerhaft verarmten und kranken Mehrheitsbevölkerung und der winzigen Minderheit der asozialen Superreichen und ihrer gut belohnten Mittätern in

Unternehmen, (»sozialen«) Medien, Regierungen, Beratungsfirmen.

- Das US-Militärbudget wird in immer neue Höhen geschraubt – es beträgt im Jahre 2022 mehr als die Militärbudgets aller 12 nächstgroßen Staaten zusammen, unter denen auch die Todfeinde Russland und China sind.
- Das moralische Ansehen der beiden korrupten ‚Regierungs'parteien ist in einem historischen Tief und bringt vordergründig noch korruptere und offener rechtsradikale Führungsfiguren wie Donald Trump hervor – mit ähnlichen Figuren in den besonders US-hörigen Staaten wie Großbritannien, Israel und der Ukraine.

Zangengriff von NATO und Marshall-Plan

Nach dem seit der US-Gründung entwickelten Muster ging im Zangengriff von Kapital und Militär die Eroberung Europas, zunächst Westeuropas weiter: Mit Marshall-Plan und NATO und zusätzlichen Militärstützpunkten in den NATO-Mitgliedsstaaten, mit offener und verdeckter Förderung ex-faschistischer und neu formierter antikommunistischer Kräfte, in Westeuropa zunächst vielfach in plötzlich christlicher Einkleidung wie beim bundesdeutschen Politikdarsteller Konrad Adenauer.

Mit Napalm, Sturzkampffliegern und Beratern griffen die USA ab 1948 in den griechischen »Bürgerkrieg« ein, um die aus dem Antifaschismus entstandene Befreiungsbewegung zu vernichten: Erst dann wurde das Geld des Marshall-Plans ausgezahlt.

Weiter heißer Krieg, mit möglichem atomarem Erstschlag

Im angeblich »Kalten« Krieg führten die USA weitere heiße, mörderische Kriege wie in Vietnam, organisierten Dutzende blutige Putsche in Südamerika, in der Karibik, in Asien. Das war also weder ein Kalter Krieg noch ein »Ost-West«-Konflikt. Vielmehr war es ein heißer Krieg des vor dem 2. Weltkrieg öffentlich ausgerufenen *American Imperialism* gegen Demokratie, Menschenrechte und nationale Befreiung in Europa wie auf allen Kontinenten.

Dem so scheinbar freundlich geförderten Standort (West-)Europa wurde zudem eine tödliche Aufgabe aufgezwungen: Der von den USA geleitete, auch atomar mögliche Stellvertreterkrieg gegen die Sowjetunion und heute gegen Russland. Unter Präsident Barack Obama haben die USA ihre Doktrin des atomaren Erstschlags erneuert.[631]

Die NATO-Gründungslüge wird fortgesetzt

Nach dem Zusammenbruch der Sowjetunion und der osteuropäischen sozialistischen Staaten ging der US-Zangengriff von Kapital und Militär weiter: Die seit einem Jahrhundert von den USA inszenierte »bolschewistische Gefahr« als Begründung für die NATO war weggefallen. Aber das eigentliche Ziel war schon nach dem 2. Weltkrieg die Eroberung Eurasiens, also zusätzlich ganz Russlands: Dieses Ziel blieb bestehen, und deshalb wurde und wird die NATO fortgeführt – und immer weiter an die Grenzen Russlands vorgeschoben.

So ging mit der neu inszenierten NATO-Gründungslüge die US-Eroberung Europas als »Osterweiterung« weiter. Dabei musste, damit die Prioritäten klar waren, bei jedem Staat zuerst die NATO-Mitgliedschaft vollzogen werden, bevor die EU-Mitgliedschaft folgen durfte, und wieder mit zusätzlichen US-Stützpunkten in neuen NATO- und EU-Mitgliedsstaaten und neu formierten Separatstaaten (Kosovo, Nordmazedonien), und wieder mit der Förderung rechtsradikaler Kräfte und Oligarchen.[632]

2.
Ukraine: US-Schlüsselstaat für die Eroberung Eurasiens

Frühzeitig, 1997, gab der langjährige US-Präsidentenberater Zbigniew Brzeziński die angepasste Marschrichtung für das alte Endziel vor: Die Eroberung des gar nicht mehr kommunistischen, sondern nun kapitalistischen Russland. Brzeziński legte offen: Europa ist der »geopolitische Brückenkopf Amerikas in Eurasien«. Dabei ist Deutschland der »Musterknabe und stärkste Anhänger Amerikas« – und die Ukraine ist der Schlüsselstaat für die Eroberung ganz Eurasiens »von Lissabon bis Wladiwostok«. Seit 1994 habe deshalb der Ausbau der Beziehung zwischen der Ukraine und den USA »höchste Priorität«.[633]

Damit sollte die Stellung der USA als »einzige Weltmacht« endgültig abgesichert werden, durch Zugriff nicht nur auf Westeuropa, sondern auch auf Russland, auf seine geostrategisch zentrale Landmasse und seine Ressourcen: Öl, Gas, Seltene Erden. Diese konflikt- und kriegstreibende Strategie wurde vom musterknäblichen Obervasallen, in Gestalt des bundesdeutschen FDP-Außenministers Hans-Dietrich Genscher, im Vorwort des Brzeziński-Manifests begeistert gelobt.

Ukraine: US-Protektorat nach neoliberalem Muster

Wie von US-Berater Brzeziński 1997 öffentlich begründet, wurde die Ukraine nach modernisiertem Hinterhof-Muster schrittweise zur US-Bastion gegen Russland ausgebaut, als extreme, aber logische Verwirklichung des »Neoliberalismus«:

- korruptester Staat Europas, mit schnell wechselnden Oligarchen-Clans in der Regierung
- höchster Anteil an Rechtsradikalen in Regierung, Militär und Medien
- auslandsabhängiger, fremdfinanzierter Staat durch IWF, USA, EU und Kapitalorganisatoren wie BlackRock
- exzessive Nutzung ausländischer Finanzoasen wie Zypern, Luxemburg, britische Jungferninseln und Belize durch Unternehmen, Regierungschefs und Politiker
- größtes Militär in Europa – mit mehr Soldaten als die bevölkerungsreicheren Staaten Frankreich und Deutschland
- von ausländischen Mächten – USA, England – geheimdienstlich und digital geführtes Militär
- niedrigster Mindestlohn von 1,21 Euro (Stand 2022) und die ärmste und kränkeste Bevölkerung in Europa
- höchste Quote der Arbeitsmigration in Richtung benachbarter Staaten, wo Ukrainer/innen die übriggebliebenen niederen Dienste übernehmen.[634]

Diese Geostrategie wird angeführt, wie im 1. und 2. Weltkrieg, von den führenden US-Kapitalisten: der gegenwärtig größte Kapitalorganisator BlackRock ist in der US-Regierung personell vertreten, also Kriegspartei, verantwortlich für den »Wiederaufbau«.

Rückgriff auf das Lend-Lease-Programm von 1941

Im Januar 2022 wurde im US-Kongress eine Neuauflage des *Lend-Lease-Gesetzes* von 1941 eingebracht: »Leih- und Pachtgesetz zur Verteidigung der Demokratie in der Ukraine«, in Kraft seit dem 9. Mai 2022.[635] Es fördert die lukrativen Waffen- und sonstigen Lieferungen von US-Konzernen für den Stellvertreterkrieg »bis zum letzten Ukrainer«. Und das Gesetz lässt wie 1941 gegenüber den Alliierten die Formen der Rückzahlung offen: Sie kann wie nach 1945 in der Überlassung von Militärstützpunkten und günstigen Bedingungen für Investitionen bestehen, auch etwa für den Aufkauf der fruchtbaren Schwarzerde durch ausländische Investoren. Wegen der monetär nicht rückzahlbaren Überschuldung bleibt die Ukraine langfristig erpressbar.

BlackRock mit Managern in der US-Regierung ist zugleich führender Aktionär der US-Rüstungs-, Fracking-, Agrobusiness-, Digital- und Ölkonzerne: Sie sind die größten Gewinner des lange vorbereiteten Krieges in der Ukraine. Und BlackRock ist seit Ende 2022 der offizielle Berater der ukrainischen Regierung für den »Wiederaufbau« des Landes.[636]

Kampf dem europäischen Sozialstaat!

Brzeziński hatte ein anderes traditionelles Element der seit Staatsgründung praktizierten US-Globalstrategie offen benannt: Europas Sozialsysteme »schwächen extrem die europäische Wirtschaftskraft«.

Gemeint war die Schwächung der Gewinne der eindringenden, gewerkschaftsfeindlichen US-Konzerne wie zunächst UPS, McDonald's & Co., dann Microsoft & Co., ihrer führenden Aktionäre BlackRock & Co. und ihrer zivilen Privatarmee der US-Ratingagenturen, US-Unternehmensberater, US-Wirtschaftskanzleien, US-Wirtschafts‚prüfer' und US-PR-Agenturen.[637]

3. US-Konzerne: Geopolitics of modernized slavery

Die US-Kapital-Demokratie stieg mit Sklavenarbeit auf. Nach formeller Abschaffung der Sklaverei wurden immer neue Formen modernisierter Sklaverei entwickelt, dann auch global: Bis heute bauen US-Konzerne die *geopolitics of modernized slavery* weiter aus.

So lässt der US-Börsenstar Apple seine modernsten, schönsten, leistungsfähigsten iPhones 12, 13 und seit 2022 auch 14 – Verkaufspreis zwischen 1.500 und 2.099 US-Dollar – von kasernierten jungen Frauen in Indien montieren, zum Stundenlohn von 88 Cent, von dem die Hälfte für die bewachte Massenunterkunft, das schlechte Essen und den täglichen Transport von und zur Fabrik abgezogen wird. Die Frauen werden in wenigen Jahren verschlissen und dann durch Vermittler ausgetauscht. Ausgeführt wird dies durch den größten Zulieferer der US-Elektronikindustrie, Foxconn: Er hat sein Geschäftsmodell im US-Protektorat Taiwan unter Kriegsrecht entwickelt. Foxconn und weitere Spezialisten aus Taiwan wie Pegatron sind die größten Zulieferer der US-Elektronikindustrie und des US-Militärs. Und BlackRock & Co., die heutigen Prediger für nachhaltiges und soziales Investieren, sind führende Aktionäre sowohl bei Apple wie Foxconn.[638]

Die USA stehen mit ihren 14 annektierten Überseegebieten wie Puerto Rico, Guam, Virgin Islands, Samoa und den Nördlichen Marianen noch vor dem autokratischen Scheichtum Katar einsam an der Spitze der Staaten, die fast keine und nur wenige unwichtige der menschenrechtlichen Arbeitskonventionen der Internationalen Arbeitsorganisation ILO ratifiziert haben.[639]

USA führen bei Umweltzerstörung und Umwelt-Fakes

Abgesehen von einigen kleineren Öl-Staaten stehen die USA, was den Verbrauch von Umweltressourcen angeht, an der Weltspitze – schon wenn das Militär nicht eingerechnet wird. Wird es aber eingerechnet,

- mit der weltweiten Führung bei der Militärproduktion und des dafür weltweiten Ressourcen- und Energieverbrauchs

- mit dem Betrieb von 867 Militärstützpunkten außerhalb der USA, gezielt in strukturschwachen und armen Regionen und auf einsamen Inseln
- mit der Rund-um-die-Uhr-Präsenz von Militärgerät auf den Meeren, auf dem Boden, in der Luft und im Weltraum
- mit Militäroperationen, Manövern, Kriegen –

dann sind die USA die führenden Umweltzerstörer der Erde, in den USA selbst und global.

Und dafür hat die US-Regierung unter Präsident William Clinton durchgesetzt, beim ersten wichtigen internationalen Umweltabkommen 1998, dem Kyoto-Protokoll: Die Emissionen und der Umweltverbrauch des Militärs sind von den Umweltbilanzen ausgenommen. Die vorgeblich der Nachhaltigkeit Verpflichteten in der EU und in den Regierungen der Einzelstaaten stören sich hieran nicht.

Seit der hochprofessionellen Werbung für den vorher abgelehnten Kriegseintritt der USA 1917 führen US-Akteure bei der professionellen Lüge großen Stils – bei Demokratie, Frieden, Umwelt, Wohlstand, Menschenrechten. So förderten die USA nach dem 2. Weltkrieg die Umschaltung der herrschenden Ideologie in Deutschland von nationalsozialistisch auf christlich. Die deutschen Kapitalisten spendeten nun unter US-Aufsicht nicht mehr an die NSDAP, sondern übergangslos an CDU, CSU und FDP.

Die von den führenden US-Digitalkonzernen beherrschten *social media* modernisieren das US-Muster: In der Mehrheitsbevölkerung können keine fundierten Überzeugungen entstehen, ja sogar nicht einmal Meinungen. Vielmehr werden auch schnell ins Gegenteil verkehrbare, gefühlsmäßig und symbolhaft hochgepuschte, kurzlebige Fakes inszeniert.

Der Systemkonflikt, national und international

Von den USA geht der im 21. Jahrhundert schrittweise neu zugespitzte, nationale System- und Klassenkonflikt aus.

Working poor und *working sick* bei den abhängig Beschäftigten, Dauerkrankheiten, innere Kündigung, Überschuldung, Altersarmut, Dauerarbeitslosigkeit und erzwungene Unterbeschäftigung, zerrissene Familien, immer mehr Waisenkinder, Obdachlosigkeit, Vereinsamungen, Drogenabhängigkeiten, Selbstzerstörungen, Selbstmorde auch bei Jugendlichen, sinkende Lebenserwartung auch in der weißen Mehrheitsbevölkerung, auch in der *middle class* – diese wurden zuerst in den USA zu systemischen Dauerfolgen, so die Bilanz des Wirtschaftsnobelpreisträgers Angus Deaton.[640]

Diese Systemfolgen greifen auch in der amerikanisierten EU. Arbeits-, Renten-, Wohnungs- und seelische Armut begannen in den von der EU verarmten Staaten Osteuropas und in Griechenland, und greifen seit Jahren auch auf die »reichen« EU-Gründungsstaaten über. Die Bildungs-, Wissenschafts-, Verkehrs-, Energie-, Nahrungsmittel- und Gesundheitssysteme werden so teuer und asozial wie in den USA. All dies sind die Gewinne vor allem der US-Digital- und Logistikkonzerne, der US-Pharma- und Agrobusinesskonzerne, letztlich auch der US-Rüstungskonzerne und ihrer Großaktionäre BlackRock & Co.

4.
Demokratische Alternative: national, in der EU, international

Mit der Unterwerfung unter die US-Sanktionen gegen Russland, 2014 nach dem US-gestützten Maidan-Putsch in der Ukraine begonnen und 2022 fortgeführt, wurde die Brechung des Rückgrats der EU vor aller Augen sichtbar.

Die politischen wie wirtschaftlichen Schädigungen fallen gerade für den US-Musterknaben und besonders guten »Amerika-Freund« Deutschland besonders drastisch aus – wenn nicht endlich der schon lange anstehende Widerstand wirksam wird.[641]

Weil die führenden US-Kapitalisten »ihr« Land, ihren ursprünglich eroberten Standort in Nordamerika, wirtschaftlich, politisch, moralisch degradiert und verarmt haben, gegenüber der eigenen Bevölkerungsmehrheit und international; und weil mit China und seinen weltweiten Kooperationen eine erfolgreiche Alternative mit alternativer Logik sich entwickelt hat – mit der »inklusiven Globalisierung« ohne militärische Begleitung –, deshalb ist der Systemkonflikt über die Zukunft der Menschheit in eine neue Phase eingetreten.[642]

Freilich haben sich die Bedingungen für den geschrumpften *American Imperialism* verschlechtert – was ihn, hochgerüstet wie nie, umso gefährlicher macht.

Systemkonflikt: Es geht gar nicht um »den Kapitalismus«

Die weltweiten Absetzbewegungen gegen die US-geführte Sanktionspolitik zugunsten des US-Patronats Ukraine beschleunigen schrittweise die Isolation der USA. Viele nationale und weltweite Aspirationen auf Demokratie, Befreiung von Kolonialismus und Neokolonialismus, auf Frieden, auf menschenrechtliche und sinnvolle Arbeit, auf gemeinsamen und naturverträglichen Wohlstand, auf Informations- und Meinungsfreiheit – sie waren von den USA auch nach dem 2. Weltkrieg unterdrückt worden. Aber solche lange verdrängten Initiativen und Potenziale gewinnen nun neue Kraft und organisieren sich neu wie etwa die G77-Staaten, die BRICS- und CELAC- und SCO- und FOCAC-Staaten.[*/643]

Der nationale und internationale Systemkonflikt geht dabei gar nicht, wie vielfach von US-hörigen Predigern hergebetet, um »den Kapitalismus«. Wie am erfolgreichsten die Volksrepublik China zeigt: Kapitalistische Unternehmen können importiert werden, es kann von ihnen gelernt werden, sie können transformiert werden, sie müssen aber auch gebändigt oder aufgespalten und enteignet werden, wenn sie dem Allgemeinwohl schaden.

Die Abkoppelung vom US-Muster ist überlebensnotwendig, jedenfalls für die übergroße Mehrheit der Menschen auf allen Kon-

* G77 bezeichnet den Zusammenschluss von 134 (Stand: 2023) Ländern des Globalen Südens in der UNO; BRICS steht für Brasilien, Russland, Indien, China, Südafrika; CELAC ist die Gemeinschaft der Lateinamerikanischen und Karibischen Staaten, 2010 in Abgrenzung zur US-beeinflussten Organisation Amerikanischer Staaten (OAS) gegründet; SCO ist die Shanghaier Organisation für Zusammenarbeit – die in ihr versammelten Staaten repräsentieren 40% der Weltbevölkerung, ihr gehören an: VR China, Indien, Iran, Kasachstan, Kirgisistan, Pakistan, Russland, Tadschikistan und Usbekistan; FOCAC, dem Forum on China – Africa Cooperation gehören alle afrikanischen Staaten (mit Ausnahme des Königreichs Eswatini) und die VR China an.

tinenten. Vor allem: Das verleugnete globale und nationale Arbeits- und SozialUnrecht, die verdrängten sprachlosen Erniedrigungen in der Arbeit und im Alltagsleben, die vielen kleinen und großen Streiks, die trotzdem stattfinden – all das muss an die Öffentlichkeit, wir brauchen neue Portale, neue Versammlungs-, Organisations- und Aktionsformen!

***

Müssen wir die Menschheit retten? Nein! Es gibt Leute und Akteure, die müssen und dürfen nicht gerettet werden. Und wer sind »wir«? Wir sind alle Menschen auf allen Kontinenten, die sich für das ursprüngliche Völkerrecht der UNO, für die Universellen Menschenrechte einschließlich der Sozial- und Arbeitsrechte, auch etwa für das Recht auf sicheres Wohnen, für Demokratie und vor allem für Abrüstung und Friedensverträge einsetzen und die sich dafür national und internationalistisch zusammentun, in bewährten wie neuen Weisen.

Literatur

Die allermeisten der in dieser Auswahl genannten englischsprachigen, einigen französischen und spanischen Publikationen sind nicht ins Deutsche übersetzt. Die bundesdeutsche Historikerzunft lebt weitestgehend von Legenden und Blindstellen – bis heute.

Alperowitz, Gar: The Decision to Use the Atomic Bomb and the Architecture of an American Myth, New York 1995

Asserate, Asfa-Wossen / Aram Mattioli (Hg.): Der erste faschistische Vernichtungskrieg. Die italienische Aggression gegen Äthiopien 1935-1941, Köln 2006

Attali, Jacques: Un homme d'influence. Sir Siegmund Warburg 1902-1982, Paris 1985

Bank für Internationalen Zahlungsausgleich: Dritter Jahresbericht, Basel 8. Mai 1933

Beitel, Werner / Jürgen Nötzold: Deutsch-sowjetische Wirtschaftsbeziehungen in der Zeit der Weimarer Republik, Baden-Baden 1979

Berg, Manfred: Gustav Stresemann und die Vereinigten Staaten von Amerika: Weltwirtschaftliche Verflechtung und Revisionspolitik 1907-1929, Baden-Baden 1990

Bevins, Vincent: Die Jakarta-Methode. Wie ein mörderisches Programm Washingtons unsere Welt bis heute prägt, Köln 2023

Billstein, Reinhold: Working for the Enemy. Ford, GM and Forced Labor in Germany during the Second Word War, New York 2000

Bird, Kai: The Chairman. John McCloy – The Making of the American Establishment, New York 1992

Black, Edwin: IBM and the Holocaust, München / Berlin 2001

Black, Edwin: War against the Weak. Eugenics and America's Campaign to Create a Master Race, New York / Washington 2003

Blackmon, Douglas: Slavery by Another Name. The Re-Enslavement of Black Americans from the Civil War to the World War II, London 2012

Bourgeois, Daniel: Das Geschäft mit Hitlerdeutschland. Schweizer Wirtschaft und Drittes Reich, Zürich 2000

Breitman, Richard (Hg.): U.S. Intelligence and the Nazis, Cambridge University Press 2005

Brinkley, Alan: The Publisher Henry Luce and his American Century, New York 2010

Broz, Lawrence: The International Origins of the Federal Reserve System, Cornell University Press 1997

Burchett, Wilfred: Shadows of Hiroshima, London 1983

Cassimatis, Louis: American Influence in Greece 1917-1929, Kent State University Press 1988

Chernow, Ron: Washington – A Life. London 2010

Churchill, Winston: The World Crisis 1918-1928. The Aftermath, London 1929

Conradi, Peter: Hitlers Piano Player. The Rise and Fall of Ernst Hanfstaengl, Confident of Hitler, Ally of Roosevelt, New York 2004

Costigliola, Frank: Awkward Dominion. American Political, Economic, and Cultural Relations with Europe, 1919-1933, Ithaca / London 1984

Czichon, Eberhard: Wer verhalf Hitler zur Macht?, Köln 1989

D'Almeida, Patrice: La vie mondaine sous le nazisme, Paris 2006

Dalessandro, Robert u. a.: Willing Patriots. Men of Color in the First World War, Atglen 2009

Dodd, William E., Jr. / Martha Dodd (Hg.): Ambassador Dodd's Diary 1933-1938, New York 1941; Diplomat auf heißem Boden. Tagebuch des USA-Botschafters William E. Dodd in Berlin 1933-1938, Berlin 1970

Dulles, Allen W.: Germany's Underground, New York 1947

Ferguson, Niall: The House of Rothschild. The World's Banker 1849-1999, New York 2000

Forbes, Neil: Doing Business with the Nazis. Britains Economic and Financial Relations with Germany 1931-1939, London 2000

Ford, Henry: Der Internationale Jude, Leipzig 1922, 33. Auflage 1937

Frielingsdorf, Volker: Konrad Adenauers Wirtschaftspolitik als Kölner Oberbürgermeister 1917-1933, Basel 2002

Galeano, Eduardo: Die offenen Adern Lateinamerikas, Wuppertal 2009

Globalbridge: Das Militärimperium der USA: Eine visuelle Datenbank, 18.11.2022, globalbridge.ch/das-militaerimperium-der-usa-eine-visuelle-datenbank/

Ganser, Daniele: Illegale Kriege. Wie die NATO-Länder die UNO sabotierten, Zürich 2020

González Calleja, Eduardo: La España de Primo de Rivera: la modernización autoritaria 1923-1930, Madrid 2005

Gossweiler, Kurt: Großbanken, Industriemonopole und Staat. Ökonomie und Politik 1914-1932, Köln 2013

Graham, Otis: Regulating Immigration in the National Interest, Oxford 2001

Greiner, Bernd: Die Morgenthau-Legende, Hamburg 1995

Griffith, Richard: Fellow Travellers of the Right. British Enthousiasts for Nazi Germany 1933-1939, London 1980

Guoqi, Xu: Strangers on the Western Front. Chinese Workers in the Great War, Harvard University Press 2011

Hankel, Gerd: Die Leipziger Prozesse. Deutsche Kriegsverbrechen und ihre strafrechtliche Verfolgung nach dem Ersten Weltkrieg, Hamburg 2003

Harriman, Averell / Elie Abel: In geheimer Mission. Als Sonderbeauftragter Roosevelts bei Churchill und Stalin 1941-1946, Stuttgart 1979

Hayes, Carlton: Wartime Mission in Spain 1942-1945, New York 1946 (Hayes war im 2. Weltkrieg US-Botschafter in Spanien)

Hiebert, Ray E.: Courtier to the crowd. The story of Ivy Lee and the development of public relations, Iowa State University Press 1996

Higham, Charles: Trading with the Enemy. The Nazi-American Money Plot 1933-1949, New York 1983

Hoare, Samuel: Complacent Dictator, New York 1946 (Dictator=Franco, Hoare war im 2. Weltkrieg britischer Botschafter in Spanien)

Holt, Whyte: Labour Conspiracy Cases in the United States 1805-1842. Bias and Legitimation in Common Law Adjucation, in: Osgood Law Journal 22.4 (1984), S. 643 ff.

Isaacson, Walter / Evan Thomas: The Wise Men. Six friends and the World they made. Acheson, Bohlen, Harriman, Kennan, Lovett, McCloy, New York 1986

Kennan, George F.: Decision to Intervene. Soviet-American Relations 1917-1920, Princeton University Press 1958

Kabisch, Thomas: Deutsches Kapital in den USA, Stuttgart 1982

Kaku, Michio / Daniel Axelrod: To Win a Nuclear War. The Pentagon's Secret War Plans, Boston 1987

Kershaw, Ian: Making Friends with Hitler. Lord Londonderry, the Nazis and the Road to War, New York 2004

Keynes, John Maynard: Die wirtschaftlichen Folgen des Friedensvertrages, München / Leipzig 1921

Kinzer, Stephen: The Brothers. John Foster Dulles, Allen Dulles and their Secret World War, New York 2014

Klein, Fritz / Joachim Streisand: Die USA und Europa 1917-1945, Berlin 1975

Kobrak, Christopher: Die Deutsche Bank und die USA. Geschäft und Politik 1870 bis heute, München 2008

Kolko, Gabriel: The Politics of War. The World and United States Foreign Policy 1943-1945, New York 1968

Kostinen, Paul: Mobilizing for Modern War. The Political Economy of American Warfare 1865-1919, Lawrence/Kansas 1997

Kresse, Eric: Die deutschen Ford-Werke im »Dritten Reich«, Hochschule der Bundeswehr, München 2012

Kuby, Erich: Verrat auf deutsch. Wie das Dritte Reich Italien ruinierte, Hamburg 1982

Lacroix-Riz, Annie: Le Vatican, l'Europe et le Reich, Paris 1996

Lacroix-Riz, Annie: Industriels et Banquiers sous l'Occupation. La Collaboration Èconomique avec le Reich et Vichy, Paris 1999

Lebor, Adam: The Tower of Basel. The Shadowy History of the Secret Bank That Runs the World, New York2013

Lenin, Wladimir I.: Der Imperialismus als höchstes Stadium des Kapitalismus, Werke, Band 22, Berlin 1960

Levitt, Karl: Silent Surrender. The Multinational Corporation in Canada, Toronto 1970

Lippmann, Walter: Public Opinion, New York 1922

Lippmann, Walter: U.S. Foreign Policy, Boston 1943

Lippmann, Walter: The Cold War, New York 1947

Livingston, James: Origins of the Federal Reserve System: Money, Class and Corporate Capitalism 1890-1913, Ithaca/New York 1986

López Rivera, Oscar: Entre la Tortura y la Resistenca, Puerto Rico 2011

Louca, Antonio: Nazigold für Portugal. Hitler und Salazar, Wien 2002

Lütjen, Torben: Karl Schiller (1911-1994). Superminister Willy Brandts, Bonn 2007

Marx, Karl: Das Kapital, Marx-Engels-Werke, Band 23, Berlin 1972

Maurer, Noel / Yu Carlos: The Big Ditch. How America Took, Built, Ran and ultimately Gave away the Panama Canal, Princeton 2011

Mausfeld, Rainer: Warum schweigen die Lämmer?, Frankfurt/Main 2018

Mayer, Karl: Zwischen Krise und Krieg. Frankreich in der Außenwirtschaftspolitik der USA zwischen Weltwirtschaftskrise und Zweitem Weltkrieg, Stuttgart 1999

Migone, Gian Giacomo: The United States and Fascist Italy. The Rise of American Finance in Europe, Cambridge University Press 2015

Mock, James / Cedric Larson: Words that Won the War. The Story of the Committee on Public Information 1917-1919, Princeton 1939

Morel, Edmund D.: Red Rubber. The Story of the Rubber Slave Trade which flourished in the Congo for twenty years, 1890-1910, Manchester 1919

Frank Niess: Der Koloß im Norden. Geschichte der Lateinamerikapolitik der USA, Köln 1984

Niess, Frank: Sandino. General der Unterdrückten, Köln 1989

Opitz, Reinhard (Hg.): Europa-Strategien des deutschen Kapitals 1900–1945, Köln 1977

Panitch, Leo / Sam Gindin: The Making of Global Capitalism. The Political Econony of American Empire, London / New York 2013

Pauwels, Jacques: Big Business avec Hitler, Bruxelles 2013

Pease, Neal: Poland, the United States and the Stabilization of Europe 1919-1933, Oxford University Press 1986

Pendergast, Mark: For God, Country and Coca-Cola, London 1993

Phillipps, Kevin: Die amerikanische Geldaristokratie. Eine politische Geschichte des Reichtums in den USA, Frankfurt / New York 2003

Pilger, John: The Lies of Hiroshima are the Lies of Today, http://johnpilger.com/articles/

Pinkerton, Allan: Strikers, Communists, Tramps and Detectives, New York 1878

Prins, Nomi: All the President's Bankers. The Hidden Alliances that Drive American Power, New York 2015

Reinhard, Wolfgang: Die Unterwerfung der Welt. Globalgeschichte der europäischen Expansion 1415-2015, München 2016

Richter, Heinz: Geschichte Griechenlands im 20. Jahrhundert. Band 1: 1900-1939; Band 2: 1939-2004, Wiesbaden 2015

Röhr, Werner u. a. (Hg.): Der Krieg vor dem Krieg, Hamburg 2001

Roth, Rainer: Sklaverei als Menschenrecht. Über die bürgerlichen Revolutionen in England, den USA und Frankreich, Frankfurt/Main 2015

Rothbard, Murray: A History of Money and Banking in the United States. The Colonial Era to World War II, Auburn 2002

Rothbard, Murray: Wall Street, Banks and American Foreign Policy, Auburn 2011

Rügemer, Werner: Neue Technik – alte Gesellschaft. Silicon Valley, Köln 1984

Rügemer, Werner: Grüezi! Bei welchen Verbrechen dürfen wir behilflich sein? Die Schweiz als logistisches Zentrum der internationalen Wirtschaftskriminalität, Heilbronn 1999

Rügemer, Werner: Die Kapitalisten des 21. Jahrhunderts. Gemeinverständlicher Abriss zum Aufstieg der neuen Finanzakteure, 3. Auflage, Köln 2021

Rügemer, Werner: Imperium EU – ArbeitsUnrecht, Krise, neue Gegenwehr, Köln 2020

Rügemer, Werner: BlackRock & Co. enteignen!, Frankfurt/Main 2021

Rügemer, Werner / Ingolf Gritschneider: Hehler für Hitler. Die Firma Otto Wolff, ARD 5.8.2002

Schlauch, Wolfgang: Rüstungshilfen der USA 1939-1945, Koblenz 1985

Schmidt, Hans: Maverick Marine. General Smedley D. Butler and the Contradictions of American Military History, Lexington 1987

Schmidt-Glintzer, Helwig: Mao Zedong. Eine Biografie, Berlin 2017

Schmitt, Carl: Völkerrechtliche Großraumordnung mit Interventionsverbot für raumfremde Mächte, 3. Auflage, Berlin 1941

Schmitz, David: Thank God They're on our side. The United States & Right-Wing Dictatorships 1921-1965, University of North Carolina Press 1999

Schoonover Thomas: Uncle Sam's War of 1898 and the origins of Globalization, University of Kentucky Press 2003

Sexton, Jay: Debtor Diplomacy. Finance and American Foreign Relations in the Civil War Era 1837-1873, Oxford University Press 2005

Soustelle, Jacques: Envers et contre tout. De Londres à Alger 1940-1942, Paris 1947

Soviet Union Information Bureau: The Soviet Union – Facts, Descriptions, Statistics, Washington D.C. 1929

Stoddard, Lothrop: The Revolt against Civilization. The Menace of the Underman, New York 1922; Der Kulturumsturz – Die Drohung des Untermenschen, München 1925

Striffler, Steve / Mark Moberg: Banana Wars. Power, Production, and History in the Americas, Durham 2003

Sutton, Antony: Wall Street and the Bolshevik Revolution, New York 1974

Tegelbeckers, Ludwig: Olympische Spiele 1936: Der jüdische Sport als Politikum, Bremen 1997

Thomas, David: Bonds of War: How Civil War Financial Agents Sold the World on the Union, University of Carolina Press 2022

Tooze, Adam: Sintflut. Die Neuordnung der Welt 1916-1931, München 2015

Trepp, Gian: Bankgeschäfte mit dem Feind. Von Hitlers Europabank zum Instrument des Marshallplans, Zürich 1933

United States Strategic Bombing Survey: The effects of strategic bombing on the German war economy, Washington 1945

Unterberger, Betty: America's Siberian Expedition 1918-1920, Duke University Press 1956

Urbach, Karina: Go-Betweens for Hitler. Sympathien der englischen Königsfamilie für Hitler, Oxford 2015

Urwand, Ben: The Collaboration. Hollywood's Pact with Hitler, London 2013

De Villiers, Philippe: J'ai tiré sur le fil du mensonge et tout est venu, Paris 2019

Irwin Wall: The United States and the Making of Postwar France, 1945-1953, Cambridge University Press 1991

Wertz, Armin: Die Weltbeherrscher. Militärische und geheimdienstliche Operationen der USA, Frankfurt/Main 2015

Wilkins, Mira: The Maturing of Multinational Enterprise. American Business Abroad from 1914 to 1970, Cambridge/Mass. 1974

Wilkins, Mira: The History of Foreign Investment in the United States, 1914-1945, Harvard University Press, Cambridge / London 2004

Weller, Douglas: Wild Bill Donovan. The Spymaster Who Created the OSS and Modern American Espionage, New York 2011

Wilson, Joseph: The Black Phalanx. African American Soldiers in the War of Independence, the War of 1812 and the Civil War, Hartford 1890

Wilson, Joan: Ideology and Economics. US Relations with the Sowjet Union 1918-1933, Columbia/Mass. 1974

Woodward, David: The American Army and the First World War, Cambridge 2014

Wrigley, Chris (Hg.): The First World War and the International Economy, Cheltenham 2000

Yergin, Daniel: Der zerbrochene Frieden. Der Ursprung des Kalten Krieges und die Teilung Europas, Frankfurt/Main 1979

Zinn, Howard: A People's History of the United States, New York 2003

Anmerkungen

1 Dieser Realpolitiker ist ein unbehelligter Kriegsverbrecher, www.infosperber.ch, 29.05.2023 (mit Auswertung von Originaldokumenten des National Security Archive, Washington)
2 David Reynolds: From World War to Cold War. Churchill, Roosevelt and the International History of the 1940ies, Oxford 2006, S. 250
3 Susan Robinson / John Pirog: Mabel Dwight: A Catalogue Raisonné of the Lithographs, Washington 1996
4 Gaddis Smith: The Last Years of the Monroe Doctrine. 1945-1993. New York 1994
5 Carl Schmitt: Völkerrechtliche Großraumordnung mit Interventionsverbot für raumfremde Mächte, 3. Auflage Berlin 1941, Vorwort
6 Howard Zinn: A People's History of the United States, 1492-present, New York 2003, S. 127-168
7 Karl Jack Bauer: The Mexican War 1846-1848. New York London 1974
8 Wikipedia-Eintrag: America First und Manifest Destiny
9 Henry Luce: The American Century, Life Magazine 17.2.1914
10 Zinn: A People's History of the United States, S. 12-16
11 Richard Morris: The Encyclopedia of American History, New York 1953, S. 35f.
12 Remarks by the President at the United States Military Academy Commencement Ceremony, obamawhitehouse.archives.gov/the-press-office/2014/05/28
13 The Washington Post online, 14.9.2021, washingtonpost.com
14 Mit festem Schritt ins Neue Reich. Die katholische Kirche zwischen Kreuz und Hakenkreuz, Der Spiegel 9/1965, S. 75
15 Rainer Roth: Sklaverei als Menschenrecht. Über die bürgerlichen Revolutionen in England, den USA und Frankreich, Frankfurt/Main 2015, S. 125
16 usa.usembassy.de/etexts/gov/gov-constitution.pdf
17 Zinn: A People's History of the United States, S. 90f.
18 Peter Linebaugh / Marcus Rediker: Die vielköpfige Hydra. Die verborgene Geschichte des revolutionären Kontinents, Berlin / Hamburg 2008
19 Joseph Wilson: The Black Phalanx. African American Soldiers in the War of Independence, the War of 1812 and the Civil War, Hartford 1890, download: Gutenberg e-Books 2010
20 americanheritage.com/george-washington-slavery, abgerufen 27.3.2023

21 Ron Chernow: Washington – A Life, London 2010
22 Die US-Präsidenten und der Krieg, WDR 8.2.2017
23 William Cohen: Thomas Jefferson and the problem of slavery, Journal of American History 3/1969, S. 503 ff.
24 Die US-Präsidenten und der Krieg, WDR 8.2.2017
25 www.geni.com/people/thomas-paine
26 Peter Lösche (Hg.): Länderbericht USA, Bonn 2008, S. 25ff.
27 Wikipedia-Eintrag: Abraham Lincoln
28 Joseph Wilson: The Black Phalanx. African American Soldiers in the War of Independence, the War of 1812 and the Civil War, Da Capo Press 1994, Erstveröffentlichung Hartford/Connecticut 1887
29 Wikipedia-Eintrag: Foreign Enlistment in the American Civil War
30 Alfried Schmitz: Amerikanischer Bürgerkrieg, planet-wissen.de
31 David Thomas: Bonds of War: How Civil War Financial Agents Sold the World on the Union. University of Carolina Press, 2022; Murray Rothbard: A History of Money and Banking in the United States. The Colonial Era to World War II, Auburn 2002; Jay Sexton: Debtor Diplomacy. Finance and American Foreign Relations in the Civil War Era 1837-1873, Oxford University Press 2005
32 Kevin Phillipps: Die amerikanische Geldaristokratie. Eine politische Geschichte des Reichtums in den USA. Frankfurt / New York 2003, S. 64
33 Niall Ferguson: The House of Rothschild. The World's Banker 1849-1999, New York 2000, S. 115ff.
34 Philipps: Die amerikanische Geldaristokratie, S. 66
35 Marx-Engels-Werke, Berlin 1975, Bd. 17, S. 18-20
36 Zitiert nach: Franz Treller, Georg J. Feurig-Sorgenfrei, Joerg Sommermeyer: Nikunthas, König der Miami. Eine Abenteuererzählung aus Nordamerika. Orlando Syrg, Berlin 2010, S. 223 f. Vgl. Raub eines Kontinents. Vor 180 Jahren: Indianer-Umsiedlungsgesetz unterzeichnet. In: WDR Stichtag: 28. Mai 2010.
37 Völkermord in Amerika. Zahlen und Fakten über die Ausrottung der Indianer. Die Zeit 28.5.1971: Rezension des Buches Siegfried von Nostitz: Die Vernichtung des Roten Mannes, Düsseldorf 1970.
38 Brian DeLay, in: Die US-Präsidenten und der Krieg, WDR 8.2.2017
39 Die vergessenen Toten des Bear Rever-Massakers, Spiegel online Wissenschaft 22.6.2015
40 Die US-Präsidenten und der Krieg, WDR 8.2.2017
41 William Sherman: Memoirs, New York 2005
42 Convention on the Prevention and Punishment of the Crime of Genocide, UNO-Generalversammlung 9.12.1948; zur Definition des Völkermords: www.voelkermordkonvention.de/voelkermord-eine-definition-9158
43 Vertragsdatenbank der Vereinten Nationen, Convention on the Prevention and Punishment of the Crime of Genocide, Länderliste Ratifikationen
44 Mississippi ratifies 13th Amendment outlawing slavery, Washington Times 18.2.2013

45 Douglas Blackmon: Slavery by Another Name. The Re-Enslavement of Black Americans from the Civil War to the World War II, London 2012
46 Alex Lichtenstein: Twice the Work of Free Labor. The Political Economy of Convict Labor in the South, London 1996
47 Convict Lease System, wikipedia
48 naacp.org
49 Otis Graham: Regulating Immigration in the National Interest, Oxford 2001; US-Einwanderungsgesetze: Land der unbegrenzten Möglichkeiten – für einige wenige, Spiegel online 4.10.2007
50 Edwin Black: War against the Weak. Eugenics and America's Campaign to Create a Master Race. New York / Washington 2003, S. 215; die weitere Darstellung folgt, wenn nicht anders verwiesen, diesem Standardwerk.
51 New York / London 1920, mit weiteren Auflagen 1933 und 1939
52 München 1925, J. F. Lehmanns Verlag. Der Verleger Julius F. Lehmann war ein früher Förderer Hitlers und Mitglied der NSDAP.
53 Harry H. Laughlin: Eugenical Sterilization in the United States, Chicago 1922 (digitalisierte Fassung 2007); darin das von Wilson unterzeichnete Gesetz aus New Jersey sowie die Gesetze aus Michigan, Oregon, Nevada und New York, ebenso eine Bestandsaufnahme der verschiedenen Formen durchgeführter Sterilisierungen.
54 http://eugenics.us.letter-by-theodore-roosevelt-to-charles-davenport
55 Black: War against the Weak, S. 235
56 Bernd Stöver: United States of America. Geschichte und Kultur, München 2013, S. 176f.
57 Whyte Holt: Labour Conspiracy Cases in the United States 1805-1842. Bias and Legitimation in Common Law Adjucation, Osgood Law Journal 22.4 (1984), S. 643ff.
58 Ingar Solty: Oh, wie häßlich ist Panama, in: ag-friedensforschung.de/regionen/Panama/100jahre-neu.html
59 Lydia Potts: Weltmarkt für Arbeitskraft. Von der Kolonisation Amerikas bis zu den Migrationen der Gegenwart. Hamburg 1988, S. 116 ff.
60 Noel Maurer / Yu Carlos: The Big Ditch. How America Took, Built, Ran and ultimately Gave away the Panama Canal, Princeton 2011
61 Werner Rügemer: Union Busting. Die Zerstörung der Gewerkschaften, in: Blätter für deutsche und internationale Politik 5/2015
62 Allan Pinkerton: Strikers, Communists, Tramps and Detectives, New York 1878
63 Michael Kline: The Baltimore Plot. The First Conspiracy to Assessinate Abraham Lincoln, Yardley 2008
64 Werner Rügemer: Efectos Globales de la Reestructuracion Laboral Americano, Mundo Siglo XXI (Mexiko) Nr. 36, may 2015
65 Wikipedia-Eintrag: Sherman Antitrust Act
66 Karl Marx: Das Kapital, Marx-Engels-Werke, Berlin, Bd. 23, S. 281
67 Werner Rügemer: Apple – Zwangsarbeit in Indien mit Foxconn, www.nachdenkseiten.de 22.12.2022

68 Siehe den Roman »King Coal« von Upton Sinclair, New York 1917
69 Vgl. Ray Eldon Hiebert: Courtier to the crowd. The story of Ivy Lee and the development of public relations, Iowa State University Press 1996
70 Aufstieg und Zerschlagung des Rockefeller-Konzerns, Deutschlandfunk Kultur 2.11.2022
71 Yasmin Khan: Enlightening the World. The Creation of the Statue of Liberty, Ithaca/New York 2010
72 Thomas Schoonover: Uncle Sam's War of 1898 and the origins of Globalization. University of Kentucky Press 2003
73 Murray Rothbard: Wall Street, Banks, and American Foreign Policy, Auburn 2011, S. 5
74 Rothbard: Wall Street, Banks, and American Foreign Policy, S. 6
75 Vgl. Wikipedia-Eintrag: John Hay
76 Vgl. José Martí: Nuestra America, New York 1891
77 Karlheinz Deschner: Der Moloch, Stuttgart 2002, S. 155
78 Deschner: Der Moloch, S. 155
79 Niall Ferguson: The House of Rothschild. The World's Banker 1849-1999, New York 2000, S. 115
80 Rothbard: Wall Street, Banks, and American Foreign Policy, S. 8
81 Zur Geschichte siehe www.josemarti.cu
82 Der Traum des José Martí, Der Spiegel 1/2016
83 Wikipedia-Eintrag: Der Spanisch-Amerikanische Krieg
84 Alfred de Zayas: Wem gehört Guantanamo?, Frankfurter Allgemeine Zeitung 29.12.2003
85 Tim Weiner: CIA-Die ganze Geschichte. Frankfurt/Main 2008, S. 216 ff.
86 Außengebiet der Vereinigten Staaten, wikipedia
87 Amerikas Griechenland. Wie Puerto Rico gegen die Pleite kämpft, Frankfurter Allgemeine Zeitung 1.7.2015
88 Siehe Oscar López Rivera: Entre la Tortura y la Resistenca, Puerto Rico 2011
89 Mark Twain: Thirty Thousand Killed a Million, The Atlantic, Vol. 269, Nr. 4, April 1992
90 Zur Geschichte der Philippinen siehe Rainer Werning / Jörg Schwieger (Hg.): Handbuch Philippinen, Berlin 2019
91 Rothbard: Wall Street, Banks, and American Foreign Policy, S. 9ff.
92 Zinn: A People's History of the United States, S. 313
93 Sean Cashman: America in the Gilded Age. From the Death of Lincoln to the Rise of Theodore Roosevelt, New York / London 1993
94 Zu den militärischen Interventionen der USA in Mexiko siehe: Wikipedia-Eintrag: Mexiko – United States relations
95 Paul Dosal: Doing Business with the Dictators: A Political History of United Fruit in Guatemala 1899-1944, Wilmington 1993
96 Stephen Schlesinger / Stephen Kinzer: Bitter Fruit. The Story of the American Coup in Guatemala, New York 2005

97 Stephen Kinzer: The Brothers. John Foster Dulles, Allen Dulles, and their Secret World War, New York 2014, S. 25, 42, 147ff.

98 Guatemalas Ex-Diktator zu 80 Jahren Haft verurteilt, Die Zeit 11.5.2013. Das Urteil wurde vom Gerichtshof Guatemalas aufgehoben.

99 Rory Carroll: Guatemala victims of US syphilis study still haunted by the ›devil's experiment‹, The Guardian 8.6.2011

100 Werner Rügemer: »Die USA haben das sicherste Gesundheitssystem der Welt« – Die Johns Hopkins University und das globale Pandemien-Management, www.nachdenkseiten.de 1.4.2022

101 Armin Wertz: Die Weltenherrscher, Frankfurt/Main 2015, S. 50ff.

102 Steve Striffler / Mark Moberg: Banana Wars. Power, Production, and History in the Americas, Durham 2003

103 Bernard Nalty: The United States Marines in Nicaragua 1910-1933, Washington 1968

104 Frank Niess: Sandino. General der Unterdrückten, Köln 1989

105 Murray Rothbard: Wall Street, Banks and American Foreign Policy, S. 6

106 USA: Dominican Republic Resistance 1917-1921, The Dupuy Institute 16.12.2000

107 Bernard Diederich: Trujillo. The Death of the Dictator, Princeton 1999

108 Diktator Rafael Trujillo: Fluch der Karibik, Zeit online 28.5.2011

109 Rothbard: Wall Street, Banks and American Foreign Policy, S. 14, hier auch die weiteren Nachweise zu Panama.

110 Der Kampf um den Panamakanal, Zeit online 23.4.1998

111 Emily Rosenberg: Financial Missionaires to the World. The Politics and Culture of Dollar Diplomacy 1900-1930, Cambridge/Mass. 1999

112 Wertz: Die Weltbeherrscher, S. 211

113 Toni Keppeler: Kontrolle über den Hinterhof, latinomedia.de/Panamakanal

114 Wertz: Die Weltbeherrscher, S. 75f.

115 Peter James Hudson: How Wall Street Colonized the Caribbean. The Expansion of banks such as Citigroup into Cuba, Haiti and beyond reveal a story of capitalism built on blood, labor and racial lines, Boston Review 19.6.2019

116 Andrian Kreye: Napoleons Schmach. Die Wurzeln des Elends. Haiti bezahlt immer noch für seine Befreiung, Süddeutsche Zeitung 19.1.2010

117 Haiti: Independence, Debt, Reparations for Slavery and Colonialism, and International »Aid«, www.globalresearch/ca, 10.12.2013

118 Zusammenfassend Eduardo Galeano: Die offenen Adern Lateinamerikas, Wuppertal 2009; Frank Niess: Der Koloß im Norden. Geschichte der Lateinamerikapolitik der USA, Köln 1984

119 Alfred Mahan: The Interest of America in Sea Power, Boston 1897

120 Hans Schmidt: Maverick Marine. General Smedley D. Butler and the Contradictions of American Military History, Lexington 1987

121 Schmidt: Maverick Marine, S. 231 und 278. War is a Racket als Neuausgabe hrsg. von Adam Parfrey, Los Angeles 2009 sowie als Hörbuch auf youtube.

122 Rothbard: A History of Money and Banking in the United States, S. 9f.

123 Rothbard: Wall Street, Banks, and American Foreign Policy, S. 5
124 Rothbard: Wall Street, Banks, and American Foreign Policy, S. 9ff.
125 Christian Hacke: Die USA und der Aufstieg zur Weltmacht, Deutschlandfunk 1.1.2014
126 Christopher Kobrak: Die Deutsche Bank und die USA. Geschäft und Politik von 1870 bis heute, München 2008, S. 79ff.
127 Kobrak: Die Deutsche Bank und die USA, S. 83
128 W. I. Lenin: Der Imperialismus als höchstes Stadium des Kapitalismus, Werke Bd. 22, Berlin 1960, S. 250ff.
129 federalreservehistory.org/essays/jekyll-island-conference, abgerufen 23.11.2022
130 Robert Wuliger: America's Early Role in the Congo Tragedy. How US financiers helped Belgium's King Leopold rape the homeland of some 20 million Africans, The Nation 10.10.2007
131 Edmund Dene Morel: Red Rubber. The Story of the Rubber Slave Trade which flourished in the Congo for twenty years, 1890-1910, Manchester 1919
132 Macharia Munene: The United States and the Berlin Conference on the Partition of Africa, 1884-1885, Transafrican Journal of History 1990, S. 73ff.
133 Geoffrey Jones / Frances Bostock: U.S. Multinationals in British Manufacturing before 1962, The Business History Review 2/1996, S. 207ff.
134 Gyula Meleghy: Die Vermittlerrolle der Banken bei deutschen Investitionen in Nord- und Mittelamerika bis zum Ersten Weltkrieg, Diss. Universität Köln 1983, S. 115-119
135 Paul Arnsberg: Jakob Schiff. Von der Frankfurter Judengasse zur Wall Street, Frankfurt/Main 1969, S. 16ff.
136 Rothbard: Wall Street, Banks and American Foreign Policy, S. 13f.
137 Nomi Prins: All the President's Bankers, New York 2015, S. 17-39
138 Vgl. James Livingston: Origins of the Federal Reserve System: Money, Class and Corporate Capitalism 1890-1913, Ithaca/New York 1986
139 Lawrence Broz: The International Origins of the Federal Reserve System, Cornell University Press 1997, S. 150
140 Christian Hacke: Die USA und der Aufstieg zur Weltmacht, Deutschlandfunk 1.1.2014
141 Kevin Phillips: Die amerikanische Geldaristokratie. Eine politische Geschichte des Reichtums in den USA, Frankfurt/Main 2003, S. 29
142 Nomi Prins: All the Presidents' Bankers, Chapter 2, Seite 1
143 Tooze: Sintflut, S. 73
144 Zinn: A People's History of the United States, S. 362
145 Prins: All the Presidents' Bankers, S. 43
146 Mira Wilkins: The Maturing of Multinational Enterprise: American Business Abroad from 1914 to 1970, Cambridge/Mass. 1974, S. 20
147 Harry Scheiber: World War I as Entrepreneurial Opportunity. Willard Straight and the American International Corporation, Political Science Quarterly (84), September 1969, S. 486ff.

148 Tooze: Sintflut, S. 49
149 Tooze, Sintflut, S. 54
150 A. C. Miller: War Finance And The Federal Reserve Banks, Paper presented at a joint conference of the Western Economic Society and the City Club of Chicago, June 21 and 22, 1917, S. 142f., www.federalreservehistory.org//media/material/event/17-240
151 Rothbard: Wall Street, Banks and American Foreign Policy, S. 20
152 Tooze: Sintflut, S. 70
153 Cornelia Knab u. a.: Kolonialtruppen im Ersten Weltkrieg, Universität Basel 24.8.2014
154 Gerhard Hirschfeld u. a. (Hg.): Enzyklopädie Erster Weltkrieg, Paderborn 2014. Die Kontingente der kleineren der insgesamt 40 kriegsbeteiligten Staaten wie Rumänien, Japan, Osmanisches Reich, Bulgarien, Montenegro sind hier weggelassen.
155 Wilkins: The Maturing of Multinational Enterprise, S. 12
156 Tooze: Sintflut, S. 52
157 Arnsberg: Jakob Schiff, S. 34f.
158 Jacques Attali: Un homme d'influence. Sir Siegmund Warburg 1902-1982, Paris 1985, S. 110
159 A. C. Miller, S. 146
160 A. C. Miller, S. 149
161 Werner Rügemer: Ukraine – Extremes Muster neoliberaler Neuordnung, in: Hannes Hofbauer / Stefan Kraft (Hg.): Kriegsfolgen. Wie der Kampf um die Ukraine die Welt verändert, Wien 2023, S. 183-194
162 upi.com/Archives/1916/09/29
163 Karl Ritter: Staatskunst und Kriegshandwerk. Bd. 3, München 1964, S. 346ff.
164 Heinrich Claß: Die Kriegszieldenkschrift des Vorsitzenden des Alldeutschen Verbandes, betreffend die nationalwirtschaftlichen und sozialpolitischen Ziele des deutschen Volkes im gegenwärtigen Kriege, September 1914, in: Reinhard Opitz (Hg.): Europastrategien des deutschen Kapitals 1900-1945, Köln 1977, S. 226-266
165 Tooze: Sintflut, S. 88
166 Wikipedia-Eintrag: Gott mit uns
167 Tooze: Sintflut, S. 103
168 Rothbard: Wall Street, Banks and American Foreign Policy, S. 17
169 Wikipedia-Eintrag: Konzentrationslager
170 Charles River Editors: Robber Barons. The Lives and Careers of John D. Rockefeller, J. P. Morgan, and Andrew Carnegie, and Cornelius Vanderbilt, 2017
171 Wikipedia-Eintrag: Andrew Carnegie
172 Wikipedia-Eintrag: Robert Brookings
173 Rothbard: Wall Street, Banks and American Foreign Policy, S. 22
174 George Creel: How We Advertised America. The First Telling of the Amazing Story of the Committee on Public Information That Carried the Gospel

of Americanism to Every Corner of the World, Whitefish/Montana 2008; Zinn: A People's History of the United States, S. 369ff.

175 James Mock / Cedric Larson: Words that Won the War. The Story of the Committee on Public Information 1917-1919, Princeton 1939

176 William Preston: Aliens and Dissenters. Federal Suppression of Radicals, Urbana 1994

177 Vgl. David Woodward: The American Army and the First World War, Cambridge 2014

178 Wilkins: The Maturing of Multinational Enterprise, S. 8-20

179 Paul Kostinen: Mobilizing for Modern War. The Political Economy of American Warfare 1865-1919, Lawrence/Kansas 1997

180 Die Mitgliederliste siehe Wikipedia-Eintrag: War Industries Board

181 Vgl. Bernard Baruch: American Industry in the War. A Report of the War Industries Board. Washington 1921; siehe die Biografie von Jordan Schwarz: The Speculator. Bernard Baruch in Washington 1917-1965, Chapel Hill 1981

182 Kostinen: Mobilizing for Modern War. The Political Economy of American Warfare 1865-1919

183 Zinn: A People's History of the United States, S. 372ff.

184 Smedley Butler, War is a Racket, s. Fußnote 121

185 T. Hunt Tooley: Merchants of Death Revisited: Armaments, Bankers and the First World War, Journal of Libertarian Studies, Winter Edition 2004

186 Richard Goldenberg: African-American Troops Fought to Fight in World War I, defense.gov/news Feb. 1, 2018

187 Robert Dalessandro u. a.: Willing Patriots. Men of Color in the First World War, Atglen 2009

188 W. E. B. Du Bois: Returning Soldiers, in: The Crisis, May, 1919, S. 13

189 Xu Guoqi: Strangers on the Western Front. Chinese Workers in the Great War, Harvard University Press 2011

190 Chris Wrigley (Hg.): The First World War and the International Economy, Cheltenham 2000, S. 206

191 Gibson Bell Smith: Guarding the Railroad, Taming the Cossacks. The U.S. Army in Russia, 1918-1920, www.archives.gov/publications/prologue/2002/winter/us-army-in-russia, Winter 2002, Vol. 34, No. 4

192 Betty Unterberger: America's Siberian Expedition 1918-1920, Duke University Press 1956, S. 117ff.

193 Tooze: Sintflut, S. 111f.

194 Wolfdieter Bihl: Österreich-Ungarn und die Friedensschlüsse von Brest-Litowsk, Wien / Köln / Graz 1970

195 Ellen Collier: Expropriation of American-owned Property by Foreign Governments in the Twentieth Century, Committee on Foreign Affairs, 88th Congress, Report submitted 19.7.1963, S. 9, www.devkrishan.com/resources/USExpropriation

196 Tooze: Sintflut, S. 185

197 Wilhelm Groener: Lebenserinnerungen, Göttingen 1957, S. 486ff.

198 Klaus Gietinger: Der Konterrevolutionär, Berlin 2008, S. 203
199 Wolfgang Ruge: Die USA und die Große Sozialistische Oktoberrevolution 1917-1920, in: Fritz Klein / Joachim Streisand: Die USA und Europa 1917-1945, Berlin 1975, S. 45
200 Gibson Smith: Guarding the Railroad, Taming the Cossacks. The U.S. Army in Russia, 1918-1920, in: National Archives Vol. 34, No. 4 (2002)
201 Winston Churchill: The World Crisis. The Aftermath, London 1929, Bd. 4, S. 256
202 Wolfgang Ruge, in: Klein: Die USA und die Große Sozialistische Oktoberrevolution 1917-1920, S. 60
203 Wikipedia-Eintrag: Geschichte der Juden in Russland
204 Rothbard: Wall Street, Banks and American Foreign Policy, S. 23
205 Wilkins: The Maturing of Multinational Enterprise, S. 45
206 Chris Wrigley (Hg.): The First World War and the International Economy, Nottingham 2000, S. 206
207 John Maynard Keynes: Die wirtschaftlichen Folgen des Friedensvertrages, München / Leipzig 1921, S. 193f.
208 Tooze: Sintflut, S. 92f.
209 Tooze: Sintflut, S. 97
210 Robert Gerwarth: Die Besiegten. Das blutige Erbe des Ersten Weltkriegs, Berlin 2017, S. 87-91
211 Tooze: Sintflut, S. 98ff.
212 Vgl. John F. Dulles: American Red Cross, New York 1950
213 Antony Sutton: Wall Street and the Bolschevik Revolution, New York 1974, in der Auflage von clairview books 2013, S. 72. Sutton hat als fundamentaler Antikommunist die geheimen Aktivitäten von US-Bankern und Industriellen dokumentiert, die ohne Absprache mit der US-Regierung Lenin, Trotzki und die revolutionäre sowjetische Führung frühzeitig auf ihre Seite ziehen, bestechen, finanzieren und für Investitionen sichern wollten. Sutton war empört, dass die US-Regierung und später auch US-Historiker diese Aktivitäten beschwiegen.
214 archives.yale.edu/repositories/12/archival_objects/1452295
215 Sutton: Wall Street and the Bolshevik Revolution, S. 156
216 Sutton: Wall Street and the Bolshevik Revolution, S. 172
217 Sutton: Wall Street and the Bolshevik Revolution, S. 170
218 R. St. Baker (Hg.): Woodrow Wilson. Memoiren und Dokumente über den Vertrag zu Versailles, Leipzig 1923, Band 1, S. 46f.
219 Stephen Kinzer: The Brothers. John Foster Dulles, Allen Dulles and their Secret World War, New York 2013, S. 33
220 Annie Lacroix-Riz: Le Vatican, l'Europe et le Reich, Paris 1996, S. 170f.
221 David Maul: Appell an das Gewissen Europas. Fritjof Nansen und die russische Hungerhilfe 1921-1923, Themenportal Europäische Geschichte, www.Europa.clio-online.de
222 Michael Barnett: Empire of Humanity, Ithaca 2011

223 Walter Isaacson / Evan Thomas: The Wise Men, New York 1986, S. 103
224 Isaacson / Thomas: The Wise Men, S. 99
225 Joan Wilson: Ideology and Economics. US Relations with the Soviet Union 1918-1933, Columbia/Mass. 1974, S. 5
226 Jane Mayer: Dark Money. The Hidden History of the Billionaires behind the Rise of the Radical Right, 2016
227 Soviet Union Information Bureau: The Soviet Union – Facts, Descriptions, Statistics, Washington D.C. 1929, Kapitel American-Soviet Trade, www.marxists.org/history/ussr/government/1928/sufds/ch13.htm
228 Werner Beitel / Jürgen Nötzold: Deutsch-sowjetische Wirtschafsbeziehungen in der Zeit der Weimarer Republik, Baden-Baden 1979, S. 121
229 Beitel / Nötzold: Deutsch-sowjetische Wirtschaftsbeziehungen in der Zeit der Weimarer Republik, S. 118f.
230 Zinn: A People's History of the United States, S. 372ff.
231 Helmut Ortner: Sacco und Vanzetti – ein Justizmord, Frankfurt/Main 2015
232 Siehe: Thomas Knock: To End all Wars. Woodrow Wilson and the Quest for a New World Order, New York 1992; Edward Coffman: The War to End all Wars. The American Military Experience in World War I, Lexington 1998
233 Das Wilson'sche 14-Punkte-Programm, www.dhm.de/lemo/bestand/objekt/d2z09310
234 Kinzer: The Brothers, S. 30ff.
235 Gerd Hankel: Die Leipziger Prozesse. Deutsche Kriegsverbrechen und ihre strafrechtliche Verfolgung nach dem Ersten Weltkrieg, Hamburg 2003, S. 42
236 Kinzer: The Brothers, S. 32
237 Christopher Simpson: The Splendid Blond Beast. Money, Law and Genocide in the Twentieth Century, New York 1993, S. 24
238 Simpson: The Splendid Blond Beast, S. 38f.
239 Kim Chr. Priemel / Alexa Stiller (Hg.): NMT. Die Nürnberger Militärtribunale zwischen Geschichte, Gerechtigkeit und Rechtsschöpfung, Hamburg 2013
240 Bernd Greiner: Die Morgenthau-Legende, Hamburg 1995, S. 88
241 Simpson: The Spendid Blond Beast, S. 33
242 Daniel Hémery: De l'Indochine à Vietnam, Paris 1990, S. 44
243 Irwin Wall: The United States and the Making of Postwar France, 1945-1953, Cambridge University Press 1991, S. 233ff.
244 Tooze: Sintflut, S. 518ff.
245 James Hurst: Pancho Villa and Black Jack Pershing. The Punitive Expedition in Mexico, Westport 2008
246 Siehe die Dokumentation in Wertz: Die Weltbeherrscher
247 Peter Pastior: Hungary between Wilson and Lenin. The Hungarian Revolution of 1918-1919 and the Big Three, East European Quarterly 1976
248 Tooze: Sintflut, S. 582
249 Werner Basler: Die USA und die europäischen Mächte in den zwanziger Jahren, in: Fritz Klein: Die USA und Europa 1917-1945, Berlin 1975, S. 103

250 Basler: Die USA und die europäischen Mächte in den zwanziger Jahren, S. 98
251 Fritz Klein / Joachim Streisand: Die USA und Europa 1917-1945, Berlin 1975, S. 23
252 Christian Hacke: Der Weg in den Ersten Weltkrieg. Die USA und der Aufstieg zur Weltmacht, Politische Studien Heft 454, März/April 2014
253 Tooze: Sintflut, S. 21
254 David Stockman: Ein Schlag gegen Europa, Handelsblatt 15.5.2015, S. 72
255 Rothbard: Wall Street, Banks, and American Foreign Policy, S. 31f.
256 Gerhard Gawalt: The New High Priests: Lawyers in Post-Civil War America, Westport 1984
257 Kinzer: The Brothers, S. 26
258 Kinzer: The Brothers, S. 24f.
259 Kinzer: The Brothers, S. 49ff.
260 Greiner: Die Morgenthau-Legende, S. 73-76
261 Werner Rügemer: Die Kapitalisten des 21. Jahrhunderts, Köln 2021, S. 224ff.
262 Wilkins: The Maturing of Multinational Enterprise, S. 65
263 Wilkins: The Maturing of Multinational Enterprise, S. 50
264 Karl Levitt: Silent Surrender. The Multinational Coropration in Canada, Toronto 1970
265 Paul Wonnacott: United States investment in the Canadian Economy, in: Canada and the United States 2/1972, S. 276
266 M. Berg: Gustav Stresemann und die Vereinigten Staaten von Amerika: weltwirtschaftliche Verflechtung und Revisionspolitik 1907-1929, Baden-Baden 1990.
267 Reinhard Opitz (Hg.): Europastrategien des deutschen Kapitals 1900-1945, Köln 1977, S. 227ff.
268 Thomas Kabisch: Deutsches Kapital in den USA, Stuttgart 1982, S. 72
269 Kabisch: Deutsches Kapital in den USA, S. 284-296
270 Kabisch: Deutsches Kapital in den USA, S. 304
271 Kabisch: Deutsches Kapital in den USA, S. 310
272 Kabisch: Deutsches Kapital in den USA, S. 319f.
273 Kabisch; Deutsches Kapital in den USA, S. 314
274 Wilkins: The Maturing of Multinational Enterprise, S. 40ff.
275 Ulrike Hörster-Philipps: Joseph Wirth 1879-1956. Eine politische Biografie, Paderborn 1998, S. 86ff.
276 Ulrike Hörster-Philipps: Rapallo – Modell für Europa? Friedliche Koexistenz und internationale Sicherheit heute, Köln 1985
277 Martin Sabrow: Der Rathenaumord. Rekonstruktion einer Verschwörung gegen die Republik von Weimar, München 1994
278 Wikipedia-Eintrag: Alfred Hugenberg
279 Berg: Gustav Stresemann, S. 54
280 Die Darstellung folgt Kurt Gossweiler: Großbanken, Industriemonopole und Staat. Ökonomie und Politik 1914-1932, Köln 2013, S. 240–276 sowie Tooze: Sintflut, S. 566-576

281 Lacroix-Riz: Aux origines du carcan européen 1900-1960. La France sous influence allemande et américaine, Paris 2014, S. 35
282 Eric Kresse: Die deutschen Ford-Werke im »Dritten Reich«, München 2012, S. 3
283 Eine detaillierte Aufstellung der Reparationsleistungen vor dem Dawes-Plan, mit dem Dawes- und dem dann folgenden Young-Plan gibt www.bauernkriege.de/reparation.html/
284 Gossweiler: Großbanken, Industriemonopole und Staat, S. 216 und 241ff.
285 Gossweiler: Großbanken, Industriemonopole und Staat, S. 205
286 Werner Rügemer: Vor 100 Jahren wurde der spätere erste Kanzler der Bundesrepublik Deutschland zum Kölner Oberbürgermeister gewählt, kritisches-netzwerk.de 23.10.2017
287 Werner Rügemer: Imperium EU, Köln 2020, S. 73ff.
288 Gossweiler: Großbanken, Industriemonopole und Staat, S. 289 ff.
289 Werner Rügemer: Konrad Adenauers schwarze Kasse, Frankfurter Rundschau 8.2.2001
290 Tooze: Sintflut, S. 588
291 Edwin Black: IBM und der Holocaust, München / Berlin 2001, S. 55
292 Volker Frielingsdorf: Konrad Adenauers Wirtschaftspolitik als Kölner Oberbürgermeister 1917-1933, Basel 2002, S. 127
293 Wikipedia-Eintrag: Exxon
294 Greiner: Die Morgenthau-Legende, S. 33
295 Wilkins: The history of foreign investments in the United States 1914-1945, Cambridge/Mass. 2004, S. 408
296 Pauwels: Big Buisness avec Hitler, S. 186
297 Pauwels: Big Business avec Hitler, S. 187
298 Gossweiler: Großbanken, Industriemonopole und Staat, S. 291
299 Pauwels: Big Business avec Hitler, S. 187
300 Alfred Reckentrees: Das »Stahlrust«-Projekt. Die Gründung der Vereinigten Stahlwerke A.G. und ihre Unternehmensentwicklung 1926-1933/34, München 2000
301 Manfred Berg: Gustav Stresemann und die Vereinigten Staaten von Amerika. Weltwirtschaftliche Verflechtung und Revisionspolitik 1907-1929, Baden-Baden 1990, S. 282
302 Werner Rügemer: Neuordnung der Monopole. 1931 wurden Dresdner Bank und Commerzbank schon einmal verstaatlicht, junge Welt 17.1.2009
303 Isaacson / Thomas: The Wise Men, S. 122
304 Vorstand des Deutschen Metallarbeiter-Verbandes: Die Rationalisierung in der Metallindustrie, Berlin, Dezember 1932, S. 7
305 Wilkins: The Maturing of Multinational Enterprise, S. 84
306 Wilkins: The Maturing of Multinational Enterprise, S. 55f.
307 Wilkins: The Maturing of Multinational Enterprise, S. 155
308 Wilkins: The Maturing of Multinational Enterprise, S. 139
309 Wilkins: The Maturing of Multinational Enterprise, S. 163

310 Hans-Adolf Jacobsen: 1939-1945. Der Zweite Weltkrieg in Chronik und Dokumenten, Darmstadt 1961, S. 96
311 Wie Polen verraten wurde, Der Spiegel 48/1980
312 Neal Pease: Poland, the United States and the Stabilization of Europe 1919-1933, Oxford University Press 1986
313 Lutz Fiedler: Der jüdische Feind. Antisemitismus war eines der konstitutiven Elemente bei der polnischen Staatsgründung, www.hagalil.com, 20.4.2002
314 Mission of The United States to Poland: Henry Morgenthau, Sr. Report, Paris 3.10.1919
315 Werner Rügemer: Imperium EU. ArbeitsUnrecht, Krise, neue Gegenwehr, Köln 2020, S. 264ff.
316 Frank Costigliola: Awkward Dominion. American Political, Economic, and Cultural Relations with Europe, 1919-1933, Ithaca/London 1984, S. 95
317 Wall Street Journal 15.1.1923
318 Pauwels: Big Business avec Hitler, S. 193
319 Alan Brinkley: The Publisher Henry Luce and his American Century. New York 2010. Seit 1930 produziert das Time-Unternehmen auch das Wirtschaftsmagazin Fortune.
320 Lacroix-Riz: Le Vatican, l'Europe et le Reich, S. 86ff.
321 Tooze: Sintflut, S. 19. Eine ähnliche Kritik an den USA wird auch Hitler vor seinem Machtantritt äußern und dies dann zurücknehmen.
322 Tom Kington: Recruited by MI5: the name's Mussolini, The Guardian 13.10.2009. Ausführlich dazu Christopher Andrew: The Defence of the Realm. The Authorized History of MI5, London 2009
323 Costigliola: Awkward Dominion, S. 94
324 Costigliola: Awkward Dominion, S. 95
325 Sutton: Wall Street and the Bolshewik Revolution, S. 174
326 Peter Conradi: Hitlers Piano Player. The Rise and Fall of Ernst Hanfstaengl, Confident of Hitler, Ally of Roosevelt, New York 2004, S. 84
327 Joseph Phillips: Italy's Heroine of Fascism, New York Herald Tribune Sunday Magazine 8.10.1933
328 John Diggins: Mussolini and Fascism: The View from America, Princeton University Press 1972, Klappentext
329 Marianne Brentzel / Uta Ruscher: Margherita Sarfatti. Jüdin. Mäzenin. Faschistin, Zürich 2008, S. 180
330 Die Jüdin, die Mussolinis Muse war, Schweizer Radio und Fernsehen SRF 25.9.2018; The Jewish Mother of Fascism, Haaretz 6.7.2006
331 Brentzel / Ruscher: Margherita Sarfatti, S. 252
332 Margherita Sarfatti: The Life of Benito Mussolini, London 1925
333 Brentzel / Ruscher: Margherita Sarfatti, S. 257
334 David Kertzer: Der erste Stellvertreter. Papst Pius XI. und der geheime Pakt mit dem Faschismus, Darmstadt 2016, S. 123
335 Kertzer: Der erste Stellvertreter, S. 444

336 Isaacson / Thomas: The Wise Men, S. 122; Averell Harriman: In geheimer Mission, Stuttgart 1979, S. 51f.
337 Isaacson / Thomas: The Wise Men, S. 103
338 Michael Behnen: Die USA und Italien 1921-1933, Münster 1998, S. 135ff.
339 Costigliola: Awkward Dominion, S. 147
340 Dominic Kelly: The Business of Diplomacy: The International Chamber of Commerce meets the United Nations, CSGR Working Paper 74/01, May 2001, S. 10ff.
341 Michael Behnen: Dollars für Mussolini – Amerikanischer Corporate Liberalism und Faschismus. Working Paper 120/1999, John F. Kennedy Institut für Nordamerikastudien, Freie Universität Berlin
342 Costigliola: Awkward Dominion, S. 171
343 Berlin Hears Ford is Backing Hitler, NYT 20.12.1922
344 Henry Ford: Der internationale Jude: Ein Weltproblem, Leipzig 1922
345 Wikipedia-Eintrag: Der internationale Jude
346 Eric Kresse: Die deutschen Ford-Werke im »Dritten Reich«, Hochschule der Bundeswehr München 2012, S. 5
347 Daniel Warsh: The Silent Partner: How the Ford Motor Company Became an Arsenal of Nazism, University of Pennsylvania, Mai 2008
348 James Pool / Suzanne Pool: Who financed Hitler, New York 1978, S. 2
349 Glyn Roberts: The most powerful man in the World. The Life of Sir Henry Deterding, New York 1938; Sutton: Wall Street and the Rise of Hitler, Sudbury 1976, Kapitel 7
350 Robin Schwarzenbach: Hitler in Zürich: »Von Bayern aus wird eine nationale Bewegung über Deutschland ausgehen«, Neue Zürcher Zeitung 3.9.2018
351 Eberhard Czichon: Wer verhalf Hitler zur Macht?, Köln 1989, S. 82f.
352 Vgl. Sutton: Wall Street and the Rise of Hitler, Sudbury 1976, Kapitel 7
353 Vgl. David de Jong: Braunes Erbe. Die dunkle Geschichte der reichsten deutschen Unternehmerdynastien, Köln 2022
354 Kai Bird: The Chairman. John McCloy – The Making of the American Establishment, New York 1992, S. 88
355 Conradi: Hitler's Piano Player, S. 85
356 Conradi: Hitlers Piano Player, S. 84f.
357 Carl Friedrich von Siemens: Die gegenwärtige Lage Deutschlands, Rede vom 27.10.1931, zitiert nach Czichon: Wer verhalf Hitler zur Macht?, S. 48.
358 Costigliola: Awkward Dominion, S. 259
359 Bernd Greiner: Die Morgenthau-Legende, Hamburg 1995, S. 52ff.
360 Phillipp Heyde: Das Ende der Reparationen. Deutschland, Frankreich und der Youngplan, München 1998, S. 465
361 Die Darstellung folgt Gian Trepp: Bankgeschäfte mit dem Feind. Von Hitlers Europabank zum Instrument des Marshallplans, Zürich 1993, sowie Adam Lebor: Tower of Basel. The Shadowy History of the Secret Bank That Runs the World, New York 2013
362 Trepp: Bankgeschäfte mit dem Feind, S. 19

363 Lebor: Tower of Basel, S. 277

364 Trepp: Bankgeschäfte mit dem Feind, S. 19; mit »Reparationsbank« war die BIS gemeint.

365 Bank für Internationalen Zahlungsausgleich: Dritter Jahresbericht, Basel 8. Mai 1933, S. 46

366 Trepp: Bankgeschäfte mit dem Feind, S. 103

367 Charles Higham: Trading with the Enemy: The Nazi-American Money Plot 1933-1949, New York 1995, S. 4

368 Nomi Prins: How Goldman Sachs Sacked Washington, Alternet 30.1.2017. Siehe allgemeiner Nomi Prins: All the Presidents Bankers: The Hidden Alliances that Drive American Power, New York 2014

369 Mauritz Hallgren: Seeds of Revolt. A Study of American Life and Temper of the American People During the Depression, New York 1933

370 Zinn: A People's History of the United States, S. 399

371 David Schmitz: Thank God They're on our side. The United States & Right-Wing Dictatorships 1921-1965, University of North Carolina Press 1999, S. 90

372 Gian Giacomo Migone: The United States and Fascist Italy. The Rise of American Finance in Europe, New York 2015, S. 326ff.

373 Asfa-Wossen Asserate / Aram Mattioli (Hg.): Der erste faschistische Vernichtungskrieg. Die italienische Aggression gegen Äthiopien 1935-1941, Köln 2006

374 Schmitz: Thank God They're on our side, S. 96

375 Mogens Pelt: The Establishment and Development of the Metaxas Regime in the Context of Nazi Fascism 1936-1941, in: Totalitarian Movements and Political Religions, Volume 2, Issue 3, 2001

376 Heinz Richter: Geschichte Griechenlands im 20. Jahrhundert. Bd.1: 1900-1939, Wiesbaden 2015, S. 318ff.

377 Louis Cassimatis: American Influence in Greece 1917-1929, Kent State University Press 1988

378 Schmitz: Thank God They're on our side, S. 106

379 Christ Loukes: Greece's Benevolent Despotism, in: Current History, März 1937, S. 92

380 Schmitz: Thank God They're on our side, S. 107

381 Eduardo Gonzalez Calleja: La Espana de Primo de Rivera. La modernizacion autoritaria 1923-1930, Madrid 2005

382 Gabriel Jackson: The Spanish Republic and the Civil War, Princeton 1965; Francisco Franco y Bahamonde, www.whoiswho.de/bio/francisco-franco-y-bahamonde.html

383 Greiner: Die Morgenthau-Legende, S. 102

384 Pauwels: Big Business avec Hitler, S. 207f.

385 Charles Higham: Trading with the Enemy, S. 21

386 Ronald Kessler: The Sins of the Father. Joseph P. Kennedy and the Dynasty he Founded, New York 1997

387 Annie Lacroix-Riz: Le Vatican, l'Europe et le Reich, Paris 1996, S. 374ff.
388 Sean Stanton: The Myth of Spanish Neutrality. U.S. Foreign Relations With Spain 1939-1941, in: Drake University Social Science Journal 2011, www.drake.edu/dussi/pasteditions/2011
389 Stanton: The Myth of Spanish Neutrality, S. 8
390 Antonio Cazorla Sanchez: Fear and Progress. Ordinary Lives in Franco's Spain 1939-1975, Oxford 2010, S. 58ff.
391 Carlton Hayes: Wartime Mission in Spain 1942-1945, New York 1946, S. 287
392 Samuel Hoare: Complacent Dictator, New York 1947, S. 169
393 The Whole Truth about Fatima, Vol. II, S. 412, zitiert nach Wikipedia-Eintrag: António de Oliveira Salazar
394 George Rendell: The Sword and the Olive. Recollections of Diplomacy and Foreign Service 1913-1954, London 1957, S. 37
395 Portugal: The War has made it: Europe's Front Door, Life 29.7.1940.
396 Antonio Louca: Nazigold für Portugal. Hitler und Salazar, Wien 2002; Werner Rügemer / Ingolf Gritschneder: Hehler für Hitler, ARD 5.8.2012
397 Fritz Klein / Joachim Streisand (Hg.): Die USA und Europa 1917-1945, Berlin 1975, S. 87ff.
398 Sutton: Wall Street and the Bolshevik Revolution, S. 174
399 Pauwels: Big Business avec Hitler, S. 211
400 Ambassador Dodd's Diary 1933-1938, New York 1941, S. 6
401 Ambassador Dodd's Diary, S. 165f.
402 Reinhard Vogelsang: Der Freundeskreis Himmler, Göttingen / Zürich / Frankfurt/Main 1982
403 Werner Rügemer: Union Busting – Die Zerschlagung von Gewerkschaften, Blätter für deutsche und internationale Politik 5/2015
404 Arnold Offner: American Appeasement. United States foreign Policy and Germany 1933-1938, Harvard University Press 1969, S. 204
405 Tobias Jerzak: Öl für den Führer. Mit amerikanischem Treibstoff lief die deutsche Kriegsmaschinerie wie geschmiert, Frankfurter Allgemeine Zeitung 11.2.1999
406 Wikipedia-Eintrag: Pratt&Whitney R-1690
407 Henry A. Turner: General Motors and the Nazis, New Haven 2005, S. 117ff.
408 Pauwels: Big Business avec Hitler, S. 193-214
409 www.lexikon-der-wehrmacht.de/Waffen/Me109.htm
410 Tobias Jersak: Öl für den Führer, Frankfurter Allgemeine Zeitung 11.2.1999
411 Bernd Greiner, Die Morgenthau-Legende, S. 37. Diese Fakten gehen auf Ermittlungen zurück, die ab 1942 vom US-Justizministerium angestellt wurden.
412 Andrea Neugebauer: H. A. Turner: General Motors und die Nazis, hsozkult.de/publicationreview/id/reb-9128.
413 Sebastian Gerhardt: »... Kein Glück, sondern ein Pech«, Lunapark21, 33/2016, S. 70, zitiert aus Jane Mayer: Dark Money. The Hidden History of the Billionaires behind the Rise of the Radical Right, New York 2016

414 Coca-Cola im 3. Reich, youtube.com/watch?v=z6NWMeAJz8k
415 Mark Pendergast: For God, Country and Coca-Cola, London 1993
416 Edwin Black: IBM und der Holocaust, Berlin 2001, S. 104f.
417 Black: IBM und der Holocaust, S. 171-174; 1940 gab Watson den Orden zurück.
418 Kresse: Die deutschen Ford-Werke im »Dritten Reich«, S. 6
419 Henry Ford und die Nazis. Der Diktator von Detroit, Der Spiegel 29.7.2008
420 Pauwels: Big Business avec Hitler, S. 212
421 Greiner: Die Morgenthau-Legende, S 108
422 Wikipedia-Eintrag: Charles Lindbergh; 1954 erhielt er für seine Autobiografie den Pulitzer-Preis der *New York Times.*
423 Pauwels: Big Business avec Hitler, S. 214
424 Torben Lütjen: Karl Schiller (1911-1994). Superminister Willy Brandts, Bonn 2007, S. 65
425 Lothrop Stoddard: The Revolt against Civilization. The Menace of the Underman, New York 1922; Der Kulturumsturz – Die Bedrohung durch den Untermenschen, München 1925
426 Vgl. Deborah Barnett / Charles Kurzman: Globalizing Social Movement Theory: The Case of Eugenics, in: Theory and Society 33/2004, S. 487-527
427 Wikipedia-Eintrag: Lothrop Stoddard
428 Eva Schweitzer: Amerika und der Holocaust, München 2004, S. 15ff.
429 Edwin Black: War against the Weak. Eugenics and America's Campaign to Create a Master Race, New York / Washington 2003, S. 392
430 Black: War against the Weak, S. 318
431 Schweitzer: Amerika und der Holocaust, S. 367
432 Wikipedia-Eintrag: Exxon
433 Jerzak: Öl für den Führer, Frankfurter Allgemeine Zeitung 11.2.1999
434 Higham: Trading with the Enemy, S. 97
435 Ben Urwand: The Collaboration. Hollywood's Pact with Hitler. Cambridge / London 2013, S. 21. Der folgende Abschnitt zu Hollywood folgt diesem Buch.
436 Pauwels: Big Business avec Hitler, S. 198
437 Hans Barkhausen: Kurzübersicht: Filme der NSDAP 1927-1945, in: G. Moltmann / K. F. Reimers: Zeitgeschichte im Film- und Tondokument, Göttingen 1970. Die Wochenschau über die Begegnung Mussolinis mit Hitler siehe www.youtube.com/watch?v=GOj7TK3pHUA
438 Pauwels: Big Business avec Hitler, S. 199
439 Urwand: The Collaboration, S. 238
440 Ludwig Tegelbeckers: Olympische Spiele 1936: Der jüdische Sport als Politikum, Bremen 1997, www.s-port.de/david/ns/hist_04.html
441 www.spiegel.de/einestages/olympia-1936-a-946498.html
442 Tegelbeckers, S. 10
443 Arnd Krüger u. a.: Theodor Lewald – Sportführer ins Dritte Reich, Berlin 1975, S. 48f.

444 Charles Sherill: Bismarck and Hitler, New York 1931
445 Hans-Joachim Teichler: Anstoß nahmen sie nicht. Die IOC-Präsidenten und das Dritte Reich, Frankfurter Allgemeine Zeitung 10.3.1999
446 Olympisches Schweigen. Die antisemitische Vergangenheit des IOC, Heplev. wordpress/com/2012/08/10
447 Arnd Krüger: Fair Play for American Athletes. A study in anti-semitism, in: Canadian Journal of the History of Sport and Physical Education 9/1978, S. 42ff.
448 »Alle Welt ist begeistert«, Der Spiegel 5/1980
449 www.nolympia.de/kritisches-olympisches-lexikon/brundage-avery; der Bau wurde wegen des Kriegsausbruchs nicht realisiert.
450 http://avery-brundage.inmemoriam.org
451 Kai Bird: The Chairman. John McCloy – the Making of the American Establishment, New York 1992, S. 92
452 Ambassador Dodd's Diary 1933-1938, S. 347 f.
453 Erik Larsen: In the Garden of Beasts, London 2011, S. 471
454 Martha Dodd: Meine Jahre in Deutschland 1933-1937. Berlin 2005, S. 364ff, 389. Martha Dodd war die Tochter des US-Botschafters in Berlin, William Dodd.
455 Robert F. Maddox: Senator Harley M. Kilgore and Japan's World War II Business Practices, in: West Virginia History, Vol. 55/1996, S. 127-142
456 Siegfried Bünger: Die Beschwichtigungspolitik Großbritanniens, in: Werner Röhr u. a. (Hg.): Der Krieg vor dem Krieg, Hamburg 2001, S. 298
457 Wikipedia-Eintrag: Winston Churchill
458 Winston Churchill: Friendship with Germany, 17.9.1937, in: Winston Churchill: Step by Step, London 1939, S. 141-144
459 Winston Churchill: Will Hitler Make Napoleon's Mistake?, Illustrated 4.3.1939
460 Richard Griffith: Fellow Travellers of the Right. British Enthousiasts for Nazi Germany 1933-1939, London 1980
461 Montgomery Hyde: The Londonderrys. A Family Portrait, London 1979
462 Ian Kershaw: Making Friends with Hitler. Lord Londonderry, the Nazis and the Road to War, New York 2004, S. XVI und 29ff.
463 The Royals and the Nazis, ZDF info 3.3.2020; Fabrice D'Almeida: La vie mondaine sous le nazisme, Paris 2006, S. 255
464 Queen's 1933 Nazi Salute. Their Royal Heilnesses. Secret 1933 film shows Edward VIII teaching this Nazi salute to the Queen, The Sun 18.7.2015
465 Karina Urbach: Go-Betweens for Hitler. Sympathien der englischen Königsfamilie für Hitler, Oxford 2015
466 BBC online 29.1.2003: Profile Edward VIII
467 Siehe Frances Donaldson: Edward VIII, London 1974
468 Kershaw: Making Friends with Hitler, S. 59
469 Kershaw: Making Friends with Hitler, S. 169
470 Peter Conradi: The Rise and Fall of Ernst Hanfstaengl, S. 123

471 Siehe Jessica Mitford: Hunnen und Rebellen, Berlin 2013
472 Conradi: The Rise and Fall of Ernst Hanfstaengl, S. 125 und 204
473 Neil Forbes: Doing Business with the Nazis. Britain's Economic and Financial Relations with Germany 1931-1939, London / Portland 2000, S. 105
474 Forbes: Doing Business with the Nazis, S. 77f., 172f., 183f.
475 Higham: Trading with the Enemy, S. 6
476 Forbes: Doing Business with the Nazis, S. 230
477 Forbes: Doing Business with the Nazis, S. 123 und 133
478 www.lexikon-der-wehrmacht.de/Waffen/Me109.htm
479 siehe Rügemer: Die Kapitalisten des 21. Jahrhunderts, S. 137ff.
480 Forbes: Doing Business with the Nazis, S. 127
481 Carl Dreeßen: Die deutsche Flottenrüstung nach dem Vertrag von Versailles bis zum Beginn des 2. Weltkriegs und ihre Darstellung und Behandlung im Nürnberger Prozeß von 1945/46, Hamburg 2000
482 Vgl. Robert Ferrell: Peace in their Time. The Origins of the Briand-Kellogg-Pact, New York 1969
483 Robert Young: Power and Pleasure. Louis Barthou and the Third French Republic, Montreal 1991
484 Jean Lacouture: Léon Blum, Paris 1977, S. 328
485 Karl Mayer: Zwischen Krise und Krieg. Frankreich in der Außenwirtschaftspolitik der USA zwischen Weltwirtschaftskrise und Zweitem Weltkrieg, Stuttgart 1999, S. 120
486 Annie Lacroix-Riz: Industriels et Banquiers sous l'Occupation, Paris 1999, S. 63 und 494
487 Mayer: Zwischen Krise und Krieg, S. XI
488 Mayer: Zwischen Krise und Krieg, S. 120
489 Mayer: Zwischen Krise und Krieg, S. 207 und 242
490 Lacouture: Léon Blum, S. 359
491 Lacouture: Léon Blum, S. 361
492 Mayer: Zwischen Krise und Krieg, S. 132f.
493 Walter Lippmann: Die Außenpolitik der Vereinigten Staaten, Zürich 1944, S. 125
494 Walter Lippmann: Public Opinion, New York 1922; Die öffentliche Meinung, München 1964
495 Friedrich August von Hayek: Der Weg zur Knechtschaft, Zürich 1943, London 1944; mit einem Vorwort von Otto Graf Lambsdorff, München 2003. Die Verfassung der Freiheit, Tübingen 1991, zuerst: The Constitution of Liberty, University of Chicago Press 1960
496 Markus Marterbauer: Nobelpreisträger Friedrich August Hayek – Antidemokrat und Pinochet-Unterstützer, awblog.at 13.10.2014
497 Leo Panitch / Sam Gindin: The Making of Global Capitalism. The Political Economy of American Empire, London / New York 2013, S. 67f. und 362
498 Panitch / Gindin: The Making of Global Capitalism, S. 362f.
499 Panitch / Gindin: The Making of Global Capitalism, S. 67

500 Panitch / Gindin: The Making of Global Capitalism, S. 71
501 New York Times 24.6.1941, zitiert nach Gabriel Kolko: The Politics of War. The World and United States Foreign Policy 1943-1945, New York 1968, S. 381
502 Chicago Tribune 25.6.1941, zitiert nach Wolfgang Schlauch: Rüstungshilfen der USA 1939-1945, Koblenz 1985, S. 100
503 Schlauch: Rüstungshilfen der USA 1939-1945, S. 54f.
504 Jacques Pauwels: Der Mythos vom guten Krieg. Die USA und der 2. Weltkrieg, Köln 2006, S. 57
505 Pauwels: Big Business avec Hitler, S. 249
506 Pauwels: Der Mythos vom guten Krieg, S. 59
507 Rügemer: Grönland: US-Militär gegen chinesischen Ausbau der Infrastruktur, nachdenkseiten.de, 16.10.2018
508 Schlauch: Rüstungshilfen der USA 1939-1945, S. 150-157
509 Averell Harriman / Elie Abel: In geheimer Mission. Als Sonderbeauftragter Roosevelts bei Churchill und Stalin 1941-1946, Stuttgart 1979, S. 63 und 71
510 Tobias Jersak: Öl für den Führer. Mit amerikanischem Treibstoff lief die deutsche Kriegsmaschinerie wie geschmiert. Frankfurter Allgemeine Zeitung 11.2.1999
511 Wolfgang Schlauch: Rüstungshilfe der USA 1939-1945; Wolfgang Schumann u. a.: Deutschland im Zweiten Weltkrieg, Berlin 1982, Bd.3
512 Werner Rügemer: Grüezi! Bei welchen Verbrechen dürfen wir behilflich sein? Die Schweiz als logistisches Zentrum der internationalen Wirtschaftskriminalität, Heilbronn 1999
513 Gian Trepp: Bankgeschäfte mit dem Feind. Die Bank für Internationalen Zahlungsausgleich im Zweiten Weltkrieg, Zürich 1993, S. 29f.
514 Trepp: Bankgeschäfte mit dem Feind, S. 37
515 Siehe auch Adam Lebor: Tower of Basel, New York 2013
516 Gabriel Kolko: American Business and Germany 1930-1941, in: The Western Political Quarterly 15/1962, S. 714
517 Pauwels: Big Business avec Hitler, S. 249
518 Greiner: Die Morgenthau-Legende, S. 109
519 Greiner: Die Morgenthau-Legende, S. 109
520 Greiner: Die Morgenthau-Legende, S. 46
521 Higham: Trading with the Enemy, S. 110 und 112
522 Greiner: Die Morgenthau-Legende, S. 112
523 Pauwels: Big Business avec Hitler, S. 307
524 Greiner: Die Morgenthau-Legende, S. 112
525 Greiner: Die Morgenthau-Legende, S. 111
526 Greiner: Die Morgenthau-Legende, S. 112
527 Pauwels, Big Business avec Hitler, S. 305
528 Fanta and the Nazis, www.snopes.com/fact-check/the-reich-stuff, 12.9.2004
529 Reinhold Billstein: Working for the Enemy. Ford, GM and Forced Labor in Germany during the Second Word War, New York 2000
530 Wikipedia-Eintrag: Vacuum Oil Company

531 Higham: Trading with the Enemy, S. 97
532 Jacques Soustelle: Envers et contre tout, Bd. 1: De Londres à Alger 1940-1942, Paris 1947, S. 330ff.
533 Greiner: Die Morgenthau-Legende, S. 119
534 Winston Churchill: Geheimreden, Zürich 1947, S. 136
535 Kolko: The Politics of War, S. 64ff.
536 Kolko: The Politics of War, S. 67
537 Philippe de Villiers: J'ai tiré sur le fil du mensonge et tout est venu, Paris 2019, S. 110
538 De Villiers: J'ai tiré sur le fil du mensonge et tout est venu, S. 112
539 Harriman / Abel: In geheimer Mission, S. 187
540 Irwin Wall: The United States and the Making of Postwar France, Cambridge University Press 1991, S. 40ff.
541 Annie Lacroix-Riz: Industriels et Banquiers sous l'Occupation. La Collaboration Économique avec le Reich et Vichy, Paris 1999
542 Chase Manhattan: Gute Beziehungen zu Nazis, Der Spiegel 12.1.2001
543 US Banks gave Jewish money to Nazis, BBC 2.2.1999
544 Greiner: Die Morgenthau-Legende, S. 113
545 Pauwels: Big Business avec Hitler, S. 289
546 Greiner: Die Morgenthau-Legende, S. 98
547 Lacroix-Riz: Industriels et Banquiers sous l'Occupation, S. 128ff. 196
548 Jacques Attali: Un homme d'influence. Sir Siegmund Warburg 1902-1982, Paris 1985, S. 268
549 Carlton Hayes: Wartime Mission in Spain 1942-1945, New York 1946, S. 287
550 Hayes: Wartime Mission in Spain 1942-1945, S. 218 und 230
551 Hayes: Wartime Mission in Spain 1942-1945, S. 161f.
552 Higham: Trading with the Enemy, S. 104
553 Swedish Ministry for Foreign Affairs: Sweden and Jewish Assets, Final Report, Stockholm 1999, 20, government.se/legal-documents/1999/03/sou-199920/
554 Ministry for Foreign Affairs: Sweden and Jewish Assets, S. 157
555 Ministry for Foreign Affairs S. 171 und 159
556 Ministry for Foreign Affairs S. 129
557 Vgl. Wikipedia-Eintrag: Raoul Wallenberg, abgerufen 10.1.2016
558 Daniel Bourgeois: Das Geschäft mit Hitlerdeutschland. Schweizer Wirtschaft und Drittes Reich, Zürich 2000
559 Black: IBM and the Holocaust, S. 445
560 Higham: Trading with the Enemy, S. 174
561 ITT: Weltkonzern zwischen Politik und Profit, Der Spiegel 27/1973
562 Higham: Trading with the Enemy, S. 95
563 Douglas Weller: Wild Bill Donovan. The Spymaster Who Created the OSS and Modern American Espionnage, New York 2011; Stephen Kinzer: The Brothers. John Foster Dulles, Allen Dulles and their secret World War, New York 2013
564 Christopher Simpson: The Splendid Blond Beast, New York 1993, S. 219ff.

565 Neal Petersen (Hg.): From Hitler's Doorstep. The Wartime Intelligence Reports of Allen Dulles, 1942-1945, Pennsylvania University Press 1996, S. 547ff.
566 Hitlers beflissene Hehler, Der Spiegel 16.3.1997
567 Kolko: The Politics of War, S. 47
568 Erich Kuby: Verrat auf deutsch. Wie das Dritte Reich Italien ruinierte, Hamburg 1982, S. 472ff.
569 Alfio Caruso: Arrivani I Nostri. 10 luglio 1943 – gli Alleati sbarcano in Sicilia, Milano 2004, S. 300ff.
570 Mafia, Geheimdienste und Politik der USA, Teil 2 (1939 bis 1948), Kapitel »1943: Italien-Invasion«, www.us-politik.ch/teil2.htm
571 Kolko: The Politics of War, S. 48
572 Kolko: The Politics of War, S. 375ff.
573 John Dickie: Omertà. Die ganze Geschichte der Mafia, Frankfurt/Main 2013
574 Ulrich Schiller: Deutschland und »seine« Kroaten. Vom Ustascha-Faschismus zu Tudjmans Nationalismus, Bremen 2010, S. 72
575 Kolko, The Politics of War, S. 135ff.
576 Kolko, The Politics of War, S. 420
577 Petersen: From Hitler's Doorstep, S. 545ff.; die Namensabkürzungen stehen im Original.
578 Allen Welsh Dulles: Germany's Underground, New York 1947; Verschwörung in Deutschland, Zürich 1948, S. 158
579 Werner Rügemer: Verschwörung in der Verschwörung, www.nachdenkseiten.de 26.7.2019
580 Der pazifistische Ökonom des heißen Krieges. Die Erkenntnisse des John Kenneth Galbraith, in: Werner Rügemer: Bis diese Freiheit die Welt erleuchtet. Transatlantische Sittenbilder aus Politik und Wirtschaft, Geschichte und Kultur, 3. Auflage, Köln 2019, S. 66-73
581 Spiegel-TV: Als Feuer vom Himmel fiel. Der Bombenkrieg, Dokumentation in vier Teilen, Erstausstrahlung: 15.10.2009
582 Spiegel-TV: Als Feuer vom Himmel fiel
583 Messerschmidt Bf 109, weltkrieg2.de/messerschmidt-bf-109, 18.7.2022
584 Kresse: Die deutschen Ford-Werke im »Dritten Reich«, S. 21
585 Pauwels: Der Mythos vom guten Krieg, Köln 2006, S. 128ff.
586 United States Strategic Bombing Survey: The effects of strategic bombing on the German war economy, Washington 1945; siehe dazu: Der pazifistische Ökonom des heißen Krieges – Die Erkenntnisse des John Kenneth Galbraith, in: Werner Rügemer: Bis diese Freiheit die Welt erleuchtet, Köln 2019, S. 66ff.
587 Greiner: Die Morgenthau-Legende, S. 216
588 Pauwels, Der Mythos vom guten Krieg, S. 137ff.
589 Zur Bretton-Woods-Konferenz siehe Ernst Wolff: Weltmacht IWF. Chronik eines Raubzugs, Marburg 2014, S. 13ff.

590 Attali: Un homme d'influence, S. 276
591 Lebor: Tower of Basel, S. 121ff.
592 Panitch / Gindin: The Making of Global Capitalism, S. 80
593 Ulrich Völklein: Geschäfte mit dem Feind, Hamburg / Wien 2002, S. 19
594 Richard Breitman u. a. (Hg.): U.S. Intelligence and the Nazis, Cambridge University Press 2005, S. 14-24
595 Petersen: From Hitler's Doorstep, S. 547
596 Greiner: Die Morgenthau-Legende, S. 121ff.
597 Holocaust – Der Whistleblower gegen die Nazis, Der Spiegel 27.7.2017
598 Greiner: Die Morgenthau-Legende, S. 134f.
599 Greiner: Die Morgenthau-Legende, S. 126ff.
600 Greiner: Die Morgenthau-Legende, S. 143ff.
601 Greiner: Die Morgenthau-Legende, S. 165
602 Das Erbe der Väter. Wie der Otto-Wolff-Konzern arisch wurde, WDR – Die Story 18.4.2005
603 Kai Bird / Lawrence Lifshultz (Hg.): Hiroshima's Shadow, Silver Spring 1998, S. 518f.
604 Daniel Yergin: Der zerbrochene Frieden. Der Ursprung des Kalten Krieges und die Teilung Europas, Frankfurt/Main 1979, S. 94
605 Gar Alperovitz: The Decision to Use the Atomic Bomb and the Architecture of an American Myth, New York 1995, S. 81ff.
606 Alperovitz: The Decision to Use the Atomic Bomb and the Architecture of an American Myth, S. 111
607 Alperovitz: The Decision to Use the Atomic Bomb and the Architecture of an American Myth, S. 648
608 Alperovitz: The Decision to Use the Atomic Bomb and the Architecture of an American Myth, S. 327
609 Bird / Lifshultz: Hiroshima's Shadow, S. 534
610 Wilfred Burchett: Shadows of Hiroshima, London 1983, S. 11
611 Alperovitz: The Decision to Use the Atomic Bomb and the Architecture of an American Myth, S. 523
612 Barton Bernstein: Origins of the US Biological Warfare Program, in: Susan Wright (Hg.): Preventing a Biological Arms Race, Cambridge/Mass. 1990, S. 9
613 Geschehen, neu gesehen – »Wahre Geschichte«: »War ist over!« Präsident Trumans kalter Krieg, arte TV 17.1.2023
614 James Weingartner: Trophies of War. US Troops and Mutilation of Japanese War Dead 1941-1945, in: Pacific Historical Review 1992, S. 55
615 Niall Ferguson: Prisoner Taking and Prisoner Killing in the Age of Total War, in: War in History 11 (2) 2004, S. 182
616 Alperovitz: The Decision to Use the Atomic Bomb and the Architecture of an American Myth, S. 252-275
617 Burchett: Shadows of Hiroshima, S. 75
618 Burchett: Shadows of Hiroshima, S. 103f.

619 Alperovitz: The Decision to Use the Atomic Bomb and the Architecture of an American Myth, S. 429f.
620 John Pilger: The Lies of Hiroshima are the Lies of Today, http://johnpilger.com/articles/
621 Michio Kaku / Daniel Axelrod: To Win a Nuclear War. The Pentagon's Secret War Plans, Boston 1987, S. 30ff.
622 Burchett: Shadows of Hiroshima, S. 18
623 Burchett: Shadows of Hiroshima, S. 18f.
624 Ashley Rindsberg: The Gray Lady Winked. How the *New York Times's* Misreporting, Distortions & Fabrications Radically Alter History, San Francisco 2021
625 Dennis Wainstock: The Decision to Drop the Atomic Bomb, Westport/Connecticut 1996, S. 122
626 Burchett: Shadows of Hiroshima, S. 122. Zu Forrestals Tod wurde nicht polizeilich ermittelt. Der Flugzeugträger »Forrestal« wurde still und leise verschrottet.
627 Hans Adolf Jacobsen / Arthur Smith (Hg.): World War II. Policy and Strategy. Selected Documents with Commentary, Santa Barbara 1979, S. 345f.
628 Walter Lippmann: The Cold War, New York 1947
629 Daniele Ganser: Illegale Kriege. Wie die NATO-Länder die UNO sabotiere, Zürich 2020; Vincent Bevins: Die Jakarta-Methode. Wie ein mörderisches Programm Washingtons unsere Welt bis heute prägt, Köln 2023
630 Werner Rügemer: Ratingagenturen. Einblicke in die Kapitalmacht der Gegenwart, Bielefeld 2012, S. 105ff.
631 Hannes Hofbauer / Stefan Kraft (Hg.): Kriegsfolgen. Wie der Kampf um die Ukraine die Welt verändert, Wien 2023, S. 89
632 Werner Rügemer: Imperium EU. ArbeitsUnrecht, Krise, neue Gegenwehr, Köln 2020, S. 68ff.
633 Zbigniew Brzeziński: Die einzige Weltmacht. Amerikas Strategie der Vorherrschaft. Vorwort von Hans-Dietrich Genscher, Weinheim / Berlin 1997; Originalausgabe: The Grand Chessboard. American Primary and Its Geostrategic Imperatives, New York 1997
634 Werner Rügemer: Ukraine – Extremes Muster neoliberaler Neuordnung, in: Hannes Hofbauer / Stefan Kraft (Hg.): Kriegsfolgen, Wien 2023, S. 183-194
635 Biden signs Ukraine Bill, seeks 40B aid, in Putin rejoinder, APNews, 9.5.2022
636 Werner Rügemer: Endlich »mehr ökonomischer Sachverstand« – gleichzeitig in Berlin und Kiew, www.nachdenkseiten.de 18.11.2022
637 Werner Rügemer: Die Kapitalisten des 21. Jahrhunderts, 3. Auflage, Köln 2021, S. 20ff.
638 Werner Rügemer: Apple: Forced labor in India with Foxconn, https://strategic-culture.org/news/2023/01/10
639 ilo.org/global/standards
640 Anne Case / Angus Deaton: Deaths of Despair and the Future of Capitalism, Princeton University Press 2020

641 Werner Rügemer: Die Amerikanisierung Europas und ihr notwendiges Ende, in: Frank Deppe u. a. (Hg.): Fortschritt in neuen Farben? Umbrüche, Machtverschiebungen und ungelöste Krisen der Gegenwart, Köln 2022, S. 90ff.

642 Wolfram Elsner: China und der Westen – Aufstiege und Abstiege, Vom alten Reich der Mitte zum gegenwärtigen Konflikt, Köln 2022

643 Rügemer: Die Kapitalisten des 21. Jahrhunderts, S. 304ff.

Bei den genannten Fundstellen aus dem Internet liegen Autor und Verlag die vollständigen URLs vor, besucht wurden die Seiten im Zeitraum der Erstellung dieses Buches in den Jahren 2022/23.

Bitte beachten Sie auch die nachfolgenden Seiten.